Historia de la Teoría Política, 2
Estado y teoría política moderna

Ciencias sociales

Fernando Vallespín, Joaquín Abellán,
Rafael del Águila, Atilano Domínguez,
Juan Gil, Julio A. Pardos,
Manuel Segura Ortega

Historia de la Teoría Política, 2
Estado y teoría política moderna

Compilación de Fernando Vallespín

El libro de bolsillo
Ciencia política
Alianza Editorial

Primera edición en «El libro de bolsillo»: 1990
Tercera reimpresión en «El libro de bolsillo»: 1999
Primera edición en «Área de conocimiento: Ciencias sociales»: 2002
Sexta reimpresión: 2023

Diseño de cubierta: Alianza Editorial

Reservados todos los derechos. El contenido de esta obra está protegido por la Ley, que establece penas de prisión y/o multas, además de las correspondientes indemnizaciones por daños y perjuicios, para quienes reprodujeren, plagiaren, distribuyeren o comunicaren públicamente, en todo o en parte, una obra literaria, artística o científica, o su transformación, interpretación o ejecución artística fijada en cualquier tipo de soporte o comunicada a través de cualquier medio, sin la preceptiva autorización.

© De la compilación: Fernando Vallespín
© Fernando Vallespín, Joaquín Abellán, Rafael del Águila, Atilano Domínguez, Juan Gil, Julio A. Pardos, Manuel Segura Ortega
© Alianza Editorial, S. A., Madrid, 1990, 1994, 1995, 1999, 2002, 2010, 2012, 2014, 2017, 2018, 2023
Calle Valentín Beato, 21; 28037 Madrid
www.alianzaeditorial.es

ISBN: 978-84-206-4496-7 (Obra completa)
ISBN: 978-84-206-7305-9 (Tomo 2)
Depósito legal: M. 44.944-2011
Printed in Spain

SI QUIERE RECIBIR INFORMACIÓN PERIÓDICA SOBRE LAS NOVEDADES DE ALIANZA EDITORIAL, ENVÍE UN CORREO ELECTRÓNICO A LA DIRECCIÓN:

alianzaeditorial@anaya.es

Introducción
Estado y teoría política moderna
Fernando Vallespín

En la Introducción al primer volumen de esta colección ya intentamos subrayar cómo siempre hay algo de arbitrario cuando trazamos límites al devenir histórico. La parcelación del pensamiento político –por referirnos a nuestro caso– en períodos más o menos sujetos a prismas conceptuales previos es algo siempre arriesgado. Lo que se gana en esquematismo, el privilegio de lo emblemático, puede malograrse después por falta de rigor. No está de más, por tanto, comenzar con algunas cautelas cuando abordamos el escabroso tránsito del Medievo a la Edad Moderna. Si ya nos fue difícil delimitar dónde acababa el Bajo Imperio romano y dónde comenzaba la Edad Media propiamente dicha, con mayor razón aún tendremos que vernos en dificultades a la hora de definir las rupturas que abren lo que luego se calificaría como *mundo moderno*. El salto de un período histórico a otro, que responde generalmente a criterios convencionales, nunca es brusco, sino pausado y sinuoso. Siempre queda alguna rabadilla que nos recuerda lo anterior, igual que no se dan todavía en toda su plenitud aquellos rasgos que luego se acaban por imponer y sirven para definir lo que propiamente caracteriza la nueva época (el mundo moderno, por ejemplo). La historia, en cualquiera de sus manifestaciones, es siempre un *continuum* cuyas diversas coloraciones y perfiles aprovechamos para esquematizar la realidad.

Algo así nos ocurre cuando, de modo precipitado quizá, nos planteamos el problema de la modernidad en el pensamiento político. Está claro que la modernidad en política va asociada al nacimiento del Estado, pero no es menos cierto también que esta institución, aunque no adquiere sus rasgos propios hasta bien entrado el siglo XIV, se va gestando ya desde antes, y no culmina hasta el Renacimiento con el absolutismo monárquico. Desde luego, no es éste el lugar para narrar todo este proceso, sino simplemente para apuntar –con gruesos trazos, además– lo que cabe entender como algunas de las claves hermenéuticas para comprender toda esta dinámica.

No queda más remedio que estar de acuerdo con M. Oakeshott cuando nos dice que la filosofía política

> adviene cuando... el movimiento de reflexión adopta una dirección determinada y alcanza un determinado nivel siendo su característica propia el establecer la relación entre la vida pública, así como los valores y propósitos que le son consustanciales, y la entera concepción del mundo que pertenece a una civilización [1].

Los presupuestos de estos cambios, de la reestructuración de la concepción del mundo que viene de siglos anteriores, hay que ir a buscarlos, en primer lugar, en la paulatina pero incontenible quiebra de la perspectiva religiosa en el ámbito del pensamiento. Esto es consecuencia en gran medida de la pérdida de poder político que va sufriendo la Iglesia a lo largo del Medievo, o, cuando menos, de su capacidad para utilizar eficazmente su influencia sobre los poderes civiles [2].

---

1. «Introduction» al *Leviatán*, Oxford, Blackwell, 1946, recogida en *Hobbes on Civil Association*, Oxford, Blackwell, 1975, p. 3.
2. El inicio de este proceso, que no culmina realmente hasta bien entrada la Edad Moderna, hay que ir a buscarlo en la «querella de las inves-

Pero también, y muy especialmente, de la pérdida de su dominio *espiritual,* producto de la Reforma protestante, de un lado, y del proceso de *secularización* que comienza a generalizarse a partir del Renacimiento de otro. Secularización que se encarna en el proceso que conduce a la separación entre el derecho natural y su fundamentación religiosa. Este divorcio afecta, antes que nada, a los mismos sujetos que se acercan a la investigación de la sociedad y la política: los teólogos van a pasar a un segundo plano, apareciendo ahora «filósofos politizantes y juristas filosofantes» [3]. Pero este trasvase, sintomático a nivel formal de un cambio de mentalidad, refleja un fondo bien concreto: las leyes naturales van a dejar de ser aquella parte integrante del orden de la creación estructurado por la ley eterna para convertirse en una pura construcción de la razón a partir de la naturaleza instintiva e impulsiva del ser humano. Ya no preocupa el entronque con la ley eterna, en el que Derecho natural y Derecho divino se dan la mano, sino reemplazar la revelación y el fundamento religioso por la razón natural. El triunfo de las ciencias de la naturaleza modernas y de la filosofía mecánica natural acabarán dando el golpe de gracia a la concepción de la *participatio* de la razón humana en la *lex aeterna* divina.

Esta nueva concepción de la razón remite a una nueva comprensión del papel del *individuo*. La pérdida de certeza que supuso la quiebra de la cosmovisión medieval hubo de ser reemplazada por un nuevo fundamento incuestionable. Y esta pretensión sólo la consigue satisfacer el hombre revirtiéndola sobre sí mismo, buscando en su propio pensamiento la fuente de aquella infalible certidumbre en la que

---

tiduras» (s. XI), cuando el papa Gregorio VII, al reservarse frente al Emperador la autonomía de la Iglesia para designar a sus obispos, reconoce implícitamente un ámbito de autonomía propio y exclusivo al poder civil.
3. H. Wenzel, *Introducción a la filosofía del Derecho. Derecho natural y justicia material,* Madrid, Aguilar, 1971, p. 112.

toda verdad encuentra su medida y fundamento. El *cogito* cartesiano se convierte así en el fundamento de la «primera filosofía» como *mathesis universalis,* en tanto que sólo a través de él se puede determinar lo que sea real y verdadero. El hombre se acaba de situar en el centro del universo. En el ámbito de la filosofía política esto tiene su traducción en la correlativa inferencia del Estado a partir del individuo abstracto, forjador de su propia sociedad –piénsese en el individualismo metodológico instaurado por Hobbes, por ejemplo–. Señal de este nuevo individualismo es también el énfasis sobre el éxito mundano y el disfrute de los placeres terrenales, tan caros a la concepción del mundo renacentista. Pero, sobre todo, la visión de que el Estado existe para garantizar el libre despliegue de los intereses individuales, garantizando la paz social necesaria. No es producto de un aspecto consustancial a la naturaleza humana, como nos presenta la actividad política la tradición clásica, sino que existe para compensar las carencias e impulsos del hombre. El fundamento del Estado se remite a la razón, pero ésta asume un carácter puramente *instrumental* de los intereses individuales.

Desde luego, detrás de estos cambios en la concepción del mundo se esconde la transformación de la limitada y localista actividad económica en un nuevo espíritu emprendedor mercantilista, que anuncia lo que luego será la pauta dominante del capitalismo. Sin olvidar tampoco el fenómeno de la disensión y el pluralismo religioso, estimulado por la Reforma protestante, que amenaza con quebrar la recién inaugurada *soberanía* del Estado, y exigen de él una constante integración de nuevos y más complejos conflictos. Lo cierto es que, poco a poco, gracias precisamente a nuevos instrumentos conceptuales –como el de soberanía, por ejemplo–, el Estado comienza a servir de punto de referencia capaz de dotar de sentido a todos los conceptos políticos y a la política misma.

Por volver a las cautelas con las que comenzamos, es preciso subrayar que aún estamos ante un proceso de gestación de algo nuevo que todavía se sigue alimentando de lo pasado. A todo este período le es perfectamente aplicable aquello que Oakeshott dijera del *Leviatán:* «Es un final y un comienzo; es la culminación del pasado y la simiente del futuro»[4]. Por eso iniciamos este volumen con la teoría política de Derecho natural, auténtico «vínculo entre tradición y mundo moderno». Le sigue una extensa exposición de la obra de Maquiavelo, donde la fractura con lo anterior es ya casi radical, aun cuando su punto de referencia sea la tradición republicana clásica. Tras analizar las peculiaridades de la teoría política generada por la Reforma protestante, se pasa revista ya a quienes, junto con Maquiavelo, dotan de auténtico soporte teórico a esta nueva época marcada por el asentamiento del Estado: Bodino, Hobbes y Espinosa. Concluimos con una referencia a España, donde nuestro estudio se centra sobre nuestro mayor teórico político del período, Saavedra Fajardo, y con un estimulante capítulo sobre España y las Indias. Ésta es también la época de los grandes descubrimientos geográficos, que sacudieron la conciencia intelectual europea y contribuyeron a desarrollar un debate en profundidad sobre los límites de los derechos de conquista y, consecuentemente, sobre los pilares normativos del Estado.

Una última advertencia: somos perfectamente conscientes de que los temas y autores tratados no agotan ni mucho menos todo el rico caudal de pensamiento político que caracteriza a este tumultuoso período. Confiamos, no obstante, en haber conseguido ofrecer las opciones teóricas más relevantes; aquellas que sobresalen por encima de las meras doctrinas empleadas en la lucha política cotidiana.

---

4. *Ob. cit.*, p. 58.

Capítulo 1

El vínculo entre tradición y mundo moderno. Las teorías políticas de Derecho natural: 1600-1750

Joaquín Abellán

El Derecho natural de la Edad Moderna se desarrolló sobre bases filosóficas, teológicas y jurídicas antiguas, sobre todo en los siglos XVII y XVIII, en un proceso de secularización y crítica creciente del Derecho natural cristiano. Pero este Derecho natural elaborado en el siglo XVII es, ante todo, teoría política, pues no tenía un contenido jurídico propio sino que se integraba más bien en la filosofía práctica. El estudio de los teóricos del Derecho natural de los siglos XVII y XVIII nos suministra, ante todo, el pensamiento político de la época, expresado en categorías filosóficas y elaborado para ser enseñado en las Facultades de Artes, que tenían un carácter propedéutico para las otras Facultades universitarias. El Derecho natural de estos siglos es, en realidad, una teoría que introduce algunos planteamientos nuevos en el análisis de las nuevas situaciones humanas y políticas, surgidas por los descubrimientos geográficos y el nuevo desarrollo comercial. Ofrece asimismo un análisis de otro fenómeno político de la época, la formación de los Estados absolutos –de los Estados territoriales absolutos en Alemania– y una fundamentación de su poder.

Dentro del proceso de desarrollo del Derecho natural

moderno se pueden distinguir cuatro fases: 1) el Derecho natural del siglo XVI y comienzos del XVII, inserto todavía en las coordenadas de la teología protestante y católica (Suárez, Althusius, Grocio); 2) la época de los sistemas del Derecho natural clásico, desarrollado *more geometrico,* es decir, las grandes construcciones políticas de Hobbes, Spinoza, Pufendorf; 3) el Derecho natural de la alta ilustración, que se utiliza como elemento de crítica contra las situaciones jurídicas obsoletas (Thomasius, Wolff) y 4) los sistemas de Derecho natural liberales que se desarrollan tras la crítica kantiana y a consecuencia de la Revolución Francesa, con su catálogo de derechos fundamentales y la afirmación de la división de poderes, característicos del primer constitucionalismo.

Si buscamos algunas razones que expliquen el ascenso del Derecho natural, podemos encontrar, al menos, las siguientes:

1. En primer lugar, el cambio ocurrido en el método científico en el siglo XVII, que incidirá en la búsqueda de una nueva construcción teórica para la explicación y justificación de la comunidad política. En las exposiciones teóricas sobre el Estado será muy significativa la utilización de la metáfora de la máquina para entender la realidad estatal, metáfora que viene a sustituir la antigua del cuerpo humano. El Estado ya no será descrito como una criatura dotada de fuerzas y flujos vitales; el político ya no será el médico, ni la comunidad un barco guiado por el experto timonel. Ahora se hablará de reloj y de relojero, de máquina y de constructores.

La naturaleza, el Derecho natural y el mundo social comienzan a ser interpretados por analogía con la construcción de máquinas. Y, por otra parte, la naturaleza se utiliza como modelo para las construcciones humanas. Lo que se descubría de racionalidad en el libro de la naturaleza podía proyectarse también en el derecho, alimentando la idea de un código político estructurado según el «orden natural». De la misma manera que los seres vivos y las estrellas se mueven siguiendo leyes naturales, se esperaba poder describir las leyes naturales que sigue la comunidad humana. En ese sentido, el Derecho natural del siglo XVII unía la fe en el orden divino del mundo con el nuevo ideal de ciencia. Teología y matemáticas no se oponían, si Dios funcionaba como el supremo relojero [1].

2. El segundo factor que explica el ascenso del Derecho natural se refiere a la crisis que se produjo en Europa con la irrupción y difusión de la Reforma protestante. La división de Europa y las numerosas guerras de religión durante los siglos XVI y XVII ponían de manifiesto la necesidad de un derecho neutralizado, que se asentara en cimientos construidos por encima de las diferencias confesionales. En Francia, los *politiques* intentaron lograr un *pouvoir neutre* mediante la desconfesionalización y el fortalecimiento del poder estatal, empeño que se vio coronado por el Edicto de Nantes, de 13 de abril de 1598. En Inglaterra, pocas décadas después, exponía Hobbes, desde la experiencia de la guerra civil su teoría del gran Leviatán, *called Commewealth or State,* que debía estar por encima de las partes en litigio y ofrecer protección a los individuos. Las doctrinas iusnaturalistas de los siglos XVII y XVIII en Alemania tendían igualmente a eliminar de sus fundamentos el elemento religioso que ocasionaba disputas y guerra. Al ofrecer una nueva fundamentación para el Estado que no fuera religiosa, estaban construyendo el edificio estatal sobre nuevas bases. La explicación contractualista para el origen del Estado sustituía así a la idea de que el Estado fuera una institución divina, una creación di-

---

1. Sobre la metáfora del Estado como máquina, véase B. Stolberg-Rillinger, *Der Staat als Maschine*, 1986.

vina. Pero este proceso no fue ni lineal ni tampoco rápido, pues frente a la tendencia a buscar una fundamentación secular para el Estado, a buscar un techo común para las confesiones religiosas, hubo una tendencia opuesta en el «Derecho natural cristiano». En éste se acercaban mucho *ius divinum* y *ius naturale*, llegándose a identificar en parte. De esta manera se legitimaba el Derecho natural por la teología, se obtenía una legitimación divina y una posibilidad de criticar o desquiciar el Derecho positivo que se opusiera al Derecho natural cristiano. Tanto católicos como protestantes cultivaron este Derecho natural cristiano.

Entre los luteranos hubo influyentes expositores del mismo. Leibniz, el máximo representante de un Derecho natural cristiano, todavía intentaría a finales del siglo XVII una síntesis de éste con un Derecho natural racional. Él querrá revivir la idea de una cristiandad unida junto a la de un Estado racional moderno. Pero los intentos de Leibniz por sintetizar fe y razón, Estado mundial y Estado divino, no impidieron que se avanzara en la secularización del Estado, y no en última instancia por el pietismo que interiorizó la fe, de modo que la construcción racional del Estado se destacó cada vez más. Entre los católicos, Francisco Suárez ocupa una posición relevante.

3. El auge del Derecho natural tuvo que ver muy directamente, en tercer lugar, con el ascenso del absolutismo político. En la fase de lucha entre el Estado absoluto y sus enemigos (estamentos, nobleza, ciudades), el Derecho natural cumplió una función de favorecer la concentración del poder en una sola mano: la entrega del poder a una persona podía cumplir mejor la función de proteger a los débiles individuos y podía justificar la posición del Landesherr (el gobernante de un Estado territorial en el Imperio alemán) dentro de la jerarquía Dios-Landesherr-padre de familia. La afirmación de un derecho por encima del derecho vigente

existente se presentaba como un gran instrumento para la modernización del ordenamiento jurídico, para nivelar o eliminar situaciones jurídicas medievales. El Estado territorial, en su proceso de concentración de poder, tenía que apartar una serie de derechos especiales que venían de lejos. El derecho, construido de manera racional, ya no debería entenderse como un privilegio para una persona o grupo de personas, sino que podría aspirar a ser una norma objetiva válida para todos. Frente a la existencia de determinados ámbitos de derechos especiales, con la doctrina del Derecho natural se pudo ir abriendo paso la idea de una comunidad uniforme de súbditos, una comunidad de *subiecti,* en la que todos deberían estar sometidos, como iguales, a un mismo ordenamiento. En este sentido, la doctrina del Derecho natural daría un gran impulso a los movimientos codificadores del siglo XVIII en Prusia y Austria, sobre todo [2].

No hay que perder de vista, sin embargo, que el Derecho natural moderno del siglo XVII, tal como se formula en Pufendorf, se desarrolló en conexión con la filosofía aristotélica, todavía dominante en esa época en Alemania. Hay que señalar, asimismo, que el desarrollo y difusión del Derecho natural moderno no implicó tampoco una eliminación de los planteamientos anteriores del Derecho natural cristiano, como se manifiesta en los escritos del ya mencionado Leibniz, cuyas obras más significativas sobre el Derecho natural se publican en los últimos años del siglo XVII y primeros del XVIII.

1. Derecho natural cristiano

En las primeras décadas del siglo XVII se siguió cultivando un Derecho natural anclado en la teología, tanto protestante

---

2. M. Stolleis, *Geschichte des öffentlichen Rechts in Deutschland. Erster Band 1600-1800,* Múnich, 1988, I, pp. 276-277.

como católica, frente a cuya autoridad se irá construyendo el Derecho natural moderno clásico.

1. Respecto al Derecho natural protestante hay que señalar que existe una coincidencia muy grande entre luteranos y calvinistas. En ambas confesiones religiosas, la interpretación de la naturaleza humana coloca siempre a Dios todopoderoso por encima de ésta. Para Lutero, la voluntad de Dios es la regla de todas las cosas, y para Calvino, «la suprema norma de justicia es la voluntad de Dios»[3]. Los primeros proyectos de Derecho natural sobre cimientos luteranos, con Philipp Melanchton y J. Oldendorp en el siglo XVI, no pudieron prosperar considerablemente, pues no era realmente pensable la idea de un Derecho natural construido sobre la base de la doctrina de la corrupción de la naturaleza humana. Sin embargo, con la tercera y cuarta generación de reformadores comenzó a desarrollarse, en las universidades bajo influencia calvinista (Estrasburgo, Heidelberg, Herborn), una corriente iusnaturalista en la teoría del Estado.

El pensamiento jurídico y político de los protestantes estuvo íntimamente unido en las primeras décadas del siglo XVII a la filosofía práctica aristotélica que, si por una parte pudo contribuir a la secularización de la teoría del Estado, en parte también contribuyó al fortalecimiento de la fundamentación confesional de los territorios dentro del Imperio alemán. En este sentido, las ideas aristotélicas sobre el desarrollo de la vida buena y feliz en la comunidad política reforzaron la vinculación de los ciudadanos con su Estado territorial, apartándose de la idea universalista del Imperio. Es verdad que en los primeros tiempos de la Reforma protestante se había abandonado la tradición aristotélica, pero

---

3. Lutero, *De servo arbitrio* (1525), en *Werke*, Weimar, 1883 y ss. WA 18, 712; Calvino, *Institutio religionis christianae*, en Calvini, *Corpus Reformatorum*, vol. 30, p. 700.

pronto se recuperó. El joven Melanchton estaba convencido, entre 1518 y 1522, de que la renuncia a Aristóteles no significaba una gran pérdida, pues creía que todas las cuestiones relativas al gobierno civil podían encontrar respuesta en el Evangelio nuevo, sin necesidad de acudir al pagano Aristóteles. Pero tras la guerra de los campesinos (1524-1526) cambió enormemente la situación. Melanchton comenzó de nuevo a explicar a Aristóteles en sus clases. En 1529 publicó *In Ethica Aristoteles Commentarius,* reconociendo que Aristóteles podía suministrar elementos para el orden político que el Sermón de la Montaña no ofrecía de manera suficiente. En 1530 publicó *Commentarii in aliquot politicos libros Aristotelis,* a partir del cual se desarrolló en las décadas siguientes toda una doctrina política con bases aristotélicas en las universidades protestantes. Las ediciones de Aristóteles, en griego y en latín, y en traducciones al inglés, francés, italiano y español, fueron muy numerosas en el siglo XVI. La edición en latín de Leonardo Bruni, en Arezzo, por ejemplo, conoció 48 ediciones [4].

El aristotelismo político no fue, sin embargo, exclusivo de las «políticas» protestantes. En la primera mitad del siglo XVII *todas* las orientaciones del pensamiento (protestantismo, catolicismo, neoestoicismo) eran deudoras de Aristóteles, incluso cuando pretendían luchar contra la tradición aristotélico-escolástica.

Entre las obras que integran planteamientos políticos aristotélicos y religiosos (calvinistas en este caso) sobresalió *Politica methodice digesta* de Johannes Althusius. Su aristotelismo es evidente en su concepción de la política como una parte de la filosofía práctica, aunque al aristotelismo le superpone la concepción calvinista de que el orden político depende de la predestinación y de la justicia de Dios.

---

4. Véase M. Stolleis, *ob. cit.*, pp. 83-84.

2. Johannes Althusius nació en 1557 en una localidad bajo dominio del conde de Wittgenstein-Berleburg, en el círculo de Westfalia. El Imperio alemán estaba dividido, desde 1512, en 10 *Kreise* o círculos: Austria, Baviera, Suabia, Franconia, Alto Rin, Bajo Rin, Westfalia, Sajonia Alta, Sajonia Baja y Borgoña; estos círculos estaban, a su vez, divididos en distritos o provincias.

Estudió en la universidad de Basilea (Suiza), obteniendo el grado de Doctor en Derecho en 1586. Inmediatamente fue nombrado profesor en la universidad de Herborn, en Nassau-Dillenburg, la única universidad calvinista alemana –fundada en 1584–, donde enseñaría derecho desde 1587 a 1604 y de la que sería Rector en dos ocasiones. También trabajaría en la cancillería del condado en Dillenburg. Luego sería síndico en la ciudad de Emden (1604), en la frontera del Imperio con los Países Bajos, donde intentaría hacer lo mismo que Calvino en Ginebra, unir lo político y lo religioso luchando por la autonomía religiosa y política de la comunidad frente al poder central del príncipe de Ostfriesland. En 1610 forma parte del Consejo de la ciudad de Emden y en 1617 es miembro del Consistorio. Murió en Emden en 1638.

Es importante señalar que en Althusius hay aristotelismo, pero recubierto con planteamientos calvinistas: la teoría del derecho calvinista impregna sus ideas sobre el Derecho natural, sobre el contrato, sobre la soberanía popular [5]. Esta impregnación de doctrina calvinista deja menos sitio para el aristotelismo, menos que en el luteranismo donde el Estado, independientemente de la teología, podía fundamentarse como un orden necesario después del pecado original. Este planteamiento calvinista es lo decisivo: el fundamento de

---

5. H. Denzer, *Spätaristotelismus, Naturrecht und Reichsreform*, en I. Fetscher y H. Münkler, eds., *Handbuch der politischen Ideen*, Múnich, 1985, vol. 3, p. 242.

todo lo político está en la alianza de Dios con la comunidad elegida, con su pueblo elegido; ahí está el fundamento religioso para el pacto entre los hombres de vivir en sociedad *(Politica,* I, 2) como para el establecimiento de la autoridad mediante un contrato con obligaciones mutuas *(Politica,* XIX, XX).

Althusius acometió el intento de construir una ciencia de la política orientada por la filosofía moral, es decir, quiso construir una ciencia política normativa. Sus temas principales son el origen y la estructura de las comunidades humanas, en las que los hombres viven las reglas y leyes de acuerdo con las que se orientan estas comunidades y, el origen, ejercicio y límites del poder de los hombres sobre los hombres. A la primera parte la llama *consociatio,* a la segunda *decalogus* y a la tercera *maiestas.*

a) Althusius define la ciencia de la política como el conocimiento de la convivencia humana, el conocimiento del humano convivir, que se forma según leyes, de acuerdo con las cuales ese humano convivir se guía, conduce y conserva [6].

La *consociatio* es la comunidad humana en la que los *symbiotici,* por acuerdo expreso o tácito, se obligan mutuamente a una provisión de todo aquello que es útil y necesario para la vida social *(Politica,* I, 2). *Symbiotici* son los individuos en la comunidad humana que tienen que vivir con sus iguales, porque sólo una vida así es digna del hombre. Ese vivir en comunidad es el modo de vida que el soberano Dios ha predeterminado para los hombres. Dios ha dotado a los hombres con cualidades diferentes; esta desigualdad procede asimismo de la voluntad de Dios, y de esa desigualdad procede la necesidad de vivir juntos, de convivir. También es fundamento de la convivencia en sociedad la *imbecillitas* de los hombres y el impulso natural hacia la sociedad. Pero para

---

6. Althusius, *Politica methodice digesta,* reimpresión de la 3.ª ed., 1614, Aalen, 1981, I, 1.

Althusius el hombre no tiene una voluntad libre sin ataduras. Él no se plantea la eventual situación de los hombres en un estado presocial y dotados con una voluntad para formar la comunidad. El hombre nace dentro de comunidades. No hay sitio en su sistema para la idea del contrato social. La comunidad de hombres, el humano convivir, es una creación de Dios, sustraída al arbitrio de los hombres.

La comunidad, la *consociatio*, la piensa siempre como un organismo, es decir, como una comunidad caracterizada por ser un orden, un ordenamiento, lo cual quiere decir que la comunidad como tal tiene una tarea que realizar, es un dato del que se parte y es al mismo tiempo una tarea. Cada comunidad implica la idea de un modo de vida, tal como se desprende del decálogo, e implica asimismo un ordenamiento jurídico concreto, es decir, una relación de jerarquía, una relación de obediencia-mando. La comunidad es una unidad tanto de tipo religioso como político, porque el hombre, el *symbioticus,* es al mismo tiempo, siguiendo el modelo calvinista, cristiano y ciudadano.

b) La comunidad tiene como regla de vida, *regula vivendi,* el decálogo. Sus mandamientos, la piedad de la primera tabla y la justicia de la segunda, constituyen las reglas de la vida. El decálogo, como ley de Dios, se convierte en la ley fundamental política *(Politica,* XXI, 41). Ambas tablas de los mandamientos son imprescindibles: tanto la piedad como la justicia. Es decir, por un lado los deberes para con Dios, pues Althusius no puede imaginarse una comunidad humana no cristiana, y, por otro, los deberes para con los hombres, para con los otros. Estos deberes, en los que consiste la justicia, no se pueden pensar sin tomar en consideración los deberes para con Dios. Es decir, que el amor a Dios es el fundamento del amor al prójimo; éste es producido por aquél. Los mandamientos de la primera tabla están por delante de los de la segunda, nadie puede prescindir de ellos.

La construcción de la colectividad social, del conjunto social, representa para Althusius un desarrollo orgánico desde las comunidades humanas más reducidas a las más amplias. Cada comunidad más amplia abarca varias comunidades más reducidas, que son miembros de aquélla. Cada comunidad es una unidad de varias unidades distintas, contiene un elemento centralista y un elemento federativo. Por encima de la familia, la provincia *(das Land)* está la *consociatio publica universalis maior* (la comunidad política más amplia). Althusius la define en *Politica,* IX, 3, como comunidad integrada por varias comunidades en parte naturales y originarias, en parte públicas. Se le llama comunidad general o todo político, estado o imperio *(imperium, regnum, res publica, populus in corpus unum);* está formado por un pueblo unido. El Estado no es una comunidad humana originaria, y tampoco está formado por la reunión de individuos; sus miembros no son individuos *symbiotici*. El Estado es más bien el producto de un largo desarrollo de comunidades, que conduce desde la familia, pasando por la comunidad municipal y territorial a un todo político más amplio. El Estado es como un organismo cuyos miembros son las otras varias comunidades humanas que existen. Sus miembros son las ciudades, las provincias, los Estados territoriales *(Landschaften)*, que se han puesto de acuerdo en la formación de un cuerpo *(Politica,* IX, 5). El Estado es un todo, un conjunto estructurado, organizado, jerarquizado; es una unidad en la diversidad. Y como en esta esfera no entran en consideración los individuos, los hombres particulares, el Estado no se puede entender como fruto de un contrato social. No hay en Althusius dónde anclar la idea del contrato social o contrato de sociedad. Y por eso no conoce tampoco ninguna distinción entre Estado y sociedad. Él conoce ciertamente la diferenciación entre privado y público, pero esto significa algo totalmente distinto a la diferenciación entre Estado y sociedad. Privado y público hace referencia a que la actividad del Estado beneficie al individuo o beneficie a la colectividad. La expresión que Althusius utiliza para denominar lo que nosotros llamamos Estado es la de *consociatio publica universalis maior,* aunque emplea igualmente otros conceptos que significan lo mismo como *imperium, regnum* o *res publica.*

c) El poder máximo del Estado es la *maiestas,* la soberanía. Es un poder que sólo tiene el cuerpo político máximo, no los municipios, ni las provincias. Pero el carácter soberano de ese poder no tiene la misma significación que en Bodino. Como calvinista convencido, Althusius entiende que el poder es siempre de Dios; el poder es siempre un servicio al prójimo, al ejecutar los hombres el poder de Dios. El poder es siempre aplicación, ejecución de una *aliena potestas,* de un poder de otro. A esto le da mucha importancia Althusius. Su *Politica* pretende demostrar precisamente que ese fenómeno de la soberanía no puede ser algo que pertenezca como propio a un hombre particular, a un gobernante *(Herrscher).* En contraposición a Bodino dice Althusius: «Regni propietas est populi, et administratio regis» *(Politica,* IX, 4). En este punto se remite expresamente a Aristóteles, Cicerón y san Agustín: Althusius entiende al pueblo en su conjunto, en su orgánica estructura, como propietario del Estado, y ve al gobernante sólo como el administrador de este poder. «Sólo el pueblo, es decir, los miembros reunidos en el Estado, tienen el poder *(Macht)* de establecer el *ius regni,* como poder soberano, y de obligarse con él» *(Politica* IX, 16).

El pueblo de que habla Althusius es el pueblo de Dios, el pueblo elegido por Dios, elección que se hizo mediante la alianza firmada entre Dios y ese pueblo. Esta alianza, este *pactum religiosum,* hace de Dios el soberano, el señor soberano, de ese pueblo. Esto significa que la soberanía sólo se puede ejercer en la tierra como representación de la soberanía divina, y significa también que la comunidad de los creyentes es, al mismo tiempo, la comunidad política. La diferencia con Bodino está, por tanto, en que el poder soberano no lo entiende Althusius como *puissance absolue,* es decir, como poder desligado de las leyes. Tampoco acepta que la soberanía sea un poder originario, un derecho no derivado, que se entregue de una vez por todas al gobernante sin ninguna condición. Para Althusius todo gobernante está ligado a las leyes de Dios y también al Derecho positivo, pues si estuviera desligado del Derecho positivo lo estaría también del Derecho divino y natural. Una ley positiva que no estuviera de acuerdo con la justicia divina y natural, no sería realmente ley *(Politica,* IX, 21). La *maiestas,* el supremo poder del Estado, es para Althusius *summa potestas,* poder supremo. Pero ser *summa potestas* no quiere decir un poder desligado de las leyes, sino que «supremo» quiere decir que todos los demás poderes dependen de él, parten de él y a él vuelven. El poder supremo del Estado es eterno y sin limitación temporal, porque el pueblo, al que le pertenece, es eterno y no muere nunca. Ese poder es único e indivisible en el Estado. «La diferencia con Bodino está en que éste atribuía el poder al gobernante, y Althusius al Estado mismo, al que entiende como *populus in corpus unum,* y al que convierte en detentador de la soberanía»[7].

En la base de la diferencia entre Bodino y Althusius está la distinta concepción del Derecho natural. En Althusius, como calvinista, el centro de su doctrina está ocupado por Dios como soberano. El hombre es criatura, creación de Dios. Y como tal no puede tener nunca poder soberano sobre los otros hombres, lo cual quiere decir que no puede tener un poder que se desligue de la ley divina –por tanto, del Derecho natural–, ni tampoco de las leyes positivas que se derivan de esa ley. El poder soberano en la tierra sólo puede

---

7. Así piensa Winters, *Johannes Althusius,* en M. Stolleis, ed., *Staatdenker im 17. und 18. Jahrhundert,* Frankfurt, 1987, 2.ª ed., p. 46.

ser un poder derivado de la soberanía divina y ese poder en la tierra sólo puede residir en el pueblo como *corpus symbioticum,* como *populus Dei,* unido en alianza/pacto con Dios; y el poder de este *populus* sólo es un poder para ejecutar, para administrar el poder divino. En la alianza con Dios, éste sólo le entrega ese poder de administración o ejecución.

La entrega del poder por parte del pueblo al gobernante la piensa Althusius de manera análoga al *pactum religiosum,* a la alianza de Dios con su pueblo elegido. Es para él como un segundo pacto, que completa el pacto o alianza religiosa. La entrega del poder al gobernante la describe como un contrato de mandato, que está caracterizado por obligaciones mutuas. Althusius se sirve de la figura del contrato de dominación, de poder, pero sin embargo no lo puede entender sin la alianza o pacto religioso. Este contrato o pacto vincula a las dos partes y no puede ser rescindido por ninguna de las partes. Contiene las obligaciones del gobernante, del mandatario, respecto al pueblo, y del pueblo respecto a la ley de Dios y a las leyes del Estado. «El gobernante no está por encima de las leyes, sino las leyes por encima del gobernante» *(Politica,* XVIII, 37). El pacto se ha hecho entre los representantes del pueblo, y, por consiguiente, del Estado –los llamados éforos– y el *summus magistratus.* El *summus magistratus* puede ser un monarca o un colegio aristocrático, o bien una representación popular (son tres formas de gobernar; no hay formas distintas de Estado, pues sólo hay una).

Con la denominación de éforos se refiere Althusius a los estamentos del Imperio. Con esa misma significación se encuentra en Calvino *(Institutio,* IV, 20, 31) y en Melanchton[8]. Los éforos son las autoridades a las que el pueblo les ha encomendado la tarea de representar sus derechos –siempre en

---

8. Melanchton «Commentarii in librum III Politicorum Aristotelis», en *Philippi Melanchtoni Opera quae supersunt omnis, Corpus Reformatorum,* vol. 16, col. 440.

nombre del pueblo– ante el gobernante, sea dándole consejo o realizando alguna acción. Cuidan, sobre todo, de que ninguna norma ni ningún cargo sobrepase los límites de su puesto público. Velan para que quien ejerce el poder supremo no dañe al todo político por sus tendencias particulares, con su hacer u omisión *(Politica,* XVIII, 48). Los éforos representan, en conjunto, como colegio, al pueblo. Althusius menciona como éforos a los *Kurfürsten,* es decir, los príncipes electores, y también habla de los éforos especiales, como los príncipes, los duques, condes, nobles, alcaldes... que tienen una representación territorial parcial.

d) Como por el contrato de poder, de dominación, se le entrega al gobernante la administración de un bien no propio en beneficio del comitente, cuando se administra bien hay justicia; pero cuando no se administra bien, hay que quitarle la administración. Sólo los éforos tienen el derecho a una resistencia activa, y los éforos lo tienen no sólo en cuanto que colegio, en cuanto que corporación, sino como autoridades inferiores sobre una parte determinada del Imperio, como los alcaldes o los señores territoriales, y cuando el tirano amenaza a sus súbditos o al territorio que les ha sido confiado. El tirano del que trata Althusius es el *tyrannus exercitio (Politica,* XXXVIII, 3). Pero el ejercicio del derecho a resistir al tirano debe hacerse cumpliendo una serie de condiciones (que la tiranía sea conocida, que insista en ese ejercicio tiránico a pesar de las observaciones que se le hagan, que sea el único medio...). Esta resistencia sólo pueden hacerla en cualquier caso los representantes, nunca los ciudadanos particulares. Es un derecho, además, para evitar que el orden político se altere, es un derecho para conservar el orden existente, no es un derecho que se pueda utilizar para transformar el orden existente, no es un derecho a hacer una revolución transformadora de la realidad política actual. En ese sentido sigue la línea de Calvino en *Institutio,*

IV, cap. 20, sec. 31. Se trata, con ese derecho de resistencia, de evitar la arbitrariedad de los reyes. Es, por otra parte, un deber de las autoridades resistir a la autoridad tiránica, un deber que tienen por su cargo y por su función de representantes. Las autoridades que se resisten a un tirano en ejercicio están cumpliendo un mandamiento divino. Este derecho y este deber a ejercer resistencia dentro de un procedimiento ordenado sirve en Althusius, sobre todo, al equilibrio de los poderes, al control futuro de los detentadores de poder, tanto del poder de dominación como de administración. Aunque es incorrecto llamar a Althusius padre del Estado de derecho, al menos la idea del control y del equilibrio de los poderes, que se asocia al Estado de derecho, sí está pensada ya en Althusius [9].

No obstante, la interpretación de Althusius como representante de una teoría del Estado basada en un Derecho natural secularizado y como creador de una teoría del contrato social, expuesta por Gierke en 1880 (*Johannes Althusius und die Entwicklung der naturrechtlichen Staatstheorien*, 48, 99), ha sido objeto de serias objeciones recientemente. La misma crítica alcanza a la interpretación de C. J. Friedrich (*Johannes Althusius und sein Werk in Rahmen der Entwicklung der Theorie von der Politik*, Berlín, 1975, 9), que, en la línea de Gierke, veía a Althusius como un teórico del Estado constitucional. Ciertamente, Althusius pretendía elaborar una ciencia de la política autónoma, distinta y separada de la teología y de la filosofía, como escribe expresamente en el prólogo a *Politica methodice digesta* (1603; 2.ª ed., 1610). Pero su novedad, sin embargo, radica no en el contenido ni en el marco de su planteamiento, sino en el método de exposición. Este método de exposición, el de la lógica de Petrus Ramus –de divisiones y subdivisiones de conceptos–, es lo que aporta de mayor novedad este calvinista convencido,

---

9. P. J. Winters, *ob. cit.*, p. 49.

cuyos conceptos políticos básicos toma de la teología calvinista[10]. En su *Politica* no hay tanto un principio nuevo de conocimiento como una forma de exposición distinta.

3. La escolástica católica de los siglos XVI y XVII, básicamente española, logró, en su lucha contra la doctrina protestante, una elevada significación para la filosofía política y para la doctrina del Derecho natural. Los escolásticos católicos elaboraron una filosofía jurídica que pudiera dar respuesta a los problemas teóricos surgidos con la conquista y la colonización de América. Por otra parte, analizaron los problemas de la delimitación de una nación católica propia respecto a las pretensiones de poder del Papa. La doctrina elaborada sobre estos dos conjuntos de problemas alcanzaría una profunda significación para el ulterior desarrollo del Derecho natural cristiano y para el Derecho internacional de la Edad Moderna.

Dentro del prestigioso grupo de teólogos y juristas católicos españoles se puede decir que Francisco Suárez ocupa una especial posición, como uno de sus máximos representantes y culmen del pensamiento escolástico español.

Nació Francisco Suárez en Granada, en 1548, ingresando muy joven en la Compañía de Jesús. Después de enseñar en varios colegios de la Compañía, fue llamado a la Universidad de Coimbra en 1597 para explicar Teología. En Coimbra se publicarían sus dos grandes obras de pensamiento jurídico y político: el tratado *De Legibus ac Deo legislatore (Las Leyes)*, en 1612, y la *Defensio fidei catholicae et apostolicae adversas anglicanae sectae errores (Defensa de la fe)* en 1613, escrito por deseo del papa Paulo V para responder a las pretensiones absolutistas de Jacobo I de Inglaterra.

Suárez, como los otros teólogos, se remite también a la tradición aristotélico-tomista, pero diseña un sistema de

---

10. Véase P. J. Winters, *ob. cit.*, p. 31.

Derecho natural más complejo que el de sus contemporáneos, «que permite una adaptación a las cambiantes estructuras sociales y que puede suministrar un fundamento para la teoría política, que no necesita ya propiamente de una legitimación divina»[11]. En este punto se centrará precisamente la crítica de Suárez a los protestantes, punto de referencia esencial para entender el pensamiento escolástico.

a) Al tratar la ley natural, Suárez no duda en afirmar que la ley natural consiste con toda propiedad en un juicio actual de la mente, pero añade que también puede llamarse ley natural la luz natural del entendimiento, dispuesta a dictaminar sobre lo que se va a hacer, pues aunque los hombres no piensen ni juzguen nada, de hecho conservan la ley natural en sus corazones. En el legislador, la ley natural no es otra cosa sino la ley eterna –que san Agustín había definido como razón y voluntad de Dios que ordena conservar el orden natural y prohíbe romperlo– y en los súbditos no es sólo el juicio actual, sino también la luz misma, la cual contiene permanentemente escrita esa ley y puede actuarla siempre de nuevo *(Las Leyes,* II, 6, 14).

Al afirmar la capacidad inherente a todo hombre para captar la ley natural, los escolásticos estaban elaborando un elemento decisivo para rechazar la posición luterana de que el establecimiento de la comunidad política había sido directamente ordenado por Dios. Los escolásticos, en cambio, pretendían afirmar que las repúblicas seculares son organizadas por sus propios ciudadanos para determinados fines. Pero los escolásticos tenían que demostrar no sólo que los hombres tenían posibilidades para crear una comunidad política sino también que la comunidad política era necesa-

---

11. U. Bermbach, *Widerstandsrecht, Souveranität Kirche und Staat: Frankreich und Spanien im 16. Jahrhundert,* en I. Fetscher y H. Münkler, eds., *Handbuch der politischen Ideen,* Múnich, 1985, vol. 3, p. 155.

ria. Los luteranos, precisamente, lo que habían puesto en duda era la necesidad del orden político, al entenderlo realmente como una creación de Dios y no como una institución humana.

b) La necesidad de la comunidad política y la justificación del poder político en ella deben ser entendidas desde la explicación suareciana del estado de naturaleza del hombre. Para Suárez, el estado de naturaleza es un estado de libertad, igualdad e independencia, en la que no hay poder político: Adán no tenía en la naturaleza una supremacía política. El *status naturae* no incluye ningún derecho de dominio, había escrito Molina. Suárez dice expresamente que todos los hombres nacen libres, por la naturaleza de las cosas, y de allí se sigue que nadie tiene jurisdicción política sobre nadie. El poder de Adán era un poder realmente doméstico, no un poder político como el de un rey sobre su descendencia.

Pero esta condición natural del hombre, sin leyes positivas, no es un estado de una absoluta carencia de leyes, pues hay una ley propia de la naturaleza, conocida por toda la humanidad como «una sola ley en todos los tiempos y en cada estado de la naturaleza humana»; por lo tanto, ningún hombre puede ignorar sus principios primeros. Esta condición natural del hombre tampoco consiste en que el hombre estuviera solo. Los escolásticos, y Suárez concretamente, consideran natural que los hombres vivan en sociedades. El hombre es ciertamente un animal social; la condición natural del hombre es social, pero no política. Si la condición natural del hombre fuese la de vivir en solitario, en un estado no sólo prepolítico sino también presocial, a la hora de explicar el poder en la sociedad/comunidad política que los hombres hubieran formado, habría que derivar el poder de los hombres como individuos particulares, mientras que Suárez, por el contrario, insistirá en que el poder de la comunidad no existe en los hombres individualmente sino en el conjunto de ellos. La condición natural del hombre es, por tanto, social pero no política. Y ¿cómo explica Suárez el paso a la comunidad política? A la comunidad política la define Suárez como la comunidad perfecta, que se gobierna por verdadera jurisdicción dotada de fuerza coactiva, que es la que dan las leyes *(Las Leyes,* I, 6, 21). Frente a ésta habla de comunidad imperfecta referida a la casa particular, a cuyo frente está el padre de familia, que es una comunidad que no se basta a sí misma. Como esta comunidad no se basta a sí misma para conseguir la felicidad humana, es decir, como los elementos de esta comunidad no se prestan mutuamente el suficiente apoyo y ayuda que una sociedad humana necesita para lograr su fin y su conservación, dice Suárez que esta comunidad imperfecta «está ordenada, de una manera –como quien dice natural– como la parte al todo, a pertenecer a una sociedad perfecta» *(Las Leyes,* I, 6, 22).

c) El siguiente problema que se plantea Suárez es si los hombres, hablando solamente conforme a la naturaleza de la cosa misma, pueden mandar a los hombres obligándolos con verdaderas leyes. La razón para dudar de ello podría ser que el hombre por su naturaleza es libre y a nadie está sujeto sino solamente a su criador. Por lo tanto, parecería que la soberanía humana va en contra del orden natural e incluye tiranía. Pero Suárez concluye que la magistratura civil dotada de poder temporal para gobernar a los hombres es justa y muy conforme a la naturaleza humana. Dice que ésta es una tesis cierta de fe, que puede probarse suficientemente con el ejemplo del mismo Dios cuando estableció tal régimen en el pueblo judío, primero por medio de jueces, después por medio de reyes, los cuales sin duda tenían la soberanía y el poder sobre las cosas temporales *(Las Leyes,* III, capítulo 1, 1-2). Otro argumento que da es que «el hombre es un animal social y, de una manera natural y recta, tiende a vivir en comunidad» *(Las Leyes,* III, 1, 3) y recuerda que en una comunidad perfecta es necesario un poder a cuyo cargo esté el gobierno de la comunidad. También esto parece evidente por sus mismos términos; la naturaleza no falta en las cosas necesarias; luego, de la misma manera que la comunidad perfecta es conforme a la razón y al Derecho natural, así también lo es el poder para gobernarla, sin el cual habría la mayor confusión en tal comunidad *(Las Leyes,* III, 1, 4). Ningún cuerpo puede conservarse si no hay algún principio al cual le corresponda procurar y buscar el bien común del cuerpo. Esto le parece claro en el cuerpo natural y añade que lo mismo enseña la experiencia tratándose del cuerpo político *(Las Leyes,* III, 1, 5). La razón que le parece convincente es que cada uno de los miembros particulares mira por su conveniencia particular, la cual muchas veces es contraria al bien común, y a veces hay muchas cosas que son necesarias para el bien común, las cuales no son tan necesarias para cada uno de los particulares, y aunque a veces sean necesarias, no se procuran porque sean de interés común sino porque son de interés particular: por lo tanto, concluye, en una comunidad perfecta es necesario un poder público al cual le corresponda por oficio buscar y procurar el bien común. De todo esto se deduce con evidencia la honestidad y necesidad de un magistrado civil, nombre con el que no se quiere dar a entender otra cosa que un hombre o grupo de hombres en quien resida dicho poder de regir a la comunidad perfecta, pues es cosa clara que tal poder debe residir en hombres: en efecto, a los hombres –conforme a su naturaleza– no los gobiernan políticamente ángeles ni Dios mismo inmediatamente, luego es necesario y natural que los gobiernen los hombres *(Las Leyes,* III, 1, 5).

La necesidad y naturalidad de la comunidad política y del poder que en ella se ejerce de unos sobre otros no están en contradicción, según Suárez, con la libertad natural en que el hombre fue creado. Ciertamente, éste no ha sido criado ni ha nacido sujeto al poder de soberano alguno humano, sin embargo ha nacido capaz de sujeción a él. Por consiguiente, el estar de hecho sujeto a él, aunque no tiene un origen inmediato natural, tampoco es contrario a ningún precepto del Derecho natural *(Las Leyes,* III, 1, 11). La soberanía humana no es congénita a la naturaleza, pero tampoco es contraria a ella *(Las Leyes,* III, 1, 12).

d) Afirmada la necesidad de la comunidad política, se pregunta Suárez quién tiene el poder en la comunidad. Según él, el poder de dominar o de gobernar políticamente a los hombres no se lo dio Dios inmediatamente a ningún hombre en particular. El poder político no comenzó hasta que varias familias comenzaron a reunirse en una sociedad perfecta. Por consiguiente, así como esa comunidad no comenzó con la creación de Adán ni por solo su voluntad sino por la de todos los que se reunieron en ella, no tenemos base, afirma Suárez, para decir que Adán, por la naturaleza de la cosa, tuvo el primado político en esa comunidad, porque eso no puede deducirse de ningún principio natural, ya que, en fuerza de sólo el Derecho natural, al progenitor no se le debe que sea también el rey de su descendencia *(Las Leyes,* III, 2, 3).

Este poder reside, en virtud del Derecho natural, en la comunidad humana. El poder de la comunidad política es un poder que reside en los hombres mismos, pero no en cada uno de ellos ni en alguno en particular sino en el conjunto *(Las Leyes,* III, 2, 4). Suárez entiende que la multitud humana puede ser vista no como un mero agregado de individuos, sino que se la puede considerar más bien como un «cuerpo». Se puede considerar que los hombres, por un deseo especial o consentimiento general, se reúnen en un cuerpo político con un vínculo de sociedad y para ayudarse mutuamente en orden a un fin político, de la misma manera que forman un cuerpo místico, que forma una unidad moral por su naturaleza. Un cuerpo, concluye Suárez, tiene necesidad de una cabeza; tiene ella misma, como cuerpo, poder para darse esa cabeza. Ese poder lo tiene la comunidad como tal, por la misma naturaleza de la cosa, de modo que los hombres no pueden formar una sociedad e impedir al mismo tiempo ese poder *(Las Leyes,* III, 2, 4). Si los hombres quisieran ambas cosas, es decir, reunirse en una comunidad pero con la condición de no quedar sujetos a este poder, esa actitud sería contradictoria y no conseguirían nada. La razón que da Suárez es que sin gobierno político no puede concebirse la unidad de este cuerpo. La unidad del cuerpo político resulta precisamente, en gran parte, de la sujeción a un mismo régimen y a un poder superior y del hecho de que, de no ser así, ese cuerpo no podría ser dirigido a un mismo fin y al bien común. Por lo tanto, concluye,

es contrario a la razón natural el que se dé una comunidad humana que se una en forma de un cuerpo político y que no tenga algún poder común, al cual cada uno de los miembros de la comunidad esté obligado a obedecer: por eso si ese poder no reside en alguna persona determinada, es preciso que resida en toda la comunidad *(Las Leyes,* III, 2, 4).

Ahora bien, el poder no se da en la multitud humana de tal manera que necesariamente haya de existir uno solo en todo el conjunto de los hombres que existen en todo el mundo *(Las Leyes,* III, 2, 5). Suárez combate así a los imperialistas, que defendían la existencia de un solo príncipe con poder temporal sobre todo el mundo. Suárez afirma, por el contrario, que el poder de dar leyes humanas propias y particulares nunca fue uno solo y el mismo en todo el género humano sino que se dividió por comunidades según esas mismas comunidades se iban fundando y dividiendo. Aunque existiera un imperio universal, nunca podría ser legítimo *(Las Leyes,* III, 2, 6).

e) El poder, por su naturaleza, inmediatamente reside en la comunidad; por lo tanto, para que comience a residir justamente en alguna persona como en un soberano, afirma Suárez, es preciso que se le entregue con consentimiento de la comunidad *(Las Leyes,* III, 4, 2). Este concepto del consentimiento es invocado por Suárez y otros escolásticos para explicar, en definitiva, cómo es posible que un hombre libre se convierta en súbdito de una república legítima. El consentimiento explica, por tanto, cómo se forma un poder legítimo en la comunidad política, pero no se utiliza para pretender legitimar toda acción concreta de gobierno, pues los gobernantes harán uso del poder que han recibido de la comunidad como verdaderos dueños:

El poder se halla en la comunidad por entrega inmediata de Dios, y de esta forma la comunidad lo transfiere al soberano para que haga uso de él como verdadero dueño y como quien lo tiene en virtud de su cargo *(Las Leyes,* III, 4, 9).

Aunque el poder sea de Derecho natural, para Suárez su concreción en una determinada forma de poder y gobierno depende de la libre voluntad humana. Él afirma que si bien el poder está en la comunidad, el Derecho natural no obliga a la disyuntiva de que o toda la comunidad lo ejercite inmediatamente por sí misma o que lo conserve siempre en sí misma. Es más, como el hacerlo así sería moralmente muy difícil, porque serían enormes la confusión y la lentitud si las leyes tuviesen que darse por votación de todos, los hombres lo concretan en alguna de las formas de gobierno tradicionales –monarquía, aristocracia, democracia–, que son las únicas que pueden concebirse, considerando Suárez a la monarquía como la mejor forma de gobierno *(Las Leyes,* III, 4, 1).

f) La idea, sin embargo, de que toda política legítima debe originarse en un acto de consentimiento, tal como la elaboró Suárez siguiendo una tesis común en la escolástica, aportó las coordenadas básicas para el tratamiento del mismo tema por algunos de los más destacados escritores constitucionalistas del siglo XVII [12]. Por otra parte, en relación con los protestantes, la doctrina de los escolásticos españoles, y especialmente la de Suárez, representa una refutación de la doctrina luterana, no sólo respecto a la concepción de la Iglesia sino también respecto a la concepción de la política que había desarrollado la Reforma protestante. En el primer punto combatirán la idea luterana de la Iglesia como una *congregatio fidelium* y la doctrina de la *sola scriptura*. En lo que concierne a la vida política, combatirán el principio luterano de que el hombre no posee una justicia intrínseca, principio básico de donde considera Suárez que se derivan todas las demás herejías. Siguiendo al también jesuita Roberto Bellarmino (1542-1621), entiende que el principal argumento de los luteranos es que

niegan la verdadera justicia y la necesidad de las obras para ella, pues dicen que los hombres se justifican por la sola aceptación o no imputación extrínseca de Dios... y dicen que esta fe basta para la salvación prescindiendo de las obras que haga el hombre *(Las Leyes*, I, 18, 2).

Suárez piensa que es un error no reconocer que la comunidad política no es algo dado por Dios, sino simplemente hecho por el hombre y que, por consiguiente, el fundamento del poder no está en la gracia sino en la naturaleza. Es también un error, argumenta Suárez, afirmar que el poder político presuponga algún don sobrenatural en el gobernante; para ejercer el poder no se requiere en absoluto que el gobernante sea piadoso o incluso que haya sido bautizado. En este sentido, critica igualmente la tesis de Wicleff y Huss, que afirman que «los príncipes malos o infieles no tienen poder civil y, por consiguiente, no pueden obligar con leyes a sus súbditos» *(Las Leyes*, III, 10, 1). Para Suárez no es posible que algo sea un precepto de la ley civil sin ser precepto de la ley de la

---

12. Véase Q. Skinner, *Fundamentos del pensamiento político moderno*, México, 1986, II, p. 169.

naturaleza. Aceptar la tesis de la posibilidad de desobediencia a los gobernantes legítimos por ser infieles significaría, en Suárez, aceptar que uno se puede apartar de la ley natural. Bellarmino había escrito asimismo que las leyes civiles positivas no obligan menos en conciencia que la propia ley divina («*De Membris Ecclesiae*», *Opera Omnia*, vol. 3, 17). El poder de dar leyes civiles, concluye, por tanto, Suárez, no depende de la fe o la moral del gobernante.

4. Con Hugo Grocio, conocedor y continuador de la doctrina escolástica, se da un impulso importante hacia la modernización del Derecho natural, aunque él mismo esté todavía dentro de las coordenadas tradicionales. Pero será en discusión con su obra como Pufendorf podrá fundar el Derecho natural moderno.

Hugo Grocio (Grotius) nació en Delft (Países Bajos), en 1583, hijo de un prestigioso ciudadano que sería posteriormente secretario de la Universidad de Leiden. Hugo, niño prodigio de capacidades excepcionales, comenzó sus estudios universitarios en 1594, con once años de edad, en Leiden, donde cursó materias de lenguas clásicas, teología y derecho. Cuando tenía quince años formó parte de la legación holandesa ante Enrique IV de Francia y poco después recibía el título de Doctor en derecho por la Universidad francesa de Orleans (1598). Al año siguiente recibía la licencia para ejercer de abogado en Holanda.

En 1608, la Compañía Holandesa de las Indias Orientales acudió a Grocio para solicitarle un informe jurídico. Los holandeses habían apresado un barco portugués y habían requisado todo su cargamento. Algunos empleados de la Compañía tenían reservas sobre si, en conciencia, se podían quedar con todo aquello. El informe de Grocio consistió en la reelaboración de uno de los capítulos de su libro *De iure praedae*, capítulo que apareció en 1609 de manera anónima con el título *Mare liberum*. La tesis de la libertad de comercio y de los mares que Grocio postulaba allí le valió la inclusión de su opúsculo *Mare liberum* en el índice de libros prohibidos porque Grocio se oponía a los derechos de los portugueses derivados del tratado de Tordesillas del papa Alejandro VI.

De 1612 a 1616 fue síndico de la ciudad de Rotterdam, siendo elegido entonces miembro de los Estados Generales, es decir, del cuerpo legislativo de los Países Bajos. Un escrito publicado en 1613, *Ordinum Hollandiae ac Westfrisiae pietа,* le situó del lado de los partidarios del profesor Arminius en la polémica religioso-política que este profesor sostenía contra el profesor Gomarus, también de la universidad de Leiden. El Sínodo de Dordrecht (13 de noviembre de 1618) condenó a los partidarios de Arminius. Su cabecilla, Oldenbarneveldt, amigo de Grocio, fue ejecutado y el propio Grocio fue condenado a cadena perpetua y al embargo de sus bienes. Pudo escapar de la cárcel del castillo de Loevestein y huyó a París, donde vivió de 1621 a 1631. En esta ciudad publicó su libro *De iure belli ac pacis libri tres,* en 1625. Se le ofreció la nacionalidad francesa, que no aceptó. Volvió a su país, pero de nuevo tuvo que salir y en 1634 entró al servicio diplomático de la corona sueca, actuando como legado sueco en París de 1635 a 1645. En este año, viajando por mar desde Suecia, un accidente marítimo lo arribó a las costas de Pomerania (Alemania). Murió en Rostock en 1645.

La obra que le hizo famoso internacionalmente y a partir de cuyos comentarios se formó el Derecho natural moderno, *De iure belli ac pacis libri tres,* conoció once ediciones latinas y doce holandesas entre la fecha de su publicación y el final de la Guerra de los Treinta Años en 1648. Pero igualmente conoció un enorme éxito y gozó de gran influencia su obra *De veritate religionis Cristianae,* publicada en Leiden en 1627.

a) También Grocio se desenvuelve en el mundo del pensamiento aristotélico. Su definición del Estado remite a Aristóteles: «Coetus perfectus liberorum hominum, iuris fruendi et communis utilitatis causa sociatus» *(De iure belli ac pacis,* I, 1, 14:1), así como su concepción de la justicia como la virtud más perfecta. Pero, al mismo tiempo, para Grocio la política de Aristóteles no representa nada más que una ciencia política descriptiva, que no le ofrece fundamento para el Derecho natural *(De iure belli ac pacis,* Prol. 57). El fundamento para su Derecho natural como un orden normativo lo encuentra en la teoría estoica de la *Oikeiosis,* es decir, en la existencia de un *appetitus societatis* del que surgen todas las formaciones sociales. El *appetitus societatis* es utilizado por Grocio para inferir el orden del derecho y de la sociedad, no ya de una ley natural universal, sino de las condiciones peculiares y propias de la naturaleza del hombre. Este «instinto social» no es un instinto hacia una comunidad cualquiera, sino hacia una comunidad pacífica y racionalmente ordenada *(De iure belli ac pacis,* Prol. 6).

b) En la concepción del Derecho natural, Grocio trata de superar la antinomia entre intelectualismo y voluntarismo. La definición de Derecho natural que ofrece en *De iure belli ac pacis,* I, 1,10, lo aproxima a la primera posición, al entender el Derecho natural como

precepto de la recta razón, que nos indica que una acción es moralmente mala o que exige moralmente ser hecha por su no adecuación o adecuación a la misma naturaleza racional, y que, por ello, Dios, como autor de la naturaleza, la prohíbe o la ordena.

Pero hay otros testimonios posteriores que muestran su acercamiento al voluntarismo, en el sentido de que las esencias de las cosas son así porque Dios las ha prescrito [13].

c) La aportación de Grocio al Derecho natural moderno se ha visto tradicionalmente en la separación entre derecho y moral, pero no debe perderse de vista que el derecho

13. Véase H. Wenzel, *Filosofía del derecho,* Madrid, 1974, p. 131.

en Grocio no pierde su base moral, pues ambos residen en el mandato divino de la socialidad. La afirmación grociana de que las normas racionales podrían existir incluso si Dios no existiera, «no fundamenta una separación de la doctrina del Derecho natural respecto a la tradición teocéntrica» [14]. Por eso, para algunos, Grocio no puede ser considerado el fundador del Derecho natural moderno [15], pues reservan este mérito a Thomas Hobbes. En cualquier caso, sí existen algunos impulsos en Grocio hacia la secularización del Derecho natural cristiano. Lo que Grocio intenta hacer realmente es llenar el vacío surgido tras la destrucción del *Corpus Christi mysticum:* él pretende renovar la *res publica christiana,* sin monarquía universal imperial y sin supremacía papal, dándole al derecho –separado de la teología y de la moral– una nueva ética, protestante-humanista, de tolerancia y equilibrio pacífico. Su Derecho natural y de los pueblos es afirmación, y confirmación, de la unidad de la cristiandad de la humanidad. En *De veritate religionis Christianae* recomienda la tolerancia en todas las controversias sobre el dogma y declara su respeto por todas las religiones positivas, siempre que admitan la existencia de Dios y un alma inmortal. El elemento de modernidad más sobresaliente de Grocio está quizás en esta manera humanista de pensar, con la que intenta superar el hecho de la división de la fe religiosa.

2. Derecho natural moderno

Los planteamientos de Grocio y de Hobbes dieron los impulsos definitivos para la construcción del Derecho natural

---

14. Ch. Link, *Herrschaftsordnung und Bürgerliche Freiheit die Grenzen der Staatsgewalt in der deutschen Staatstheorie vom Beginn der Aufklärung bis zum Ende des alten Reiches,* Colonia, Viena, 1977, p. 343.
15. Ilting, «Naturrecht», en O. Brunner y otros, *Geschichtliche Grundbegriffe,* Stuttgart, 1978, vol. 4, p. 280.

moderno, que iba a tener en las universidades alemanas de los siglos XVII y XVIII a algunos de sus máximos exponentes. El primero de los grandes maestros fue Pufendorf.

1. *Samuel Pufendorf (1632-1694)*

Hijo de un pastor luterano, nació en Dorfchemnitz (Sajonia), en 1632. Estudió en la Universidad de Leipzig, 1650-1655, donde aprendió la ortodoxia luterana y un aristotelismo anquilosado. En Jena, 1656-1658, descubriría el Derecho natural como la tarea de su vida. Su primera obra de Derecho natural se publicó en La Haya, en 1660, con el título *Elementorum iurisprudentiae universalis libri 2,* donde intenta construir el edificio del Derecho natural deductivamente, exponiendo los conceptos básicos de estamento, persona, poder, derecho, ley, obligación, etcétera.

En 1661 lo llamaron a la Universidad de Heidelberg, a la primera cátedra de Derecho natural e internacional que se había creado en Alemania. En su vida académica se encontró con la oposición de los aristotélicos y también con la de los profesores de Derecho constitucional, pues en un libro publicado por él en 1667, bajo el seudónimo de Severinus de Monzambano Veronensis, había criticado la manera existente de tratar el Derecho constitucional del Imperio [16]. Decepcionado del ambiente académico se marchó, en 1668, a la Universidad de Lund (Suecia), como *Professor ethices et politices* en la Facultad de Filosofía, y como *Primarius professor iuris naturae et gentium* en la Facultad de Derecho. Pocos años después aparece su gran libro *De iure naturae et gentium* (Lund 1672) y un compendio para las clases con el títu-

---

16. El título del libro era *De Statu Imperii Germanici ad Laelium Fratrem, Dominum Trezolani, liber unus, Genevae* (realmente La Haya), *apud Petrum Columesium 1667.*

lo *De officio hominis et civis* (Lund, 1673), que lo hicieron famoso en toda Europa. Los luteranos Josua Schwarz y el jurista Nikolaus Beckman, sin embargo, le reprocharon que su doctrina del Derecho natural contradecía la revelación divina. La contestación de Pufendorf a sus críticas se recogió en el libro *Eris Scandica,* publicado en Frankfurt en 1686.

En 1677 deja su actividad docente en la universidad de Lund y se pone al servicio de algunos príncipes como historiador. Primero con el rey de Suecia y, desde 1688, con el Príncipe Elector de Brandenburgo (Alemania). Su producción historiográfica fue considerable y, a pesar de su condición de *Geheimer Rat* no fue realmente un diplomático, pudiendo escribir historia con independencia[17].

a) Pufendorf construye su Derecho natural en discusión con la obra de los escolásticos y de Hobbes. Frente a los escolásticos hay dos puntos importantes en los que se separa. El primero de ellos se refiere a la tesis escolástica de que existen acciones buenas o malas en sí mismas, por su propia naturaleza. Pufendorf entiende, por el contrario, que no hay acciones malas o buenas en sí mismas, sino que la bondad o la maldad sólo puede determinarse en relación con el sujeto, es decir, con el hombre, cuya naturaleza, por otra parte, no es una idea eterna. No hay acciones buenas o malas en sí mismas, porque aunque los componentes físicos de varias acciones sean iguales, éstas pueden ser muy distintas desde el punto de vista moral. Esta diferenciación moral remite a la diferenciación que efectúa Pufendorf entre los *entia physica* y los *entia moralia,* es decir, entre los objetos de la naturaleza física y el mundo del espíritu. Mientras que todo el acontecer exterior al hombre, y en parte también el acontecer humano, sigue la ley inmutable de la causalidad, la ac-

---

17. H. Denzer, *ob. cit.*, reúne numerosos títulos de las obras históricas de Pufendorf.

ción específicamente humana, es decir, la que se origina en el entendimiento y en la voluntad, sigue otra determinación distinta, la de la libertad. Acción humana libre significa una acción que se vincula a una norma o a una ley superior, desde la que se puede apreciar la bondad o maldad moral de la acción. La adecuación o no a esta norma o ley superior convierte a las acciones humanas –más allá de sus componentes físicos naturales– en una nueva situación «moral». Esta dimensión de moralidad es la que distingue a los *entia physica* de los *entia moralia*. Así es posible que siendo iguales los elementos físicos de varias acciones, como por ejemplo el acto de matar que hace un asesino o un verdugo, o un soldado, o una persona en legítima defensa, esas acciones sean moralmente distintas.

El segundo punto de discusión con los escolásticos es el concepto de la naturaleza humana. Para los escolásticos la naturaleza del hombre era eterna, en el sentido de que era inmutable la unión entre la naturaleza humana y ser un ser racional y social. Para Pufendorf, sin embargo, la naturaleza del hombre no es una idea eterna sino una creación contingente de la voluntad divina. Dios ha creado de hecho al hombre así, es decir, con una naturaleza racional y social, pero no existe una idea racional del hombre previa a su creación por Dios. La conexión entre «racional» y «social» no contiene una necesidad lógica interna. Dios podría haber creado al hombre de otra manera, aunque resulte ya sin sentido preguntarse cómo habría sido el hombre sin esa conexión racional-social.

b) El concepto de naturaleza humana de que parte Pufendorf lo obtiene de la observación común, y que nadie con sentido común puede poner en duda. La observación del hombre le muestra que su nota más sobresaliente es la *imbecillitas*, es decir, la debilidad natural del hombre, el desamparo en el que se encuentra abandonado a sí mismo, y la consiguiente necesidad que el hombre tiene de los demás. Pufendorf llama *socialitas* a esta necesidad del hombre de vivir en sociedad con otros hombres. Pues bien, esta *socialitas* es para Pufendorf el principio fundante del Derecho natural. Pufendorf eleva esta *socialitas* a principio máximo del Derecho natural y a concepto general de la existencia humana. La naturaleza del hombre coincide con su propia *socialitas*. A diferencia de Grocio, Pufendorf afirma expresamente que no basa el Derecho natural en un instinto social *(appetitum socialitatis)*, sino en la *socialitas* misma, en la «socialidad», en el necesario vivir en común de los hombres. El hombre necesita al otro hombre más que a nadie en el mundo –después de Dios–, escribe en *De Officio*, I, 3, 3. Elevada la *socialitas* a principio o ley fundamental del Derecho natural, quiere decir que

cada uno debe, tanto como pueda, cuidar y conservar la comunidad. De aquí se sigue que –como el que quiere el fin debe querer también los medios, sin los que no se puede conseguir aquel fin–, todo lo que es bueno para la sociedad es un precepto del Derecho natural y todo lo que la perjudica o destruye es una prohibición *(De Officio,* I, 3, 9).

Al situar Pufendorf a la *socialitas* como el principio fundante del Derecho natural, pasan a un primer plano las obligaciones y deberes respecto a los otros. Pufendorf desarrolla su Derecho natural, ante todo, como una doctrina de los deberes, no como una doctrina de los derechos inviolables del individuo. La obligación de vivir en y velar por la comunidad es lo fundamental en Pufendorf y no el Derecho natural a no estar sometido a nadie y de procurarse la autoconservación con todos los medios posibles. Este carácter fundante de la *socialitas* lo llevará Pufendorf al análisis de los derechos y obligaciones que surgen en la vida en común, donde siempre se sitúan las obligaciones por delante de los derechos. En el matrimonio, por ejemplo, los derechos de los cónyuges los derivará Pufendorf de la obligación de conservar la especie humana. En la cuestión de la propiedad, el derecho a tener garantizada la propiedad lo vinculará a la obligación de proteger la propiedad ajena y a la obligación de ayudar a los pobres *(De iure naturae*, II, 4, 10). La *socialitas*, por tanto, la necesaria vida en comunidad, determina en Pufendorf todo su sistema de Derecho natural. Su doctrina del contrato está igualmente determinada desde la *socialitas*. Las personas no pueden contratar algo que vaya contra la obligación o deber de la vida comunitaria. Por ejemplo, la separación matrimonial no puede dejarse a los cónyuges solos *(De iure naturae,* VI, 1, 20-22).

Todo el sistema del Derecho natural de Pufendorf arranca de este principio fundante, de este deber de vivir en común. Sus ocho libros de *De iure naturae et gentium* elaboran los principios generales del derecho civil, penal, político e internacional; partiendo del hombre particular, pasa por las comunidades más restringidas como el matrimonio, la familia, la sociedad heril hasta llegar al Estado y a la comunidad internacional.

c) El Estado, por tanto, se construye en Pufendorf también desde la obligación de vivir en común, desde el deber de la *socialitas*. El Estado, como la forma más amplia y perfecta de comunidad humana, viene exigido de manera especial por el Derecho natural: en el Estado se perfecciona la naturaleza humana y en él se convierte el Derecho natural en derecho vigente y exigible. Pero, a causa de los derechos naturales del hombre, el Estado sólo puede surgir de un contrato y por eso recurre Pufendorf a la ficción del estado de naturaleza. No carece de importancia señalar que este estado de naturaleza viene después del pecado original, es decir, que el hombre actúa aquí con su tendencia hacia el bien y hacia el mal; en el estado de naturaleza el hombre, según Pufendorf, no es inocente ni tampoco un fiero lobo, más bien es un ser débil necesitado del apoyo de los otros, suministrar el cual es el deber fundamental de los hombres.

Cumpliendo este deber de vivir en común se forman los grupos o comunidades humanos, siendo el Estado la comunidad más amplia y completa. En el origen y base del Estado está el contrato de poder o de sumisión, que Pufendorf distingue del pacto por el que se forman los grupos o comunidades humanos, separándose de Hobbes. En este último, al coincidir el pacto social con el pacto político, fundante del poder político, el pueblo no llega a ser un sujeto de derecho que pudiera hacer valer sus derechos, como comunidad, frente al gobernante; el pueblo muere en la firma del pacto, y los derechos naturales –el derecho a hacer todo lo que se considerara necesario para la supervivencia– son absorbidos por el poder soberano ilimitado del gobernante. Para Pufendorf, en cambio, los derechos naturales de la libertad y la igualdad son parte tan esencial de la naturaleza humana que no pueden ser entregados totalmente. Esto significa que los individuos deciden tanto el establecimiento del poder político como las condiciones de su ejercicio, especialmente su vinculación a las leyes fundamentales *(De iure naturae,* VII, 2, 8). La separación entre contrato social y contrato político o de sumisión permite que el pueblo se constituya como un sujeto de derecho frente al gobernante y pueda entregar al gobernante sólo los derechos necesarios para el cumplimiento de las funciones o fines del Estado.

Del contrato de sumisión surgen deberes y derechos para ambas partes. A la obligación de obediencia por parte de los ciudadanos le corresponde el deber del gobernante de velar por la seguridad y bienestar general *(De iure naturae,* VII, 2, 13; VII, 4, 3). Ahora bien, el contrato es imperfecto, pues el gobernante adquiere una posición superior a través de la entrega del poder y puede decidir qué es el bienestar general. El gobernante conoce y determina de manera legítima el bien de la comunidad *(De iure naturae,* VII, 4, 2).

Como Pufendorf distingue entre contrato de sociedad y contrato político o de sumisión, afirma asimismo que los individuos pueden elegir entre entregar un poder ilimitado al gobernante o un poder limitado. En el primer caso, no cabe ejercer un derecho de resistencia, sólo cabe el exilio, y cuando no existe la posibilidad de huir, el ciudadano debe preferir morir antes que matar al gobernante, pues la resistencia genera una crisis del Estado. En el segundo caso, el gobernante está condicionado en el ejercicio de su poder por órganos consultivos –como los consejos o los estamentos– que podrían ejercer un derecho de resistencia, aunque por supuesto también aquí puede el gobernante apelar a la razón de Estado. Sin embargo, el reconocimiento del derecho a la resistencia por Pufendorf se hace expreso en el comentario a la Revolución inglesa de 1688 [18]: justifica la resistencia en consonancia con el fin del Estado, es decir, con la seguridad de los ciudadanos en una comunidad ordenada.

En cuanto a la soberanía en el Estado sigue ampliamente a Hobbes, y ambos siguen a Bodino. Pero, a diferencia de Hobbes, la soberanía para Pufendorf está detrás de los pactos, de la inviolabilidad de los pactos. Además, piensa Pufendorf que la existencia de leyes fundamentales, como era el caso del Sacro Imperio Romano de la Nación alemana no coartan el poder supremo. Regulan exclusivamente el ejercicio, la ejecución del poder en el sentido que quiso darle la comunidad originaria. A diferencia de Hobbes, dice que soberanía y poder ilimitado no son en ningún caso lo mismo (*De iure naturae*, VII, 6, 9). Los procedimientos para el desempeño del poder no obstaculizan el poder soberano de decisión. Hay una sola voluntad decisoria en el Estado. Pero en el modo en que esta voluntad se realiza existe la posibilidad de que un monarca tenga que contar, para encarnar justamente la voluntad colectiva, con la aprobación de un con-

---

18. Véase H. Denzer, «Pufendorf», en H. Maier, H. Rausch, M. Denzer, eds., *Klassiker des politischen Denkens*, Múnich, 1972, 4.ª ed., I vol., p. 49, con remisión a bibliografía.

sejo, de un parlamento o de los estamentos *(De iure naturae,* VII, 6, 10-12). Es de menor significación en qué forma es ejercido el poder, cómo se logra la forma *regiminis.* Él prefiere la monarquía como forma *regiminis,* porque le parece que es la forma más adecuada para cumplir las tareas políticas más urgentes de su época. La unidad y la indivisibilidad de la voluntad soberana se establecía más fácilmente en la monarquía. El monarca encarna la voluntad colectiva, y puede decidir en qué situación ha de fomentarse.

En la doctrina de la soberanía niega Pufendorf que puedan existir otros poderes en competencia o poderes colaterales. Ni los estamentos, ni las corporaciones públicas, ni las instituciones científicas, ni las iglesias, pueden aspirar a tener participación en el poder. Este último punto es muy significativo. La fe y la religión son para él realidades interiores al hombre, que sólo externamente tienen que ver con la institución de la Iglesia. Ahora bien, la exclusión de la Iglesia (luterana) en la participación en el poder estatal no significa en Pufendorf ninguna tendencia anticonfesional. Sin embargo, en la Iglesia católica sí ve una pretensión de tener poder secular, contra la que él se declara. A diferencia de la luterana, cree que la Iglesia católica no puede ser de utilidad al Estado, pues esta última no acepta limitarse a la realización de una misión que favorezca la educación de la moralidad y de la obediencia respecto a la autoridad [19].

d) En el tema de las formas de Estado rompe Pufendorf con la tradición aristotélica. Para él lo importante ya no es que las formas de Estado sean justas o no; él no conoce las formas degeneradas de Estado por su no acomodación a lo justo; tampoco acude a la forma mixta como una posibilidad que dificulte la degeneración, como sí se acudía en los

---

19. N. Hammerstein, «Samuel Pufendorf», en M. Stolleis, ed., *Staatsdenker im 17. und 18. Jahrhundert,* Frankfurt, 1987, 2.ª ed., pp. 188-189.

antiguos. La forma del Estado no decide ya, para Pufendorf, la bondad o justicia del mismo. Si un Estado es justo o no, lo decide no la forma de Estado sino el cumplimiento de los deberes del poder. Así que en este punto de la soberanía apunta hacia lo moderno, mientras que, en su teoría del contrato, la conexión de derecho y deber sigue anclada en la tradición de la vieja política.

e) La influencia de la obra de Pufendorf fue enorme. En la segunda mitad del XVII y en la primera mitad del XVIII fue, junto con Grocio, la autoridad en el terreno del Derecho natural. Locke decía que el *Ius naturae et gentium* era el mejor libro sobre los principios del Derecho civil y de la política, y aprovechó mucho para su obra, según Laslett. El joven Rousseau apreciaba a Grocio y a Pufendorf como autoridades. Diderot y la *Encyclopédie* recomendaban la lectura de Pufendorf para la ética práctica y el Derecho internacional. Blackstone argumentaba en su *Commentaries on the Laws of England* con Pufendorf. John Wise decía que Pufendorf fue su principal fuente para *A Vindication of the Government of New England Churches* (Boston, 1717) [20]. Para los independentistas norteamericanos fue un gran apoyo, junto con Locke.

A través de Locke, Rousseau y los norteamericanos, fue una autoridad de los derechos naturales del hombre hasta el punto que se ha llegado a afirmar que «sin la obra de Pufendorf no se puede entender ni la obra de Rousseau ni las aportaciones a la teoría política en Francia, ni la historia constitucional de los Estados Unidos de América» [21]. A través de Berbeyrac, Burlamaqui, Blackstone, Montesquieu y los enciclopedistas, contribuyó con su doctrina de la reciprocidad

---

20. Para la importancia sobre John Wise, véase H. Welzel, *Filosofía del derecho*, Madrid, 1974, pp. 146-148.
21. Ilting, *art. cit.*, p. 292.

de los derechos y de los deberes a la teoría del constitucionalismo moderado. En Alemania, su doctrina del fin del Estado lo hacía un teórico del Estado de Wohlfahrt, y por su decantación por la responsabilidad moral del monarca estaba preparando el absolutismo ilustrado [22].

Lo que permaneció de Pufendorf, después de que se quebrara la autoridad del Derecho natural, fue su doctrina de la dignidad del hombre. Y lo decisivo en esta concepción de la dignidad del hombre es que no la considera como un mero valor conferido a la naturaleza humana como tal, sino que la entiende como un título jurídico, al que cada uno puede remitirse como sujeto receptor de normas obligatorias y exigibles. Su doctrina de los fines del Estado, en cambio, se vino abajo con el ascenso del liberalismo, y su derecho racional cayó en descrédito con la escuela histórica.

2. *Christian Thomasius (1655-1728)*

Nació en Leipzig, en 1655, ciudad en la que obtuvo su Magister der Philosophie en 1672. En la Universidad de Frankfurt an der Oder obtuvo el grado de Doctor en Derecho en 1679 y ese mismo año comenzó a trabajar como abogado en Leipzig. En 1682 comenzó su actividad docente en la Universidad de Leipzig con unas clases sobre Pufendorf. La tensión con las corrientes dominantes en el pensamiento (aristotelismo y ortodoxia luterana) no le hicieron la vida fácil, por lo que decidió salir de Sajonia y buscar un puesto docente en Prusia. Desde 1690 enseñó en la Ritterakademie de Halle y a partir de 1694, y hasta su muerte en 1728, enseñó en la Facultad de Derecho de la recién creada Universidad de Ha-

---

22. Véase H. Denzer, «Leben, Werk und Wirkung Samuel Pufendorfs», *Zeitschrift für Politik*, 30 (1983), 160 y ss.

lle. En 1710 fue nombrado director vitalicio de la Universidad. El plan de estudios que él proyectó se hizo famoso e influyó sobre el de otras universidades como la de Göttingen. Según ese plan, los estudios de Derecho se dividían en una parte propedéutica, en derecho privado, derecho político y derecho eclesiástico, abarcando la parte propedéutica un conocimiento general del comportamiento social. Thomasius dejó una escuela de discípulos de primera categoría en todas las ramas del Derecho. En sus enseñanzas se plasmaron los ideales de seriedad y eficacia y de prudencia práctica de la burocracia y de la ciudadanía prusiana [23].

La primera gran obra de Thomasius surgió de sus comentarios a la obra de Pufendorf; en 1688 publicó en Leipzig *Institutionum iurisprudentiae divinae libri tres*. Sin embargo, la obra que muestra más plenamente su doctrina jurídica propia apareció en 1705 con el título de *Fundamenta iuris naturae et gentium*, cuyos libros 2 y 3 son observaciones sobre el libro anterior de las instituciones. Ambas obras se publicaron conjuntamente en alemán, en 1709, en Halle con el título *Drey Bücher der Göttlichen Rechtsgelahrheit... Nebts... Grundlehren des Natur und Völcker Rechts*. Su actividad intelectual no se limitó, no obstante, a estas obras jurídicas sistemáticas, sino que destacó asimismo por su lucha contra la tortura y la persecución de brujas, por sus colaboraciones como publicista ilustrado y como pedagogo. Fue igualmente popular por haber sido el primer profesor que dio sus clases en alemán (en la Universidad de Leipzig en 1687) y por haber cambiado el traje talar para las clases universitarias por el traje civil.

La doctrina jurídica de Thomasius es, en parte, filosofía del derecho, en parte teoría política, en parte teoría de derecho político positivo y, en parte, también historia. Él se ve así mismo como continuador de la tradición de Grocio y de Pu-

---

23. M. Stolleis, *ob. cit.*, p. 304.

fendorf, cuyo planteamiento científico piensa que debe ser mejorado, en el sentido de que no hay que apoyarse ya más en las opiniones de otros. Lo importante, viene a decir, no es quién lo dice sino lo que se dice.

a) Thomasius funda el Derecho natural, como Hobbes, sobre la naturaleza física del hombre, sobre la voluntad humana a la que guían los afectos. Con esta fundamentación sobre la voluntad se separa de Pufendorf y de sus propios primeros escritos de 1688. Es en los *Fundamenta* de 1705 donde aparece esta su doctrina madura. Aquí considera como falsa la afirmación de que el entendimiento esté por encima de la voluntad. Al contrario, es la voluntad la que mueve al entendimiento *(voluntas semper movet intellectum. Fundamenta,* I, 1, par. 37, par. 54). Ahora bien, la voluntad desea algo bueno en abstracto para el hombre, pero no puede juzgar ella misma qué es en concreto, realmente, bueno para el hombre. La voluntad reacciona siempre a los afectos *(voluptas, avaritia, ambicio),* los cuales son influibles por la esperanza de obtener una recompensa y por el miedo ante las consecuencias de transgredir la norma que indica lo que hay que hacer como bueno para el hombre.

El bien, al que el hombre tiende y al que se orientan las normas de la acción, se compone de tres bienes particulares: el *honestum* (se refiere a la paz interior del hombre bueno), el *decorum* (las acciones buenas que el hombre bueno hace para ayudar a los otros hombres y para lograr el afecto de éstos) y el *iustum* (las acciones externas buenas, que están dirigidas a impedir que se altere la paz y a restaurarla cuando se haya roto). Para cada uno de estos bienes formula Thomasius una máxima. Para el *honestum:* lo que quieres que otros hagan para ti, hazlo tú también para ti mismo. Para el *decorum:* lo que tú quieres que otros te hagan, házselo tú también a ellos. Y para el *iustum:* lo que no quieres que te ocurra a ti, no lo hagas tú tampoco a los otros *(Fundamenta,* I, 6, par. 40-42). La norma básica material del Derecho natural que corresponde a estos tres principios del bien dice así: debe hacerse aquello que conserve al máximo la vida de los hombres y la haga feliz, y hay que evitar aquello que la haga infeliz y acelere la muerte *(Fundamenta,* I, 6, par. 21). Este principio de los *Fundamenta* de 1705 sustituye al principio que Thomasius había formulado anteriormente: «Haz aquello que esté de acuerdo con la vida en común de los hombres en la sociedad». En este último principio se contiene una obligación positiva de actuar en relación con la comunidad; ésta tiene prioridad sobre el individuo. En los *Fundamenta,* sin embargo, se habla de la felicidad del hombre y no se habla de la paz de la sociedad. El mismo Thomasius, cuando habla de la vida del hombre, se pregunta si se trata de los hombres en su conjunto o de los hombres individualmente considerados, y se pregunta asimismo qué hacer en caso de conflicto. Su respuesta es que la colectividad se compone de individuos. Cuando no le va bien al individuo particular, tampoco la colectividad es feliz. Y la felicidad del individuo particular es sólo aparente si va unida a la desgracia de la mayoría. Por eso considera que no tienen razón los escolásticos cuando anteponen la felicidad de la comunidad a la felicidad de los individuos. Pero considera asimismo que tampoco tiene razón Hobbes al afirmar que la felicidad del individuo tiene preferencia sobre la de la sociedad. Thomasius dice que, según las circunstancias a veces debe anteponerse el bien común y, a veces, el interés propio. El problema no se puede resolver con un principio general, sino solamente en el terreno de las conclusiones prácticas *(Fundamenta,* I, 6, par. 28).

b) Pero esta norma para la acción no se puede deducir de la propia naturaleza física del hombre. La razón humana que suministra la norma para decidir lo que es bueno o malo sólo puede dar consejos para la realización de la felicidad en la tierra, pues la razón no conoce un sometimiento de sí misma a la ley natural de la socialidad *(pufendorfiana)*, pues en Thomasius se ha avanzado un paso más en la explicación secularizada de la naturaleza humana y del Derecho natural. Lo que esto significa realmente es que Thomasius está cuestionando el carácter jurídico del Derecho natural: éste permanece en el terreno de la moral y de la prudencia política, y carece de la obligatoriedad y coactividad que él atribuye solamente al derecho *(iustum)* por mandato y orden de alguien que lo ordena.

La ley natural y la divina pertenecen al mundo de los consejos *(consilia)* más que al de los mandatos *(Fundamenta,* I, 5, par. 34). La *obligatio* y la capacidad de obligar o de imponer la obtiene el Derecho natural sólo en el Estado, donde, a través del pacto, el gobernante soberano es realmente el creador de las normas. Pero la vinculación del gobernante con el Derecho natural sólo tiene el carácter del *consilium,* es decir, de una llamada moral. El Derecho natural no es exigible y nadie tiene el derecho de controlar si el gobernante cumple lo exigido por el Derecho natural *(Fundamenta,* I, 4, par. 33 y ss.). Sólo a las leyes positivas se las puede definir como leyes propiamente dichas.

c) Cuando Thomasius habla de Estado se refiere a los territorios, a los Estados territoriales dentro del Imperio alemán. Thomasius es, ante todo, el jurista del Estado territorial. En cuanto a los fines del Estado, señala la paz y la felicidad de los ciudadanos como el objetivo fundamental de aquél *(Institutionum,* III, 6, par. 6). De ahí se deriva un largo catálogo de tareas del Estado: legislación, establecimiento de autoridades, nombramiento de funcionarios, asuntos exteriores *(ius belli ac pacis, ius foederum, ius legatos mittendi).* De estos derechos de soberanía fundamentales se siguen otros: el derecho de interpretación de las leyes, la concesión de exenciones y de privilegios, el *ius circa sacra et religionem;*

también el establecimiento de academias, la concesión de grados académicos[24].

Como jurista del Estado territorial, el interés de Thomasius se centra en la *superioritas territorialis*, que él entiende como una soberanía plena a pesar de los derechos feudales de los príncipes y de los *iura reservata* del Emperador. Él creía que la situación de la constitución del Imperio tras la paz de Westfalia era irregular y no muestra ningún empeño en reformarla. En su defensa de la soberanía del Estado territorial desarrolló argumentos juridiconaturales e históricos para rebajar las vinculaciones de los Estados territoriales con el Imperio. Dentro del Estado territorial, Thomasius completaba el catálogo clásico de los derechos de soberanía con aquellos derechos que la doctrina tradicional quería asignar, como derechos reservados, al Emperador. Thomasius atribuía al Estado territorial un poder soberano ilimitado sobre todos aquellos asuntos que se habían entendido antes con las expresiones *regalia maiora et minora* y *merum et mixtum imperium*. De todos los poderes que menciona, sitúa en el centro el poder de legislar como el instrumento más importante de que dispone el Estado. Este poder legislador lo defiende Thomasius contra las posibilidades del control del Imperio (a través del tribunal Reichskammergericht), dando consiguientemente un vasto campo de acción al *Landesherr* o gobernante territorial. El Derecho territorial tiene, por tanto, preeminencia sobre el derecho del Imperio. Pero al fundamentar jurídicamente la *potestas legislatoria* de los Estados territoriales acude al propio derecho positivo del Imperio. Sobre la base del Derecho natural, la soberanía legislativa se derivaba del contrato de sumisión, pero el fundamento de esa *potestas legislatoria* de los Territorios la encuentra Thomasius en la práctica política y constitucional

---

24. K. Luig, «Christian Thomasius», en M. Stolleis, ed., *Staatsdenker im 17. und 18. Jahrhundert*, Frankfurt, 1987, 2.ª ed., pp. 241-242.

del Imperio, donde rigen de hecho las costumbres más que las leyes escritas. El derecho a legislar de los territorios se deriva, en definitiva, de la actividad legislativa de hecho, que los gobernantes y príncipes territoriales han ido realizando bajo la tolerancia del Emperador. Su derecho se basa en el principio *ex facto ius fieri solet*.

d) Dentro de los poderes del Estado reviste una especial significación el análisis de la relación del Estado con la Iglesia. Un principio básico de la doctrina jurídica de Thomasius es la separación entre Derecho divino revelado y Derecho natural secular. La fe se convierte en Thomasius en un asunto íntimo, en un asunto de la conciencia particular, lo que no significa agnosticismo sino más bien secularización de lo público. Esta consecuencia, que ya había sido indicada por Pufendorf, es acentuada por Thomasius. La reducción de las fuentes del Derecho a la razón y al derecho positivo establecido por el Estado ilustrado –eliminando como fuente la Revelación– representa una ampliación del campo de acción de un Estado que actúe racionalmente: sólo un Estado «desteologizado» podría emprender una obra legislativa liberada de las autoridades y ataduras tradicionales. Sólo un Estado secularizado podría eliminar instituciones periclitadas y abolir los delitos de brujería, por ejemplo, y la ejecución inhumana de las penas. Un Estado así no acepta ningún poder de la Iglesia, como administradora del Derecho divino, dentro del Estado. Además, los gobernantes tienen derecho a controlar los asuntos religiosos en la medida en que ello sea necesario para la paz y la felicidad en el Estado. Este *ius circa sacrum* –derecho sobre los asuntos religiosos–, que es un derecho integrante del contrato de sumisión al poder de los gobernantes, sirve, por tanto, para reprimir el poder secular de las iglesias, que Thomasius designa como papismo. Es un derecho que se ha convertido en parte integrante de la *superioritas territoria-*

lis, según el derecho positivo, después de la paz de Augsburgo (1555) y de la paz de Westfalia (1648). Esto quiere decir, en definitiva, que la religión ya no es para él un fundamento del Estado. Ciertamente, el gobernante no deberá ordenar que se sigan determinadas enseñanzas religiosas, pero tiene derecho a rechazar las pretensiones de poder de la Iglesia y a prohibir que se difundan en las iglesias enseñanzas políticas y morales falsas, bajo el pretexto de que son objeto de la religión. Enseñanzas falsas de esa naturaleza son, por ejemplo, la afirmación de que no hay que cumplir una promesa hecha a un hereje, o que el gobernante puede ordenar la ejecución de los herejes, o que el poder secular no tiene ningún derecho sobre los sacerdotes y que sólo el Papa puede nombrar y deponer reyes, o que no hay que obedecer al Estado (como afirmaban los anabaptistas). La posición de Thomasius contra la persecución de los herejes o las brujas y contra la tortura se puede considerar realmente, ante todo, como una lucha contra el poder político de las iglesias [25]. Este planteamiento racionalista del Estado territorial que Thomasius formula, que niega a la Iglesia instrumentos de poder externos y declara la disidencia religiosa como no delito, preparó intelectualmente el terreno para la tolerancia federiciana de la segunda mitad del siglo XVIII.

e) Las limitaciones al poder de los gobernantes territoriales vienen determinadas, según Thomasius, por el Derecho natural. Ahora bien éstos son límites que los súbditos no pueden exigir judicialmente. La limitación al poder se fija más bien por la vía del consejo y no del *imperium,* es decir, del poder. La limitación se produce solamente a través de una llamada a la inteligencia y a la comprensión del gobernante *(Fundamenta,* I, 4, par. 33 y ss.). Los súbditos no tienen ningún derecho a examinar si el gobernante cumple con

---

25. Véase K. Luig, *ob. cit.*, pp. 249-251.

las obligaciones de su conciencia. Pues los propios contratos suscritos por el gobernante sólo le obligan en su conciencia; de ello no se deriva una *obligatio* exigible por los súbditos, sino solamente un deber humano *(officia humanitatis).* En relación con el Estado, el súbdito no es sujeto de derecho. En este reconocimiento del poder estatal, Thomasius veía ventajas y peligros para la consecución de los fines del Estado, es decir, la paz, la seguridad y la felicidad de los ciudadanos. Pero los peligros le parecían, al menos, equilibrados con las ventajas que podía ofrecer un gobierno ilustrado y severo, como eliminar el derecho, instituciones y costumbres obsoletas, y como suprimir la persecución de las brujas y otras actuaciones irracionales.

3. *Christian Wolff (1679-1754)*

Nació en Breslau (Silesia), hijo de un curtidor, y estudió en la Universidad de Jena. Su actividad docente la comenzó en la Universidad de Leipzig (Sajonia), pasando como profesor a la de Halle (Prusia) en 1706. Aquí fue profesor de matemáticas, aunque enseñó también materias teológicas, filosóficas y políticas. En 1723 fue expulsado de Halle por sus diferencias religiosas con los teólogos y por su concepción del Estado ideal como una *república libre.* Entre 1723 y 1740 dio clases en la Universidad de Marburg (Hessen), regresando a la Universidad de Halle por voluntad expresa del joven Federico II de Prusia, recién llegado al trono. En 1745 Christian Wolff recibió la condición de noble. Murió en 1754.

Algunas de sus principales obras se publicaron con anterioridad a su expulsión de Halle, como la conocida posteriormente como *Deutsche Politik* (Política alemana), cuyo título era *Vernünftige Gedanken von dem gesellschaftlichen Leben der Menschen und insonderheit dem gemeinen Wesen* (Frankfurt, Leipzig, 1721). Su obra principal es, sin duda, el

Ius naturae methodo scientifica pertractatum (8 vols., Frankfurt, Leipzig, 1740-1749). Un apéndice a esta obra es el *Ius gentium* (Halle, 1749), y un breve resumen de estas dos últimas obras ofrecen las *Institutiones iuris naturae et gentium* (Halle, Magdeburg, 1750).

El esfuerzo sistematizador de Wolf y su mérito al integrar en su idioma alemán la tradición filosófica escolástica, así como al verter su propio pensamiento al latín, tuvieron una influencia enorme en el siglo XVIII, no sólo en el ámbito lingüístico alemán, sino también entre los enciclopedistas franceses. Voltaire consideraba a Wolff como el *maître à penser de l'Allemagne;* Kant reconocía en Wolff al creador del «espíritu de la profundidad» y de la disciplina conceptual, de la que él mismo se sabía deudor; Hegel lo alababa como el «maestro de los alemanes», que enseñó a la filosofía a hablar en alemán, dándole de esta manera «patria» en Alemania, pues para Hegel sólo se puede decir que una ciencia pertenece a un pueblo cuando la posee en su propio idioma.

a) La filosofía de Wolff constituye un sistema sin lagunas, donde todas sus partes están entrelazadas entre sí. El entrelazamiento y la interdependencia en el conocimiento pone de manifiesto asimismo que el mundo en su conjunto es una estructura ordenada, dirigida por unas leyes que se pueden conocer. El hombre, por su parte, es también poseedor de una naturaleza que se puede igualmente conocer. La naturaleza del hombre, de donde se derivan, según Wolff, derecho y obligaciones, es cognoscible por la razón, que pertenece asimismo a la naturaleza. El Derecho natural es precisamente el edificio teórico que muestra las leyes de la naturaleza y se presenta al mismo tiempo como una norma, como una regla a seguir, pues Dios mismo es el autor de la ley de la naturaleza y él mismo obliga a los hombres a cumplir esa ley. La ley natural es, para Wolff, una ley divina, y Cristo es el maestro más perfecto del Derecho natural *(Institutiones iuris naturae et gentium,* par. 41). Pero esta fundamentación religiosa del Derecho natural no le impide a Wolff afirmar que, si Dios no existiera, se podría seguir hablando igualmente de la existencia de la ley natural y de la existencia de acciones buenas o malas en sí mismas *(Deutsche Politik,* par. 5), lo cual le supuso la enemistad de muchos teólogos.

La naturaleza humana es, por tanto, para Wolff una norma que guía las acciones de los hombres y que suministra también la clave para entender la posición del Estado en la filosofía wolffiana. El estado de naturaleza *(status naturalis, status originarius)* es para Wolff un modelo normativo, pues indica que el hombre ha de determinar su vida según los derechos y obligaciones innatos a su naturaleza esencial. El estado de naturaleza actúa como una imagen deseable que guía y valora las acciones del hombre. Wolff conocía las teorías de Hobbes y de Locke, y su pensamiento –por lo que respecta a la consideración de la naturaleza humana– se va a aproximar más al de este último. El *status naturalis* no es para Wolff realmente un dato histórico, que se correspondiera con la *societas naturalis* o con la *vita simplicita* de los primeros tiempos. Para él, esa etapa histórica no se corresponde verdaderamente con el *status naturalis* del hombre, pues éste lo entiende él como un ideal, como una norma a seguir, como un modelo del que se desprenden directrices para la acción.

La filosofía práctica, dentro de la que se sitúa el Derecho natural, parte de este carácter del *status naturalis* como modelo, como modelo a seguir. La filosofía práctica tiene que averiguar precisamente la rectitud de las leyes y de las acciones humanas. Y para poder examinar la rectitud de las mismas recurre al modelo del *status naturalis* al objeto de poder determinar el grado de coincidencia de las leyes y acciones humanas con esa norma previa de la naturaleza perfecta del hombre. En *Ius naturae* escribe Wolff que «en los derechos y en las obligaciones lo primero que hay que tomar en consideración es el *status originarius*, pues sólo entonces es posible formarse un juicio sobre el *status* actual»[26]. Pues bien, el Derecho natural es la ciencia sistemática que responde a esta exigencia de la filosofía práctica de mostrar el grado de rectitud de las leyes por su coincidencia o no coincidencia con el *status naturalis* previo. El Derecho natural se presenta así como la construcción científica donde el tribunal de la razón tiene que juzgar si las leyes humanas positivas se desvían o no de la norma del estado de naturaleza, que actúa como modelo.

b) Ese estado natural del hombre es, para Wolff, de libertad y de igualdad *(Ius naturae*, I, 130, 145). Y en cuanto que el hombre tiene derechos y obligaciones que surgen de su ser natural –y que son conocidos por la razón natural–, el hombre es un ser moral. Todos los hombres, sin diferencias, están dotados por su naturaleza de estas propiedades de libertad e igualdad, y ningún poder en el mundo puede oponerse a esta realidad. Con este planteamiento, para Wolff no existe realmente una diferencia entre moral y Derecho natural. La diferencia es meramente formal, pues en la moral se muestra cómo ha de realizar el hombre sus acciones para dar cumplimiento a la ley natural.

Pero los hombres no pueden realizar en el *status naturalis* el desarrollo querido por la propia naturaleza; por ello se unen en sociedad y a través de un subsiguiente pacto de sumisión *(capitulatio)* entregan el poder *(imperium)* a un gobernante. Es importante señalar en este punto que el concepto de sociedad de Wolff ya no es el de la tradición aristotélico-escolástica. La filosofía escolástica no sólo mantenía la tesis aristotélica de que el hombre por naturaleza

---

26. «Unde in omni iure ac obligatione semper status originarius primo inscipiendus, antequam de adventitio iudicari possit» *(Ius naturae*, I, 129).

vive en sociedad, es decir, en una pluralidad de sociedades, sino que entendía que el principio específico de la sociedad era el poder. A pesar de que Wolff sigue también las teorías de Aristóteles, para él las *societates* de los hombres no se basan en un orden de la naturaleza que fuera anterior a la voluntad de los mismos, sino que surgen a través del contrato; de modo que, a diferencia de la tradición escolástica y en coincidencia con Hobbes y Locke, coloca a las partes, es decir, a los individuos antes que el todo.

Por el pacto de sumisión los hombres entregan el poder a un gobernante que, en contrapartida, se obliga a ofrecer «seguridad y bienestar común» *(Deutsche Politik,* par. 12). El pacto de sumisión no incluye la propiedad del suelo y de bienes de los ciudadanos *(Ius naturae,* VIII, 107) y su objetivo, como ya había expuesto Locke, es limitar el poder *(cum limitandi imperii causa capitulatio fiat. Ius naturae,* VIII, 122, 124). Sólo sobre lo pactado tiene poder el gobernante. Para cualquier ampliación de su esfera de acción, el gobernante necesita consultar antes con el pueblo *(Ius naturae* VIII, 74).

c) El Estado tiene como tarea garantizar que los hombres puedan vivir moralmente, es decir, libremente y según la ley natural. La función del Estado es hacer posible una vida moral para los hombres, es decir, de acuerdo con los derechos y deberes que crea su propia ley natural. El contenido de la moralidad se convierte así en obligatorio para el gobernante en el Estado. La política es realmente una parte de la moral, y la actividad política consistirá, en verdad, en aplicar la moral a la conservación del Estado. En este sentido, la actividad legislativa del Estado será nada más que la concreción de la moral en leyes positivas.

Wolff no inventa ciertamente, este concepto de moral y de Derecho natural. Lo que él aporta de nuevo es, sobre todo, el método de determinación y explicación de las acciones humanas *a priori,* partiendo de la naturaleza del hombre, de modo tan racional como se pueden explicar los fenómenos físicos. Este método wolffiano quiere demostrar si las proposiciones sobre las acciones humanas son verdaderas o no. Y la verdad consiste para él en deducir racionalmente: cuando una afirmación o un principio sobre las acciones es obtenido racionalmente, se puede decir que es verdadero. Pensar lógicamente es pensar al mismo tiempo verdaderamente. La verdad consiste, por tanto, en ausencia de contradicción lógica, interna, en el pensamiento. Y con este método demostrativo lo que pretende Wolff es hacer un sistema que elabore la ecuación «voluntad de Dios = derecho natural = moral = verdad» y que abarque todos los terrenos del conocimiento.

d) La relación entre individuo y Estado en la filosofía política de Wolff no ha dejado de presentar problemas de interpretación. Mientras algunos presentan a Wolff como uno de los primeros defensores del *Rechtsstaat* liberal moderno cuyas leyes determinadas por la razón han de garantizar el desarrollo pleno y libre del individuo [27], otros lo interpretan como un pensador defensor del Estado absoluto [28]. Esta contrapuesta valoración ha sido posible porque en Wolff se presentan dos conjuntos de ideas, que le llevan más allá del Derecho natural anterior: por un lado, la afirmación de la limitación del poder estatal desde los derechos naturales innatos *(iura connata);* por otro, la función del Estado de velar por el bienestar de los ciudadanos.

La dimensión «liberal» e individualista de limitación del poder estatal aparece clara en su construcción del *status na-*

---

27. Marcel Thomann, «Christian Wolff», en M. Stolleis, ed., *Staatsdenker im 17. und 18. Jharhundert, cit.*, p. 259.
28. D. Klippel, *Politische Freiheit und Freiheitsrechte im deutschen Naturrecht des 18. Jahrhunderts,* Paderborn, 1976; *Naturrecht als politische Theorie,* en H. E. Bödeker, U. Hermann, eds., *Aufklärung als Politisierung - Politisierung der Aufklärung,* Hamburgo, 1987, pp. 267-290.

turalis como estado de libertad, y en su concepción del Estado como resultado de contrato, sometido a determinadas obligaciones en favor de sus ciudadanos. Pero ¿cómo fundamenta realmente la otra dimensión, la de un Estado activamente intervencionista que vela por el bienestar de sus ciudadanos? El poder del Estado se limita en Wolff ciertamente desde la afirmación de la perfección del individuo como objetivo básico que el Estado debe cumplir. Pero este objetivo de la perfección/felicidad del individuo hace que, dado que pocos individuos tienen virtud y razón, se inviertan los términos de la relación entre el individuo y el Estado y sea éste el que aumente su poder y su capacidad de regulación de la vida de los individuos, para que estos últimos puedan lograr su perfeccionamiento y felicidad individual. En el prólogo a *Deutsche Politik,* Wolff afirma que «toda la felicidad temporal descansa en un Estado bien constituido», y más adelante declara que el Estado cuida de sus ciudadanos como un padre de sus hijos *(Deutsche Politik,* par. 264) que toma una serie de decisiones para garantizarles su bienestar material, y que los disciplina para obligarles a que alcancen su propia perfección y felicidad. Los campos de actuación del Estado que Wolff analiza en esa dirección son muy variados y amplios: normas sobre alimentación, vestido, vivienda, trabajo, población, salud; reglas para la economía, para cómo eliminar la lujuria, sobre cuánto puede uno beber, cómo hay que construir las iglesias, cómo mantener el aire limpio, cómo hay que hacer una ejecución *(Deutsche Politik,* par. 270-400). Todas estas actividades del Estado las va deduciendo Wolff a partir del principio supremo de velar por el bienestar *(Wohlfahrt)* de los ciudadanos, determinando fines derivados de ese principio máximo y estableciendo las medidas racionales para poder lograrlos. De esta manera, Wolff legitima racionalmente, desde el Derecho natural, la ampliación del poder estatal en el marco del Estado administrativo y de bienestar absolutista.

Una nota característica de los grandes teóricos alemanes del Derecho natural (Pufendorf, Thomasius, Wolff) es la carencia en sus teorías políticas de una contraposición con, o enfrentamiento al, Estado. El concepto de libertad como derecho originario y primero ve, por tanto, reducido su campo de actuación. En la segunda mitad del siglo XVIII se madurará este concepto de libertad «civil» *(Bürgerlich)* que se distingue y contrapone al de «libertad política a través de la participación en el Estado». Se dirá entonces que se puede tener la libertad civil sin tener, y sin necesidad de tener, un Estado en el que participen los ciudadanos. Se podrá tener libertad frente al Estado sin tener, o sin querer tener, la otra libertad, es decir, un Estado libre en el que participan los ciudadanos. De esta concepción de la libertad y del Estado parten las líneas hacia la teoría del Estado del principio monárquico en el siglo XIX, y hacia la doctrina del Estado de derecho formal que, en Alemania, está íntimamente ligada a aquélla.

Bibliografía

1. *Fuentes*

Althusius, Johannes, *Politica methodice digesta* (1603), ed. facsímil de la 3.ª ed. de 1614, Aalen, 1961.
Bellarmino, Roberto, *De Membris Ecclesiae*, en *Opera Omnia*, ed. Fèvre, vol. 2, 409-633, y vol. 3, p. 548.
Grocio, Hugo, *De iure praedae commentarius* (1604) (trad. cast., Madrid, 1989).
—, *Mare Liberum sive de iure quod Batavis competit ad Indicana Commercia dissertatio* (1609) (trad. cast., *De la libertad de los mares*, Madrid, 1956).
—, *De iure belli ac pacis libre tres, in quibus ius naturae et gentium, item iuris publici proecipua explicantur* (1625) (trad. cast., *Del derecho de la guerra y de la paz*, Madrid, 1925).
—, *De veritate religionis Christianae*, Leiden, 1627.

Melanchton, Philipp, *Opera*, en *Corpus Reformatorum* (CR), ed. de K. G. Bretschneider y H. H. Bindsell, Braunschweig, 1834-1860, Reimpresión Frankfurt a. M./Nueva York, 1963.

Samuel Pufendorf, *De iure naturae et gentium*, libro VIII, Lund, 1672.

—, *De officio hominis et civis iuxta legem naturalem*, libro II, Lund, 1673.

—, *Eris Scandica, qua adversus libros de iure naturae et gentium objecta diluuntur*, 1686.

Francisco Suárez, *De Legibus Iac Deo Legislatore/Las leyes*, ed. bilingüe, 6 vols., Madrid, 1967-1968.

—, *Defensio Fidei/Defensa de la fe*, ed. bilingüe, 4 vols., Madrid, 1968-1971.

Thomasius, Christian, *Institutiones iurisprudentiae divinae libri tres* (1688), Aalen, 1963.

—, *Fundamenta iuris naturae et gentium* (1705), Aalen, 1963.

Wolff, Christian, *(Deutsche Politik) Vernünftige Gedanken von dem gesellschaftlichen Leben der Menschen und insonderheit dem germeinen Wesen zur Beförderung der Glückseligkeit des menschlichen Geschlechts mitgeteilt*, 1721.

—, *Ius naturae methodo scientifica pertractatum*, I-VIII, 1740-1748.

—, *Institutiones iuris naturae et gentium*, 1754.

—, *Gesammelte Werke*, ed. por J. Ecole, J. E. Hofmann, M. Thomann, H. W. Arndt, Hildesheim, 1965 y ss.

2. *Bibliografía secundaria*

Sobre Althusius:

Althusius-Bibliographie, *Bibliographie zur politishen Ideengeschichte und Staatslehre, zum Staatsrecht und zur Verfassungsgeschichte des 16. bis 18. Jahrhunderts*, Hg. Hans Ulrich Scupin und Ulrich Scheuner, Berlín, 1973.

Gierke, Otto von, *Johannes Althusius und die Entwicklung der naturrechelichen Staatstheorien* (1880), 7.ª ed., Aalen, 1981 (con prólogo de J. von Gierke).

Scupin, Hans Ulrich, «Der Begriff der Souveränität bei Johannes Althusius und bei Jean Bodin», *Der Staat*, 4 (1965), 1-26.

Skillen, J., «The Political Theory of Johannes Althusius», *Philosophia Reformata*, 39 (1974), 170-190.
Stolleis, Michael, «De regno recte instituendo et administrando. Eine unbekannte Disputation von Johannes Althusius», *Wolfenbütteler Beiträge*, 7 (1987), 167-173.
Winters, Peter Jochen, «Johannes Althusius», en M. Stolleis, ed., *Staatsdenker im 17. und 18. Jahrhundert*, Frankfurt, 1987, 2.ª ed., pp. 29-51.

Sobre Hugo Grocio:
Edwards, Ch. S., *Hugo Grotius. The miracle of Holland*, Chicago, 1981.
Hervada, J., «The Old and the New in the Hypothesis "Etiamsi daremus" of Grotius», *Grotiana*, New Series 4 (1983), 3 y ss.
Hofmann, Hasso, «Hugo Grotius», en M. Stolleis, ed., *Staatsdenker im 17. und 18. Jahrhundert*, Frankfurt, 1987, 2.ª ed., pp. 52-77.
Link, Christoph, *Hugo Grotius als Staatsdenker*, Tubinga, 1983.
—, *Netherland International Law Review*, vol. 30 (1983) (con colaboraciones de Eikema Hommes, A. C. Hart, P. M. Kooijimans, G. G. Roelofsen, D. F. Scheltens, B. P. Vermeulen y J. C. M. Willems).

Sobre Samuel Pufendorf:
Brufau Prats, J., *La actitud metódica de Samuel Pufendorf y la configuración de la «Disciplina iuris naturalis»*, Madrid, 1968.
Denzer, Horst, *Moralphilosophie und Naturrecht bei Samuel Pufendorf*, Múnich, 1972.
Hammerstein, N., «Samuel Pufendorf», en M. Stolleis, ed., *Staatsdenker im 17. und 18. Jahrhundert*, Frankfurt, 1987, 2.ª ed., pp. 172-196.
Krieger, Leonard, *The Politics of Discretion. Pufendorf and the Acceptance of Natural Law*, Londres/Chicago, 1965.
Modér, L. A. (ed.), *Samuel von Pufendorf 1632-1982*, Lund, 1986.
Wenzel, Hans, *Die Naturrechtslehre Samuel Pufendorfs*, Berlín, 1958.

Sobre Francisco Suárez:
Gallegos Rocafull, J. M., *La doctrina política del P. Francisco Suárez*, México, 1948.

Hamilton, B., *Political Thought in Sixteenth-Century Spain. A study of the political ideas of Vitoria, De Soto, Suárez and Molina*, Oxford, 1963.
Maciá, R., *Juridicidad y moralidad en Suárez*, Oviedo, 1967.

Sobre Christian Thomasius:
Hattenhauer, H., «Christian Thomasius», en M. Greschat, ed., *Die Aufklärung*, Stuttgart, 1983, pp. 171-186.
Lieberwirth, R., *Christian Thomasius. Sein wissenschaftliches Lebenswerk, eine Bibliographie*, Weimar, 1955.
Lluig, K., «Christian Thomasius», en M. Stolleis, ed., *Staatsdenker im 17. und 18. Jahrhundert*, Frankfurt, 1987, 2.ª ed., pp. 227-256.
Schneiders, W. (ed.), *Christian Thomasius - 300 Jahre Aufklärung in Deutschland*, Hamburgo, 1987.

Sobre Christian Wolff:
Gerlach, H. M. y otros, eds., *Christian Wolff als Philosoph der Aufklärung in Deutschland*, Halle/S., 1980.
Stipperger, E., *Freiheit und Institution bei Christian Wolff (1679-1754)*, Frankfurt, 1984.
Thomann, M., *La pensée politique de l'absolutisme éclairé*, Estrasburgo, 1969.
Thomann, M., «Christian Wolff», en M. Stolleis, ed., *Staatsdenker im 17. und 18. Jahrhundert*, Frankfurt, 1987, 2.ª ed., pp. 257-283.

3. *Obras globales*

Denzer, H., *Spätaristotelismus, Naturrecht und Reichsreform: politische Ideen in Deutschland 1600-1750*, en I. Fetscher y H. Münkler (eds.), *Handbuch der politischen Ideen*, Munich, 1985, vol. 3, pp. 233-273.
Ilting, K. H., «Naturrecht», en O. Brunner y otros, eds., *Geschichtliche Grundbegriffe*, vol. 4, Stuttgart, 1978, pp. 245- 313.
Klippel, D., *Politische Freiheit und Freiheitsrechte im deutschen Naturrecht des 18. Jahrhunderts*, Paderborn, 1976.
Maier, H., *Die ältere deutsche Staats- und Verwaltungslehre*, Múnich, 1980, 2.ª ed.

Petersen, P., *Geschichte der aristotelischen Philosophie im protestantischen Deutschland*, 1921.

Skinner, K., *Los fundamentos del pensamiento político moderno*, vol. II: *La Reforma* (trad. cast., México, 1986).

Stolberg-Rillinger, B., *Der Staat als Maschine. Zur politischen Metaphorik des absoluten Fürstenstaats*, 1986.

Stolleis, M., *Arcana Imperii und Ratio status. Beberkungen zur politischen Theorie des frühen 17. Jahrhunderts*, Gotinga, 1980.

Stolleis, M., *Geschichte des öffentlichen Rechts in Deutschland. Erster Band 1600-1800*, Múnich, 1988.

Capítulo 2
Maquiavelo y la teoría política renacentista*
Rafael del Águila Tejerina

1. Introducción: la cuestión del humanismo renacentista

La labor del historiador, y esto incluye, naturalmente, al historiador de la teoría política, tiene siempre algo de arbitrario. Su tarea consiste en imponer nombre a sucesos dispersos, en ordenar y dotar de coherencia a fenómenos y corrientes no siempre fácilmente sistematizables, en buscar regularidades en lo heterogéneo. Por ello, a veces, viene obligado a simplificar diferencias y a aislar factores condicionantes para poder dar una imagen inteligible de los sucesos y de la interrelación entre los conceptos. Estas peculiaridades crean en ciertas ocasiones disputas considerables e interpretaciones en conflicto. Ejemplo privilegiado de todo ello lo tenemos en el término Renacimiento, que describe la época que trataremos aquí, y en el de humanismo renacen-

---

* Quiero dejar aquí constancia de mi agradecimiento a H. F. Pitkin y N. Jacobson, de la Universidad de California, Berkeley, y a F. Murillo, de la Universidad Autónoma de Madrid, por sus comentarios y críticas a un primer borrador del epígrafe sobre Maquiavelo.

tista, escuela de pensamiento más o menos difusa que dará origen a planteamientos básicos de autores que analizaremos en este capítulo.

Aunque el término *rinàscita* fue aplicado por vez primera por Vasari en el siglo XVI para referirse únicamente a las artes, de hecho su significado actual excede con mucho este marco. Existen muy diversas concepciones del Renacimiento, tanto en lo que hace a sus límites cronológicos (¿*quattrocento*?, ¿siglos XIII a XVI? ¿Renacimiento en el siglo XII?), como a los geográficos (¿Renacimiento italiano?, ¿en el norte de Europa?), como a sus objetos (¿en el arte?, ¿en la filosofía?, ¿en teoría política?). De ahí, y en lo que ahora nos interesa, la polémica se adentra en una discusión sobre la originalidad o, mejor, la continuidad o la ruptura de tal período con concepciones culturales y políticas existentes durante la Edad Media.

El punto de referencia obligado aquí es el libro de J. Burckhardt *La cultura del Renacimiento en Italia* que, publicado a fines del siglo XIX, es en buena parte responsable de la imagen que rodea a este concepto. Sus tesis básicas son de sobra conocidas. El Renacimiento es una época de ruptura con el oscurantismo medieval que debe localizarse alrededor del *quattrocento* en Italia. Un período de renovación cultural: la recuperación y el acercamiento a los clásicos, la aparición de un individualismo vitalista y pagano que hace un uso nuevo y original de la razón, rompen con un pasado de religiosidad a través de un fuerte proceso de secularización y ponen los fundamentos del pensamiento y la política modernos.

Ante esta visión, pronto aparecieron las primeras voces discordantes procedentes, y no es extraño, de los estudiosos de la Edad Media, que se aplicaron a un ataque detallado sobre sus puntos débiles y, particularmente, a una demostración de la esencial continuidad que unía al Renacimiento con la «tenebrosa» época medieval.

Inclinarnos por una de estas dos visiones, u otra intermedia cualquiera, sería, no ya prematuro, sino imposible de justificar en el espacio de este capítulo. Con todo, deberíamos decir algo sobre la aparición de una generación de pensadores como la que pobló Florencia en aquel período y que tuvo una significación tan profunda para los planteamientos fundamentales de teóricos como Maquiavelo y Moro.

Es tradicional denominar humanistas a intelectuales como Salutati, Bruni, Poggio, Alberti, Manetti, Valla, Patrizi, etc., que nacieron, vivieron y/o escribieron en la Florencia del siglo XV. Lo que definiría al humanismo renacentista, más que un cuerpo de doctrinas compartidas por todos ellos, sería el estudio de la retórica y la gramática, asociada al cultivo de los autores clásicos y a una reivindicación muy particular del compromiso político, la vida activa y las virtudes republicanas. ¿Cómo explicar esa anormal densidad de pensadores en una sola ciudad y durante un período de tiempo relativamente corto?

Hans Baron (1966) nos dice que el surgimiento del interés por los asuntos morales y políticos en la Florencia de la época fue una respuesta teórica a la lucha que los florentinos realizaban contra las tiranías y los *signori* desde 1390. A partir de esa fecha en que los Visconti, duques de Milán, comienzan una estrategia de guerra abierta contra aquella ciudad, hasta 1454, año en el que Cosimo de Medici negocia la paz, una amenaza constante de pérdida de independencia y libertad sobrevuela Florencia. Según Baron, este contexto político explicaría la anormal concentración de teorías sociales y políticas tendentes a reivindicar, siguiendo el modelo de los clásicos, los valores de la forma política de la ciudad amenazada.

Paul Oskar Kristeller (1979), sin embargo, ha señalado que esta línea de explicación infravalora la influencia que sobre el humanismo tuvieron tradiciones medievales como las del *ars dictaminis* o retóricas. Tal influencia habría tenido lugar debido a tres paralelismos entre ambos movimientos. En primer lugar, los retóricos y los humanistas recibían una educación muy similar, incluyendo un profundo entrenamiento en leyes y gramática. Además, los miembros de ambos grupos ocuparon puestos profesionales muy similares en las universidades, el gobierno de la ciudad y la Iglesia. Por último, en sus trabajos morales y políticos, aunque con diferencias desde luego importantes, abordaron temas parecidos (como evitar el mal gobierno de las repúblicas y su decadencia, el faccionalismo como amenaza de la libertad, el aumento en la riqueza privada y su relación con la corrupción, etc.). Por lo demás, según Kristeller, resultaría difícil aislar un conjunto de afirmaciones en el humanismo que nos sirvieran para definir una posición filosófica coherente por todos compartida. Más bien nos hallaríamos ante un grupo de pensadores unidos por intereses teóricos y prácticos, aunque no necesariamente con una concepción del mundo común.

Quentin Skinner (1978), abundando en esta línea, destaca la relación del humanismo con la retórica medieval y subraya la a veces olvidada contribución de la escolástica al desarrollo de los ideales republicanos.

Pese a todo, de lo que no cabe duda es de que, aun con estas consideraciones sobre precursores y antecedentes en mente, es necesario dar una explicación a por qué reviven con tal intensidad y en un período de tiempo tan breve los temas de reflexión que los humanistas ponen en la palestra. Aquí, según nos parece, es inevitable mostrarse de acuerdo con Baron y su tesis sobre la crisis desencadenada en Florencia por las pretensiones de los Visconti. De hecho, la definición de libertad que encontraremos en los humanistas refleja bien a las claras el tipo de contexto que le da origen: libertad, señalarán, no es más que independencia y autogobierno. Ni una autoridad tiránica impuesta por una ciudad extraña, ni un despotismo interno que iguale la calidad del gobierno de la patria con la del enemigo.

En el desarrollo de estas ideas jugó un papel primordial el estudio que los humanistas realizaron del concepto ciceroniano de *virtus*. En primer término supusieron, partiendo de él, que al hombre le es posible la más alta excelencia en esta vida terrena. Es éste el lugar donde hay que entender la aparición del individualismo reivindicada por Burckhardt. Surge una concepción del hombre como ser dinámico en relación íntima con su entorno y capaz de realizar sus cualidades. En la *Oratio di hominis dignitate,* Pico della Mirandola pone de manifiesto este hecho al hablar del hombre como un ser libre hacedor de sí mismo y de su destino. Esto suponía un enfrentamiento abierto con la idea agustiniana que negaba al ser humano la posibilidad de alcanzar por sus propios medios la virtud. Los humanistas siempre creyeron, por el contrario, que una educación adecuada, centrada primordialmente en el estudio del mundo antiguo y de los ejemplos contenidos en los clásicos, podría dotar al hombre de recursos suficientes para lograr la excelencia. Esto pudo no suponer, desde luego, un retorno al paganismo, como Burckhardt creyó, pero sí una nueva visión del hombre y en particular la reaparición de la idea clásica de que a un hombre de virtud verdadera le sería posible la consecución de sus propósitos y la formación de su destino. Hay que señalar, sin embargo, que ello no supuso en casi ningún caso el que estos escritores abdicaran de la moral cristiana de su época, sino simplemente que eran opuestos a una visión agustiniana del hombre y que consideraban a éste como digno de honor, gloria y fama en este mundo terreno.

Otro tanto cabría decir de su posición ante la ortodoxia intelectual de entonces: el escolasticismo. Una de las fuentes de su identidad como movimiento fue precisamente el rechazo de la metodología y la visión política de la escolástica. En efecto, los humanistas creyeron que el tipo de estudio que los escolásticos proponían, basado en la lógica y el análisis institucional, dejaba de lado un aspecto esencial: no se preocupaban por cómo han de comportarse los hombres y, en esa medida, descuidaban la reflexión sobre la educación y la generación de *virtus* en la sociedad. Siguiendo a Petrarca, los humanistas del *quattrocento* siempre opinaron que era preferible desear el bien que conocer la verdad. Por lo demás, todo conocimiento ha de servir al hombre en cuestiones prácticas, y esta idea, que muchos años después alcanzará su apoteosis en Francisco Bacon, va a moldear su esfuerzo teórico de principio a fin.

Para empezar, ese punto de vista les aleja definitivamente de la concepción medieval de que una vida de contemplación es el ideal al que todo ser humano debiera tender. En segundo lugar, esta reacción contra la especulación aislada del mundo promueve un énfasis del compromiso político, que en una primera fase tuvo como consecuencia una defensa sin paliativos de las libertades republicanas y explica el que sus escritos fueran dirigidos a la generalidad de los ciudadanos. Sólo a fines del siglo xv y principios del xvi, cuando las formas de gobierno despótico y el triunfo de los *signori* son ya una realidad, los humanistas adoptan el género del consejo al príncipe para seguir participando activamente en política desde una perspectiva educativa, y aun en esos momentos muchos de ellos no abandonaron sus convicciones republicanas. Es verdad, no obstante, que en esta segunda etapa se reemplazan ciertos valores de los primeros tiempos por otros; por ejemplo, la libertad y el autogobierno que pierden importancia y se ven sustituidos por la seguridad y la autonomía. Pero, pese a todo, el aspecto educativo y la pasión por el compromiso político y la vida activa siguieron vivos en todas sus obras.

Es a ellos antes que a nadie a quienes debemos esa imagen de la época que les tocó vivir como algo único y de importancia histórica inusitada. Su visión de la historia, en la que se reservaron un papel privilegiado, rompió con la medieval. De hecho, fueron los propios humanistas los que inventaron el concepto de Edad Media como un tiempo oscuro e intermedio entre el esplendor del mundo antiguo y su «renacimiento». Se sentían agentes de una espléndida transformación del mundo y entendían que habían logrado restablecer al hombre a su lugar natural: el centro del universo. Su optimismo se vio ligeramente atenuado por la conciencia de que la fortuna gobernaba en buena parte los asuntos del hombre y que éste podía ser derrotado a veces por aquélla. Sin embargo, esto se consideró siempre como un acicate que llamaba a la práctica, más que como un freno conformista. Gracias a este elemento, el carácter del hombre renacentista se convierte en prometeico.

Estas ideas, por muy dispersas que puedan considerarse, son el núcleo de una concepción del mundo de influencia casi inmediata y extremadamente intensa en toda Europa. Las teorías de Maquiavelo o Guicciardini en Italia, Tomás Moro en Inglaterra, Erasmo en los Países Bajos, por no hablar del barroco español, no son inteligibles sino en contraste con este telón de fondo. En lo que sigue veremos que algunos de los autores aquí tratados no siempre siguieron el modelo propuesto por el humanismo y fueron a menudo acerbos críticos del mismo. Pero todos ellos partieron en su reflexión de este origen común que puso las bases del pensamiento político moderno.

2. Nicolás Maquiavelo

Si siempre es aconsejable contextualizar la obra de un pensador político acudiendo a una descripción de sus experiencias vitales y de los acontecimientos históricos que vivió, en el caso de Maquiavelo tal proceder es indispensable. La imagen de Maquiavelo en nuestra cultura está todavía fuertemente asociada al uso de su nombre como calificativo: lo maquiavélico ha desplazado a Maquiavelo, y su leyenda, a su obra. Su figura histórica adopta, aún hoy, tonos sombríos. Ya no llega a afirmarse con seriedad, como hizo uno de los primeros antimaquiavélicos, el cardenal Reginald Pole, que sus escritos se deben a la mano de Satán o que nos hallamos ante un enemigo de la raza humana. Tampoco que fue un héroe y un patriota cuyo altruista objetivo –la liberación de Italia y la consecución de un Estado nacional– justifica sobradamente ciertas «exageraciones» contenidas en su obra. Pero, en términos generales, hay que confesar que la imagen que de Maquiavelo se tiene adolece de falta de matices. Por eso, entre otras razones, la siguiente contextualización histórica tratará de ofrecer al lector algunas claves y puntos de referencia que, es de esperar, contribuyan a la clarificación de su teoría política.

Su vida, su tiempo, su obra

No sabemos demasiado de la vida familiar de Maquiavelo. Tan sólo que nació en Florencia el 3 de mayo de 1469 en el seno de una familia de clase media urbana, aunque procedente de una vieja rama aristocrática y rural. Parece que las relaciones con su padre fueron buenas y así se mantuvieron hasta la muerte de éste en el año 1500. Casó con Marietta Corsini en 1501 y tuvo siete hijos. Se le conoce al menos una amante, bastante más joven que él, lo que demuestra una cierta ironía para consigo mismo en el tratamiento cáustico que de este tipo de relaciones hace en sus obras teatrales *Clizia* y *La mandrágora*. Su carácter no era en absoluto hipócrita, sino más bien irónico y corrosivo, en un estilo bastante en boga en la Italia renacentista. Fue, en general, leal con sus amigos, sin llegar por ello a poner en riesgo su propia posición. Fiel servidor de la República florentina, tras la caída de ésta buscó, sin demasiado éxito, un empleo público bajo los Medici. Trabajador y diplomático incansable, escribió miles de páginas informando de sus legaciones, y se revela en ellas, al igual que en sus obras propiamente teóricas, como un agudo observador de la situación política de su tiempo.

El 28 de mayo de 1498 fue inesperadamente designado como segundo canciller y secretario de la Señoría. El puesto era importante, aunque no comparable en dignidad a la primera Cancillería. Sus deberes eran la redacción de informes destinados al Consejo y asesoramiento de los magistrados de la República en materias políticas y militares, particularmente en lo que hacía a las relaciones exteriores.

Eran aquellos tiempos difíciles para su ciudad natal. Por un lado estaban las presiones de la ambiciosa y «serenísima» República veneciana; por otro, Roma y el papado, cuyas intenciones de restaurar el poder temporal de la Iglesia eran patentes. Por si esto fuera poco, César Borgia, hijo del papa Alejandro VI, intentaba la unificación de los señoríos independientes de la Romagna en un estado centralmente administrado. Como colofón, las ambiciones imperialistas de franceses y españoles hacían que en suelo italiano acamparan dos de los ejércitos más poderosos del mundo, ocupando los territorios de milaneses y napolitanos. Esta situación hacía de la diplomacia un arte refinado y peligroso, sin margen para el error, un juego donde las concesiones o la debilidad, la duda o el titubeo, podían pagarse con la destrucción de la propia comunidad. La obra política de Maquiavelo refleja claramente este continuo estado de emergencia.

Y si la situación exterior era intranquilizadora, en el interior de la República florentina las tensiones políticas, sociales y económicas estaban a la orden del día. Para comprenderlas mejor es necesario retrotraerse a los años anteriores al nombramiento de Maquiavelo. Desde 1434 a 1494 Florencia fue formalmente una república, pero en la práctica estuvo completamente dominada por la familia Medici. Durante esta época, a la que se ha calificado como «ilustración florentina», las tensiones entre los *grandi,* el *popolo* y la oligarquía de los Medici mantenían un difícil equilibrio, hasta que, en 1494, ante la presión de los ejércitos franceses, Piero, hijo de Lorenzo el Magnífico, huyó de Florencia, dejando el camino expedito a la creación de una república de corte popular bajo la influencia de Savonarola.

Aunque Savonarola nunca gobernó Florencia y sus partidarios sólo ocuparon puestos ejecutivos durante cortos períodos, su influencia a través de la «exhortación moral» fue enorme. Era el prestigio de sus profecías y denuncias sobre la situación espiritual de la Iglesia lo que constituía la única fuente de su poder. Asimismo, los consejos tendentes al establecimiento de un Consejo Mayor que reunificara varios órganos similares –cuyo laberinto de competencias había servido a las mil maravillas a las intenciones oligárquicas de los Medici–, y que daba entrada en la política activa a amplios sectores de las clases medias, le ganaron el apoyo de éstas. Su carisma personal también arrastró las simpatías de ciertos sectores de la aristocracia. Pero, frente a él, todavía se mantenían fuertes varios grupos importantes. Primero, los simpatizantes de los Medici; en segundo lugar, una facción «antiausteridad» compuesta por aquellos que no estaban dispuestos a renunciar a las riquezas y las comodidades que esta ciudad de banqueros y comerciantes podía ofrecerles, y entre los cuales se contaba un largo número de clérigos. Por último, pero no de menor importancia, un conjunto de poderosas familias profundamente insatisfechas por lo que consideraban una administración ineficaz de los asuntos públicos y un aislamiento político ruinoso para la economía. En estas circunstancias, el papa Alejandro VI, cansado e irritado por las continuas críticas del fraile, lo excomulga en 1498. El nuevo gobierno electo no cuenta con partidarios suyos y «el profeta desarmado», como después lo llamaría Maquiavelo, pierde apoyo popular e influencia política. Finalmente, es encarcelado y condenado a morir en la horca. Su cuerpo es quemado en la Plaza de la Señoría el 23 de mayo de 1498. Cinco días después Maquiavelo, que nunca había simpatizado con él, aunque poco sabemos sobre su actitud concreta durante esos años, es nombrado secretario.

La Constitución republicana no es, pese a todo, abolida y el equilibrio de fuerzas entre la nobleza y las clases medias se mantiene. El problema económico continuaba siendo crucial. La ciudad necesitaba dinero y pedía préstamos cada vez más cuantiosos a las clases altas, dinero que éstas recuperaban a través de los impuestos. Había que pagar a *condottieri* y mercenarios para continuar la campaña contra Pisa, una guerra que sangraba las finanzas de Florencia desde hacía años. Había que comprar enemigos y la protección del rey de Francia. La continua subida de impuestos aumentaba progresivamente la desconfianza con la que nobles y pueblo se contemplaban.

A esto se añadió un empeoramiento de la situación exterior, cuyo peligro llegó al cenit en el año 1502. En ese año, y mientras Pisa seguía luchando por su independencia, el poderío de César Borgia crecía por momentos y ya no era posible considerarle como un príncipe más, sino, en palabras de Maquiavelo, como «un nuevo poder en Italia» y en ese sentido una constante amenaza para Florencia. Estalla la guerra civil en Pistoia y una rebelión en Arezzo y sus alrededores, producto de lo cual la ciudad natal de nuestro autor pierde la mitad de su imperio.

Las críticas internas al mal funcionamiento de la administración y el gobierno arrecian. De hecho, el sistema político de la república no favorecía la eficacia. El Consejo Mayor no era un cuerpo deliberativo, sino que se limitaba a aprobar leyes e impuestos al tiempo que elegía a los integrantes de los varios cuerpos ejecutivos de la república: el *Gonfaloniere* de justicia, cabeza de la República, la Señoría, los Doce, etc. El problema residía en que los plazos por los cuales las personas eran elegidos para esos puestos ejecutivos eran extremadamente cortos: aproximadamente dos meses. Lo que fue pensado como un recurso de salvaguarda contra la tiranía estaba convirtiéndose en la ruina para la ciudad y en la causa de la ineficacia de su gobierno. En 1502, y con el aplauso de casi todos, se emprende una reforma constitucional, resultado de la cual la elección del *Gonfaloniere* se convierte en vitalicia. En la medida en que la cabeza del ejecutivo no tenía poder independiente de la Señoría, las clases medias no vieron en ello una pérdida de influencia, y la aristocracia consideró la medida como un primer movimiento contra el gobierno «largo» y popular. El elegido fue Piero Soderini, que desde un principio se negó a secundar las pretensiones tanto de los aristócratas como de los populares y mantuvo una difícil posición de equilibrio entre ambos grupos. Ésta es probablemente la razón por la que buscó rodearse de colaboradores no ligados directamente a esas facciones. El secretario Maquiavelo se ajustaba perfectamente a ese requisito. Su estrecha colaboración con Soderini incrementó su influencia en el gobierno de la República, aunque no supusiera ninguna promoción particular, pero, a la vez, le ganó profundas antipatías y enemistades, sobre todo entre los partidarios de los Medici.

La carrera política y diplomática de Maquiavelo le puso en contacto, ya desde 1498, con problemas vitales para su ciudad natal que, más tarde, encontrarán un claro reflejo en sus escritos políticos. Las misiones relacionadas con la guerra de Pisa le enseñaron a desconfiar de las fuerzas militares mercenarias, desconfianza que se hace patente no sólo en *El Príncipe* sino en todos sus escritos. Sus legaciones ante la corte romana durante las elecciones de los papas Pío III y Julio II le familiarizaron con el funcionamiento interno de las intrigas del poder temporal de la Iglesia. Su profunda antipatía por la política de ésta, a la que consideraba principal responsable de los males que aquejaban a Italia, tomó forma definitiva probablemente durante aquellos años. De sus misiones ante el rey de Francia aprendió el desprecio que en el extranjero despertaba la debilidad y la falta de unidad interna de Florencia. Es posible que entonces se concretara la sospecha de que el uso apropiado de astucia y fuerza era en política incomparablemente más importante que la razón moral, tesis básica que en el futuro le alejaría definitivamente de ciertos lugares comunes en la reflexión política de los humanistas italianos. En su legación alemana ante el emperador Maximiliano se familiarizó y acabó admirando el *vivere civile* de las ciudades germanas, que, junto con el de la Roma antigua, son de los pocos ejemplos de «ideal político» que encontraremos en su obra.

Es probablemente exagerado afirmar que sus misiones ante César Borgia le hicieron aprender «maquiavelismo». El propio Borgia es sujeto de una leyenda que, al intercalarse con la de Maquiavelo, ha dado lugar a todo tipo de deformaciones respecto de su relación. Es cierto que Maquiavelo admiró en aquel hombre, en cuya espada se leía *Aut Caesar aut nihil* (o César o nada), su decisión, su astucia y su ambición, su *virtú* en definitiva. Las crueles acciones de Borgia podían ser viejas como el tiempo, pero la racionalidad subyacente a cada uno de sus actos despertaba el asombro de nuestro autor. Es posible que el hijo de Alejandro VI admirara a su vez en Maquiavelo al interlocutor inteligente. Sin embargo, no existe prueba histórica alguna de que las cosas pasaran de ahí. De su relación no surgió ni amistad ni ningún rasgo de mutua confianza: sus intereses estaban irreconciliablemente encontrados. Es verdad que en *El Príncipe* se dedican a Borgia elogios por su *virtú,* pero no es menos cierto que años antes, durante su hundimiento, cuando perseguido y derrotado por Julio II su nombre aparece en alguno de los despachos oficiales que Maquiavelo envía a Florencia, no hay simpatía alguna para con él. Al contrario, en ellos se pone de manifiesto la pérdida de *virtú* del Duque y su fracaso político. En este sentido, puede decirse que aunque Maquiavelo extrajo provechosas experiencias de su contacto con «mente tan aguda», lo que admiraba en Borgia era su personificación de algo por largo tiempo sospechado: el ejemplo de algo nuevo, innovador y ascendente. Tesis como las de que la valoración de una acción política debe hacerse por sus resultados y no por la moralidad de los medios empleados, que la *virtú* poco o nada tiene que ver con las virtudes cristianas, etc., fueron contrastadas con una experiencia política viva durante esos años.

Al menos desde 1503 Maquiavelo, que había sido empleado en varias ocasiones en servicios relacionados con la guerra de Pisa, fue uno de los principales impulsores de la creación de una milicia nacional florentina que tomara el puesto de los mercenarios. Cuando en 1509 la ciudad cayó y el secretario entró en ella con su milicia buena parte del crédito de la victoria fue a parar a él. Acababa así una guerra que había sangrado durante quince años a Florencia y en la cual se había recurrido a todo, dinero, soborno, presiones internacionales e incluso la contratación de Leonardo da Vinci como ingeniero militar. Pero la idea de Maquiavelo parecía haber dado fruto allí donde todo lo demás había fracasado. La pesadilla de Pisa había acabado y la República se sentía satisfecha. Sin embargo, el fin no estaba lejano.

En 1510 el papado y Francia entran en guerra y Florencia queda atrapada en una delicada posición entre dos aliados tradicionales. La neutralidad que intentó mantener aumentó la tensión interna entre el gobierno de la República y los partidarios de los Medici. En diciembre de ese mismo año se aborta una conjura contra Soderini. Mientras tanto, los franceses decidieron herir al Papa donde más podía dolerle y convocaron un concilio en Pisa, a la sazón territorio florentino, con los cardenales que simpatizaban con su causa. Julio II reaccionó rápidamente y excomulgó a los integrantes del concilio, puso a Pisa y Florencia bajo interdicto e inició los contactos diplomáticos para concluir una liga contra Francia con apoyo de España y Venecia. Maquiavelo fue enviado en sucesivas misiones a interceptar a los cardenales que acudían a Pisa; a Milán, para entrevistarse con el virrey francés e intentar convencerle de que cambiara el lugar de reunión del concilio, y a Francia para tratar de detener los planes de Luis, que amenazaban con ser ruinosos para Florencia. No tuvo éxito en estas gestiones y, concluida la Liga, el virrey de Nápoles, Ramón de Cardona, avanzó con un ejército por la Romagna. Al tiempo, Julio II anunciaba que su legado en Bolonia sería Giovanni de Medici, esperando que esto animara a los partidarios de los Medici a un golpe de Estado y que el gobierno resultante rompiera la alianza con Francia. La batalla entre franceses y fuerzas de la Liga tuvo lugar en Ravena. El triunfo del ejército pro-papal dejó a Florencia sola. La milicia florentina, aquella creación de Maquiavelo, fue estrepitosamente derrotada poco después en el Prato por los tercios españoles. Con su caída, el camino hacia Florencia quedaba expedito. Pero dos semanas antes de la entrada del ejército enemigo en la ciudad, los aristócratas pro-Medici vieron su oportunidad, forzaron la dimisión de Soderini, que se exilió, y emprendieron una serie de reformas constitucionales que se ajustaban al programa aristocrático (el Consejo Mayor y la milicia fueron disueltos, etc.). En septiembre de 1512, la República florentina a la que Maquiavelo había servido los últimos catorce años dejó de existir.

Por raro que hoy nos resulte, Maquiavelo esperaba poder seguir sirviendo a Florencia bajo los Medici. Es como si las luchas de facciones en su ciudad no fueran del todo importantes. Pero los Medici no olvidaron la frialdad que «el muñeco de Soderini», como ellos le llamaban, había mostrado con los suyos durante su exilio y Maquiavelo fue sustituido. Poco después, un complot contra los Medici fue abortado y se descubrió una lista de posibles simpatizantes del golpe (todavía no contactados por los organizadores) en la que aparecía el nombre de Maquiavelo. Arrestado y torturado en el potro, reivindicó su inocencia e intentó ganar la simpatía de Giuliano de Medici mandándole un grupo de sonetos en el que alguno de sus biógrafos ha visto aparecer su sonrisa irónica. Mientras tanto, Julio II muere y el cardenal de Medici es elegido nuevo papa con el nombre de León X. Florencia está de fiesta, las cárceles se abren y Maquiavelo es liberado.

Retirado en Sant'Andrea siguió intentando, a través de amigos personales, un nombramiento desde el cual poder demostrar su lealtad a Florencia y a los Medici. A la negativa de estos últimos de atender sus peticiones debemos *El Príncipe* y los *Discursos sobre la primera década de Tito Livio*.

Tenemos la seguridad de que *El Príncipe* fue escrito en 1513 gracias a la correspondencia entre Maquiavelo y su amigo Francesco Vettori. Además de enviarle el libro en su primera versión, consultó con él la idea de presentarlo como regalo a Giuliano de Medici. Nunca se decidió a hacerlo, y en ello debió influir el silencio de Vettori al respecto. Sólo sabemos que a la muerte de Giuliano escribió una dedicatoria para el heredero Medici, Lorenzo, y debió corregir el capítulo final que contiene la exhortación a Lorenzo de Medici para liberar a Italia de los bárbaros. No hay evidencia segura de que Maquiavelo remitiera a éste finalmente su obra. Sólo queda una anécdota según la cual, cuando Maquiavelo se decidió a hacerlo, coincidió en la recepción con otro súbdito que regalaba a Lorenzo un par de perros de caza y éste apenas prestó atención a nuestro autor y a su obra.

El Príncipe es un escrito que se inscribía en la larga tradición de libros de consejo conocida como *speculum princeps*. Maquiavelo se adaptó a este género tanto en el ordenamiento de la obra como en su estructura temática. Pero el punto de ruptura con esta tradición puede localizarse fácilmente en el tratamiento realmente novedoso y original de algunos de los temas usuales y en la introducción, aquí y allá, de argumentaciones diametralmente opuestas a las que por entonces eran corrientes.

Llama poderosamente la atención el que este pequeño tratado, compuesto por 25 breves capítulos, más la dedicatoria y la exhortación final, y que cualquiera puede leer en una tarde, desencadenara una polémica política y teórica tan profusa y tan larga. La magia de ese libro ha hechizado a generaciones de políticos prácticos y ha mantenido viva la discusión entre los teóricos, que es probable que hayan escrito sobre él varios millones de páginas. ¿Qué hace de *El Príncipe* un libro tan especial?

Para algunos, el que nos encontremos, casi por primera vez en la historia de las ideas, con un tratado de explotación y dominación política, detallado, frío y sin escrúpulos. Un manual de *Realpolitik* sin falsas concesiones a la moralidad, que no se preocupa por preguntarse cómo deberían ser las cosas, sino que se empeña en una descripción fiel de los recursos que el poderoso tiene en sus manos para la consecución o preservación del poder mismo. Para otros, *El Príncipe* personifica el descubrimiento y la puesta en marcha de toda una serie de nuevos conceptos en el pensamiento político, tales como la relación entre poder y apariencia, la racionalidad técnica, la habilidad como elemento transformador del entorno, etc. Como luego se verá, el tema está lejos de estar claro, pero de lo que no cabe duda es de que *El Príncipe* es, aún hoy, un libro vivo. Acaso demasiado porque, en términos generales, ha oscurecido a su otro gran escrito, los *Discursos* y, desde luego, a sus obras teatrales, poemas, escritos políticos menores y escritos de gobierno.

Una de las polémicas que se han suscitado entre los estudiosos es, precisamente, la de la relación temporal y temática entre *El Príncipe* y los *Discursos*. La cuestión no es una mera batalla cronológica para especialistas, porque en los *Discursos* el Maquiavelo republicano hace su aparición, mientras que se encuentra prácticamente ausente de *El Príncipe*. Así, hay quien sostiene la posterioridad de la redacción de los *Discursos* y con ella señala una suerte de «conversión» republicana de Maquiavelo. Por su lado, la unidad fundamental de las dos obras es puesta de manifiesto por otros que argumentan sus nexos de unión y el indudable denominador común que les recorre, así como la redacción, previa a *El Príncipe*, de 18 capítulos de los *Discursos*. En principio parece más plausible esta última hipótesis y, en general, cuando más adelante se aborde la descripción de la teoría política del florentino, se la tratará como una obra unitaria más que como el resultado de una supuesta evolución (véase Granada, ed., 1987).

Por lo demás, la diferencia entre ambas obras bien pudiera deberse a una intención analítica distinta. No hay que olvidar que mientras *El Príncipe* trata únicamente de los principados, adopta el género del consejo y se dirige a un monarca reinante, los *Discursos* se realizan por encargo de ciudadanos privados (Buondelmonti y Rucellai), integrantes del «Orti Oricellari», y se dedican a un análisis de las repúblicas.

El Orti Oricellari era una especie de círculo de ciudadanos cultos en la tradición de la Academia platónica medicea, que gustaban de discutir sobre política, historia y literatura en los jardines de Bernardo Rucellai. Maquiavelo buscó refugio en su generosidad porque desde la pérdida de su posición como secretario de la República su situación económica era más bien precaria. En todo caso, llegó a entablar una profunda amistad con alguno de sus mentores, particularmente con L. Strozzi, a quien dedicaría *Del arte de la guerra,* uno de los pocos trabajos publicados durante su vida.

En 1518 escribe una obra de teatro, *La mandrágora*, que, según se dice, divirtió al papa León X y logró un cierto éxito en el carnaval veneciano. Poco después, mientras desempeñaba una misión privada en Lucca, escribe *Vida de Castruccio Castracani,* en la que pueden encontrarse paralelismos con *El Príncipe*, amén de inexactitudes históricas y biográficas evidentes. Este hecho no es privativo de la *Vida de Cas-*

truccio y se repite con matices en casi todas sus obras. En realidad, Maquiavelo escribía historia como un político y no como un historiador, y en muchas ocasiones estaba más preocupado por extraer lecciones, principios y doctrinas que por seguir fielmente el desarrollo de los hechos (véase Chabod, 1964). En cualquier caso, la obra fue un éxito y le ganó un encargo para escribir, con un salario anual, una historia de Florencia, tema en el que trabajaría durante siete años. Las cosas parecían mejorar poco a poco, aunque Maquiavelo no lograra aquel puesto en la política de su ciudad que siempre ambicionó y para el que la escritura no era más que un pálido sustituto. Cierto que en 1521 Soderini le había propuesto ocupar el cargo de secretario del *condottiero* Próspero Colonna, pero la negativa de Maquiavelo a esta vuelta al mundo de la política tuvo más que ver con la incomodidad de tener que trasladarse a Milán y con el mantenimiento de sus esperanzas de alcanzar un buen puesto en Florencia, que con una renuncia a la praxis en beneficio de la teoría.

Sin embargo, la fortuna de nuevo estuvo a punto de jugarle una mala pasada cuando un complot contra los Medici fue descubierto y varios de sus amigos del Orti Oricellari resultaron implicados. Parece que Maquiavelo, una vez más, no tuvo nada que ver con el asunto, pero las tertulias del Orti acabaron definitivamente.

En 1523, Julio de Medici fue elegido papa con el nombre de Clemente VII. Gracias a la mediación de L. Strozzi, Julio siempre estuvo bien dispuesto para Maquiavelo, y fue él quien le había proporcionado anteriormente el encargo de las *Historias de Florencia*.

En este contexto, las expectativas de conseguir algún nombramiento o un nuevo encargo crecieron para Maquiavelo. Sin embargo, los juegos políticos que emprendió el nuevo papa eran en verdad peligrosos. Por lo pronto, decidió abandonar la alianza del papado con los españoles y adoptar el lado de Francia poco tiempo antes de la derrota de ésta en Pavía. Por aquellos días, poco propicios para libros, Maquiavelo llegó a Roma con un ejemplar de sus *Historias de Florencia*, y pese a que la situación política era preocupante, Clemente VII le recibió. Incluso se llegó a rumorear que Maquiavelo integraría una legación a Madrid para discutir ciertos términos de un tratado entre el Papa y el Emperador. Finalmente, al parecer, Clemente cambió de opinión y con ello privó a los historiadores de sus comentarios *in situ* sobre la situación política internacional.

El caso es que, poco después, el Papa, insatisfecho y viéndose en manos de los españoles, decide concluir una liga junto a los franceses, venecianos y florentinos para expulsarlos del suelo italiano. Es en este contexto en el que Maquiavelo logra, al fin, el deseado nombramiento que le implicaba con la defensa de su ciudad. Ser *Canciller de los Procuradores de Fortificaciones* no era, en efecto, demasiado importante, pero parecía satisfacer sus deseos de acción. Probablemente influyó en que se tomara esa decisión, entre otras cosas, su amistad con el historiador y político Francisco Guicciardini, estrecho colaborador del papa Medici y teniente general del ejército de la Liga. A sus órdenes, Maquiavelo realizó frecuentes misiones relacionadas con la milicia y la fortificación de Florencia. La situación general era más que espinosa, pero pese a su salud, ya muy quebrantada, Maquiavelo disfrutó de esta vuelta al mundo al que creía pertenecer.

La guerra contra el Emperador estalló finalmente. Tras las primeras escaramuzas y derrotas de las fuerzas de la Liga, Florencia, siempre en el centro del mapa italiano, siempre en el camino de las fuerzas invasoras, estaba de nuevo directamente amenazada. Los problemas internos y las revueltas, esta vez contra los Medici, surgieron de nuevo. Sin embargo, el ejército enemigo no la atacó. Se limitó a saquear sus alrededores y pasar de largo, perseguido por las fuerzas de la

Liga, hacia Roma, indefensa. El 6 de mayo de 1527 se produjo el saco de Roma mientras el Papa buscaba refugio en Castel Sant'Angelo. En Florencia, tras la derrota de la Liga, los problemas surgen de nuevo y el gobierno Medici cae. La constitución republicana se restablece y Maquiavelo, fiel servidor de la República y represaliado durante muchos años por haberlo sido, era por entonces un enviado de los Medici. Otra vez estaba en el bando de los perdedores, y aunque trató de conseguir su antiguo puesto de secretario, el nuevo gobierno confirmó en su cargo a Francisco Tarogi, que lo había sido bajo los Medici, lo que, entre otras cosas, nos demuestra que tal proceder no era inhabitual en lo que hace a los puestos de gobierno de la ciudad.

Con su salud arruinada por las recientes campañas, Maquiavelo cayó mortalmente enfermo. Se dice que durante su enfermedad, igual que durante toda su vida, gustó de contar historias. Entre ellas destaca una que no puedo resistirme a reproducir aquí. Un día cayó dormido y se soñó muerto. Vio en el otro mundo a los pobres y benditos del Señor en el paraíso gozando de su divina presencia. Los nobles y los sabios que discutían sobre asuntos de Estado (entre ellos se contaban Plutarco, Platón y otros) habían sido, sin embargo, condenados a los infiernos. Estaba escrito: *Sapientia huius saeculi inimica est Dei.* Cuando la visión se desvaneció alguien le preguntó con quiénes le gustaría estar y Maquiavelo respondió que prefería la compañía de mentes nobles a un paraíso atiborrado de mendigos. No mucho después confesó y murió entre sus familiares. El 21 de junio de 1527 fue enterrado en la iglesia de la Santa Croce.

La estructura de su teoría política

Muerto Maquiavelo, maquiavelismo y antimaquiavelismo nacieron. Fue Blado quien imprimió los *Discursos* en 1531 y

El Príncipe en 1532, *cum gratia et privilegium* de Clemente VII. Los primeros conflictos no tardaron en surgir y se recrudecieron en años subsiguientes. La Iglesia emprendía la Contrarreforma y debía establecer consecuentemente y sin ambigüedades sus posiciones políticas. Maquiavelo fue quemado en efigie y sus libros pasaron a integrar el *Index librorum prohibitorum* por un decreto de 1559 confirmado posteriormente por el Concilio de Trento.

El antimaquiavelismo no se ahorró fiereza alguna: Maquiavelo era Satán, la encarnación de las fuerzas del mal (lo que le convirtió en Maquiavelo-jesuita e Ignacio Maquiavelo para los protestantes), el enemigo de la moral, la religión y la fe; el inhumano corruptor del mundo de la política. Aunque entre los antimaquiavélicos hubo mucho de airada ignorancia y en ciertos casos podemos incluso dudar de que alguno de sus ilustres adversarios se tomara la molestia de leerlo (Posevino, por ejemplo, supone que *El Príncipe* está dividido en libros y no en capítulos), también es verdad que muchas de las mejores mentes de la época se empeñaron en esta lucha desde el lado de la tradición. Y, sin embargo, probablemente, la realidad era «maquiavélica» antes de Maquiavelo y la publicitación de su teoría tuvo como consecuencia no un aumento, sino una disminución del poder de los príncipes que ya no podían legitimar sus actos «ingenuamente». Por lo demás, era como si el poder de lo que el florentino decía traspasara a sus más irreconciliables enemigos, de modo que la lucha contra sus ideas adoptó en muchos casos un tinte «maquiavélico» (véase Murillo, 1957). Y, en esa misma línea, mientras la teoría política se desbordaba en indignación, el político práctico leía con avidez sus consejos. En el transcurso del tiempo, nuestro autor encontró aliados de la talla de Bacon, Montesquieu o Rousseau. Nuevas interpretaciones hicieron su aparición y la fuerza de su obra la convirtió en fuente inagotable de nuevas lecturas, lo cual, al fin y al cabo, bien pudiera ser la medida de la grandeza de un pensador.

Si pretendiéramos, no obstante, resumir aquí las distintas interpretaciones que del pensamiento maquiaveliano se han realizado, la extensión de este capítulo sería, con creces, mayor que el volumen que el lector tiene entre sus manos. Nos conformaremos, por tanto, con describir someramente tres «tipos» interpretativos que, a grandes rasgos, podríamos denominar: Maquiavelo como cínico, Maquiavelo como patriota y Maquiavelo como científico de la política.

Es muy posible que la leyenda que hace de Maquiavelo un anticristo siga viva en parte como consecuencia de la brutalidad y aparente cinismo de ciertas afirmaciones que se leen en su obra. En efecto, en ella encontramos consejos como los de que a un nuevo príncipe le es necesario asesinar a la familia del antiguo, que no hay mejor manera de asegurar una posesión que devastarla, que los hombres sólo pueden vengarse de las ofensas cuando éstas son pequeñas, de modo que hay que hacérselas de tal manera que se vean incapacitados para la venganza, etc. La «inmoralidad» que preside estas y otras tesis similares es la que da origen a la corriente interpretativa que hemos llamado Maquiavelo como cínico.

Con matices, desde luego, importantes, podemos encontrar los antecedentes básicos de esta visión de su teoría política en los escritores contrarreformistas de los siglos XVI-XVII. Pero ha sido fundamentalmente Leo Strauss el que, en nuestro siglo, ha realizado la interpretación más coherente en este sentido y es por ello punto de referencia obligado. Para Strauss. Maquiavelo es, ni más ni menos, que un maestro del mal (1958, 11) que persigue primordialmente la total destrucción de la moral cristiana. No es que el secretario florentino pretenda una descripción avalorativa de lo que ve a su alrededor, sino que su obra vendría a ejemplificar una especie de transvaloración de los valores, esto es, la sustitución de una enseñanza normativa específica, la cristiana, por otra, la maquiavélica (1958, 233). Y en esta tarea Maquiavelo no adopta el punto de vista del «mal» simplemente por capricho. La inmoralidad de las acciones políticas por él recomendadas es el reflejo superficial de una verdad más profunda: para Maquiavelo la moralidad no puede existir si no es defendida y creada por medios inmorales. Por eso, en su visión del mundo el lugar de la religión o de la ética es tan sólo el de un instrumento más, junto a otros posibles, para la conservación del orden y de la seguridad. En este sentido, religión o ética no estarían relacionados con ninguna esfera trascendente, sino con intereses específicos de oligarquías dominantes (véase *D,* I, 11 y ss.) [1]. Maquiavelo no sólo sería un inmoral sino un maestro de tiranos, un consejero de poderosos que no se detendría ante imperativo moral alguno para señalarles las vías de conservación y engrandecimiento de su poder. No cabe duda de que en estas condiciones las enseñanzas del cristianismo estarían equivocadas y el objetivo prioritario de su teoría sería la liberación de los hombres de una «mala» tradición y la «revelación» de un nuevo código anticristiano, el suyo propio (Strauss, 1958, 21-23). El cinismo de la teoría política maquiaveliana se mostraría concluyentemente en la tesis de que cualquier medio, por inmoral que resulte, es políticamente válido siempre que sea eficaz al mantenimiento, engrandecimiento, etc., del propio poder. Las virtudes tradicionales, entonces, o se arrinconan o sirven sólo como medio al servicio de la *virtú* política. De esta manera llegaría a desembocarse en una suerte de «religión del Estado» cuyos preceptos normativos deberían desbancar a las enseñanzas cristianas.

En lo que a nosotros nos interesa ahora, es irrelevante intentar discernir en este contexto las creencias religiosas de

---

[1]. *Abreviaturas:* las más usadas serán *P* = *El Príncipe,* seguido de número arábigo indicando el capítulo; *D* = los *Discursos,* seguido de número romano indicando libro, y número arábigo indicando capítulo; *HF* = *Historias de Florencia,* seguido de número romano indicando libro y arábigo indicando capítulo; *AG* = *Del arte de la Guerra* seguido de número romano indicando libro.

Maquiavelo. Tanto da considerarle atormentado o feliz por su descubrimiento de ciertas reglas que definen lo político. Lo esencial es si Strauss y otros están en lo cierto al definir su teoría desde un punto de vista normativo anticristiano o bien si ésta es una lectura en exceso unilateral del pensador florentino. Tendremos ocasión de volver a ello en el transcurso de este epígrafe.

Pero la leyenda del Maquiavelo enemigo del cristianismo no es la única. Durante el *Risorgimento* italiano, esto es, en el siglo XIX, la figura de Maquiavelo patriota desbanca a la anterior y se configura como un nuevo mito. Según él, la teoría política maquiaveliana no es más que un eco de su lucha desesperada por conseguir la unidad de Italia y su liberación del dominio extranjero. Es cierto que Maquiavelo afirmará en más de una ocasión que amaba a su patria más que a su alma (Carta a Vettori, 16-4-1527) y que este tipo de amor era causado por la naturaleza misma *(AG, IV)*. También lo es que, consecuentemente, consideraba que la patria era digna de defensa por cualquier medio, «con ignominia o con gloria». Si la salud y la seguridad de la patria están entre manos, nos dice, no debe entrarse en consideraciones sobre lo justo o lo injusto, lo piadoso o lo cruel, lo laudable o lo ignominioso, sino que debe optarse por aquel curso que salve su vida y mantenga su libertad *(D, III, 41)*. Es esta altruista finalidad la que justificaría, al parecer, lo terrible de sus consejos. Además, Maquiavelo, profeta del moderno Estado nacional, cerraría *El Príncipe* con una exhortación a Lorenzo de Medici en la que inequívocamente le anima a la consecución de la unidad de los italianos, la expulsión de los bárbaros que asolaban la península y la construcción de una patria libre y segura. El Maquiavelo patriota, que contempla dolorosamente el penoso espectáculo de una Italia dividida y sojuzgada, recomienda medios drásticos cuyo sentido es la consecución de un Estado libre, no de una tiranía.

Sin embargo, resulta dudoso afirmar que la patria constituye un nuevo recurso ético en Maquiavelo. Es posible que un hombre deba sacrificar su alma a la patria, pero ésta no es sinónimo de aquélla, no puede tomar el lugar de sus valores religiosos. En este caso, la interpretación aludida dejaría sin resolver la contradicción ética-política ya señalada por Strauss y otros.

Además, y dejando al margen esto, la del Maquiavelo patriota y profeta de la unidad italiana no deja de ser una lectura plagada de problemas. El primero puede localizarse en su principal documento de apoyo: el capítulo 26 de *El Príncipe*. En él, según se ha señalado (Hexter, 1973, 176), la palabra *stato* no aparece ni una sola vez, lo que no dejaría de resultar asombroso si efectivamente el logro de un Estado nacional fuera el inequívoco objetivo de la exhortación. En segundo lugar, en muy distintos lugares de sus escritos, nuestro autor muestra muy pocas esperanzas en que las repúblicas italianas consigan su unidad (Carta a Vettori, 10-8-1513). Es por eso que parece más adecuado interpretar ese capítulo 26 como la petición de una alianza temporal, hegemonizada por Florencia, entre las ciudades italianas, con el único objetivo de la expulsión de los ejércitos extranjeros (F. Gilbert, 1965).

Por lo demás, como en su vida de político práctico demostró hasta la saciedad, Florencia, su ciudad natal fue siempre su patria en sentido estricto y, desde luego su principal centro de interés político. Por cada referencia a Italia en su obra, aquellas reservadas a la libertad y la seguridad de Florencia se multiplican.

Por último, es correcto ver en el capítulo señalado un optimismo, acaso excesivo, respecto de las condiciones de posibilidad de la liberación de la península italiana. Hay en él utopía e idealismo, si lo confrontamos con el análisis que el propio Maquiavelo realiza en otros lugares. También es verdad, con todo, que se trata de un utopismo sin muchas ilusiones tras de sí e, indudablemente sin abstracción de las condiciones concretas que lo dificultan.

En todos los casos señalados se aprecian los problemas que esa interpretación de su obra trae aparejados, lo que quizá hiciera necesario abandonar la idea de que es posible definir la teoría política maquiaveliana exclusivamente en clave nacionalista.

La última corriente interpretativa que trazaremos aquí, la del Maquiavelo científico de la política, aunque no exenta de dificultades, parece, en todo caso, capaz de explicar en profundidad otros elementos de su teoría política.

Según ella, las tensiones que entre ética y política aparecen en Maquiavelo son el resultado de un hallazgo fundamental: lo que Benedetto Croce llamó la autonomía de la política. En otras palabras, la independencia de las leyes que rigen el mundo de la política respecto de aquellas normas morales aplicables al campo de la ética. En este sentido, su obra debería ser interpretada no desde la perspectiva de lo moral o lo inmoral, sino desde el punto de vista estrictamente técnico. De hecho su análisis nunca es el de la censura moral o la alabanza ética, sino el de la descripción fría y detallada de los hechos que se suceden en el mundo de la acción política. Así, intentó, más allá de la mera descripción de hechos, la fundación de un método generalizable basado en la observación y la elaboración de teorías que sirvieran puntualmente a ese objetivo. Por esta razón, su enseñanza y su saber político se convertirían en reversibles: servirían tanto a los tiranos como a los gobernantes justos. De este modo, virtud y vicio deberían analizarse poniéndose en relación con su finalidad específicamente política: es ésta la que ocupa el centro de interés, siendo aquéllas subordinadas en cualidad.

Siguiendo el símil de Schopenhauer, Maquiavelo enseña el arte de la esgrima, pero no enseña al espadachín si debe emplear ese arte en defender a inocentes doncellas o en asesinar venerables ancianos. Cassirer señala (1974, 170 y ss.) que Maquiavelo contemplaba la política como un juego de ajedrez: conocía sus reglas e intentaba analizarlas, pero nunca se le ocurrió exigir su cambio. Tampoco pasó por su cabeza preguntarse por quiénes jugaban o para qué lo hacían. Esto no le preocupa a aquel que está interesado por el juego mismo. Lo que le parece imperdonable en un político son sus errores, no sus crímenes. No hay horizonte trascendente al que contraponer las acciones. De hecho, Maquiavelo entiende al hombre despojado de toda trascendencia, como una pura fuerza natural (Meinecke, 1983, 38-39). Por esa razón puede decirse que nuestro autor recomienda una aproximación técnica, instrumental o estratégica a la política, que no debería considerarse como inmoral sino más bien como amoral.

Según esta lectura, la razón «neutral» jugaría un papel primordial en la teoría política maquiaveliana, que habría roto definitivamente con las consideraciones morales que caracterizaron al pensar político del humanismo renacentista. En ella la separación entre lo que debe ser y lo que es estaría definitivamente incorporada y de esta forma la razón moderna haría su aparición. El frío técnico de la política sería el creador de una nueva disciplina a la que se supone axiológicamente neutral: la ciencia política.

Y, sin embargo, tampoco ésta parece ser la interpretación definitiva de nuestro autor. Recientemente Martin Fleisher ha señalado el papel que las pasiones, y en este sentido lo irracional, juegan en la concepción maquiaveliana de la política. Los términos que el secretario florentino usa más frecuentemente en la descripción de la acción política son *animo, desiderio, voglia, appetito, umore, pasione* y *ambizione*. Este último, por ejemplo, es un concepto que aparecerá más de un centenar de veces en sus dos obras principales. Pero no es sólo un problema cuantitativo. En Maquiavelo la ambición constituye de alguna manera un impulso básico de los seres humanos, llegando incluso a determinar los objetivos y los fines en el caso de la política. No es éste un mundo fácil, ni los medios que hay que emplear para sobrevivir en él son agradables. Sólo las pasiones dan a los hombres la fuerza necesaria para enfrentarse a este hecho. Por lo demás, según Fleisher, tales pasiones no pueden ser limitadas por la razón, que pierde así su lugar central en la guía de la actividad política. Como la razón debe aplicarse no a la determinación de los fines, sino a la estratégica elección de los medios más eficaces, deja de ejercer un control sobre las pasiones y se convierte en su servidora: la fría racionalidad ha sido desbancada por la pasión (1972, 139-140).

Pero, pese a su coherencia, también esta visión parece unilateral cuando se profundiza en ella. Maquiavelo sabía perfectamente que las pasiones podían cegar a la razón y, al hacerlo, llevar a la ruina a quien conducía su acción política dejándose dominar por ellas. Una ambición rectora de la racionalidad y no limitada por ésta en sus aspiraciones sería, no ya un error, sino una catástrofe que conduciría en último análisis a la total destrucción. De aquí se deduce claramente que en nuestro autor la razón debe dominar a las pasiones en cierta medida si se quieren lograr los fines propuestos. Esto se sigue de ejemplos tales como la exigencia de no confundir la realidad con nuestros desvaríos y deseos respecto de ella (*P*, 15), o bien cuando, guiados por la *virtú* política actuamos dejando de lado la piedad «inmediata» para, de este modo, lograr evitar un mal mayor para nosotros y/o nuestra comunidad (*P*, 17; *D*, III, 3). En estos casos, y otros muchos, es la razón la que claramente domina la acción política, pero también está perfectamente claro que la razón debe estar enraizada en la fuerza del *animo* o, si se quiere, en la *virtú* exenta de moralina –como la denominó Nietzsche–, simplemente para hacer posible su uso adecuado. Ciertamente entonces, el impulso básico está constituido por las pasiones y la voluntad, pero, a la vez, su realización depende del uso correcto de la razón que, por ello mismo, es más que un simple instrumento. La relación entre ambos conceptos es dialéctica: las pasiones pueden cegar a la razón, pero ésta sin aquéllas resulta impotente; la razón debe guiar el proceso de consecución de fines, pero sólo lo logrará si se enraíza profundamente en una *virtú* política adecuada.

En definitiva, la visión que Maquiavelo tiene de la política estaría fundamentada en dos supuestos básicos y una conclusión. En primer lugar, según nuestro autor, el espíritu humano es arrogante e inconstante *(capítulo de la ambición)*, lo que hace a los hombres seres esencialmente ingratos y volubles *(P, 17)* y en general indignos de confianza. La fuente de ese pesimismo antropológico podría muy bien ser el hecho de que parece existir una contradicción básica entre los deseos insaciables de los seres humanos y sus posibilidades de realización efectiva. Aquéllos van siempre más allá de lo que las condiciones de la realidad les permitirían para realizarse *(D, I, 29; D, I, 37; D, II, Proemio,* etc.). En estas condiciones, lo único que la razón política puede hacer es presuponer *(presupporre)* que los hombres son malos y actuar siempre guiada por esa presuposición *(D, I, 3)*. Por eso Maquiavelo comparte la idea atribuida a Cosimo de Medici, el fundador de la dinastía, de que un Estado no se gobierna con padrenuestros *(HF, VII, 6)*.

El segundo supuesto concierne al concepto de fortuna. En la antigua Roma la adoración a la diosa Fortuna, la *bona dea,* en sus distintas personificaciones (Isis-Fortuna, Fortuna Pantea, etc.), estuvo muy extendida. Se la representaba con una cornucopia –porque ella era la dispensadora de todos los bienes–, un timón –indicando su gobierno sobre nuestras vidas– y una rueda o una bola señalando la incesante variación del destino humano. En general, era una deidad benigna, aunque en los últimos tiempos del Imperio romano su caracterización como inconstante y voluble era también clara. La Edad Media recogió el símbolo, pero el cristianismo hizo variar su significado. De hecho, como san Agustín señaló, el concepto de fortuna no resultaba del todo compatible con el de una providencia todopoderosa. La providencia divina daba un sentido a todo suceso en el mundo y de ese modo arrebataba a la fortuna varios de sus principales caracteres: su omnipotencia y el capricho de sus designios. Maquiavelo mantuvo una cierta ambigüedad en el tratamiento de este término, sobre todo cuando, siguiendo una metáfora clásica, la oponía a la *virtú*. Sin embargo, en él desaparece por completo la idea de providencia benigna. El reino de la fortuna es siempre violento. Es una diosa cruel que nunca cumple sus promesas y deshace sin piedad, ley o razón, a unos hombres mientras exalta a otros sin motivo aparente *(capítulo de la fortuna)*. En estas condiciones la fuerza que gobierna nuestras vidas se convierte en amenazante y no sirve de nada confiar en un reino trascendente que en el futuro dé sentido a sus caprichos. Todo lo que tenemos está ante nosotros, no más allá, y si queremos sobrevivir no hay más remedio que oponer a la fuerza aplastante de la fortuna una *virtú* extraordinaria que frene o atenúe su poder omnímodo.

Por eso, de forma absolutamente coherente, la unión de estos dos supuestos, el ser humano malvado y la fortuna caprichosa y cruel, da lugar a la aparición de una conclusión básica que completa los fundamentos del método de Maquiavelo. Tal conclusión se contiene en un texto de *El Príncipe*:

… siendo mi propósito escribir algo útil para quien lo lee, me ha parecido más conveniente ir directamente a la verdad real de la cosa, *(verità effettuale della cosa)* que a la representación imaginaria de la misma. Muchos se han imaginado repúblicas y principados que nadie ha visto jamás ni se ha sabido que existieran realmente; porque hay tanta distancia de cómo se vive a cómo se debería vivir, que quien deja a un lado lo que se hace por lo que se debería hacer, aprende antes su ruina que su preservación (*P*, 15).

Atenerse a la «verdad real de la cosa» es, desde luego, una exigencia de realismo, una petición de análisis de lo que es, porque lo que es, es peligroso. En este sentido no hace más que señalar un abismo: aquel que existe entre nuestros deseos y la realidad. Pero hay algo más, y algo importante en el texto: atenerse a lo que es, es una *necesidad,* o sea, algo que resulta impuesto tanto al pensador como al político que escucha sus consejos. Y la razón última de esa necesidad estaría probablemente en un condicional del tipo: «si se quiere preservar lo que uno tiene». O, en términos más generales, «si se quiere alcanzar algún resultado político». Podríamos decir que con esto tocamos fondo en la interpretación del método maquiaveliano. Es el logro de seguridad, y por ello mismo de autonomía del hombre respecto de su medio, lo que va a definir el esfuerzo de su teoría política. Su intención final es dotar al hombre de resortes que le permitan incrementar su poder sobre el mundo.

Después de todo, si es necesario el «realismo» se debe a que el carácter del ser humano y la crueldad de la fortuna hacen imposible un método distinto con el que enfrentar los deseos de autonomía y de seguridad que todo sujeto político que merezca tal nombre ha de reivindicar.

El pensamiento político maquiaveliano ha sido considerado tanto un ejemplo de absolutismo como de un republicanismo de corte democrático. La razón probable de este hecho hay que buscarla en las distintas imágenes de la política que es posible aislar en su obra. En este sentido hablaremos en lo que sigue de tres imágenes fundamentales: la del nuevo Príncipe o el zorro, la del Fundador mítico y la del ciudadano republicano [2].

---

2. En esencia, esta clasificación adopta la misma terminología que la de H. F. Pitkin (1984). Sin embargo, el uso que se hace aquí de estas categorías

El mundo del príncipe nuevo es un mundo de inseguridad y riesgo incrementados. Un mundo en el que se han perdido los viejos códigos de referencia y todavía no han surgido otros nuevos a través de los cuales estructurar la acción. Maquiavelo señalará que los «príncipes naturales», esto es, los hereditarios, siempre tendrán menos dificultades en mantener sus estados dado que las viejas costumbres funcionan como un anclaje de su poder (*P,* 2). Las dificultades surgen con los principados nuevos (*P,* 3), ya que un cambio o una mutación es la base sobre la que se edifican otros (*P,* 2) y esto genera una continua situación de riesgo para la estabilidad del poder y del gobierno. Los hombres sólo reconocen un nuevo orden cuando la necesidad los fuerza a ello, y tal necesidad no puede surgir sin estar rodeada de peligros y desencadenar otros *(D,* I, 2). Cuando uno destapa la «caja de Pandora» del cambio, nada ni nadie garantiza que pueda ser cerrada a tiempo. El nuevo príncipe, el príncipe de una época de cambio e innovación como el Renacimiento, se ve enfrentado, con recursos escasos, a un mundo donde él mismo ha contribuido a destruir los canales tradicionales de dominación y legitimación, a un mundo donde el pasado parece muerto y donde sólo queda un presente en el que toda iniciativa lleva sobre sí la rémora de lo inusual. Su contexto de acción sería, por este motivo, mucho más sensible a los movimientos de la fortuna, que tendería a dominarlo por completo (Pocock, 1975, 177).

Es en este medio, tanto histórico como reflexivo, en el que tiene lugar la aparición de la imagen política del zorro diseñada por Maquiavelo. Sometido a la fortuna y luchando contra todo tipo de condiciones adversas, su único fundamento de actuación es la estrategia, una sutil combinación de medios que, en sus dosis adecuadas, logren asegurar la

---

es completamente libre y no coincide, e incluso a veces contradice, algunas tesis sostenidas por esta autora. La responsabilidad es, pues, mía.

posición del manipulador. Es cierto que en el conjunto de esta estrategia la fuerza no sería la única forma de combatir y que las leyes son el modo propiamente humano de enfrentarse a las dificultades (*P,* 18). Pero un príncipe viene obligado por la naturaleza de las cosas a hacer un uso intercambiable de ambas. Por algo Aquiles y otros príncipes antiguos fueron educados por Quirón el centauro, mitad hombre y mitad bestia. Las circunstancias condenan al príncipe que no quiera perecer a conocer el buen uso de ambas formas de combate, porque ambas son mutuamente necesarias. Ahora bien, la utilización de la bestia no es tampoco primordialmente la de la fuerza. Una vez más Maquiavelo cree que este papel se escinde en dos: el del león y el del zorro, fuerza y astucia. Ambos mantendrán un cierto equilibrio mutuo en las acciones del príncipe, aunque, en último término, el fraude y el engaño tengan un valor político superior al de la fuerza desnuda *(D,* II, 13). Sin embargo, con todo y que los hombres son fácilmente engañados y persuadidos por alguien que tenga la suficiente habilidad, también la persuasión tiene sus límites. Siempre es difícil mantenerles en la creencia suscitada en ellos sólo por la astucia, de modo que hay que tener los medios para «forzarles a creer» cuando convenga *(P,* 6). Ésta es la razón del fracaso de los «profetas desarmados», entre ellos Savonarola; éstos fueron incapaces de utilizar al león cuando la situación lo hizo necesario.

A pesar de ello, se diría que para Maquiavelo el zorro representa el elemento dominante en esta imagen estratégica de la política, siendo el león un recurso más, necesario, sí, pero subordinado a aquél, que termina por configurarse como un principio rector del comportamiento político. Un ejemplo concreto de cómo se combinan ambos lo tenemos en las acciones de César Borgia descritas en el capítulo 7 de *El Príncipe,* particularmente en lo que hace al caso de Ramiro de Orco. Éste era un hombre malvado y eficiente al que el Duque concedió plenos poderes para pacificar y unificar a la

Romagna bajo su mando. Pero viendo crecer demasiado su poder y deseando al tiempo borrar la mala imagen que ciertas y abundantes crueldades de su ministro habían producido, decidió dar en él un escarmiento que solventara al tiempo ambos problemas. Así, en la primera ocasión que tuvo le hizo llevar una mañana a la plaza de una de sus ciudades «partido en dos mitades, con un pedazo de madera y un cuchillo ensangrentado al lado». Señala Maquiavelo que la ferocidad de este espectáculo logró crear en sus súbditos estupefacción, pero también les satisfizo. De este modo, la utilización de la fuerza no tenía como único objetivo la eliminación de un enemigo peligroso, sino, y esto es extremadamente importante, la creación de una apariencia de inocencia del Duque respecto de los crímenes cometidos por su ministro. La hegemonía de la astucia sobre la fuerza se muestra en esta trasmutación de realidad en apariencia, en esta creación de credibilidad y reputación que toman el lugar de los hechos concretos (véase Vissing, 1986).

Hay en la concepción maquiaveliana una fuerte convicción de que los hombres se dejan guiar más fácilmente por lo aparente que por lo real *(D,* I, 25; *P,* 18) y, en consecuencia, su teoría política se escora hacia una definición de la práctica como una suerte de ilusionismo de apariencias, que resultan ser el objetivo del empleo de ciertos recursos técnicos. Ideas como la de que el príncipe debería escapar a la mala reputación, cuando esto es posible, pero no necesariamente evitar el vicio que le da origen *(P,* 15), la de que cuando la violencia es necesaria debe administrarse de un solo golpe y los beneficios deben ser otorgados de una manera gradual, lo que crea una imagen de benignidad *(P,* 8), la de que el gobernante debe evitar el odio y el desprecio de sus súbditos *(P,* 16), etc., son ejemplos de otros tantos recursos técnicos tendentes a *crear* una apariencia beneficiosa a los intereses del manipulador.

Astucia, cinismo y una cierta ansia depredadora se aúnan en la figura del zorro, cuya estrategia ante el poder aplastante de circunstancias adversas, ante ese mundo que a cada instante amenaza con aniquilarle, sólo puede ser una mezcla de fuerza, fraude, violencia y engaño capaz de ofrecer una *imagen* adecuada que asegure su posición. Parece que en esta visión de la política lo único que preocupa es el punto de vista del manipulador, cualquiera que éste sea. La ventaja o desventaja lo son del zorro y de nadie más. Pero el mundo de la política ha exigido ya de él un sacrificio previo: debe someterse a una rígida disciplina y «construirse a sí mismo» de acuerdo con las circunstancias; debe llegar a ser una invención, una ilusión más, no una persona. En este sentido, como Jacobson señala correctamente, la primera víctima del príncipe es él mismo (1978, 43). Por lo demás, esta imagen estratégica de la política reduce al zorro a manipulador cuyo único objetivo es la supervivencia en el poder. Cautivo de sus propias habilidades técnicas (Pitkin, 1984, 43), trata de recrear un mundo político de apariencias donde su seguridad quede garantizada, donde su dependencia respecto de la cruel fortuna sea mínima. Por eso nos dice que siempre es preferible ser temido a ser amado (*P,* 17), porque el que logra lo primero se apoya sobre «lo que es suyo» y no depende del voluble capricho de los otros. Desconfianza y temor definen sus acciones. La finalidad de éstas es conseguir autonomía, sólo a través de ella se siente seguro. Pero el precio a pagar por la consecución de sus objetivos es el total y completo aislamiento.

Aunque esta imagen de la política no es exclusiva de *El Príncipe,* sí es cierto que su análisis más consecuente y pormenorizado se realiza en esta obra. No es extraño, pues, que sea ésta la imagen de la política más corrientemente asociada a Maquiavelo. No obstante, ya en *El Príncipe* y, desde luego, en los *Discursos,* una segunda imagen hace su aparición: la del Fundador.

Si el zorro ve el mundo político «desde abajo», desde el peligro constante que lo amenaza, el Fundador lo hace desde una omnipotencia casi mítica (Pitkin, 1984). Sería Fundador aquel capaz de introducir en su comunidad algo nuevo y suficientemente poderoso de manera que permanezca como *ordine* (instituciones) y *vivere civile* e *libero* (libertad) más allá de su propia vida. Su figura es, entonces, la de un reformador de proporciones gigantescas con una nula dependencia respecto de la fortuna, a la que sólo deberá la oportunidad *(occasione)*. Los tiempos en los que su actividad suele desarrollarse lo son de conflicto, obstáculos y dificultades de tal envergadura que sólo su *virtú* extraordinaria es capaz de dotarlos de un *orden*. Es él quien dará forma a la materia histórica inerte y caótica (P, 6). Éste parece ser el contexto en el que habría que entender su exhortación a Lorenzo de Medici del capítulo 26 de *El Príncipe*.

La *virtú* del Fundador resulta tan poderosa que es capaz de generar la *virtú* en los demás y construir, gracias a ello, un orden político duradero. Ésta es quizá la diferencia primordial con el nuevo príncipe y la figura del zorro. Parece que la finalidad de la acción política les distinguiría en la medida en que para uno se trata de la obtención del propio beneficio, mientras el otro se esfuerza por lograr el establecimiento de un nuevo origen y de unas firmes bases que hagan posible la vida en una comunidad libre y segura. Por lo demás, la relación *virtú*-fortuna es distinta en ambos casos, y si hay que creer a Pocock (1975), el estado de anemia completa de la materia histórica que se requiere para la actividad política del Fundador no es igual al contexto de transformación del zorro-innovador, para el que el problema no está en imprimir una nueva y primera forma a la comunidad, sino en reemplazar en su beneficio unas viejas costumbres por otras nuevas y creadoras de una cierta estabilidad. Aunque la relación entre ambas imágenes es en todo caso compleja, acaso las diferencias en cuanto a fines y en la relación *virtú*-fortuna sean elementos suficientes para realizar analíticamente esta distinción. Sin embargo hay entre ellas elementos paralelos.

Para empezar, también la visión del Fundador es estratégica. También él utiliza la fuerza y la astucia y requiere el conocimiento de las lecciones aprendidas por el nuevo príncipe, aunque su posición de superioridad le permita jugar con una cierta ventaja respecto de aquél. Como es obvio, por otro lado, en ambos casos nos hallamos ante un líder que moldea en mayor o menor medida situaciones y caracteres. Este elemento de liderazgo es un rasgo muy profundo en el conjunto de su obra y difícilmente soslayable. En los *Discursos* (I, 9) Maquiavelo nos señala la necesidad de que la implantación de una primera forma la realice un hombre solo debido, al parecer, a la enorme complejidad que en esta tarea acarrearía la pluralidad de opiniones y su difícil consenso en materias esenciales. Este hecho justificaría o, mejor, «excusaría», las acciones violentas de un Rómulo que primero mata a su hermano y luego a su colega en el gobierno de Roma para conseguir tener la completa autoridad él solo. Esta idea nos conduce al hecho de que en el acto de fundación que da origen al nuevo Estado, el Fundador es el único sujeto en sentido estricto, y el resto de la comunidad son los objetos a manipular certeramente para lograr sus objetivos. Su autonomía absoluta es, entonces, el punto de partida primordial de su praxis, y en este sentido una confianza ilimitada debe ser puesta en él y su *virtú* (Pitkin, 1984, 63), lo que inevitablemente reduce al resto de la comunidad a una completa pasividad. No parece correcto en estas circunstancias considerar el acto de fundación como prepolítico (Shumer, 1979), sino más bien como la acción política suprema. La interpretación de Maquiavelo como protofascista deriva en mucha mayor medida de estas ideas vinculadas al problema de la fundación de un nuevo origen que de su análisis de la racionalidad estratégica en el nuevo príncipe (véase Arendt, 1977). De nuevo aquí el resultado inevitable de la praxis del agente y sujeto único de la acción política sería el aislamiento completo, la alienación y la ajenidad respecto del resto de los componentes de la comunidad.

La tercera imagen de la política en Maquiavelo es el ciudadano. Para lograr una perspectiva adecuada en su análisis es, sin embargo, necesario retrotraerse primero a una aclaración de sus ideas acerca del pueblo como fuerza política.

Existen en la obra maquiaveliana una gran cantidad de referencias al pueblo dirigidas a probar el poder político de éste. De hecho, uno de los principales rasgos de su teoría política, recogida y valorada entre otros por la interpretación que de él realiza el marxista Antonio Gramsci (1972), es aquel que subraya la idea del pueblo como el elemento social y políticamente más importante en el gobierno de una comunidad cualquiera. Parece que, en efecto, es a la luz de esta idea que debemos entender afirmaciones como que el príncipe debe evitar ser odiado por el pueblo *(P,* 19), o que el apoyo de éste es la mejor fortaleza que un gobernante puede desear *(P,* 20), o que nunca debe maltratarse al pueblo *(D,* I, 6), o que infeliz aquel que se vea obligado a tenerlo como enemigo *(D,* I, 16), o que no hay nada más formidable que una multitud *(D,* I, 57). Es como si Maquiavelo considerara extremadamente importante poner de manifiesto continuamente el papel crucial que el pueblo juega en política. Sin embargo, su teoría al respecto ha sido a veces incorrectamente considerada como un claro ejemplo de las convicciones «democráticas» de nuestro autor. Y decimos esto porque es evidente que, al menos en este contexto, Maquiavelo está hablando del *poder* del pueblo, no de sus derechos. Esta sospecha se refuerza al poner en relación lo dicho con otros elementos característicos de su teoría. Así, por ejemplo, con la importancia concedida a una política de apariencia y fraude, desarrollada por nuevos príncipes y fundadores, en la que se evidencia el peso de la opinión pública para el éxito de la praxis política *(P,* 9; *D,* II, 24).

Lo que Maquiavelo viene a decirnos es que no se debe desdeñar al pueblo como poder actuante, acaso el más importante, en la comunidad política, si es que el gobernante desea alcanzar un resultado político satisfactorio *(mantenere lo stato*, por ejemplo). Lo que no está en absoluto claro, al menos en principio, es que el objetivo de la actividad de aquel que tiene el poder sea el cumplimiento de derechos que el pueblo «tiene». Y esto es dudoso, sencillamente, porque la definición de tales derechos, si la hubiere, la realiza siempre el líder, sin intervención directa de sus seguidores. La única posibilidad de la interpretación «democratizante» de Maquiavelo sería demostrar que para nuestro autor se produce una identidad entre la voluntad del líder o, más específicamente, del Fundador, y los intereses últimos del pueblo. Después de todo, un pueblo sin líderes no es más que una masa acéfala e inútil *(D*, I, 44) y su debilidad resulta patente *(D*, I, 57).

Maquiavelo nos habla en este sentido del pueblo como *materia* que debe ser «trabajada» por el líder con el objeto de dotarla de la *forma adecuada (D*, I, 11). Según lo visto hasta el momento, en el florentino el pueblo no ha perdido su carácter objetual y no ha conseguido la categoría de sujeto activo, manteniéndose por tanto como un elemento, muy importante, pero pasivo, en manos de las figuras políticas de *virtù* activa.

Ahora bien, en otros lugares nuestro autor afirma que aquellos pueblos no corruptos y acostumbrados a vivir libremente no son fácilmente manipulables y menos aún puede obtenerse su obediencia por medios técnicos (astucia, fraude, fuerza...). Hasta tal punto esto es así que, si un nuevo príncipe deseara conquistar un pueblo de esas características, la única solución que tiene en su mano es la de destruirlo, porque ellos nunca olvidarán su libertad perdida y nunca se someterán (P, 5; *D*, II, 23). Hay en esta afirmación tres elementos que debemos analizar. En primer lugar, que resulta crucial para el gobernante conocer la «cultura política» de los pueblos que desea someter, porque sólo a través de su análisis sabe de las vías de acción que tiene a su disposición, el límite de lo manipulable, los grados de libertad que *tiene* que ofrecerles, etc. En este aspecto seguimos moviéndonos en una consideración del pueblo como objeto. En segundo lugar, tenemos el carácter revolucionario o, si se prefiere, crítico de la memoria, del pasado y de los hábitos en la configuración de la acción política. La libertad no se olvida y la «edad de oro», siempre que por otra parte no sea demasiado lejana y se encuentre referida a una experiencia intelectual y vital profunda, transforma a los hombres y sus cualidades políticas. Los hace más libres, acaso mejores. Si el pueblo aquí fuera materia, diríamos que posee su propia «plasticidad» o bien que su índice de resistencia a la manipulación es anormalmente grande. Claro es que estamos hablando de un pueblo no-corrupto, lo que en la teoría política maquiaveliana no sólo es *rara avis*, sino un producto en extremo frágil. En tercer lugar, en los sitios ya indicados de *El Príncipe* y los *Discursos*, se realiza una clara referencia al «aprendizaje» de la *virtú*. En efecto, un pueblo, decíamos antes, puede estar acostumbrado a la vida en libertad, y esto entre otras cosas significa que si bien puede ser manipulado dentro de ciertos límites, también puede ser educado a través del hábito, llegando a ser un hombre nuevo y distinto, un hombre no corrupto en una sociedad no corrupta.

Es posible que los elementos segundo y tercero (la memoria de la libertad y el aprendizaje de la *virtú*) pudieran servir a una reconciliación, al menos parcial, de las tres imágenes de la política. En todo caso, parece que es con la mente puesta en ellos que Maquiavelo hace afirmaciones tales como que el pueblo es mejor, más sabio y más constante que los príncipes, y que son mejores y preferibles los gobiernos populares que los principados (*D*, I, 58). En esta línea también señala que los deseos de un pueblo libre son escasamente perniciosos para la libertad, dado que el pueblo sólo aspira a no ser dominado ni tiranizado, mientras los nobles pretenden dominar y tiranizar (*D*, I, 4; *D*, I, 5). Hasta tal punto parece que nos hallamos ante «otro tipo» de pueblo que, en flagrante contradicción con otras afirmaciones suyas, el florentino escribe que éste es capaz de reconocer la verdad más fácilmente que los príncipes cuando le es expuesta por un hombre digno de fe *(D,* I, 58).

Con todo, y en términos generales, cuando Maquiavelo habla de *virtú* política del pueblo lo hace definiéndola como una *virtú* de segundo grado. En este sentido, Meinecke estaría en lo cierto al escribir que la *virtú* originaria pertenece siempre al Fundador, siendo la del ciudadano derivada (1983, 34). Así parece, aun cuando también existen opiniones en contra (Pitkin, Shumer). No hay que olvidar que las imágenes del zorro y del Fundador podrían ser intercambiables en determinados contextos, dadas las condiciones específicas que garantizaran una cierta coincidencia, y ambas, en ese aspecto, se pueden considerar como agentes de transformación política. Por contra, la figura del ciudadano difícilmente adquiere esa significación debido fundamentalmente a tres razones. En primer lugar, la *virtú* popular no puede usarse en la fundación de Estados, tarea que se encomienda a la autoridad de «uno solo», ya que únicamente el poder del líder logra vertebrar una multitud y en cierto sentido es él quien la constituye como tal comunidad *(D,* I, 44; *D,* I, 57). Así, esta acción política por excelencia que es la fundación, esta acción transformadora que inicia el camino hacia la seguridad y la autonomía, hacia el *vivere civile e libero,* está vedada a «los muchos». E, igualmente, tampoco éstos pueden asumir las dos variantes principales de la fundación de Estados: la eliminación de la corrupción en un Estado ya existente *(D,* I, 17) y la «vuelta a los orígenes» (institucionales e ideológicos) que de tanto en tanto se hace necesaria para la «purificación» de la comunidad *(D,* III, 1). En efecto, cuando una república cualquiera necesita de una o ambas operaciones, en cierto modo esenciales a una concepción de la política tan preocupada por el transcurso del tiempo y los cambios de la fortuna como la maquiaveliana, el pueblo está ya «condenado» al surgimiento de líderes que garanticen su realización, pues, por sí mismo, es incapaz de tales acciones. En ambos casos, la materia política o está completamente corrupta o en vías de estarlo, y así, con su *virtú* degenerada, el pueblo requiere de una ayuda externa para movilizarse en busca de aquello que perdió.

En estas condiciones, la superioridad del pueblo sobre los príncipes se limita al mantenimiento de la libertad y no a la creación de su marco histórico-institucional. Ahora bien, en este papel político el pueblo no es considerado como un pasivo y obediente súbdito al modo hobbesiano. La comunidad que mantiene el *vivere civile e libero* está compuesta por un conjunto de ciudadanos capaces de actuar en mutualidad y competición, pluralidad y conflicto. Ésta es probablemente una de las ideas más originales de Maquiavelo: su valoración de los aspectos positivos del conflicto. Esta concepción escandalizó, sin duda, a sus contemporáneos, para los que la disensión era prácticamente sinónimo de faccionalismo y una amenaza para la libertad (Skinner, 1981, 66). Pero para Maquiavelo el conflicto, lejos de ser entendido como una forma de destrucción de la unidad política, se contempla como una fuente de salud y fuerza para la comunidad. Para él la política no es otra cosa que la lucha de opuestos, el equilibrio de tensiones, el reajuste de fuerzas en oposición. De esta forma, las sociedades que cabe considerar como bien ordenadas proveen necesariamente de salidas institucionales a esos estados de contradicción y conflicto *(D,* I, 7), y este hecho tendrá como resultado un efecto beneficioso para la comunidad: la creación de *virtú* en los ciudadanos. No existe en Maquiavelo esa idea tan querida a las concepciones autoritarias o totalitarias de que la anulación del conflicto o su represión es la fuente de seguridad política. Por el contrario, la destrucción de lo plural –y del conflicto al que da origen– sería considerada muy probablemente como la destrucción de la política misma. Ésta es la razón por la cual Maquiavelo, siguiendo a Polibio, recomienda la construcción mixta como la mejor, ya que ella da lugar a ese juego plural entre los distintos grupos, *grandi* y *popolo*. Nada más lejos que la concentración absoluta del poder en manos de un líder, que sin embargo sí la necesita para crear el contexto histórico- institucional en el que el conflicto esté garantizado y regulado.

Pero, ¿cuáles son los límites del conflicto? En sus escritos Maquiavelo había puesto de manifiesto cómo el faccionalismo y las luchas internas habían debilitado y destruido la República florentina, mientras, al tiempo, había valorado muy positivamente los antagonismos políticos en la antigua Roma, que la condujeron al dominio del mundo *(D,* I, 2; *D,* I, 4, etc.). Sólo una diferencia esencial entre ambas sociedades podría explicar un análisis tan divergente. Y esa diferencia existe. Maquiavelo la denominó corrupción. Florencia estaba corrupta en sus hábitos e instituciones y el pueblo no era una excepción. Roma, por el contrario, supo, al menos hasta el Imperio, mantener la corrupción lejos de sus costumbres y de sus decisiones políticas. Su pueblo estuvo largo tiempo comportándose «virtuosamente» y lejos de esa amenaza. Pero ¿qué significa exactamente la corrupción?

Maquiavelo parece identificarla con un tipo de comportamiento egoísta, particularista y estrechamente vinculado a la defensa de los intereses privados. Según ello, en una sociedad no corrupta los ciudadanos buscan únicamente vivir en libertad, sin inseguridad ni tiranía, sin *dependenza* ni *servitude*. La mejor forma de asegurar esa libertad y, en definitiva, también el control sobre nuestros asuntos privados no es otra que convertirnos en fieles sirvientes del bien público. Sólo en este caso lograremos eliminar la amenaza constante que la fortuna hace pender sobre nuestras cabezas y borrar del horizonte dependencia e inseguridad. Esta tarea no puede llevarse a cabo ni desde una perspectiva privada y particularista, ni desde una «retirada del mundo» de corte estoico o epicúreo, sino, únicamente, a través de la política como actividad pública. Por lo demás, como sirvientes de lo público lograremos también un punto de vista más adecuado a la actividad política misma, ya que dejaremos de autoengañarnos por nuestras pasiones y contemplaremos, con más realismo, si se quiere, el mundo que nos rodea (véase *D,* I, 53; *D,* I, 40, etc.; también Skinner, 1983).

La corrupción, entonces, surge en una república cuando sus ciudadanos persiguen sólo intereses particulares, arriesgando la seguridad de todos por el beneficio de unos pocos. La unidad de la ciudad debe ser garantizada por un comportamiento no-corrupto dentro de un contexto de pluralidad de opinión en los asuntos públicos. Tal unidad, por lo tanto, se consigue una y otra vez, en nuestra vida diaria, a través de la interacción. El peligro surge cuando la pluralidad se convierte en faccionalismo de intereses particulares, esto es, cuando la esfera pública se *privatiza (HF,* VII, 1).

Pese a todo lo dicho, hay todavía aspectos oscuros en esta teoría. ¿Cuál sería el marco institucional que garantizara ese comportamiento virtuoso y no-corrupto? ¿Cómo educar a los hombres, fundamentalmente malos e indignos de confianza, en ese conjunto de reglas de comportamiento en el que los imperativos éticos campan por sus respetos? El concepto de necesidad juega aquí un papel fundamental.

Para Maquiavelo los hombres harán el mal a menos que se vean obligados, por la necesidad, a otra cosa *(P,* 23). Expresado en otros términos, sólo la necesidad hace a los hombres buenos *(D,* I, 3). La misma necesidad que obliga al nuevo príncipe a comportarse estratégicamente y sin escrúpulos es la que, dadas ciertas condiciones históricas, empujaría a los hombres a un comportamiento políticamente virtuoso. Pues bien, las instituciones y las leyes *(ordine* y *leggi)* que perduran son precisamente aquellas que recrean una suerte de «necesidad artificial» que hace que los individuos tengan que comportarse con *virtú* (véase, por ejemplo, *Discorsi flo-*

rentinarum rerum). Es decir, leyes e instituciones, lejos de eliminar el conflicto deben canalizarlo, manteniendo la pluralidad, al mismo tiempo que mantienen una «vigilancia eterna» y una disciplina cívica, no exenta de valores militares, que impide que la comunidad caiga en el faccionalismo.

En estas circunstancias, libertad y necesidad adoptan en su teoría una relación específica. Ambas forjan a medias las acciones humanas. Toda acción es en parte necesaria y en parte libre, y todo acto está tan condicionado por la situación como es objeto de elección por parte del actor (véase Murillo, 1957, 253). En lo que hace a las instituciones realmente creadoras de *virtú*, esto significa que no existe una regla general que nos haga capaces de identificar a un régimen político que en abstracto sea capaz de garantizarla. Es más, la libertad es compatible para Maquiavelo casi con cualquier forma política dependiendo de los contextos en los que podría aparecer. Hay otras circunstancias en las que cualquier forma política, de la tiranía al gobierno popular, puede resultar dañina a la libertad y la *virtú*. Por otra parte, todas con la excepción de las tiranías, pueden ser creadoras de instituciones que desemboquen en una comunidad no corrupta, libre y segura (Colish, 1971, 345).

Resulta igualmente difícil identificar el contenido concreto de las libertades necesarias y de la educación en la *virtú*. Hay algunos rasgos que parecen vinculados a ellas: el derecho al propio buen nombre *(D,* I, 18), la seguridad de uno mismo, su propiedad y su familia *(D,* I, 16), el aumento de la salud y prosperidad de la comunidad *(D,* II, 2), etc. Sin embargo, dada la inestabilidad primordial de los tiempos, también estos rasgos podrían desaparecer, dependiendo una vez más de circunstancias políticas igualmente difíciles de precisar. En todo caso, sí puede decirse que el mantenimiento de la seguridad y la autonomía de la comunidad, así como su dinamismo y adaptabilidad a los tiempos, parecen más fáciles de lograr dentro de un ambiente de libertad, disciplina y comportamiento no-corrupto, que en otros contextos.

De resultas de estas dificultades de precisión y de los problemas asociados a ella, parece imposible identificar una imagen de la política (zorro, fundador, ciudadano) que sea dominante sobre las demás de forma indudable. Es necesario, entonces, apreciar su interrelación mutua como el producto de tensiones no resueltas en la teoría maquiaveliana. Esas tensiones entre la «mano regia» –necesaria a la transformación de la situación– y la comunidad ciudadana, considerada como el mejor medio de conservación, hacen imposible la reconciliación en un concepto unitario de todos los problemas asociados a la práctica política. Maquiavelo no fue un consejero de príncipes ni tampoco un ardiente republicano. En cierto modo fue ambas cosas que, en según qué circunstancias, a él no le parecían excluyentes, y no fue ninguna, ya que apreció las debilidades asociadas a ambas. Tradicionalmente se ha considerado a César Borgia como su figura histórica preferida para ejemplificar el concepto de práctica política. No obstante, a la luz de lo aquí analizado, se diría que tal figura debería ser la de Lucius Junius Brutus, que tomó parte en la expulsión de los tarquinos y en el establecimiento de la República romana en el año 510 antes de Cristo. Nadie actuó más prudentemente que él, nos dice Maquiavelo, ni adquirió mayor reputación de sabiduría al simularse un estúpido para vivir con mayor seguridad y preservar su patrimonio bajo la monarquía. Al hacerlo así, también escapaba a la observación y preparaba su oportunidad para liberar a Roma de los reyes y tiranos a la primera ocasión (*D*, III, 2). Actuando como un zorro ya pensaba como un Fundador. Pero, además, cuando ya era cónsul de la República no dudó en enfrentarse a una conspiración de sus propios hijos y otros ciudadanos privilegiados que, decepcionados por su pérdida de poder, intentaron un golpe de Estado. Brutus, según cuenta Tito Livio, llegó incluso a asistir a su ejecución. Como ciudadano de la República sabía, como el propio Maquiavelo, que aquel que es tirano y no mata a Brutus, o que siendo partidario de una ciudad libre, no mata a los hijos de Brutus, se mantendrá poco tiempo *(D,* III, 3). Así, no sólo sacrificó por el bien de su comunidad lo más querido para él, sino que tuvo que recurrir a medios excepcionales –que recuerdan a zorros y Fundadores– para lograr que el *stato libero* se mantuviera en seguridad y autonomía y perdurara con gloria. En este ejemplo histórico, así como en su valoración positiva por Maquiavelo, se dejan traslucir las tres imágenes de la política en forma intercambiable, y es Brutus, y no César Borgia, el que ejemplificaría más adecuadamente la tensión que entre ellas se produce en la teoría política de nuestro autor.

Hasta el momento hemos identificado dos focos principales de tensión en la obra de Maquiavelo. El relativo a la relación entre racionalidad y pasión y el que se refiere a las tres imágenes de la política. Es hora, pues, de enfrentarnos ya con su más conocida dicotomía: la de *virtú* y fortuna.

A estas alturas está claro ya que Maquiavelo no entendía por *virtú* nada parecido a esas virtudes cristianas que los humanistas de la época aconsejaban cultivar al gobernante y a sus súbditos. Pero, pese a ello, está lejos de ser un problema simple el encontrar una definición del término que satisfaga generalizadamente a sus intérpretes. Para algunos no existe en Maquiavelo una doctrina sobre la *virtú* y nuestro autor se limita a usar alternativamente el término en sus significaciones paganas (energía de la voluntad, etc.) y cristianas (concerniente a las acciones moralmente buenas, etc.), de modo que la mera búsqueda de un sentido dominante en el uso del término es equivocada (Withfield, 1965). Otros, por su lado, consideran el término como inseparable de sus acepciones morales (Strauss, 1958) o bien una suerte de ética pagana (Renaudet, 1956; Berlin, 1979). Un importante grupo de analistas ha preferido definir el concepto, siguiendo un uso muy extendido en el Renacimiento, como una energía, una habilidad para decidir y actuar con determinación dejando de lado, precisamente, toda consideración de índole ética (Villari, 1877; F. Chabod, 1964; J. Burckhardt, 1979). Si se aceptara esta interpretación del término, que parece bastante plausible, el problema residiría en aislar su campo de aplicación, esto es, en hacer de él un término exclusivamente referido a la *virtú* militar o extenderlo a otras esferas de actividad. Aunque es cierto que Maquiavelo estaba sumamente preocupado por este tipo de virtudes guerreras, lo que no es extraño si releemos su biografía, y aunque el uso de la *virtú* en sus acepciones militares es mayoritaria en su obra, confinar su significado a este campo haría imposible explicar por qué en determinados contextos se refiere a la *virtú* de un artista, o la utiliza en un sentido «médico», o la usa como sinónimo de «poder natural», etc. Por ello parece aconsejable unir a sus significados militares los propiamente políticos. Como señala Price (1973), la *virtú* referida a habilidad en el campo político y militar, que es siempre el tipo de *virtú* que Maquiavelo opone a la fortuna, es el uso más importante del término en su obra. Pero, además, y dependiendo de con qué imagen de la política nos la encontremos asociada, la *virtú* puede considerarse no sólo habilidad en campos específicos, sino también *una clase de sabiduría* y de autocontrol. La *sabiduría* es necesaria tanto al Fundador como al ciudadano para hacerles posible apreciar que, como vimos, nuestros intereses particulares sólo pueden ser fructíferamente perseguidos a través del bien común. Pero también es necesaria al nuevo príncipe para llevar a cabo sus acciones de acuerdo con una racionalidad estratégica muy precisa que impida su aniquilamiento. El autocontrol es igualmente necesario y debe contrapesarse con la audacia y el coraje como elementos indispensables. Tal autocontrol se requiere en las tres imágenes de la política por la misma razón: aunque las pasiones sean lo que nos impulsa a actuar, dejarnos llevar por ellas, no refrenarlas o cambiar su dirección en un momento determinado, no dominarlas en algún sentido, eliminaría cualquier posibilidad de control sobre el mundo que nos rodea y dañaría los objetivos de seguridad, autonomía y gloria (Santi, 1979). No están ausentes del concepto de *virtú* maquiaveliano elementos clásicos en la reflexión política, como el de equilibrio o el de sabiduría práctica, aunque, eso sí, no siempre con el mismo contenido ni con la misma finalidad.

Estas dificultades se repiten cuando nos preguntamos acerca del concepto de fortuna. Ya vimos cómo en Maquiavelo, y en general en todo el Renacimiento italiano, la fortuna había perdido sus elementos providencialistas y se había convertido en una diosa cruel y caprichosa. La aparición y el peso que ese concepto tiene en su obra, unido al carácter de imprevisibilidad que es su elemento definitorio esencial, ha hecho que algunos intérpretes estemos ante un término que ejemplifica la renuncia de Maquiavelo a una comprensión total y global de la realidad. En efecto, es como si el descubrimiento de una objetividad externa e incontrolable para el sujeto supusiera la existencia de una zona de lo real que escapa a sus posibilidades de conocimiento y de anticipación (Anselmi, 1982). En opinión de otros, nos hallamos ante un aspecto «mítico» de su teoría que sirve a la descripción o, mejor, que sirve para nombrar lo desconocido (Chabod, 1964; Cassirer, 1974). Un tercer grupo considera que la fortuna en Maquiavelo no es más que un término que designa a un dios secularizado y mistificado (Strauss, 1958). Hay, en fin, quien entiende que los accidentes de la fortuna están lejos de representar una esfera trascendente, mítica o de otro tipo, y que lo que los caracteriza no es una naturaleza distinta a la de los acontecimientos necesarios, sino una banalidad que impide su previsión pero no su explicación (Renucci, 1982; Pitkin, 1984). En todo caso, parece que la discusión sobre la fortuna surge como consecuencia de una ambigüedad en su uso por Maquiavelo. En efecto, parecería que en algunas ocasiones la fortuna está referida a lo inesperado de un acontecimiento contingente y único cualquiera, mientras en otras se utiliza para describir, de forma racional, la constelación de fuerzas sociales en las que el evento «transpira». Así, mientras el acontecimiento individual resulta misterioso, la constelación global es explicable (Flannagan, 1972).

Sea como fuere, la idea de fortuna en Maquiavelo hace referencia a la incapacidad del hombre para preverlo y controlarlo todo, siendo en consecuencia lo inesperado un aspecto esencial de la vida política, que por lo demás dejaría de serlo, propiamente hablando, si el contenido de imprevisibilidad desapareciera.

Y si hasta ahora hemos tenido problemas para precisar ambos conceptos, *virtú* y fortuna, en el contexto de su obra, las dificultades se acrecientan al enfrentar el análisis de su relación mutua. Las anfibologías generan contradicciones evidentes cuando analizamos cronológicamente sus escritos (Zeppi, 1976), pero incluso en el seno de una misma obra los enfoques varían y se desplazan. En más de un sentido, desde luego, la *virtú* debe considerarse como una suerte de defensa estratégica contra los golpes de la fortuna (*D*, I, 4; *P*, 14; *D*, III, 99), un recurso en manos del hombre para mitigar los impactos de lo imprevisible (*D*, II, 30). Así, la *virtú* se opone a la fortuna como una forma de práctica política que permite al hombre ser su propio amo en un mundo variable e inconstante. Por eso Maquiavelo se preocupará por dejar claro que cuanto más se confía en la fortuna más débil se es (*D*, II, 30) o viceversa (*P*, 6).

Conviene, sin embargo, poner aquí de manifiesto que la necesidad juega aquí un papel distinto al de la fortuna. En efecto, como se recordará, la necesidad puede actuar como un multiplicador de la *virtú* y, de hecho, así funcionó en Roma o en aquellas ciudades que supieron recrear a través de *leggi* y *ordine* una necesidad artificial de comportamiento virtuoso. Fortuna y *virtú*, en cambio, mantienen entre sí una interconexión de términos excluyentes pero que a la vez se requieren mutuamente. Lo que ocurre es que el tratamiento de este polo de tensión se hace ambiguo al preguntarse por las formas en las que se establece y funciona. Para esta cuestión existen las más variadas respuestas. Algunas utilizan la metáfora de la fortuna como torrente que es imposible dominar pero que eventualmente podría controlarse con presas *(P, 25)*; otras nos enseñan que ella gobierna sólo la mitad de los asuntos humanos, dejando la otra mitad a nuestro propio gobierno *(P, 25)*; se nos informa también de que la fortuna no tiene, como en la visión clásica, una sola rueda giratoria, sino muchas, lo que eventualmente permitiría al hombre saltar de una a otra logrando de ese modo un cierto control sobre su vida *(capítulo de la fortuna)*; pero, por otro lado, y puesto que al ser humano le es imposible cambiar de naturaleza, de inclinaciones y de carácter, le resulta a la postre muy difícil transformarse de acuerdo con las ruedas de la fortuna y la variación de los tiempos *(capítulo de la fortuna, D, III, 9; «Capricho» a Soderini,* etc.). Quizá debido a esto Maquiavelo, en otras ocasiones, parece señalar hacia un evidente control de la fortuna sobre los asuntos humanos. Así, cuando nos dice que la «ocasión» *(ocassione)*, que no es otra cosa que una suerte de mediador entre la *virtú* y la fortuna, pertenece de hecho al campo de esta última; o bien al afirmar que es sólo la fortuna la que hace grandes a los hombres *(Vida de Castruccio)*. Sin embargo, pese a todo ello, el mensaje de Maquiavelo no es de pesimismo. Puesto que la fortuna es mujer, nos dirá, a menudo se rinde a aquellos que actúan impetuosamente (*P,* 25), y aunque ningún hombre puede siquiera soñar con destruir sus designios, sí puede al menos entretejerlos en su propio beneficio *(D,* II, 29), siendo bien claro que aquel que demuestre una mejor adaptación a los tiempos, acabará triunfando sobre ella (*P,* 25; *D,* III, 9, etc.).

Podemos, pues, concluir que las descripciones de la relación *virtú*-fortuna en la obra maquiaveliana son múltiples y en más de un aspecto irreconciliables: a veces los humanos parecen capaces de controlarla, a veces en sus manos no somos más que monigotes. La auténtica coherencia de Maquiavelo, no obstante, hay que buscarla no en su solución al problema, sino en la estructura del planteamiento y en su propia contradictoriedad que, a la postre, refleja la situación en la que él veía interactuar a los hombres en la esfera de la política y acaso también en la de la privacidad. Es cierto que de aquí Maquiavelo extrae una postura completamente normativa y producto de una decisión ética: sean cuales fueren las circunstancias adversas, nunca debemos ceder, nunca hemos de rendirnos, porque siempre podemos al menos luchar y, a veces, incluso derrotar a la cruel fortuna *(D,* II, 29). Como él mismo escribía en una ocasión, citando a Bocaccio, es mejor actuar y arrepentirse que no actuar y arrepentirse igualmente. El hiperactivismo parece ser entonces la consecuencia fundamental de su teoría sobre la relación *virtú*-fortuna, y tal cosa es a la vez un triunfo y un fracaso de su programa reflexivo. Es un triunfo, en primer lugar porque dota de una cierta coherencia a la *virtú* práctica con la que los humanos han de enfrentarse al mundo, y porque, además, mueve a la acción política incluso en condiciones adversas: después de todo, nada dura demasiado; la esperanza es que la mala fortuna tampoco será eterna. Pero, al tiempo, el fracaso de su programa consiste en el reconocimiento del voluntarismo como motor último de nuestras acciones. Tanto la metáfora de la fortuna como mujer a la que hay que subyugar con audacia como la exigencia de coraje, determinación y esperanza en circunstancias adversas, dan a su análisis un tinte nada «racionalista», nada «científico», que, en definitiva, procede de aquel *deber* de *non abandonarse mai,* el legado normativo de nuestro autor (véase Sasso, 1980, 399-400; Orr, 1972).

Con todo, ni que decir tiene que ese hiperactivismo no constituye para Maquiavelo ninguna garantía de éxito de nuestras expectativas en ninguna circunstancia. La teoría de Maquiavelo es mucho más escéptica de lo que una lectura superficial podría suponer. No hay acción política que pueda alardear de haber dado con un «curso seguro» en la solución de cualquier problema *(P,* 21). La causa profunda de este hecho se encuentra en ciertos postulados fundamentales respecto de los conceptos de tiempo y cambio. Según él, hombre del Renacimiento una vez más, todo lo que nos rodea se encuentra en un constante estado de flujo *(D,* II, Pr; *D,* I, 6) y nada permanece igual a sí mismo por mucho tiempo. Ni el más virtuoso de los comportamientos, ni la más extraordinaria de las fortunas, pueden detener ese cambio continuo y la incertidumbre consiguiente. Un mundo sin transformación es inconcebible para Maquiavelo. Esto, que constituía una razón para la esperanza en nuestros peores momentos de fracaso, lo es para el escepticismo en nuestros momentos de triunfo.

Supongamos una comunidad virtuosa que ha logrado seguridad y autonomía a través de un comportamiento político adecuado. La paz y la estabilidad pueden muy bien ser el resultado de su praxis, pero, a menos que unas condiciones geográficas de aislamiento excepcional se produzcan, la conquista de los vecinos se hará necesaria si se quieren seguir preservando la paz y la seguridad recién adquirida. Si ese impulso hacia la conquista se guía virtuosamente, puede generar de nuevo paz y prosperidad, pero el riesgo es que un exceso de riquezas y de poderío, unido al hecho de que la defensa militar del territorio es menos perentoria o se deja en manos de profesionales, hacen que el ocio y el refinamiento tomen el lugar de la *virtú ciudadana,* y, de ese modo, se inicie el camino de la corrupción. En estas circunstancias, sólo el recurso a un hombre de *virtú* extraordinaria que regenere a sus conciudadanos puede devolver a la ciudad la esperanza.

El razonamiento circular se completa, pues, de la siguiente manera: *virtú*-conquista-paz y prosperidad-ocio-corrupción-*virtú*.

La única fórmula que los hombres tienen a su disposición para romper ese círculo y su determinación «infernal» es tratar de evitar la relación entre paz y prosperidad, por un lado, y ocio y corrupción, por otro. Para hacerlo, Maquiavelo considera posibles tres vías que en combinación tiendan a, aunque de ningún modo garanticen, la ruptura con los rasgos básicos de una sociedad corrupta. Las tres vías son las siguientes:

1) Mantener a los ciudadanos pobres o, por mejor decir, en un cierto grado de igualdad social que impida la aparición de jerarquías de riqueza excesivas *(D,* I, 37; *D,* II, 19; *D,* III,16 y 25). Parece según esto que la riqueza incorporada debería ser pública, y de ese modo se mantendría la idea básica de las sociedades no corruptas: los intereses de la comunidad deberían ser puestos por delante de los intereses particulares.

2) Mantener leyes e instituciones que recreen continuamente la necesidad «artificial» de comportamiento virtuoso, potenciando y primando aquellas formas de hacer beneficiosas a la comunidad y «castigando» las que se dirijan a obtener ventajas privadas frente al bien público. En este sentido, los hombres parecen seguir una cierta racionalidad en sus acciones y no se comportarían de un modo contrario a lo que les fuera provechoso.

3) Mantener vivos los viejos usos y costumbres por medio de un retorno de tiempo en tiempo a los orígenes de la comunidad y sus valores *(D,* III, 1). Como vía de autoidentificación del grupo y como recurso para asegurar una mayor cohesión y un más intenso acuerdo sobre temas fundamentales, esta tercera fórmula se dirige, en definitiva, a asegurar la unidad de la comunidad.

Estos tres elementos, por tanto, apuntan a un mismo objetivo: evitar la corrupción al mantener a los ciudadanos en el papel de servidores del bien público y activos participantes en los procesos creadores de valores e instituciones de su comunidad. Así, la prueba de su autonomía sería para Maquiavelo la voluntad de defender por las armas la República, lo que constituiría la última *ratio* de un clima moral comunitario y de una materia política no corrupta (Pocock, 1975).

Pero, incluso con la utilización de esos recursos, el florentino no es optimista: no hay comportamiento virtuoso que pueda refrenar el flujo de los tiempos. Por eso hay en su obra una recomendación de carácter más general: el hiperactivismo de la *virtú* debe buscar la adaptación a las circunstancias cambiantes con la intención de garantizar la estabilidad política. Para actuar de ese modo hay que aceptar la realidad sin ilusiones ni utopías y admitir las leyes que rigen lo real, una vez establecidas éstas a través de un análisis de la *verità effettuale della cosa*. Y este análisis nos enseñará, entonces, algo que va a convertirse en el eje argumental de la teoría maquiaveliana de la política: los principios que rigen las acciones humanas (la naturaleza del hombre) no coinciden con lo que la argumentación moral nos describe (el discurso sobre cómo deberían ser nuestras relaciones con los demás), ni tampoco con aquellas leyes básicas que gobiernan el movimiento real del mundo político (la fortuna). De esta escisión, de esta no coincidencia, surgen algunas de las tensiones fundamentales a las que ya nos hemos enfrentado. También aquella contradicción entre ética y política que tanto ha preocupado a sus intérpretes. De hecho, para Maquiavelo la *virtú* es un medio extraordinario y «excesivo» que los hombres utilizan en su esfuerzo por adaptar su praxis a leyes externas que en más de un caso les son ajenas.

En estas condiciones su teoría parece tomar un tinte estratégico: cualquier medio, por inmoral o cruel que parezca, es legítimo si con él se consigue el fin político por antonomasia, seguridad y autonomía. Es, pues, como resultado de la tensión entre *virtú* y fortuna que surge esta nueva y más evidente tensión entre medios políticos «inmorales» y código ético cristiano. Ahora bien, si es verdad que Maquiavelo recomienda medios «inmorales» en el manejo de los asuntos públicos, tal inmoralidad es de un tipo especial, dado que nos sería difícil encontrar en toda su obra un consejo de crueldad gratuita sin relación con un «fin más alto» (véase Sasso 1980, 421).

A este respecto no hay diferencias insalvables entre la perspectiva adoptada en *El Príncipe* y la de los *Discursos*. Si en el primer texto la intención es la de *mantenere lo stato*, idéntica finalidad se aprecia en el segundo. Es cierto que el sujeto de esa actividad es matizadamente distinto en ambos casos, pero parece que sería la comunidad como un todo la que participaría de los beneficios del logro del fin político tanto en principados como en repúblicas. Y, por otro lado, si los ejemplos de crueldad abundan en el comportamiento del príncipe, no son menos numerosos cuando se hace referencia a un *vivere civile e libero*. Baste recordar el ya mencionado asesinato de los hijos de Brutus por el bien de la República *(D,* III, 3), o aquella afirmación de que la grandeza de una república consiste en *atreverse* a castigar cuando debe hacerlo, y ahí está el ejemplo de Roma, que nunca vaciló en condenar a muerte a una legión entera o a una ciudad cuando fue necesario para preservar su seguridad *(D,* III, 49). Tanto unos como otros, príncipes o ciudadanos, deben intentarlo todo y atreverse a todo (véase *Vida de Castruccio)* si quieren que su *virtú* garantice la supervivencia de su ciudad.

Con estas ideas se pone en marcha el concepto de razón de Estado. Hay, sin embargo, algunas dificultades interpretativas en este punto. En primer lugar, Maquiavelo nunca usa la expresión razón de Estado. Esto podría no tener excesiva importancia, pero el problema es que cuando nuestro autor utiliza la expresión *stato* a secas, tampoco quiere representar la misma imagen que a nosotros se nos sugiere. En su caso, el término *stato* está limitado en su significación por conceptos como los de condición, patria o ciudad, que no son, en lo que interesa ahora, sinónimos del anterior. Así las cosas, ¿por qué hablamos de razón de Estado en Maquiavelo? Sencillamente porque los rudimentos de una doctrina de la razón de Estado son evidentes en su argumentación.

Primero, el Estado o, más propiamente, la comunidad política, es un bien trascendente superior al individuo o a los grupos particulares que lo componen. La decisión sobre los intereses de esa comunidad puede tomarse, dependiendo de las circunstancias históricas concretas, de una forma más o menos participativa, pero en todo caso resulta prioritaria ante cualquier interés particular. Segundo, en el establecimiento o «salvación» de un Estado todo medio es válido y legítimo, debiendo utilizárselo sin consideración a su moralidad o inmoralidad, sino únicamente tomando en cuenta el criterio del éxito en la finalidad perseguida. Estamos aquí ante aquella idea que ha servido para ilustrar el concepto de razón de Estado: el fin justifica los medios.

Sin embargo, hemos de ser cautos en la aplicación de esa máxima a la obra de Maquiavelo. El problema reside en que, para Maquiavelo, la política y el mal están inextricablemente unidos debido al poderío de la fortuna y a las leyes que rigen el desenvolvimiento del mundo. No hay aquí ningún tipo de transvaloración de los valores, ni conversión de la maldad en bondad. El mal es el mal y la crueldad es la crueldad. Lo que sucede es que quien quiera mantenerse en el poder, quien desee una comunidad sin tiranos ni invasores, no tendrá más remedio que ajustar su actuación a reglas sobre las que es inútil opinar «exteriormente». En política, «la bondad no basta» *(D,* III, 30) y el poder ser malo *(P,* 18) es una necesidad, *si* uno quiere preservar a su comunidad y a sí mismo. Porque, para Maquiavelo, aquel que se niega a usar el mal cuando se hace necesario condena a los suyos a una inseguridad y a un daño mucho mayor que al que hubiera dado lugar la utilización del mal. En el capítulo 17 de *El Príncipe* compara la crueldad de César Borgia, que trajo a la Romagna la unidad y un orden restaurado, con la indecisión florentina que, por evitar ser llamada cruel, permitió a la postre que la Pistoia fuera devastada. Igualmente en los *Discursos* (II, 23) critica la actitud débil, pero acaso piadosa, de los florentinos frente a la virtuosa forma de hacer de la antigua Roma.

Los ejemplos podrían multiplicarse, pero lo esencial queda ya dicho: en política uno debe juzgar por los resultados de las acciones y no de acuerdo con las normas de un tribunal trascendente. No existe tal «corte de apelación» y sólo el resultado justifica la acción (*P*, 18). Ahora bien, ¿no es ésta una forma matizadamente distinta de decirnos que el fin justifica los medios? En vano buscaremos esta frase en la obra de Maquiavelo. Pero si él no escribió eso, sí nos dejó un consejo parecido. Hablando en los *Discursos* (I, 9) de las crueldades a las que a veces se ve obligado un Fundador que quiere para sí la autoridad completa, afirma: «Si el hecho lo acusa, el efecto lo excusa» *(accusandolo il fatto, lo effetto lo scusi)*. Desde un punto de vista moral puede haber una diferencia entre que el fin, cuando es grande, como la fundación de una comunidad, excuse los medios, o bien los justifique. Pero desde un punto de vista político la diferencia, si la hubiere, se esfuma: siempre se aconseja una lectura estratégica de la política. O, dicho de otro modo, los medios deben ser analizados según su eficacia, el único criterio es el del éxito.

Con todo, conviene no lanzarse en exceso a acusaciones de inmoralismo, porque hay un fondo ético indudable en ese argumento: «No se debe permitir que prospere un mal, por respeto a un bien, cuando tal bien puede ser fácilmente aplastado por aquel mal» *(D*, III, 3). Es, pues, el carácter de las leyes que rigen la autonomía de la política el que determina los problemas éticos, porque si uno quiere mantener lo que tiene, no hay otro remedio que entrar en «la senda del mal» *(D,* I, 26). Es la fuerza de las cosas la que impele a la acción política estratégica. Maquiavelo pensó que era una necesidad aceptar esta lógica de los hechos. Nunca pensó que podrían cambiarse las leyes de lo político, y sí que éstas debían aceptarse para mejorar nuestra posición en el mundo. En otras palabras, se trataba de usar la «lógica de la situación», no como medio para cambiar la situación misma y su «lógica», sino como medio de mejorar la situación del agente activo en el mundo. Ésta es la última *ratio* conservadora de nuestro autor, pero también el origen de una profunda melancolía en su obra.

Todo resulta tan incierto –parece decirnos–, es todo tan inseguro que acudir a medios desesperados y terribles no es más que parte de nuestra propia condición como hombres arrojados a un mundo extraño y amenazador. Mantenerse sobre los propios pies y mirar de frente la realidad son postulados éticos, al igual que resultan serlo las llamadas al bien de la comunidad, pero no hay aquí las idílicas ilusiones tan caras a los humanistas de su época. Como señala Sasso (1980, 414), si Maquiavelo es el fundador de los tiempos modernos, la modernidad se presenta en él con su aspecto trágico, una tragedia sin catarsis, porque su instrumento de purificación es la política, de la que la catarsis está ausente por definición. Y la melancolía en todo esto está en su imagen del hombre como un ser que lucha desesperadamente, aun sabiendo que todo está contra él, por lograr un lugar en el mundo al que pueda llamar suyo.

3. Tomás Moro y el utopismo político

Si la teoría política de Maquiavelo puede ser descrita en términos de un peculiar extrañamiento del mundo que le impulsa a abandonar caminos trillados, otro tanto cabría decir de Tomás Moro. Es cierto que en su *Utopía* la actitud ante la situación política de la época tuvo consecuencias teóricas y prácticas distintas, pero, después de todo, el humanismo del norte de Europa se encontró con problemas diferentes a los de la Italia renacentista.

El 7 de febrero de 1478 nace en Londres Tomás Moro, un hombre del Renacimiento que mantuvo muchos anclajes en el mundo medieval, producto de los cuales su humanismo adquirió a veces un tono desgarrado y contradictorio. Siempre admiró el ingenio en los demás y él mismo fue ingenioso, imaginativo y amante de la vida. Su humildad ha cautivado a los numerosos biógrafos que de él se han ocupado. También es verdad que poca gente ha logrado un éxito mayor en la promoción de esa imagen de hombre humilde. Porque a la vez fue obsequioso con aquellos que tenían el poder, calculador en las intrigas cortesanas, capaz de odio y amor apasionados y ambicioso en lo profesional, lo político y lo intelectual.

Quizá fueran las enormes expectativas que su padre depositó en él las que le hicieron un incansable trabajador obsesionado por la necesidad de aprovechar el tiempo y «hacerlo rendir». Una buena parte de *Utopía* se ocupa en la descripción casi maníaca de la organización del tiempo. Fue un excelente orador y un escritor original. Destacó como abogado y como funcionario al servicio de su ciudad, Londres, en la que se sentía literalmente en casa. Leal servidor de su rey, murió bajo su hacha cuando la fidelidad a la Corona entró en contradicción con su conciencia religiosa. En una carta de 1519, Erasmo nos cuenta que Moro pensó en su juventud en ordenarse sacerdote, pero decidió tomar esposa al no poder deshacerse de sus deseos sexuales. Casó, pues, con Jane Colt, que murió en 1511 tras darle cuatro hijos, a los que Moro amó y de los que cuidó durante toda su vida. Volvió a contraer matrimonio con una viuda ruda y poco atractiva llamada Alice Middleton, que al parecer actuó más como *manager* de su casa que como una auténtica esposa.

Una de sus primeras actividades literarias fue la traducción de una biografía de Pico de la Mirandola, escrita por el sobrino de éste, lo que conjugó con la lectura y estudio de Agustín de Hipona y su *Ciudad de Dios,* citado abundantemente en sus obras posteriores y sobre el que poco después de terminar sus estudios legales dio una serie de conferencias públicas. En 1499 conoce a Erasmo, líder humanista indiscutible de su generación, que, fraile agustino como Lutero, mantendría con Moro una relación irregular pero muy íntima en ocasiones. En 1505, cuando Erasmo vuelve a Inglaterra, Moro y él comienzan una amistad más estrecha e incluso una colaboración intelectual al emprender juntos la traducción al latín de algunos diálogos de Luciano de Samosata. Para Moro y Erasmo, como para el humanismo en general, el estudio de los antiguos no sólo era un placer sino una vía de reflexión ineludible sobre la reforma del mundo de su época. Razón y conocimiento no eran instrumentos de resolución de abstrusos problemas lógicos, sino una manera de dominar las pasiones del cuerpo y purificar el alma en la virtud, a la vez que constituían una herramienta ineludible para la mejora de las condiciones sociales y políticas. El sentimiento de que asistían a una enorme depravación en su mundo era igualmente fuerte en ambos, y su esfuerzo intelectual se dirigió a paliar en lo posible el caos moral y político en el que Europa parecía inmersa.

En 1509 Erasmo está de nuevo en Londres, alojado en casa de Moro, y allí escribe el *Elogio de la locura.* Su título en latín, *Encomium moriae,* es un juego de palabras que podría traducirse según su sonido por «Elogio de Moro». Erasmo le dedica la obra y le pide en una carta-prefacio que defienda el libro y a su autor. El escrito era de carácter fuertemente polémico y se atacaban en él ciertos aspectos de la doctrina escolástica, particularmente la idea de que la razón sirve para el debate de cuestiones abstractas y alejadas de la vida real y práctica. Pese a que Moro mantenía posiciones algo distintas de las de Erasmo en temas concernientes a la Iglesia o al ideal monástico, es muy probable que disfrutara con su lectura e incluso llegó a defender a su compañero, como éste le pedía, de los ataques de los escolásticos.

Por aquellos años Moro trabajaba en una obra llamada *Historia del rey Ricardo III,* que dejaría inacabada. Su estilo aquí es tan diferente del de sus otros escritos que ha llegado a dudarse de su autoría. En él se cuenta la historia de un hombre ambicioso, cruel y sin escrúpulos que no deja que nada se interponga ante su sed de poder. El tema es conocido, más que por el tratamiento de Moro, por la versión posterior que Shakespeare escribiría basándose en el texto de nuestro autor.

Moro describió en esta obra la naturaleza de la tiranía y la conducta inmoral de los reyes, esperando extraer de ello lecciones éticas y, aunque a veces descuida datos históricos y sobre esta figura del rey usurpador existen interpretaciones variadas, parece que la obra es en general fiel a la realidad. Sin embargo, no hay que olvidar que la finalidad de nuestro autor era estudiar la relación entre el mal y la necesidad política, lo que disculparía alguno de sus olvidos. En efecto, este Ricardo III cuadraría en la definición maquiaveliana del príncipe nuevo y utilizaría, como aquél, su habilidad para ofrecer una imagen pública distinta de la real, mostraría igualmente crueldad y falta de escrúpulos, etc. Moro rechaza esta forma de actuar, en primer lugar porque se mostraba completamente de acuerdo con la máxima de Erasmo y de buena parte del humanismo renacentista: «Si puedes, a la vez, ser príncipe y hombre bueno, desempeña la hermosísima función; pero si no, resigna el principado antes que por su causa te vuelvas malo» (Erasmo, 1958, 58). Pero, en segundo lugar, porque, en su opinión, la hipocresía y la crueldad no sólo son algo malo desde el punto de vista moral, sino algo ineficaz desde el punto de vista político. Por lo demás, el horror de Moro ante Ricardo III era en buena parte el de sus contemporáneos ante el juego de lo ilusorio y la incertidumbre de todo. La única certeza que nuestro autor mantiene es su fe en que Dios convertirá el destino irracional en providencia benigna, ya que los esfuerzos del hombre por transformar su entorno serían independientes de la voluntad divina. Pero lo que lleva a Moro más allá de Erasmo en el planteamiento político de este problema no se anuncia todavía en esta obra. Hay que esperar a *Utopía*.

En mayo de 1515 Enrique VIII comisiona a Tomás Moro y otros ciudadanos para viajar a Flandes a discutir y renegociar tratados comerciales que Inglaterra había realizado con los países del área bajo el reinado de Enrique VII. Por aquel entonces, Erasmo le presenta al humanista Peter Gilles, con el que Moro pasaría muchas de las horas de ocio a las que aquella embajada le obligaba, charlando sobre los clásicos y la miserable condición social de su tiempo. Allí nació *Utopía*.

La obra consta de dos libros, el primero de los cuales se compone de una Introducción; el *Diálogo sobre el consejo a los príncipes*, en el que se evidencian «diferencias de opinión» entre Moro y el protagonista del libro, Hitlodeo; el *Diálogo sobre la condición social de Inglaterra*, intercalado con el anterior, y donde Hitlodeo realiza un lúcido análisis de ciertos problemas sociales en la Europa de la época; y finaliza con un *Exordio sobre Utopía*, que liga este primer libro con el siguiente. El segundo libro se compone fundamentalmente del *Discurso de Hitlodeo sobre Utopía* y la descripción de su organización social y política, al final del cual se recapitula sobre la superioridad del modo de vida utópico, terminando la obra con una conclusión polémica en la que Moro, de nuevo, diferencia su posición de la de Hitlodeo poniendo en duda algunos puntos cruciales en la valoración de aquél.

Al parecer fue este segundo libro el que se escribió primero, en Flandes, junto con la Introducción del libro I, siendo este primer libro, así como la conclusión del segundo, escritos en Londres a la vuelta de la embajada. La primera edición aparece en diciembre de 1516 en latín y se producen cuatro más hasta 1519. Se realiza una traducción alemana en 1524 y el libro ha de esperar a 1551 para lograr una traducción inglesa.

Este escrito dio a Moro un cierto reconocimiento internacional, aunque nada parecido al logrado por Erasmo, y un lugar indudable entre los humanistas de la época. Es posible que este hecho influyera en la decisión de Enrique VIII de «adornar su corte», siguiendo un uso muy extendido en el Renacimiento, con aquel brillante abogado y buen conversador que era el único inglés leído en el continente. También tuvo otra buena razón para hacerlo: el que por aquellos días Moro era el funcionario más brillante de Londres y el rey querría a un hombre con la confianza de la ciudad en su corte, dado que a través de él podría representar muy adecuadamente sus intereses ante los comerciantes y profesionales.

Probablemente Moro meditó su decisión de integrarse en el Consejo Real, y en buena medida esa reflexión está reflejada en el «Diálogo sobre el Consejo» del libro I de *Utopía*, del que luego nos ocuparemos. Las razones económicas debieron, asimismo, pesar en el hecho de que en 1517 Moro iniciara su carrera política. En 1523 era *speaker* de la Cámara de los Comunes y desde allí defendió el principio de libre debate en la Cámara, que suponía, en su opinión, que las asambleas eran una mejor garantía de verdad que el juicio individual de un monarca. En 1529 es nombrado Lord Canciller y con ello alcanzó a la vez su triunfo más importante y su fracaso más espectacular.

En efecto, en 1529 habían estallado ya en el continente los gritos de reforma y Lutero no era ya más un oscuro y angustiado fraile, sino que era visto por los partidarios de la Iglesia como el Anticristo. Las críticas a la Iglesia arreciaron y en Inglaterra los «herejes» empezaron a contar con considerable apoyo. Moro luchó contra ellos a través de la palabra escribiendo, por ejemplo, *A Dialogue Concerning Heresies* y otros textos en los que zahería sin piedad las nuevas doctrinas, contradiciendo a veces ideas expuestas en *Utopía*. También les combatió con acciones políticas que su posición como Lord Canciller le permitía: reprimió la difusión de libros heréticos, condenó a la cárcel a personajes relevantes, impuso y usó la pena de muerte, en la hoguera, contra algunos de ellos y, en general, utilizó todos los recursos que tuvo en su mano para impedir la difusión de las ideas protestantes. El apacible constructor de utopías y mundos de justicia se comportó de una manera muy cercana al fanatismo.

Pero la fortuna, desde luego, no estaba de su lado. El rey, del que era fiel servidor, dejó de mirar con simpatía su causa cuando decidió enamorarse de Ana Bolena y repudiar, acogiéndose a una interpretación sutil de las escrituras, a su anterior esposa, Catalina. Roma le negó la razón y ahí empezaron los problemas. Cada vez Enrique era más propenso a rodearse de simpatizantes de la causa luterana y a ver en ella la única salida política para sus pretensiones matrimoniales. Aunque Moro era Lord Canciller, pronto los asuntos políticos empezaron a desviarse hacia otros centros de poder y él veía con impotencia cómo el «monstruo» contra el que luchaba hacía crecer su influencia en la corte. Poco a poco le fue quedando únicamente el Gran Sello de Lord Canciller, mientras su rey se alejaba de sus posiciones y emprendía la reforma de la Iglesia de Inglaterra.

En mayo de 1532 los obispos ingleses se pliegan a las intenciones del monarca y le ofrecen sumisión: los viejos privilegios y libertades medievales de la Iglesia católica son abolidos. Es una fecha como otra cualquiera para indicar el comienzo de la modernidad en Inglaterra, y al día siguiente de la misma Moro presenta al rey su dimisión, que la acepta gustoso. Mientras los luteranos, según cuenta Erasmo, saludan la caída del último miembro del gobierno partidario de la persecución de su fe mediante el fuego y la cárcel y docenas de ellos son liberados de las prisiones, Moro se retira a Chelsea, sin cargo público alguno y todas sus causas derrotadas.

Las cosas no hubieran pasado de ahí si el Parlamento, a instancias de un rey deseoso de aclarar el problema sucesorio, no hubiera promulgado un acta que declaraba nulo el matrimonio con Catalina y válido el de Ana Bolena, incluyendo un párrafo en el que se definía como alta traición cualquier ataque contra este último. Se exigió a todos los ciudadanos un juramento de obediencia a este acta y a los herederos de Enrique y Ana. Tomás Moro vio en todo ello al poder civil usurpando un dominio sagrado de la Iglesia. La intención era clara: la Iglesia de Inglaterra era ahora independiente de Roma y sujeta al gobierno del Parlamento. Quien jurase el acta reconocía no sólo el matrimonio, sino la legitimidad del monarca para aprobarlo, lo que le convertía de hecho y de derecho en cabeza de la Iglesia.

Cuando Moro es llamado a jurar no lo hace porque, dice, su conciencia se lo impide. Acosado a preguntas que justifiquen su negativa, Moro o bien guarda silencio o bien utiliza su ingenio para evitar la acusación de alta traición que una declaración explícita traería aparejada. Es encarcelado en la Torre de Londres y allí mantiene una sorda lucha con sus captores. Escribe *De Tristitia Christi,* cuyo manuscrito, único de Moro que se conserva, está en la actualidad en el Real Colegio del Corpus Christi de Valencia.

Pese a todos sus esfuerzos y a la utilización durante los interrogatorios de sus recursos oratorios más que brillantes, Moro es condenado. El 6 de julio de 1535 es decapitado, no sin antes asegurar al verdugo, última ironía, que no temiese hacer su trabajo puesto que su cuello era corto.

Su muerte hizo a su vida importante. Campeón de la causa contrarreformista, sus escritos polémicos contra los protestantes dominaban la primera edición de sus obras publicadas en 1557. Con el paso del tiempo éstas cayeron en el olvido, y sólo *Historia del rey Ricardo III* y *Utopía* sobrevivieron a los tiempos tormentosos que acabaron con su vida. En 1935 el papa Pío XI canonizó a este hombre que, «como todos los mártires que no están locos», murió más que por aquello en lo que creía, por aquello en lo que necesitaba creer (Marius, 1984, XXII).

¿Cuál es la relación entre la vida de Moro y *Utopía*? Hay muchos detalles que no coinciden entre ambas. Por eso, nada tiene de extraño que algunos de sus intérpretes vieran en *Utopía* un trabajo dominado por la ironía y que no representaba en absoluto los verdaderos valores de nuestro autor, los valores por los que murió.

A esta impresión ayuda indudablemente la mezcla de realidad y ficción y el juego de verosimilitud de la propia obra. Para empezar está el detalle de los nombres. Utopía, como es sabido, significa, en feliz traducción de Quevedo, no hay tal lugar. Al protagonista del libro se le supone tripulante de una expedición de Américo Vespucio, del que se separa quedándose en una isla junto a otros 24 hombres, hecho que, por lo demás, ocurrió en el viaje real, para encaminarse posteriormente hacia Utopía. Su nombre es también irónico, Rafael Hitlodeo; podría traducirse como dispensador de salud y de sinsentido. El nombre del río que recorre la isla de Utopía es Anydrus, esto es, no agua. Es indudable que todo esto crea una imagen irónica y a la vez realista de la historia. Peter Gilles, en una carta-prefacio de la obra, entra también en este juego al asegurarnos que si no fuera porque alguien tosió en el momento en que Hitlodeo describía la exacta localización de Utopía, el libro podría haber contenido ese dato precioso. El juego de fantasía y realidad es tan fuerte que, según cuenta Moro en otra carta que precede al texto del libro, un pío teólogo de Inglaterra deseaba visitar Utopía como obispo enviado del Papa para engrandecimiento del cristianismo.

Así pues, la mezcla de lo real con lo irreal es esencial a este pequeño texto, que nos relata en su principio el encuentro de Moro y Peter Gilles con el viajero Hitlodeo a la salida de un servicio religioso y cómo ambos son cautivados no sólo por sus historias, sino por su cultura (conoce el latín, es docto en griego, está interesado en la filosofía, etc.) y su sentido peculiar de la aventura («al que no tiene sepultura lo cubre el cielo» y «por todas partes hay caminos que conducen hacia los dioses», son sus frases favoritas).

Lo primero que llama su atención, cuando sentados en el jardín de la casa de Moro comienzan a charlar con más calma, es cómo un hombre de esas características no se integra en el consejo de algún rey de modo que, siguiendo la idea humanista, sus conocimientos pudieran resultar de provecho a todos. Aquí comienza el diálogo del consejo al que nos hemos referido anteriormente. Las posiciones que en él se hacen patentes son, sumariamente, las siguientes.

Mientras Moro y Gilles se esfuerzan en mantener que la forma más efectiva de lograr una participación activa en política y, por tanto, beneficiar a los demás del propio saber, es dar buen consejo a un monarca, Hitlodeo señala que tal cosa le llevaría a ser el «esclavo de un rey», dado que sus consejos, lejos de aprovechar a nadie, serían arrojados a un lado al proponer medidas en exceso radicales. Para demostrar lo que dice, inicia Hitlodeo una descripción del castigo que se aplica a los ladrones en Inglaterra y plantea un análisis en el cual el descubrimiento de las causas estructurales del mal (pobreza, desigualdad, propiedad, etc.), obligaría, si es que queremos eliminar el problema del robo, a profundas reformas sociales que nunca serían admitidas por el monarca y su corte. La adulación, los valores e ideas tradicionales sobre los asuntos políticos, los intereses que se entremezclan en el ámbito de la gestión, son –dice Hitlodeo– demasiado poderosos como para que la simple voz de la razón se abra paso entre ellos. No hay en la corte lugar para la filosofía. Y si bien admite, con Platón y con Moro, que un estado feliz en la sociedad sólo se logrará cuando los filósofos sean reyes o los reyes estudien filosofía, el problema radica precisamente en que los poderosos son incapaces de prestar la atención debida a la palabra de aquellos pensadores que quieren atajar la raíz del mal.

¿Qué ocurriría, se pregunta, si él aconsejara al rey de Francia que en vez de intentar tomar Italia debiera mantenerse en su territorio y tratar de solucionar sus abundantes problemas? Con seguridad, sus palabras no serían escuchadas. Moro señala, entonces, que dar consejos que no pueden aceptarse porque van en contra de las formas usuales de pensamiento y los prejuicios imperantes no tiene sentido alguno. Que esta actitud no es más que filosofía académica, lo que se ha interpretado como una crítica a la escolástica, y que el curso a seguir es el de una forma de filosofía más civilizada que «conoce el contexto dramático», por así decirlo, trata de ajustarse a él y jugar un papel adecuado en la representación. La política de lo posible de los humanistas, encarnada aquí por Moro, se enfrenta al maximalismo de Hitlodeo. Si no se pueden erradicar las ideas incorrectas por completo, o tratar los vicios como realmente deseamos, no hay razón para dar la espalda a la vida pública. No abandonamos un barco, se nos dice, sólo porque no podemos controlar los vientos. La lucha con la fortuna, a la que Maquiavelo dio tanta importancia, adopta aquí una metáfora similar. Por lo demás, continúa Moro, no es eficaz poner sobre el tapete ideas completamente nuevas, sino que debe trabajarse indirectamente, con tacto, y lo que no se pueda hacer bien, debe hacerse lo menos mal posible, pues las cosas no serán perfectas hasta que los hombres lo sean.

Estas ideas son el nudo gordiano del humanismo renacentista. Los príncipes y las cortes constituían a la vez la esperanza y la desesperación de hombres como Moro y Erasmo. Su apoyo era esencial para cualquier reforma, pero si predicar sin que te hagan caso es duro, más lo es que te escuchen y asientan, mientras se sigue haciendo lo que siempre se ha hecho. Hitlodeo sabe esto y sabe también el coste que el consejero humanista se ve obligado a pagar si quiere mantener esa política recomendada por Moro. Por eso advierte que las consecuencias de seguir la vía de acción recomendada por nuestro autor no se reducen a la ineficacia, sino que el consejero, en muchas ocasiones, se ve obligado a mentir y a ser cómplice de cualquier política absurda e injusta con la que el monarca o su camarilla se encaprichen. Tú serás corrompido, dice, antes que ellos buenos. Con lenguaje actual diríamos que de lo que Hitlodeo está advirtiendo a Moro es del riesgo de caer en el maquiavelismo.

El diálogo llega aquí a un punto muerto. No hay resolución y, pese a que eso ha creado considerables problemas interpretativos (¿cuál era el punto de vista de Moro después de todo?), tiene bastante lógica el que así sea. Hitlodeo escapa del presente para demostrar la verdad de lo que dice; el diálogo del consejo llega a su fin con la referencia a un mundo en el que ese problema no existe, donde los humanistas no se encontrarían atrapados por los dilemas ya descritos, donde todo es distinto y mejor: Hitlodeo se dispone a hablarnos de Utopía.

Este «salto» es importante porque, a lo largo del diálogo, lo que Hitlodeo ha querido decir es bien simple: las dificultades del consejo a los príncipes y de la recomendación de reformas no residen en la mala voluntad de éste únicamente, sino que más allá hay razones de índole institucional y estructural que impiden una solución satisfactoria. Y en este punto el humanismo toca fondo. La pregunta no es ya qué debe hacer un buen príncipe sino otra, nueva, distinta y que de hecho inaugura la modernidad: cuál es la mejor manera de ordenar una comunidad. Para responderla, Moro abandona la forma habitual del género del consejo y se interna en un viaje imaginario que le pone en contacto con planteamientos originales cuyo objetivo último es aislar la estructura real del poder. La larga tradición del humanismo había sido tratar de resolver la contradicción entre los intereses particulares y los generales y, en conjunto, los problemas políticos, aduciendo la importancia de la educación y la formación en la virtud. Mientras, los escolásticos se centraban en la bondad de las instituciones para alcanzar idéntico objetivo. Parecería que Moro se alinea aquí con estos últimos y sugiere cambios institucionales que fuercen a los hombres a actuar de acuerdo con el bien público. Sin embargo, nos parece que en este punto Skinner y Logan tienen razón al sugerir que la teoría política del XVI debe ser entendida como una síntesis de humanistas y escolásticos (véase, por ejemplo, Logan, 1983, 80-81). Es probable que Maquiavelo y Moro se mostraran de acuerdo en este punto: es la fusión de virtud y leyes, educación e instituciones, lo que garantiza un estado libre, seguro y justo.

El viaje de Hitlodeo le lleva a Utopía y allí encuentra una isla que en su origen estuvo unida al continente por un itsmo, que el rey-fundador, Utopos, mandó cercenar aislándola así de la amenaza exterior. En ella se extienden 54 ciudades prácticamente idénticas: la misma lengua, leyes, costumbres, arquitectura, instituciones, etc. Cuando has visto una ciudad –nos dice el viajero– las has visto todas. El único rasgo personal, y por cierto también de competitividad, es el de los concursos de jardines que los utópicos realizan, lo que además recuerda la vieja afición inglesa a tales menesteres.

Entre estas ciudades idénticas, que se extienden a igual distancia unas de otras, se encuentran casas de labranza a intervalos regulares, con un mínino de 40 adultos habitándolas que, sin distinción de sexo, se rotan en este trabajo obligatorio, volviendo después de dos años de servicio a la ciudad si así lo desean. Moro no fue nunca aficionado a la vida en el campo y no le parecía que en una sociedad perfecta se pudiera condenar a nadie a una vida no urbana. Dada su necesariedad, el trabajo rural era aprendido por todo el mundo, pero también se aprendía el oficio de los padres o, si así se solicitaba, uno podía trasladarse a otra familia en la que se realizara el trabajo elegido. La jornada laboral no era, desde luego, agotadora: seis horas al día bastan, puesto que, según nos recuerda Hitlodeo, si en Europa contáramos la gente que trabaja productiva y realmente, veríamos que es muy poca. En efecto, las mujeres no lo hacen, tampoco sacerdotes y frailes, ricos, terratenientes, nobles y caballeros, criados, mendigos, etc. Por lo demás, de la poca gente restante sólo una minoría trabaja en algo necesario, siendo muchos de ellos fabricantes de mercancías de lujo y entretenimiento. Por contra, en Utopía, donde todos trabajan y nadie lo hace en productos superfluos, con una jornada de seis horas basta y sobra para generar la riqueza necesaria a la sociedad. Además, la finalidad del conjunto de la economía no es otra que dar a cada persona tanto tiempo libre para cultivar su espíritu como sea posible.

Bien es cierto que las diversiones para el tiempo de ocio son algo «sosas» para nuestro gusto y, desde luego, para el de la gran mayoría de sus contemporáneos. Sus juegos consisten en dos, similares al ajedrez, el segundo de los cuales es una especie de batalla entre virtudes y vicios. Las clases y conferencias son voluntarias (excepto para aquellos que estén siguiendo entrenamiento académico), pero suelen estar abarrotadas. La caza y deportes similares no existen. Tampoco casas de citas, ni tabernas, ni oportunidades para la seducción, ni lugares de encuentro secreto. En general podría decirse que sus costumbres son más que morigeradas.

La austeridad y el desprecio por los metales preciosos son tan profundos que una delegación diplomática extranjera vestida con esplendor vio cómo los utópicos saludaban a sus criados y acompañantes en vez de a los embajadores, pues el lujo de sus trajes les parecía degradante. Su vestido es útil y cómodo, pero no es variado ni lujoso y casi parece el hábito de ciertas órdenes monacales. Tienen sus comidas en común, aunque no hay regla que prohíba comer en casa. Durante la cena se lee y se discute de forma muy parecida a lo que ocurría en los conventos medievales.

Estas discusiones son extremadamente importantes puesto que comportan la revelación del carácter de las personas y la transparencia pública de posibles vicios privados.

En definitiva, este conjunto de costumbres y hábitos hacen que, como textualmente señala Hitlodeo, dondequiera que estés siempre tengas que trabajar o dedicarte a placeres legítimos, sin que haya excusa alguna para la vagancia. Todo el mundo está bajo la mirada de todo el mundo, de manera que uno se ve forzado –la palabra es importante– a trabajar bien y a hacer un uso apropiado de su tiempo libre.

Esta sociedad austera y rígida, transparente al ojo vigilante de la autoridad o la opinión pública, es lo que hace a más de un comentarista exclamar: «¿Utopía? ¡Creí que era el infierno!». Igualmente, con la mente puesta en muchos de esos rasgos, se ha señalado que la isla no es más que un gigantesco monasterio y que el ideal propuesto por Moro como solución a los problemas de su época no es otro que la vida monástica. Hay, sin embargo, más elementos característicos en *Utopía* que es necesario conocer para dar una respuesta apropiada a ambas cuestiones.

Los utópicos no son cristianos. Existen, por el contrario, varias religiones en la isla que conviven en tolerancia mutua. Este principio de tolerancia es uno de los más antiguos de la isla y fue introducido por su fundador, Utopos, que estableció la posibilidad de defender cualquier creencia religiosa dadas dos condiciones. La primera es que la defensa y prédica de los propios ideales se realice por medios racionales, no sólo porque esto garantiza la preservación de la paz, sino porque es también lo mejor desde el punto de vista de la religión misma, dado que, si sólo hubiera una verdadera, acabaría por prevalecer. Este rasgo es importante y, en nuestra opinión, sería igualmente aplicable a la política en la que son las asambleas y su discusión libre las que deciden el curso de las cosas, garantizando así en cada caso la elección de la mejor solución posible.

La segunda condición es de carácter negativo. Se prohíbe predicar algo incompatible con la naturaleza humana, como que el alma muera con el cuerpo, que el universo no tenga finalidad o que la providencia no exista. Si no se teme al castigo en la otra vida, piensan los utópicos, nada disciplinará éticamente a los hombres en ésta. Es aquí donde mejor se aprecia el límite del racionalismo de Moro, que siempre procuró armonizar razón y fe, impidiendo, donde fuera posible, su contraposición. También aquí se halla probablemente la explicación de su fanatismo al enfrentarse con los protestantes. Seguramente vivió la doctrina de éstos como la ruptura del sentido religioso del mundo.

En todo caso, en Utopía la tolerancia es el principio dominante. Y su ética, lejos de lo que pudiera esperarse, es epicúrea y se inclina a veces hacia una visión hedonista de la vida. La felicidad, nos dicen, consiste, en todo o en gran parte, en el placer. Y siendo el placer el objeto natural de los esfuerzos humanos, establecen una jerarquía de éstos que permita la realización armoniosa de las pretensiones de felicidad humana. Es cierto que en esa jerarquía priman los placeres mentales sobre los físicos. También lo es que su epicureísmo está fuertemente teñido de concepciones muy «cristianas» sobre el sexo y el placer mismo. Pero, sea como fuere, esta irrupción del placer en su isla, al que Moro dedica un abundante número de páginas, no debe dejarse de lado en una consideración global de su obra.

Tampoco ha de olvidarse la actitud decidida de los utópicos en favor del conocimiento ni la curiosidad intelectual de la que hacen gala. Muy en consonancia con los gustos humanistas, estudian a los clásicos, aprenden griego con facilidad y consideran que a Dios deben complacerle más aquellos que investigan en su creación, la estudian y la examinan, que aquellos otros que simplemente la ignoran.

Social y políticamente, Utopía está basada en la familia patriarcal: las esposas están subordinadas a los maridos, los hijos a los padres, los jóvenes a los viejos. Ésta es probablemente la única institución desigualitaria de la isla. Las relaciones sexuales premaritales y extramaritales están severamente prohibidas: en el primer caso (premaritales) descalifican para el matrimonio, en el segundo (extramaritales), si se trata de una primera transgresión, la condena es la servidumbre. Si se trata de la segunda, la muerte. Tal severidad, se nos explica, resulta de que los utópicos creen que en caso de permisividad sexual nadie arrostraría los muchos inconvenientes del matrimonio. Este hecho daría también razón de la extraña costumbre de exhibir a los novios desnudos antes de la ceremonia, puesto que se hace necesario conocer el «artículo» que te acompañará toda la vida. Y, sin embargo, este disciplinamiento de los sexos tiene también sus momentos de «liberalidad»: aunque los utópicos son estrictamente monógamos, se permite ocasionalmente el divorcio por mutuo acuerdo.

¿En qué sentido la familia es la unidad política de Utopía? La organización institucional de la isla está basada en la elección anual de un filarca por cada 30 familias. Cada 10 filarcas eligen un protofilarca. Todos los filarcas de una ciudad (200, puesto que los ciudadanos se mantienen en un número aproximado de 6.000) eligen por sufragio secreto un gobernador de la ciudad entre cuatro candidatos seleccionados por los barrios de la misma y aprobados por el Senado. Este gobernador es vitalicio, a menos que se sospeche que quiere implantar una tiranía. El Senado está compuesto por veinte protofilarcas más el gobernador y dos filarcas que rotan diariamente. De hecho, las cuestiones realmente importantes se debaten en la asamblea de 200 filarcas y la única institución central de toda la isla es un Consejo de tres ancianos experimentados que se reúne anualmente y del que no se nos dice el procedimiento de elección. Este Consejo trata de la distribución de excedentes económicos entre las ciudades, pero su trabajo primordial son las relaciones exteriores. Es de suponer que la discusión de los asuntos públicos en todos estos órganos y asambleas es libre, pero llevarla a cabo fuera de ellos está penado con la muerte. En definitiva, el modelo propuesto por *Utopía* es el de una liga republicana de ciudades-estado (véase Davis, 1985).

Uno de los rasgos del comportamiento político de los utópicos que más han llamado la atención es el de sus relaciones exteriores y el problema de la guerra. Los abundantes ejemplos de «maquiavelismo» que en el tratamiento de estos temas aparecen en *Utopía* reflejan un punto de contacto importante entre dos teóricos que no conocieron mutuamente sus obras y que tan distintos son en otros aspectos. Así, encontramos cómo el exceso de población en la isla se soluciona transfiriendo colonos al continente y expulsando a los habitantes de esas tierras, a menos que colaboren con los utópicos. Igualmente, contratan mercenarios para sus guerras, pues piensan que en la guerra no hay nada digno, y sólo se enfrentan directamente al enemigo cuando no hay otro remedio. Desde luego, nada menos típico de Maquiavelo que esta actitud, pero lo que resulta muy «maquiavélico» es el tratamiento que dispensan a los mercenarios a su servicio. Según se nos dice, los utópicos los desprecian y a veces los tientan con empresas desesperadas de las que raramente vuelven. No les importa a cuántos mandan a la muerte y afirman estar haciendo un favor a la raza humana al borrarles con esos ardides de la faz de la tierra. Esto, por supuesto, no les impide acudir a ellos y contratarles cuando las circunstancias lo requieren. Igualmente, cuando se ven obligados a luchar, prefieren utilizar la astucia a la fuerza. Odian las victorias sangrientas, ofrecen recompensas a los traidores que asesinen al rey enemigo o a ciertos individuos peligrosos y también a aquellos que lleguen a crear una situación de desconcierto en el campo enemigo mediante sabotajes y otros ardides. Consideran más humano este proceder que la matanza de inocentes que se produce en las guerras convencionales. Es indudable que todo ello está lejos del ideal medieval de honor y gloria y bien cerca de la maquiaveliana «economía de la violencia».

Los utópicos, además, no se dedican a extender su sistema social y político entre sus vecinos, sino que se limitan a utilizarlo para engrandecerse, protegerse o defenderse de posibles enemigos. El pensamiento utópico en este punto parece consciente de la debilidad de su creación, e igual que el mar y la distancia protegen a la isla, todos los esfuerzos de la política exterior están centrados, como en Maquiavelo, en el logro de seguridad y autonomía.

La existencia de esclavos en Utopía puede hacer pensar que el comportamiento estratégico de los utópicos en los asuntos exteriores tiene también un correlato en el seno de su sociedad. Sin embargo, esto no es del todo así en la medida en que la esclavitud no es «necesaria» al sistema económico de Utopía, que funciona, por así decirlo, con independencia de esa institución. La esclavitud, en Utopía, es parte de un sistema de disciplinamiento moral y social, bastante rígido por cierto, un elemento necesario a la implantación de una moralidad ciudadana a través de la ejemplaridad del castigo (Manuel y Manuel, 1979, 127).

La organización económica, quizás uno de los rasgos más relevantes de *Utopía*, no tiene un tratamiento unitario en el texto, sino que las referencias al problema se hallan repartidas a todo lo largo del mismo. La posición de Hitlodeo es claramente favorable al comunismo, ya que –nos dice al final del libro I y tras discutir la situación en Europa– no hay forma de conseguir una justicia y prosperidad reales mientras la existencia de propiedad privada haga que todo sea medido en términos de dinero. Si él propone como alternativa el modelo de Utopía es porque en ella todas las cosas se tienen en común. Tras la descripción de dicho modelo en el libro II, Hitlodeo ofrece una visión del tema aún más radical. Los sistemas sociales que prevalecen en el mundo moderno, dice, no son sino una conspiración de los ricos para hacer prevalecer sus intereses, para explotar a los pobres y comprar su trabajo lo más barato posible, haciendo que sus trucos adquieran fuerza de ley. De esta forma, una minoría sin escrúpulos, conducida por una ambición insaciable, monopoliza lo que hubiera sido suficiente para atender a las necesidades de todos. Por contraste, en Utopía se ha ido a la eliminación de la raíz del mal social, puesto que eliminados el dinero y la propiedad, desaparecen los crímenes a ellos asociados (fraude, robo, traición, asesinato y hasta magia negra) y también ciertas consecuencias indeseables (ansiedad, miedo, tensión o pobreza). La radicalidad del análisis se hace aquí patente y no puede por menos que recordar a las versiones jacobinas y socialistas posteriores. De hecho, todo el análisis de *Utopía* corre paralelo en muchos puntos al moderno radicalismo: en su humanitarismo y preocupación por los pobres, en su preferencia de argumentos basados en la razón frente a aquellos que se apoyan en la tradición, en la creencia en la eficacia de las buenas leyes y la educación como remedio de los problemas sociales, en el igualitarismo (excepción hecha de la familia), etc. (véase Hexter, 1973).

Pero un problema ha surgido entre los intérpretes de Moro en este punto. El que habla, después de todo, es Hitlodeo, y en *Utopía* se encuentran dos críticas a este modelo en boca del propio Moro. La primera, al final del libro I, en la que Moro señala que en tal sistema comunista no habría fuente de autoridad alguna y en consecuencia nadie trabajaría. Claramente, aquí Moro está haciendo el papel de abogado del diablo, ya que toda la descripción del libro II que, no hay que olvidarlo, se redacta con anterioridad, está dedicada a reflejar sin sombra de duda cómo es posible el ejercicio de una gran dosis de autoridad en una sociedad comunista. Y sin embargo, al final del libro II y tras la recapitulación de Hitlodeo, Moro habla del gran absurdo del comunismo. A esto se añaden las críticas feroces que Moro realizará años después al comunismo de los anabaptistas. Según esto, parecería que Moro separa sus propias convicciones de las de su protagonista y que, en general, toda la obra tendría un tinte más satírico que otra cosa.

Con todo, esta interpretación no puede ser correcta. No hay en toda su correspondencia de la época ni una sola referencia que apoye esa separación de autor y obra y sí, por el contrario, múltiples muestras de identificación. Ahora bien, es cierto que en años subsiguientes sus puntos de vista sobre algunos temas debieron cambiar como consecuencia de la extensión del protestantismo, de los movimientos populares de corte milenarista encabezados por Tomás Münzer y otros, y sucesos similares. Pero, en lo que se refiere a *Utopía*, Moro no jugaba a ser irónico cuando ponía en boca de Hitlodeo soluciones radicales a problemas sociales con causas profundas.

No obstante, el carácter del colectivismo utópico ha sido definido como medieval por intérpretes de la talla de R. W. Chambers (1935), que ha insistido en ver en *Utopía* una reacción contra las ideas progresistas de su época y, en este sentido, lo considera como el más medieval de los trabajos de nuestro autor. Tal concepción a duras penas parece sostenible pese a los puntos de contacto de Moro con las ideas medievales. Y no lo parece, en primer lugar, porque Moro era un humanista y no un escolástico, por mucho que llegara a criticar ciertos conceptos en boga del humanismo renacentista (Skinner, 1978; Kristeller, 1980). Pero, además, Moro realiza en *Utopía* una de las críticas más prolijas de los ideales aristocráticos medievales: a la guerra y los guerreros aristócratas, al peligro de mantener ciudadanos ociosos al servicio de los señores, a los deportes sangrientos e, incluso, al vocabulario de autovaloración de los nobles (Hexter, 1973), etc.

Es cierto que esto no significaba que Moro se identificara con la burguesía en ascenso, como otros señalan (Ames,

1949), ya que nunca mostró hacia ella la más mínina simpatía: ni por la *gentry* de los ricos, ni por los terratenientes, ni por los abogados (sus colegas no existen en Utopía), ni por otros sectores sociales de la ciudad.

Su grupo de referencia es el de los humanistas, al que el libro inequívocamente va dirigido; ese grupo de hombres cultos, preparados para el gobierno, y con los que compartía valores y convicciones de la mayor importancia. Pero lo que Moro propone está en parte en contra de la propia tradición humanista, puesto que es un nuevo género de análisis basado en una actitud totalizadora ante los problemas políticos. Éste es uno de los aspectos donde mejor se aprecia la modernidad de *Utopía:* su preocupación por las condiciones indispensables para una sociedad sana. Y es ese acento, puesto ahora en las condiciones, lo que le hace variar el enfoque y analizar los problemas desde una perspectiva distinta. Dado que los hombres actúan racionalmente al perseguir sus intereses, nos dice Hitlodeo hacia el final del libro II, en Utopía se preocupan del bien común, puesto que el sistema colectivista les garantiza la identidad de intereses particulares y generales, mientras en Europa, si uno no mira por sí mismo, nadie lo hará, de modo que el egoísmo y la ambición campan por doquier. Así las cosas, sólo una reforma institucional y educativa pueden poner en marcha un comportamiento en el que el bien público esté garantizado. Los hombres se comportan correctamente cuando ambas esferas, la de las leyes y la de la educación, apuntan en la misma dirección.

Todo el texto de *Utopía* no hace más que partir de la idea de que algo marcha mal en Europa y que las causas de ese mal funcionamiento son profundas, al tiempo que los recursos para atajarlo son escasos. Para proponer a los hombres una alternativa capaz de darles un modo de vida feliz hay que viajar con la imaginación y con la razón. Pero el problema colectivo no se resolverá mediante una idealización de los hombres y su conversión en santos altruistas, ni tampoco con una idealización de la naturaleza que convierta nuestro medio en un País de Jauja y de abundancia. Este problema sólo se resuelve, en opinión de Moro, por medio del uso de una racionalidad técnica que nos informe, como en Maquiavelo, de cuáles son los medios de disciplina educativa, económica y política necesarios para la superación de las causas del caos y la injusticia. En Utopía se utilizan todos los recursos laborales para eliminar la escasez, todos los recursos educativos para garantizar la austeridad, todos los recursos políticos y económicos para evitar la separación entre bien público y bien privado. Así pues, Moro no adscribe los problemas sociales de su época al azar, al error humano o a alguna insuficiencia de su entendimiento. Tampoco le preocupa, como ocurría con Platón, hallar la justicia perfecta o realizar un análisis de la naturaleza humana que nos indique cómo «debería ser» una república feliz. Su preocupación se centra, por el contrario, en la identificación de las causas de la situación social incorrecta (ambición, orgullo, avaricia) y su vinculación con unas instituciones (propiedad privada, dinero) que son las que trata de reformar.

Y la originalidad de su método no sólo consiste en esa peculiar mezcla de la perspectiva educativa y la institucional, sino que su énfasis en la «experimentación teórica», y en la creación de un modelo de ficción porque éste provee de mejores resultados de comparación y estudio, puede interpretarse como un precedente del moderno método científico (Logan, 1983, 104-105).

Por lo demás, su practicidad y su capacidad de recrearse como experiencia viva se probó por la fortuna de su enfoque. Durante los siglos XVI y XVII, comunidades en América y Europa incorporaron a sus esquemas políticos rasgos importantes de *Utopía,* y el libro fue leído por toda una generación de teóricos de la política con fines absolutamente prácticos (véase Scaramaglia, 1986).

El inicio del pensamiento utópico es, pues, algo más que el comienzo de una visión idealista y fantasiosa de la política. Lejos de pretender un alejamiento de la realidad, el método utópico nace como una nueva fórmula de acercamiento a ésta. El ejercicio de la imaginación utópica no es arbitrario y, Moro lo sabe, tampoco producto del desinterés respecto del mundo realmente existente. Según hemos visto, son los problemas acuciantes de la teoría política humanista tales como la praxis o el consejo político, los problemas sociales en Inglaterra, la naturaleza del orden político, los que están en la base de *Utopía*. Es cierto que ésta es un sueño, un sueño soñado despierto, que, como diría uno de los principales defensores del género, Ernst Bloch, trata en definitiva de hacer realidad todas las posibilidades. Intenta forzar el extrañamiento del mundo que el teórico utópico siente hacia un límite reflexivo en el cual, en vez de convertirse en aislamiento individual, se configure como un recurso teórico y racional de solución de problemas prácticos y en el que el realismo y la justicia no se excluyan mutuamente. Con este espíritu nació *Utopía* y con él se desarrollará en lo sucesivo el discurso utópico moderno.

Lo que separaría a este realismo del de Maquiavelo, por ejemplo, sería la tendencia a presentar las prescripciones morales cristianas como útiles, además de correctas. Ese esfuerzo se hace posible en el caso de Moro por el mantenimiento de la idea de providencia divina y de orden en el universo que, con toda probabilidad, son las esperanzas que ejemplifican y desgarran no sólo su obra sino su vida entera.

4. El pensamiento utópico en el Renacimiento tardío: Tomás Campanella y Francisco Bacon

Tienen razón quienes señalan la esencial afinidad de las utopías de Campanella y Bacon, pese a las diferencias de nacimiento, cultura, religión, etc., que separaban a sus autores. Sus biografías, que corren paralelas de la segunda mitad del siglo XVI a la primera del XVII, muestran unas vidas tan distintas y unas fortunas tan diversas que no deja de ser asombroso el que algunas de sus preocupaciones fueran comunes. Y es en su forma de enfrentar el problema del diseño de una sociedad sana donde las vinculaciones entre ambos surgen con fuerza, revelando, sobre una superficie de diferencias, un núcleo de elementos compartidos.

Tomás Campanella

El 5 de septiembre de 1568 nace Campanella, hijo de un zapatero calabrés. Toma los hábitos dominicos en 1582, lo que le permite abandonar un ambiente social de extremada pobreza y dedicar su vida al estudio. Ya desde el comienzo de su vida intelectual se revela a sus superiores como un carácter difícil. Su rechazo, rayano en el odio puro y simple, del aristotelismo en boga, hace que, pese a sus esfuerzos por mantenerse dentro de la ortodoxia religiosa de la Iglesia, no siempre fuera capaz de demostrar a las autoridades su inquebrantable fe católica. Por lo demás, sus continuas y agrias disputas con maestros y colegas crearon a su alrededor un ambiente propicio a la denuncia por herejía. De hecho, recibe acusaciones por práctica de astrología, brujería y diabolismo, que en 1592 le llevan por primera vez ante un tribunal del que, al menos en esta ocasión, saldrá sin más condena que un apercibimiento y una leve penitencia.

Alrededor del cambio de siglo las visiones milenaristas y las profecías apocalípticas recorren Europa. Desde tiempo atrás Campanella había acariciado una idea que recurrentemente formulará a lo largo de su vida: un plan universal de organización de la sociedad bajo el papado y un retorno de la humanidad a su primigenio estado de inocencia. Algo de estas ideas tomó forma práctica en 1599, cuando nuestro fraile se integra en una conspiración cuya finalidad es la expulsión de los españoles de Calabria y el establecimiento de una república. Leyendo en el cielo los signos de una nueva época, en compañía de monjes y campesinos miserables, con el apoyo de algunos señores y la promesa de los otomanos de ayudar a la rebelión, Campanella se entrega con toda la pasión de su ánimo a la construcción de un mundo nuevo. La conjura es descubierta y abortada. Bajo la acusación de insurrección y herejía, el fraile calabrés es encarcelado. Allí es sometido a interrogatorios y torturas y él se finge loco para salvar la piel. Nadie le salva, sin embargo, de veintisiete años de cárcel en Nápoles (Manuel y Manuel, 1979).

Durante su encierro, en 1602 escribe *La ciudad del Sol*. Introduce en ella diversas modificaciones en 1609, y escribe una versión latina entre 1613 y 1619, siendo por fin publicada en 1623. Se trata, pues, de un trabajo sobre el que reflexionó por un período superior a veinte años. Por eso, pese a que en el libro resuenan aún los ecos de la insurrección, el enfoque que se adopta en él no es propiamente milenarista. El reino de Cristo no es, después de todo, tan inminente y, como él mismo señala, eso hace a su utopía útil en otro sentido, ya que si es imposible realizarla exactamente, debe considerársela como un modelo a imitar «en lo posible».

Muchas otras obras surgieron de su pluma en ese largo período. Tantas y tan diversas que algunos de los estudiosos de su pensamiento han considerado algunas de las que por entonces escribió como producto del fingimiento para conseguir una liberación del presidio que no llegaba. No obstante, parece haberse demostrado con verosimilitud la esencial continuidad y unidad de su teoría política (Di Napoli, 1973, 845 y ss.).

En efecto, hay tanto en su *Ciudad del Sol* como en *De Monarchia hispanica*, *Monarchia messiae*, *Monarchia christianorum* y el resto de sus obras políticas un hilo conductor evidente que podríamos simplificar en dos elementos: 1) la preocupación por unificar naturaleza, ciencia y religión, que no era más que la otra cara de sus peticiones constantes de un reino de armonía universal, y 2) el antimaquiavelismo, repleto al tiempo de elementos procedentes de la teoría del secretario florentino.

Como ya se ha señalado, Campanella fue durante toda su vida un antiaristotélico convencido. Bien es cierto que su batalla con el pensador griego adoptó un carácter peculiar desde el momento en que nuestro autor era a la vez un tomista ortodoxo en muchas de sus argumentaciones filosóficas. Pero, de hecho, su objetivo era desligar la teoría política de su época de lo que consideraba rémoras paganas y demostrar, más allá de toda duda, que la ciencia y el saber modernos constituían ejemplos del superior conocimiento de sus contemporáneos respecto de la Antigüedad. El descubrimiento y colonización del nuevo mundo fueron hechos determinantes en la formación de esa idea. En efecto, pues no sólo demostraban la superioridad técnica del mundo del Renacimiento sobre el de los clásicos, sino que también dieron a conocer a Occidente la existencia de comunidades bien ordenadas que, sin embargo, no habían recibido la herencia grecorromana. La visión de la sociedad en estado de naturaleza hizo pensar a Campanella que, después de todo, el *logos* desciende al hombre sin necesidad de que éste sea griego o romano. El fraile dominico apuesta, entonces, por una visión mucho más cosmopolita y desligada del Mediterráneo que sus antecesores. Y, en este contexto, en vez de negar a la ciencia su carácter autónomo y subordinarla a algún tipo de teología o de revelación, Campanella la eleva a la categoría de lo divino al afirmar que la naturaleza era uno de los libros, junto con las Escrituras, que Dios había legado a los hombres. Hacer un uso correcto de esos legados significaba, en su opinión, abordar el análisis de naturaleza e historia sin miedo de que a la postre resultara de ello un conocimiento que contradijera o pusiera en cuestión la fe cristiana. La unidad fundamental de la tríada ciencia, naturaleza y religión, constituyó siempre su esperanza y su convicción.

Respecto del antimaquiavelismo, Meinecke ha señalado acertadamente (1983, 100) que si bien nuestro autor combatió a Maquiavelo con algo muy parecido al furor, sin embargo lo insertó de tal forma en su pensamiento que la razón de Estado por él denostada se convirtió en el centro motor de su teoría política. Así, Campanella se refirió al florentino como «escándalo y ruina de nuestro siglo» y no desaprovechó oportunidad a lo largo de su obra para zaherirlo, pero no deja de ser relevante que el único lugar en el que se desarrolla una batalla antimaquiavélica coherente sea en un escrito de cariz religioso, *Atheismus triumphatus* (caps. XVIII y XIX). En él, nuestro autor trata de fundamentar teóricamente el valor de la religión cristiana como elemento racional y esencial al mundo de la política y, al hacerlo, inevitablemente choca con las teorías maquiavelianas como primer y principal obstáculo. Como se recordará, la última hacía de la religión, cualquiera que ésta fuera, un mero instrumento de dominación y disciplinamiento político. Campanella abominó de esa idea, pero también fue seducido por ella. ¿Cómo si no interpretar su afirmación de que la religión de *La Ciudad del Sol* era «el alma de la República», o sus consejos a la monarquía hispánica de que la utilizara como instrumento de unificación de su Imperio universal?

Es verdad que Campanella no admitía la idea de razón de Estado como justificación absoluta de la conducta política que creyó encontrar en Maquiavelo, pero, pese a ello, se vio obligado a hacer uso del maquiavelismo en sus consejos políticos. A lo largo de su vida propuso a varios hombres y a varios reinos (turcos en 1599, España, el papado, Francia) como instrumentos de regeneración de la humanidad, pero, hasta tanto tan alto fin fuese alcanzado, los medios a utilizar no se diferenciaban mucho de aquellos que el propio Maquiavelo aconsejó: «Quien conquista un reino nuevo debe hacer a los indígenas los anteriores males, es decir, humillar a las cabezas, mudar las leyes, abatir las fortalezas, extinguir y deportar a la estirpe regia», etc. (Campanella, 1956, af. 100). Problemas de matiz al margen, en esos aforismos resuena el eco de la razón de Estado. Y no menos influidos por su compatriota fueron sus planes para la conversión al catolicismo de protestantes, judíos, mahometanos, etc. En definitiva, es como si el logro de la monarquía universal que *La Ciudad del Sol* en el fondo proponía sólo fuese posible utilizando el maquiavelismo como instrumento político.

El último punto importante de conflicto con Maquiavelo sí tiene en su obra un carácter mucho menos contradictorio. Posiblemente Campanella consideró que el nacionalismo egoísta del príncipe rompía la armonía universal y dificultaba extraordinariamente el logro de una paz y concordia cósmicas, lo que, al fin y al cabo, a él le parecía el único objetivo serio de cualquier política digna de tal nombre (Sierra, 1987, 67 y ss.).

Hechas estas precisiones sobre el conjunto de su obra, es hora de dedicar unas breves líneas a los últimos años de nuestro autor.

Tras veintisiete años de encierro, en 1626 Campanella es liberado de la prisión, sólo para ser encarcelado de nuevo inmediatamente. En 1629 queda otra vez en libertad, pero sospechas de complicidad con herejes y subversivos ponen su vida en constante peligro. Gracias a la ayuda del Papa logra en 1634 escapar a Francia. Allí, convierte a los franceses en su nuevo instrumento de regeneración de la humanidad. Intentó ser recibido, y en algunos casos lo logró, por Richelieu, Descartes y otros intelectuales y políticos, pero nunca consiguió de ellos el eco deseado. Murió en 1639.

De todos sus escritos es sin duda *La Ciudad del Sol* el que un mayor interés ha suscitado. El título tiene ya un alto poder simbólico y se relaciona tanto con una profecía de Isaías

(19, 18) sobre una ciudad de ese nombre que los hebreos fundarían en Egipto, como con la idea del Sol como fuente única de vida de todo lo creado, que refleja la función de un Dios único del que también un único Papa es representante en la tierra. De hecho, la idea de hierocracia papal que preside una comunidad política en armonía es desarrollada en esta obra en sus premisas racionales básicas.

La ciudad se encuentra en una isla, pero, a diferencia de Utopía, comparte el asentamiento geográfico con otros cuatro reinos. Acaso por ello se nos describe desde el comienzo su estructura concéntrica con siete murallas rodeándola como defensa, y también se nos informa que todos los habitantes se ejercitan constantemente en el arte de la guerra.

Muy pronto aparece la estrecha relación que para Campanella existía entre poder político y religión: su jefe supremo, Hoh, el Metafísico, es un sacerdote que se halla al frente de todas las cosas temporales y espirituales de la ciudad, siendo su decisión en todos los asuntos inapelable. Le asisten tres jefes adjuntos, Poder, Sabiduría y Amor, que completan lo que podríamos denominar el «ejecutivo» de la isla, y a los que van ligados distintos magistrados que componen, por así decirlo, su administración.

Poder tiene a su cargo lo relativo a la guerra y la paz y el arte militar. A Sabiduría compete todo lo concerniente a las ciencias y la técnica, y entre los magistrados a sus órdenes se encuentra el Político, lo que sugiere que el gobierno de la ciudad está en manos del saber y no de la violencia. Ese saber, sin embargo, es de un tipo especial, ya que, según se nos dice, todos se atienen a un único libro en el que «con claridad y concisión extraordinarias están escritas todas las ciencias». El mundo ideal de Campanella no es el de la búsqueda del conocimiento, sino aquel otro del conocimiento absoluto, más cercano a la idea religiosa de saber que a una propiamente científica. Esto le diferenciará taxativamente de Bacon. También lo hará su preocupación por la educación del pueblo, ausente del utopista inglés. En efecto, Sabiduría hace adornar las paredes con dibujos pedagógicos para la mejor comprensión de los solares de las verdades contenidas en su libro, que les es leído a la manera de los pitagóricos.

De hecho, su sistema educativo, dirigido por el jefe-adjunto Amor, es extremadamente importante, ya que fundamentado en el aprendizaje y el mérito, la discusión y la competitividad, es la base de la elección de los funcionarios por parte de los cuatro jefes supremos. Incluso el Metafísico está sujeto a este sistema educacional meritocrático y competitivo que tanto aleja esta imagen del mundo ideal de la utopía moreana. Sólo aquel que conoce todas las historias de todas las naciones, las leyes, «vicisitudes celestes y terrestres», artes mecánicas, metafísica, astrología, etc., llega a alcanzar la dignidad de Metafísico, y únicamente permanece en el puesto «hasta encontrarse algún otro ciudadano más sabio y más apto para el gobierno del país». Ante él, Hoh cederá gustoso su puesto y se convertirá en su discípulo. Campanella supone que un conocimiento en tan alto grado va forzosamente acompañado por una calidad moral igualmente extraordinaria: aunque inexperto en el gobierno, Hoh nunca será cruel, malvado o tirano, «precisamente a causa de su mucho saber».

Una vez colocado en su cúspide ese grupo de sacerdotes-científicos, el gobierno de la Ciudad del Sol reproduce la estructura del gobierno mixto. Así, junto con los jefes y magistrados, la estructura institucional de los solares se completa con la reunión de una asamblea cada plenilunio y novilunio, a la que asisten todas las personas, hombres y mujeres, mayores de veinte años. Allí se les invita «uno a uno» a hablar y exponer las deficiencias de la República, valorando a sus magistrados y jefes, es de suponer que en la más absoluta libertad. Sus decisiones son ejecutadas, pero también «corregidas», por Hoh y los triunviros.

Cada individuo, por otro lado, es juzgado por el magistrado supremo de su oficio, aunque Campanella, el hombre que pasó tantos años entre sus paredes, se cuida bien de eliminar las cárceles de su utopía. Los castigos, que incluyen, no obstante, la condena a muerte, tienden en todo caso a recabar en lo posible la conformidad del castigado, lo que reflejaría, en esencia, la armonía entre individuo y sociedad. Existe también un sistema de confesión de los pecados que sigue una línea ascendente y jerárquica: todos los habitantes se confiesan con su superior, que a su vez lo hace con el suyo, etc. Como el contenido de la confesión incluye, al menos en esquema, la lista de pecados que a cada uno le han sido confesados, el resultado es un conocimiento total, desde el vértice del poder, de las debilidades e intenciones ocultas de todos y cada uno de los habitantes. Este rasgo, de carácter totalitario, es naturalmente uno de los elementos principales de disciplinamiento social y de sujeción al orden que podemos encontrar en la Ciudad del Sol campanelliana, y completa, sin duda, la tendencia hierocrática de su estructura política.

El pueblo de los solares llegó a la isla tropical, donde se asentó, huyendo desde la India de la persecución de tiranos, piratas y magos. Escarmentados por pasadas experiencias, decidieron fundar una comunidad basada en «principios filosóficos». Tales principios funcionaron en lo político, como ya se ha dicho, pero aún nos queda por explicar una regla fundamental de funcionamiento de su comunidad: la de que todo debía ser común y su distribución estaría regulada por los magistrados. Y ese «todo» engloba, desde luego, todo: «las casas, los dormitorios, los lechos y todas las demás cosas necesarias», llegando hasta la «comunidad de mujeres». No obstante, esta última no es tal, sino, más bien, una comunidad de hombres y mujeres en lo que se refiere al sexo y la reproducción, ya que, según se nos indica, los apareamientos son regulados, decididos y supervisados por un magistrado, sin que ninguno de los participantes, ni hombres ni mujeres, tengan gran cosa que decir al respecto. Además, en la Ciudad del Sol la igualdad entre los sexos es considerable: todos se coeducan en todas las artes, los trabajos son compartidos sin más límite que el de las fuerzas físicas necesarias para desarrollarlos, todos acuden a las asambleas, etc.

Pues bien, la justificación de esta regla fundamental, que supone ni más ni menos que la abolición de la familia, es que la propiedad en todas sus formas nace y se fomenta porque cada uno posee a título propio casa, mujer e hijos. De ahí surge para los solares la fuente última del «amor propio», esto es, del egoísmo particularista, y la tendencia a enriquecer y encumbrar a la familia. La única fórmula para evitar este obstáculo al sistema meritocrático que se diseña para la estructura social y política es, precisamente, eliminar el origen del particularismo: la familia. Una vez eliminado el amor propio, sólo subsiste el amor a la comunidad, y de ese modo el comportamiento «virtuoso» de los ciudadanos queda garantizado. Este tipo de colectividad, nos dice Campanella, «hace a todos los hombres ricos y pobres a un tiempo: ricos porque todo lo tienen; pobres porque nada poseen y al mismo tiempo no sirven a las cosas sino que las cosas les obedecen a ellos». El desapego de la propiedad genera, entonces, armonía entre los hombres, y además les libera de la esclavitud hacia las riquezas que tanto daño produce a individuos y comunidades.

Una organización política y social de esta índole surge para Campanella no de la revelación, sino de la razón y la puntual búsqueda de la ley natural que los solares realizan. Pese a no ser cristianos, su comportamiento lo es y esto demostraría, en su opinión, la esencial superioridad de la religión inspirada en los Evangelios, puesto que hasta aquellos que no son sus fieles respetan sus valores y principios. Por lo demás, este argumento es reversible: todos los hombres, incluso los no cristianos, son racionales, al menos implícitamente, y pueden liberarse de la tiranía, la ignorancia y la hipocresía, los «tres males extremos», encarando la reforma de sus modos de vida y llevándolos hacia la comunidad ideal (véase Cro, 1979). Campanella fue uno de los primeros en propugnar la transformación social y política por medios racionales y reflexivos, aunque su identificación de éstos con la religión cristiana le permitiera pensar que una comunidad libre y feliz sólo sería aquella sujeta a la autoridad religiosa: «El que no está sujeto a la razón, no está sujeto al Papa» (véase Manuel y Manuel, 1979, 281).

La comunidad universal y la *universitas* cristiana, sin fronteras ni particularismos nacionalistas, es el objetivo de la acción política liberadora: la ciudad del Sol era un modelo para el mundo entero y sólo la aguda conciencia de las dificultades históricas de su realización le llevó a distanciar su ideal en el espacio hasta arrojarlo en una lejana isla. Este punto diferencia taxativamente el empeño campanelliano del de Moro, que se sentía bastante más a gusto en los nacionalismos y nunca se planteó el logro de una paz universal basada en un Estado supranacional.

Su República ideal, hallazgo de la filosofía y la razón humanas y, sin embargo, de acuerdo con la naturaleza y la verdad evangélica, encarnaba su nunca abandonada esperanza de que la ciencia y la acción humanas fueran capaces de lograr para el hombre un mundo mejor.

Francisco Bacon

Francisco Bacon, nacido el 22 de enero de 1561 y muerto el 9 de abril de 1626, es considerado en la actualidad como el profeta de la racionalidad científica moderna. Aunque su éxito como filósofo, escritor y ensayista no fue durante su vida demasiado grande, no cabe decir lo mismo de su carrera política, en la que logró, entre otras cosas, formar parte del Parlamento y la posición de Lord Canciller bajo Jacobo I. Pese a todo, siempre tuvo la convicción de estar inaugurando con sus escritos una época nueva y mejor que él veía presidida por el paradigma del conocimiento científico. En esta misma línea, estuvo también dominado por el sueño de lograr una alteración tal en las condiciones de la vida humana que permitiera el establecimiento de una sociedad más ordenada y más justa. De los tres autores utópicos tratados en este capítulo fue Bacon el que probablemente pensó con más fuerza en su utopía como un esquema posible y realizable.

Hijo de Nicolás Bacon, guardián del Sello de la Reina Isabel, y de Ana Cocke, desde niño recibió una educación humanista. Muy tempranamente entró en la corte al servicio de Isabel. Vivió y murió como un cortesano y siempre se esforzó por conseguir el éxito como tal. En aquella época, como acaso en todas, para lograr una carrera político-administrativa brillante, eran necesarias considerables dosis de manipulación, disimulo y, hasta cierto punto, falta de escrúpulos. Pese a sus profundas creencias cristianas, Bacon no fue excepción a esa regla. Así, entre otras cosas, persiguió a su patrón y mentor lord Essex cuando las circunstancias lo requirieron, confesó haber aceptado sobornos en el desempeño de funciones públicas, etc.

Fue un renovador de las tradiciones intelectuales de la época y, en cierta medida, un revolucionario en este aspecto, aunque su talante político era más bien conservador. Es verdad que sus puntos de vista filosóficos atacaban frontalmente algunos lugares comunes del ambiente científico del momento, pero, incluso en este caso, Bacon fue cauto. Así, por ejemplo, sólo se aventuró a publicar su obra *Instauratio magna* siendo ya Lord Canciller. No es éste, sin embargo, el lugar para hacer un análisis de sus hallazgos y méritos en el campo de la ciencia. Aquí nos ocuparemos del estudio de *La Nueva Atlántida*, cuyo influjo, no obstante, sobre la organización científica posterior, y en la idea que la ciencia moderna tuvo de sí misma y el lugar social que le tocaba ocupar, es patente.

El primer problema que hay que abordar es por qué esta pequeña obra no llegó a completarse jamás, y ello tiene que ver, en nuestra opinión, con el problema de la datación de la misma. Hay, efectivamente, tres grandes teorías sobre las fechas en que presumiblemente se redactó. La primera la adscribe a los últimos años de Bacon (1622, 1624, etc.); la segunda a un período anterior (1614-1617) y la tercera, de compromiso, mantiene la redacción entre 1614-1617 y propone la existencia de una revisión alrededor de 1623. Si se admitiera alguna de las dos últimas hipótesis, e incluso si se admitiera la primera, habría que preguntarse por qué no se completó la obra, dado que Bacon tuvo tiempo para hacerlo. Los temas que en ella se abordan no eran nuevos para él. Sus conceptos cardinales (la institución científica, la sociedad ideal, etc.) pueden encontrarse en el resto de sus obras y fueron objeto de su interés por espacio de, al menos, treinta años. La opinión de J. C. Davis (1985, 127) parece pertinente a este respecto: Bacon no completó *La Nueva Atlántida* porque se vio desgarrado por dos visiones contrapuestas del problema. Por un lado, la tendencia a idealizar y a resolver reflexivamente ciertos problemas básicos; por otro, su profundo escepticismo respecto a la naturaleza humana. Así, ya en *The Advancement of Learning*, la idea de que pudiera alcanzarse una sociedad armoniosa mediante el establecimiento de un comportamiento moralmente adecuado de gobernantes y súbditos convive con la no menos fuerte tendencia a reconocer que, en el momento en que los hombres dejan de prestar oídos a la ley, la religión, etc., debido a su naturaleza incontrolada, difícilmente podrán eludirse la anarquía y la confusión. La misma impresión de desgarramiento es perfectamente clara si se realiza una lectura atenta de sus *Essays*.

El caso es que *La Nueva Atlántida* queda reducida en su estructura a los siguientes temas. Comienza con la descripción del viaje hasta la isla y una detallada exposición de la recepción que allí aguarda a los viajeros. Pasa luego a referirse a costumbres e instituciones de Nueva Atlántida y se interrumpe abruptamente tras la llegada de un Padre de la Casa de Salomón que, en entrevista personal, especifica ciertas funciones de la institución que preside. Temáticamente, al menos una tercera parte del texto se refiere a las relaciones exteriores de la isla, otro tanto se dedica a la Casa de Salomón y el resto se divide en pormenores sobre la familia, el matrimonio y otras costumbres. Un análisis más detallado de la utopía baconiana nos da, sin embargo, más elementos de juicio de los que cabría esperar de este rápido esquema.

Mientras navegan rumbo a China y Japón atravesando los Mares del Sur, nuestros viajeros se topan con un vendaval tan terrible que se ven perdidos y suplican a Dios un milagro que les salve de un naufragio que ya consideran seguro. Al atardecer del día siguiente el milagro se produce y la nave divisa el perfil de la costa de Bensalem, Nueva Atlántida. Las condiciones para el desembarco les son expuestas y en ellas adivinamos un cierto recelo de sus habitantes respecto de los extranjeros. La explicación se encuentra más adelante en el texto. Casi dos mil años antes de la arribada de Bacon y sus compañeros de expedición, el rey Saloma, comprendiendo lo muy abundante de los recursos de la isla, considerando el feliz y floreciente estado en el que se encontraba por aquel entonces, y comprendiendo que si bien podía sufrir mil cambios que la empeoraran, difícilmente podía encontrarse uno que la mejorara, decidió cortar los canales de comunicación con el exterior y dictó leyes y prohibiciones respecto de los extranjeros, «evitando así innovaciones y mezclas de costumbres». El fundador de esta isla no tiene ante sí una situación terrible, como el de Maquiavelo, o de conquista como el de Moro. Defiende lo que el azar y la historia han creado. Es el gran conservador que establece leyes de protección para la abundancia y la felicidad en la que ya viven sus súbditos, pero no tiene que manejar un material corrupto, sino administrar un reino que ha desarrollado las bases de una sociedad sana.

El aislamiento de la isla es tal, se nos dice, que la Residencia de Extranjeros no había tenido huéspedes en los últimos treinta y siete años. Por otra parte, los viajes de sus habitantes al exterior son rigurosamente controlados, pero, como entienden que es bueno obtener información sobre la marcha del mundo y sobre posibles hallazgos científicos y técnicos que se produjeran fuera de su paradisíaca isla, varios individuos pertenecientes a la Casa de Salomón, el centro neurálgico de la ciudad y su saber, parten cada doce años con la misión de recabar datos de interés de los países extranjeros, sin revelar su identidad y navegando bajo falsas banderas. Así, su objetivo es principalmente controlar el desarrollo del conocimiento en todas las partes del mundo, ya que el saber es la luz, «la primera creación de Dios».

El científico Bacon tomó con gran seriedad su fe cristiana. Muy en el estilo de Campanella, reivindicó la esencial unidad de naturaleza y religión, afirmando que el estudio de la primera nos revelaba el poder de Dios. En este sentido, el hombre es también un creador: dominará la naturaleza si estudia sus leyes, cumpliendo al tiempo de este modo la voluntad divina. Al actuar así el hombre colabora con la obra de Dios y promueve por ello mismo la eliminación de la injusticia y el desorden. Ciencia, naturaleza, religión y armonía social son sólo facetas de un mismo núcleo conceptual.

Pero hay diferencias esenciales en este punto entre *La Nueva Atlántida*, *La Ciudad del Sol* y *Utopía*. Mientras en estas últimas se trataba de demostrar que era posible llegar a la verdadera fe a través del uso adecuado de la razón, en la primera el proceso es el inverso. En ella los habitantes son cristianos, y preguntados sobre cómo recibieron la doctrina en tierras tan alejadas y aisladas, cuentan un milagro de san Bartolomé por el que les fueron entregados los libros sagrados que les revelaron la verdadera fe. El puesto de la razón en la moral y la ética se ve disminuido respecto de los otros autores utópicos aquí tratados.

La imagen de la familia a la que los habitantes de Bensalem dedican fiestas y halagos es igualmente conservadora. Ni que decir tiene que se desconocen instituciones tales como burdeles, cortesanas, etc., que atentan contra aquélla al introducir «la depravada costumbre de cambiar y el deleite de abrazos meretricios, donde el pecado se convierte en arte... (haciendo) del matrimonio una cosa triste» y previsiblemente aburrida al gusto de nuestro autor.

No es aquí donde Bacon se revela innovador o «revolucionario». Para encontrar ese otro aspecto de su obra hay que acudir al concepto de ciencia y su lugar en la sociedad ideal. La Casa de Salomón es la institución principal de la isla. Su objeto, al decir de uno de sus Padres, es «el conocimiento de las causas y secretas nociones de las cosas y el engrandecimiento de los límites de la mente humana para la realización de todas las cosas posibles». No hay, en principio, ninguna referencia a que estemos ante la organización que alberga el gobierno de la isla, pero, sin duda, y aunque no se nos diga nada de ello, la Casa de Salomón es el órgano máximo en cuanto a poder se refiere. De hecho, el aislamiento de esta institución respecto de los procesos sociales es considerable y sus objetivos y funciones parecen vinculados a su relación con el saber y la naturaleza. Pero, ya sea que nos hallemos ante una sociedad transformada y confortablemente regida por la ciencia, o ante una sociedad en la que la ciencia ocupa el primer y principal lugar, la institución que alberga el saber tiene también el monopolio de la transmisión de los hallazgos científicos y en ella reside la decisión última sobre cuáles deben ser hechos públicos y utilizados en el desarrollo del buen orden social, y cuáles no. Esto sugiere que la búsqueda del conocimiento no es dirigida por la sociedad y es llevada a cabo, quizás a mayor gloria de Dios y para procurar el alivio de la condición humana, pero en ningún caso es controlada por los no-ilustrados. Este elemento de su utopía separaría de nuevo a Bacon de Campanella y Moro. Toda la atención de la Casa de Salomón está centrada en el descubrimiento científico, no en su transmisión o el aprendizaje, ni siquiera en lo que se conoce sino en qué y cómo debe ser descubierto. La fuente del poder de los Padres de la Casa es, precisamente, su saber y su actitud investigadora, dentro y fuera de la isla.

Nada se nos dice, y eso es importante, sobre la posible motivación de los súbditos para aceptar la autoridad de la institución. De hecho, la actitud del pueblo es respetuosa, formal y ordenada: son un grupo bien educado de ciudadanos conservadores eminentemente dispuestos a la obediencia. Cuando Bacon describe a un Padre de la Casa de Salomón, ricamente ataviado, que atraviesa una de las calles de la ciudad, valora el orden de la muchedumbre y exclama que «nunca ningún ejército podía haber presentado sus hombres en mejor orden que el que guardaba el pueblo».

Pero, entonces, ¿estamos ante un tipo de república moral perfecta en la que el comportamiento virtuoso de los ciudadanos es el fundamento de la paz y la armonía? Hay en principio varios indicios de que esto es así: los funcionarios no pueden ser sobornados por las propinas de los extranjeros, se nos dice que Dios mora en Bensalem, tan justa y perfecta es la vida allí, se llama a la isla «virgen del mundo», uno de los padres de la Casa de Salomón afirma que los isleños viven en «el seno de Dios», etc. Pero, al tiempo, se nos habla de la existencia de ladrones y delitos, de gente de «inferior calidad», etc. Esta contradicción se mantiene igualmente al apostar por la ciencia como un camino de perfección moral. Los padres de la Casa de Salomón parecen inmunes a las tentaciones que seguramente deben acecharles en sus viajes por el extranjero en busca de información y datos. Pero, a la vez, esa certidumbre contrasta con la existencia de penas de ignominia para aquel de ellos que no diga la verdad. Este balance de antagonismos hace indudable que Bacon no creía que la educación o la ciencia fueran capaces de cambiar a los hombres y su conducta para convertirlos en «santos». Aquí se aleja de nuevo de Campanella y de ahí también su falta de interés en la transmisión del saber. Pero, con todo, es indudable que nuestro autor depositó una considerable fe en el poder de la ciencia y su beneficiosa influencia moral para el logro de un consenso político en torno a las instituciones.

En Nueva Atlántida no parece haber Parlamento, ni camarillas, ni políticos, ni intrigas, ni discursos, ni convenciones, ni elecciones. Aunque Bacon no llega a escribir sobre un posible sistema meritocrático basado en el saber, como hacía Campanella, parece que sólo aquellos que descuellan en alguna ciencia podrían integrar la Casa de Salomón y, en cierta forma, integrarían el gobierno de técnicos que preside la ciudad. La sustitución de la discusión política por la ciencia y sus beneficiosas aplicaciones sugiere en Bacon la aparición de planteamientos tecnocráticos con los que es probable que se mostraran de acuerdo algunos partidarios modernos del «fin de las ideologías». No hay tumultos ni desórdenes, tampoco conflictos políticos; los funcionarios obedecen con honradez las órdenes e igual actitud se encuentra en el pueblo. La superioridad de la ciencia y sus aplicaciones técnicas sobre la política queda demostrada.

Ya en sus *Essays* surge el ideal político de Bacon ligado a un pueblo tranquilo y conservador, sin desigualdades excesivas y sin una nobleza poderosa, encabezado por un monarca fuerte y sabio. Es cierto que en Nueva Atlántida no hay monarcas ni reyes ni parece haber nobles. También lo es, sin embargo, que pese al funcionamiento de dos milenios de la Casa de Salomón, aún hay pobres en la isla. Quizá su visión tecnocrática no incluía un mundo perfecto de justicia y armonía más que al precio de un realismo sobre las posibilidades de la ciencia como instrumento de transformación social.

Bibliografía

Sobre el Renacimiento sigue siendo importante la lectura de J. Burckhardt, *La cultura del Renacimiento en Italia,* Madrid, Edaf, 1979. Interpretaciones sobre el humanismo y la política en Q. Skinner, *The Foundations of Modern Political Thought,* vols. I y II, Cambridge University Press, 1978 (hay trad. esp. en México, FCE, 1985); P. O. Kristeler, *Renaissance Throught and Its Sources,* Princeton, N. J., Princeton University Press, 1979; E. Garin, *La revolución cultural del Renacimiento,* Barcelona, Grijalbo, 1984. Sobre el contexto histórico J. R. Hale, *Renaissance Europe,* Berkeley, Los Angeles y Londres, University of California Press, 1977.

De las muchas y diferentes ediciones de las obras completas de Maquiavelo pueden consultarse los ocho volúmenes publicados por S. Bertelli y F. Gaeta para Feltrinelli, Milán, 1960-1965. También la manejable, aunque no completa, pese a su título, *Tutte le Opere* al cuidado de Mario Martelli, Sansoni, Firenze, 1971. En castellano contamos con muchas traducciones de *El Príncipe,* entre las que cabe destacar la versión de M. A. Granada, Madrid, Alianza Editorial, 1981. A. Martínez Alarcón ha preparado la versión española de los *Discursos sobre la primera década de Tito Livio,* Madrid, Alianza Editorial, 1987. Las *Historias de Florencia* fueron igualmente traducidas al castellano por F. Fernández Muga, Madrid, Alfaguara, 1979. Las *Cartas privadas de Nicolás Maquiavelo* fueron vertidas a nuestro idioma por L. A. Arocena, Buenos Aires, Eudeba, 1979. *La mandrágora* se encuentra en texto bilingüe gracias a la versión de A. Valentinetti, Barcelona, Bosch, 1985. Finalmente, M. A. Granada ha editado, traducido y anotado una interesantísima selección de cartas, legaciones, escritos políticos menores, etc., en *Maquiavelo,* Barcelona, Península, 1987.

La biografía más fiable de Maquiavelo se debe a R. Ridolfi, *Vita di Nicolò Machiavelli,* Florencia, Sansoni, 1978, que ha desbancado a la monumental de P. Villari, *Nicolò Machiavelli e i suoi Tempi,* Florencia, Successori le Monier, 1877, 1881, 1882. El contexto histórico político de Florencia en conexión con nuestro autor es brillantemente descrito en las imprescindibles F. Gilbert, *Machiavelli and*

Guicciardini. Politics and History in the Sixteenth Century Florence, Princeton N. T., Princeton University Press, 1965, y T. R. Hale, *Machiavelli and Renaissance Italy*, Nueva York, The Macmillan Company, 1960.

Sobre la vinculación de Maquiavelo con el *milieu* intelectual en el que se inscribía su época es ineludible la lectura de A. H. Gilbert, *Machiavelli's Prince and Its Forerunners. The Prince as a Typical Book de Regimene Principum*, Nueva York, Barnes and Noble Publishers, 1968. También el ya aludido Q. Skinner, 1978.

Obras generales sobre Maquiavelo de innegable importancia son: F. Chabod, *Scritti su Machiavelli*, Turín, Enaudi, 1964 (hay trad. esp. en México, FCE, 1984); G. Sasso, *Niccolò Machiavelli. Storia del suo Pensiero Politico*, Bolonia, Il Mulino, 1980; L. Strauss, *Thoughts on Machiavelli*, Glencoe, The Free Press, 1958 (hay trad. esp. en Madrid, IEP, 1964); A. Renaudet, *Machiavelli. Storia del suo pensiero politico*, Bolonia, Il Mulino, 1956; J. H. Withfield, *Machiavelli*, Nueva York, Russel and Russel, 1965; C. Lefort; *Le Travail de l'oeuvre Machiavel* París, 1972; Gallimard, J. G. A. Pocock, *The Machiavellian Moment* Princeton N. J., Princeton University Press, 1975; Q. Skinner, *Machiavelli*, Nueva York; Hill and Wang, 1981 (hay trad. esp., *Maquiavelo*, Alianza Editorial, Madrid, 1984); M. Hulling, *Citizen Machiavelli*, Princeton, N. J., Princeton University Press, 1983.

Obras colectivas que contienen aportaciones imprescindibles son A. Parel, ed., *The Political Calculus*, Toronto, University of Toronto Press, 1972; M. Fleisher, ed., *Machiavelli and the Nature of Political Thought*, Nueva York, Atheneum, 1972; M. P. Gilmore, ed., *Studies on Machiavelli*, Florencia, Sansoni, 1972, etc.

Sobre aspectos más específicos de su pensamiento, A. Gramsci, *Notas sobre Maquiavelo*, Buenos Aires, Nueva Visión, 1972; H. F. Pitkin, *Fortune is a Woman. Gender and Politics in the Thought of Niccolò Machiavelli*, Los Angeles y Londres, California University Press, Berkeley, 1984; P. Larivaille, *La pensée politique de Machiavel*, Nancy, Presses Universitaires de Nancy, 1982; H. C. Mansfield Jr., *Machiavelli's New Aludes and Orders*, Ithaca, Cornell University Press, 1979, y Londres (hay trad. esp. en México, FCE, 1983); I. Vissing, *Machiavel et la Politique de l'Apparence*, París, Presses Universitaires de France, 1986.

Esenciales, igualmente, son los capítulos a él dedicados en J. H. Hexter, *The Vision of Politics on the Eve of Reformation*, Nueva York, Basic Books, 1973; E. Cassirer, *El mito del Estado*, México, FCE, 1974; F. Meinecke, *La idea de razón de Estado en la edad moderna*, Madrid, CEC, 1983; H. Arendt, *Between Past and Future*, Harmondsworth, Penguin, 1977; N. Jacobson, *Pride and Solace*, Nueva York y Londres, Methuen, 1978.

Por último, pueden confrontarse los análisis de determinados conceptos maquiavelianos en T. Flannagan, «The Concept of Fortuna in Machiavelli», en A. Parel ed., *cit.*, 1972; R. Price, «The senses of virtú in Machiavelli», *European Studies Review, 3*, 4 (1973); P. Renucci, «Les méandres de la necessité et de la fortuna», en *Machiavelli Attuale*, Ravena, Longo, 1982; G. M. Anselmi, «Conoscenza istorica e prassi politica en Machiavelli», en *ibid.*, 1982; Q. Skinner, «Machiavelli on the Maintenance of Liberty», *Politics*, 18, 2 (1983); S. M. Shumer, «Machiavelli: Republican Politics and its Corruption», *Political Theory*, 7, 1 (1979); M. Colish, «The Idea of Liberty in Machiavelli», *Journal of the History of Ideas*, xxxii, 3 (1971); R. Orr, «The Time Motif in Machiavelli», en M. Fleisher ed., *cit.* (1972); M. Fleisher, «A Passion for Politics», en *ibid.* (1972); I. Berlin, «The Originality of Machiavelli», en *Against the Current*, Londres, The Hogarth Press (1979); V. A. Santi, *La gloria nel pensiero di Machiavelli*, Ravena, Longo, 1979.

Entre nosotros pueden consultarse F. J. Conde, *El saber político de Maquiavelo*, Madrid, Ed. Revista de Occidente, 1976, e.o. 1948; F. Murillo, *Saavedra Fajardo y la política del Barroco*, Madrid, IEP, 1953; L. Díez del Corral, *La monarquía hispánica en el pensamiento político europeo. De Maquiavelo a Humboldt*, Madrid, Ed. Revista de Occidente, 1976; M. A. Granada, *Maquiavelo*, Barcelona, Barcanova, 1981; y, recientemente, H. Puigdoménech, *Maquiavelo en España*, Madrid, 1988.

Estudios generales sobre el pensamiento utópico que contienen capítulos dedicados tanto a Moro como a Campanella y Bacon y que deben consultarse son: R. Ruyer, *L'Utopie et les Utopies*, París, Presses Univ. de France, 1950; L. Mumford, *The Story of Utopias*, Nueva York, The Viking Press, 1971; F. Manuel y F. P. Manuel, *Utopian Thought in the Western World*, Cambridge, Mass., The Belknap Press of Harvard Univ. Press, 1979 (hay trad. esp. en tres volúmenes, Madrid, Taurus, 1984); J. C. Davis, *Utopía y sociedad ideal*, México, FCE, 1985; y la monumental W. Vosskamp, ed., *Utopieforschung*. 3 vols., Baden-Baden, Suhrkamp-Verlag, 1982. Entre nosotros un reciente análisis de, entre otras, las utopías aquí analizadas en A. Sierra, *Las Utopías. Del Estado real a los Estados soñados*, Barcelona, Lerna, 1987.

Asimismo, la versión española de *Utopía*, *La Ciudad del Sol* y *La Nueva Atlántida* puede encontrarse en un solo volumen en *Utopías del Renacimiento*, México, FCE, varias ediciones, con traducción de A. Millares y A. Mateos.

Otras ediciones castellanas de *Utopía* de Moro que pueden consultarse son las de Madrid, Alianza Editorial, 1984; Barcelona, Planeta, 1984, y Barcelona, Bosch, 1977 (edición bilingüe).

Utopía, así como *The History of King Richard III*, pueden encontrarse en los volúmenes 4 (E. Surtz y J. H. Hexter eds., 1965) y 2 (R. S. Sylvester ed., 1962), respectivamente, de *The Complete Work of St. Thomas More*, New Haven, Connecticut, Yale Univ. Press.

La mejor biografía de Moro era la de R. W. Chambers, *Thomas More*, Londres, 1935; pero es posible que sea desbancada por el serio estudio de R. Marius, *Thomas More*, Nueva York, Vintage Books, 1984.

Deben verse sobre Moro y su *Utopía* los siguientes estudios concretos: R. Ames, *Citizen Thomas More and His Utopia*, Princeton, Princeton Univ. Press, 1949; H. W. Donner, *Introduction to Utopia*, Londres, 1945; y, sobre todo, P. M. Logan, *The Meaning of More's Utopia*, Princeton, Princeton Univ. Press, 1983. Igualmente, los capítulos correspondientes de los ya citados Q. Skinner (1978) y J. H. Hexter (1973) y el excelente artículo de P. O. Kristeller, «Thomas More as a Renaissance Humanist», *Moreana*, 65-66, 1980.

Las ediciones castellanas de las obras de Erasmo de Rotterdam citadas en el texto son *Elogio de la locura*, Madrid, Espasa Calpe, varias ediciones; *Educación del príncipe cristiano*, Barcelona, Othis, 1985.

Además de la ya citada, otra buena traducción de *La Ciudad del Sol*, de Campanella, en Madrid, Zero Zyx, 1984. Otras obras suyas de interés traducidas al castellano son T. Campanella, *Aforismos po-*

líticos, Madrid, IEP, 1956; *La monarquía hispánica*, Madrid, CEC, 1982. Igualmente traducidas al castellano: F. Bacon, *Instauratio magna. Novum organum. La Nueva Atlántida*, México, Porrúa, 1980; *La gran restauración*, Madrid, Alianza Editorial, 1985; *Ensayos sobre moral y política*, México, 1974.

De gran interés para el pensamiento político de Campanella son S. Cro, *Tommaso Campanella*, The Symposium Press Hamilton, 1979; y el libro de R. Scaramaglia, *La citá del Sole: l'Utopia realizzata*, Milán, IULM, 1986. También los capítulos correspondientes de G. di Napoli, *Studi sul Rinascimento*, Nápoles, 1973, y el ya citado F. Meinecke, 1983.

Sobre Francis Bacon y *La Nueva Atlántida* deben verse A. Wigfall Green, *Sir Francis Bacon: His Life and Works,* Denver, Swallow, 1952; B. Farrintong, *Francis Bacon Pionner of Planned Science*, Nueva York-Washington, 1969. También el capítulo correspondiente de H. Haydn, *The Counter-Renaissance*, Nueva York, Charles Schibner's and Sons, 1950, así como el artículo de J. Bierman, «Science and Society in the *New Atlantis* and Other Renaissance Utopias», *Publications of the Modern Language Association*, LXXVII (1963), 5, y, recientemente, I. Weinberger, *Science, Faith and Politics*, Ithaca y Londres, Cornell Universty Press, 1985.

Capítulo 3

La Reforma protestante

Joaquín Abellán

La Reforma protestante de la Iglesia católica, comenzada en las primeras décadas del siglo XVI por Martín Lutero, creó un tipo de cristianismo esencialmente diferente del de la concepción católica. Por su repercusión mundial, además, la Reforma se convirtió en una pieza central de la historia moderna del mundo occidental. El desarrollo interno de la Reforma y su difusión tuvo hondas repercusiones en las cuestiones más importantes de la vida política, económica y eclesiástica del mundo occidental.

En el campo del pensamiento político, la Reforma protestante suministró una nueva teología de la autoridad política y de la relación entre el hombre cristiano y la autoridad. Los reformadores no elaboraron una teoría política, en el sentido de desarrollar unos principios políticos que, estructurados racionalmente, abarcaran todos los fenómenos relacionados con la vida del hombre en la comunidad política. A los teólogos reformadores les interesaba ante todo explicar la función de la autoridad dentro de la comunidad humana, su fundamentación divina, el papel de los eclesiásticos y las relaciones de los hombres cristianos con la actividad política desde una perspectiva teológica distinta de la ortodoxia católica. Los reformadores protestantes son, en definitiva, teólogos cristianos que, sobre la base de una nueva interpretación de la Biblia, entienden la posición del cristiano en el mundo –también en la esfera política– en términos distintos de los ofrecidos por la Iglesia católica durante los siglos anteriores.

De esta nueva interpretación teológica de la autoridad política y de la relación del cristiano con ella se derivaron importantes consecuencias para el desarrollo político de la Europa moderna. La autoridad política salió reforzada y se eliminaron los recelos que la Iglesia católica había mantenido siempre respecto a ella. La insistencia en que la autoridad derivaba su poder directamente de Dios ensalzó a aquélla en una forma que no era posible desde la perspectiva católica. No se abandonaba en ningún caso la explicación teológica de los fenómenos políticos. Tampoco en la importante cuestión de la resistencia a la autoridad; en los argumentos utilizados, en la concepción de la resistencia como un *deber* del cristiano en ciertas ocasiones, persiste invariablemente la óptica teológica.

La Reforma protestante no rompió, por tanto, la relación entre religión y política. Esta relación se hizo incluso más estrecha, pero el cómo de esta relación era significativamente diferente. Como Hegel escribiría más tarde [1], con la Reforma la religión y el Estado se encontraban en armonía. Gracias a la Reforma se pudo realizar la verdadera reconciliación del mundo con la religión. La Reforma encarna el principio de la libertad; su contenido esencial es que el hombre se halla determinado por sí mismo a ser libre. Y el Estado, y sus leyes, no serían otra cosa que la realización exterior, en la realidad, de la religión. La Reforma protestante hizo posible que el Estado no necesitara someterse a una autoridad eclesiástica externa para ser un Estado recto. Por sí mismo podría realizar

---

1. G. W. F. Hegel, *Lecciones sobre la filosofía de la historia universal*, trad. cast., Madrid, Alianza Editorial, 1989, pp. 657- 673.

en el mundo exterior ese principio de la libertad interior que la religión reformada había inaugurado. Al ganar en autonomía el Estado, y al poder confiarse el cristiano sin reservas a él, se avanzaría en la secularización del mundo.

1. Martín Lutero

Vida y obra

Martín Lutero nació el 10 de noviembre de 1483 en la ciudad alemana de Eisleben, hijo de un pequeño empresario minero. En su infancia conoció, en la escuela catedralicia de Magdeburgo, las enseñanzas de los Hermanos de la Vida Común. Entre 1501 y 1505 estudió en la Universidad de Erfurt, dominada por el occamismo, donde obtuvo el título de *Magister Artium*. Poco antes de comenzar sus estudios de Derecho cambió repentinamente su decisión e ingresó en el convento agustino eremita *Schwarzes Kloster* de Erfurt. En 1507 fue ordenado sacerdote y en 1509 recibió el grado de *Baccalaureus biblicus* en la Universidad de Wittenberg, donde residiría permanentemente desde 1511, recibiendo el grado de Doctor en 1512 y comenzando inmediatamente su actividad como profesor de Biblia.

Sus estudios de la Biblia le condujeron a desarrollar una teología que le enfrentaría a la doctrina romana, siendo excomulgado como hereje en 1521. A la excomunión siguió el destierro, decretado en la Dieta imperial de Worms (mayo de 1521). En 1520 había publicado sus grandes escritos reformadores *A la nobleza cristiana de la nación alemana, La cautividad babilónica de la Iglesia* y *La libertad del cristiano*.

Entre 1521 y 1530 desarrolló Lutero su teología, en polémica no sólo con Roma sino con otros reformadores, como Andreas Karlstadt y Thomas Müntzer, o con humanistas como Erasmo de Rotterdam. Al mismo tiempo fijaba su doctrina sobre el poder político y defendía la obediencia del cristiano a la autoridad en escritos como *Sobre la autoridad secular* (1523) y en sus controvertidas tesis publicadas con ocasión de la guerra de los campesinos (1524-1526).

Después de la Dieta imperial de 1530, celebrada en Augsburgo, la Reforma se convirtió esencialmente en un asunto de los príncipes y de las ciudades. Pero Lutero no permaneció inactivo. Completó la traducción de la Biblia al alemán, escribió sermones, redactó los *Artículos de Esmakalda* (1536), y siguió polemizando sobre el papado romano. En los últimos años de su vida, creyendo que el día del Juicio Final estaba cerca, escribió contra los exaltados, contra Agrícola, contra los judíos, obsesionado por esta perspectiva escatológica. Murió el 28 de febrero de 1546.

Justificación por la fe

La tesis de que sólo la fe en Dios hace justos a los hombres es la piedra angular de la teología luterana y el punto de partida de todas sus reflexiones, incluidas las relativas al orden político. Esta revelación de que «el justo vive de la fe» pudo dar respuesta a la angustiada pregunta de cómo llegar a un Dios benevolente:

Sólo la fe en la palabra de Cristo hace justos dignos y vivifica; sin la fe todos los esfuerzos son nada más que muestras de la arrogancia o de la desesperación. Pues el justo no vive por lo que él prepara sino por la fe *(Acta Augustana 1518, WA 2, 14).*

Esta idea de la justificación por la fe implica que la fe del creyente no es posible infundirla a través de un agente externo, eclesiástico o político. La fe es una predisposición interna del individuo que lo inclina hacia Dios.

Entendida así la fe, la Iglesia no será ya una organización jerarquizada, con cargos eclesiásticos de distinto rango y función, sino una auténtica comunidad, es decir, una reunión de corazones en una sola fe. Esta unión en la fe es realmente el único fundamento para constituir la Iglesia. La Iglesia aparece, por tanto, como una comunidad espontánea y libre, que culmina en la comunidad invisible de los santos. Esta comunidad eclesial no necesita, por ello, una cabeza jerárquicamente superior a la propia comunidad. Se trata de una nueva concepción de la comunidad de los creyentes cristianos, de una nueva idea de la cristiandad, que implica la destrucción de la idea medieval de cristiandad. Ésta dividía a los cristianos en dos grandes órdenes –laicos y eclesiásticos–, con funciones distintas, con una posición jurídica distinta y con un grado de perfección distinto. Contra este sistema eclesiástico medieval arremete precisamente Lutero, atacando las bases en que se sostenía. En uno de sus primeros grandes escritos reformadores de 1520, *A la nobleza cristiana de la nación alemana,* se propone derribar las «murallas» tras las que los eclesiásticos romanos se parapetaban para defender esa idea tradicional de la cristiandad, y de la que deducían la superioridad específica del orden eclesiástico sobre el laico.

La primera «muralla» la encuentra en la afirmación romana de que el poder espiritual está por encima del poder secular. Frente a este planteamiento, Lutero afirma que la división entre eclesiásticos y laicos, dentro de la comunidad cristiana, es una invención injustificada. Él dice que todos los cristianos pertenecen al mismo orden y que no hay entre ellos ninguna diferencia, excepto la del cargo que ocupen en la comunidad; pero que esa diferencia, clara, no lo es en cuanto a la esencia del ser cristiano ni a su perfección, sino que se refiere nada más que a la función que se desempeña (*WA 6, 657*). Se remite para ello a la Primera Carta a los Corintios, de san Pablo, donde se afirma que todos juntos somos un cuerpo, pero teniendo cada miembro su propia función con la que sirve a los otros. Esta pertenencia común e igual deriva del hecho de que tenemos un solo bautismo, un solo evangelio, una sola fe, que son los que convierten a un hombre en cristiano y miembro de la Iglesia. Por eso Lutero afirma que todos los cristianos son sacerdotes por igual, «linaje elegido, sacerdocio real, nación consagrada». El oficio de sacerdote no es nada más que un cargo, una función, dejando uno de serlo en ese sentido cuando ya no está ejerciendo el cargo. La doctrina de los *characteres indelebiles* (sacramentos que imprimen carácter para siempre) la rechaza Lutero, pues la diferencia entre unos cristianos y otros no está en su condición sino en la función o cargo que desempeñen. El sacramento del «orden» es simplemente un rito para desempeñar un cargo eclesiástico *(WA 6, 566)*. No hay, por tanto, dos órdenes, dice Lutero, pues Cristo no tiene dos cuerpos, uno seglar y otro eclesiástico, sino que es una sola cabeza y tiene un solo cuerpo.

La segunda «muralla» es la atribución exclusiva al papado de la competencia para interpretar las Escrituras. Y Lutero no acepta que el Papa sea el único cristiano con poder para interpretar las Escrituras. Si así fuera, se pregunta para qué serían necesarias o útiles las Escrituras. Sobrarían. Aduce el siguiente texto de la Primera Carta a los Corintios, 14, 30: «Si a alguien se le revela algo mejor, aunque esté sentado y escuchando al otro en la palabra de Dios, el primero que está hablando debe callar y ceder». Se apoya asimismo en un pasaje de Juan 6, 45, donde se dice que todos los cristianos serán enseñados por Dios. Frente a la argumentación de los romanistas de que esa competencia para la interpretación fue dada a san Pedro y a sus sucesores, Lutero afirma, por el contrario, que las llaves fueron entregadas no sólo a Pedro sino a toda la comunidad. Añade, además, que las llaves contienen exclusivamente un poder para perdonar o retener los pecados, pero no para el gobierno de los cristianos o la fijación de la doctrina. A este respecto recuerda Lutero que, en el Credo, se dice «creo en una santa Iglesia cristiana», sin reducir la Iglesia cristiana a un hombre. Enlazando con los textos bíblicos que cita para combatir la primera muralla dice Lutero que, si todos tenemos una sola fe y un solo Evangelio, cómo no íbamos a tener también el poder para apreciar y juzgar lo que es justo o injusto en la fe. Por ello, concluye,

tenemos que hacernos libres y valientes y no tenemos que dejar enfriar el espíritu de la libertad con palabras imaginarias de los papas, sino que debemos juzgar libremente todo lo que ellos hacen u omiten según nuestra fiel comprensión de las Escrituras y obligarles a seguir el mejor entendimiento y no el suyo propio *(Escritos políticos...,* 17).

La tercera «muralla» es la competencia exclusiva del Papa para convocar un concilio. Lutero afirma, por el contrario, que no hay ningún fundamento en las Escrituras para atribuir al Papa esa facultad, y que ha habido en la historia concilios, muy cristianos, convocados por los emperadores. Según él, existe una obligación en todos los miembros de la comunidad cristiana de preocuparse por los demás y de denunciar lo que un hermano hace mal. Si el Papa actúa contra las Escrituras, los cristianos están obligados a defenderlas, castigando y corrigiendo al Papa según las palabras de Cristo en Mateo (18, 15). Para Lutero no existe en la comunidad cristiana ningún otro poder que no sea para su perfeccionamiento. Si el Papa quisiera utilizar el poder para impedir que se celebre un concilio libre, estaría impidiendo con ello una mejora de la Iglesia, por lo que no hay que tomarle en cuenta. Si el Papa realizara algo contra Cristo, se trataría realmente del poder del Anticristo y del demonio.

Las conclusiones a que llega Lutero son que los eclesiásticos no forman un orden distinto y separado, sino que, por el contrario, están sometidos, igual que todos los demás cristianos, al poder temporal; que no pueden interpretar la Biblia basándose en su mera fuerza y que no tienen poder para prohibir un concilio ni coaccionarlo. Si lo hacen quedaría claro que pertenecen a la comunidad del Anticristo y del demonio, y que no tienen nada de Cristo, salvo el nombre *(Escritos políticos..., 20).*

Doctrina sobre la autoridad política

Las afirmaciones de Lutero sobre la autoridad se sitúan dentro de su doctrina de los dos reinos *(Zwei-Reiche-Lehre)* y de su doctrina de las dos gobernaciones *(Zwei-Regimente-Lehre)*, que, aunque muy próximas, deben ser diferenciadas.

Según la primera, los «hijos de Adán» están divididos en dos reinos, el reino de Dios y el reino del mundo. Al reino de Dios pertenecen los cristianos, al reino del mundo los no cristianos. La doctrina de las dos gobernaciones se refiere, por su parte, a las formas como se gobierna a los cristianos y a los no cristianos. Así diferencia Lutero entre la *gobernación espiritual* y la *gobernación secular.* La gobernación espiritual consiste en gobernar mediante la palabra de Dios; es el modo propio de gobernar a los cristianos. La gobernación secular consiste en el empleo de la ley y de la coacción («la espada») «para que los hombres, aunque quieran, no puedan llevar a cabo sus maldades, y, si las cometen, para que no puedan hacerlo sin miedo y con éxito» *(Escritos políticos, 30).*

Si todos los hombres fueran cristianos no se necesitaría realmente este tipo de gobernación secular con la ley y la coacción, pues los cristianos harían por sí mismos todo lo que pudieran mandar las leyes y más. Pero este tipo de gobernación es necesario, sin embargo, porque no todos son cristianos y sería una locura pretender organizar el reino del mundo con la mera gobernación espiritual de la palabra de Dios. El resultado sería que se daría rienda suelta a la maldad. Pero, por otra parte, la gobernación secular es insuficiente. Si sólo existiera ese modo de gobierno, sin que hubiera también un modo de gobierno espiritual, nadie llegaría a ser verdaderamente bueno, por buenos que fueran su sometimiento a la ley y sus obras externas, pues «sin el Espíritu Santo en el corazón nadie llega a ser verdaderamente bueno» *(Escritos políticos,* 31).

El gobierno secular es, pues, necesario y es querido por Dios. Insiste Lutero en la afirmación paulina (Carta a los romanos 13, 1) y de san Pedro (Primera Carta) de que la autoridad está instituida por Dios y se le debe obediencia. No obedecer a la autoridad sería desobedecer a Dios. Pero antes ha dicho Lutero que el cristiano no necesita para sí mismo, ni para sus relaciones con los otros cristianos, la ley ni la coacción de la gobernación secular. ¿Por qué debería obedecer a la autoridad? La respuesta de Lutero es bastante clara: el cristiano se somete a la autoridad, aunque no la necesite para él, porque vive con otros hombres que sí la necesitan y porque la autoridad sí lo necesita a él.

Y como la espada es de una necesaria utilidad a todo el mundo para mantener la paz, castigar los pecados y resistir a los malos, el cristiano se somete gustosamente al gobierno de la espada, paga los impuestos, respeta a la autoridad, sirve, ayuda y hace todo aquello –todo lo que puede– que favorece a la autoridad, a fin de que ésta se mantenga con honor y temor; él, sin embargo, por sí mismo ni tiene necesidad de nada de esto ni le hace falta, pero toma en consideración lo que es bueno y útil para los demás, como enseña Pablo en *Efesios 5, 21 (Escritos políticos,* 33).

Al mismo tiempo que Lutero realza la posición paulina de la autoridad, le pone un límite, derivado de su doctrina de las dos gobernaciones. La autoridad secular no puede llevar su modo de gobierno –con la ley y la coacción– a los asuntos de la fe. Sería confundir ambos tipos de gobernación. Las almas sólo se pueden gobernar interiormente por la Palabra. No se las puede coaccionar a creer de un determinado modo. La herejía no puede reprimirse con la fuerza; hay que enfrentarse a ella de una forma totalmente diferente, por ser un asunto espiritual. Es la palabra de Dios la que debe luchar en este asunto, y si ella no logra exterminarla, tampoco lo logrará el poder secular aunque bañara el mundo en sangre. No se pueden confundir, por tanto, ambas formas de gobernación, aunque Lutero afirma que lamentablemente es lo que ocurre en su época:

> El Papa y los obispos debían ser obispos y predicar la palabra de Dios; han abandonado esta tarea y se han convertido en príncipes temporales, gobernando con leyes que sólo conciernen al cuerpo y a los bienes...; deberían gobernar las almas interiormente con la palabra de Dios y, sin embargo, gobiernan externamente palacios y ciudades, países y gentes y torturan las almas con tormentos indescriptibles. Los señores seculares deberían gobernar externamente el país y las gentes, pero no lo hacen. No hacen otra cosa que vejar y despojar... y quieren gobernar espiritualmente sobre las almas *(Escritos políticos,* 47-48).

Por consiguiente, el límite de la autoridad secular está en que su gobierno sólo puede afectar a las cosas externas (a los impuestos, al honor). Dice Lutero que cuando san Pablo habla de la obediencia a la autoridad no está hablando de la fe, sino de los bienes externos, de ordenarlos y gobernarlos en la tierra, pues nadie, sino Dios, tiene poder sobre las almas *(Escritos políticos,* 48).

Desde esta doctrina de las dos gobernaciones fundamenta Lutero su rotundo rechazo a la revuelta de los campesinos. Para Lutero, los campesinos han aplicado a sus reivindicaciones espirituales comportamientos que son propios del gobierno secular. Por eso les recuerda que «el bautismo libera las almas, no los cuerpos y los bienes» y que tampoco el Evangelio establece la comunidad de bienes, sino en los casos en que se quiera hacer voluntariamente *(Escritos políticos,* 98). En cuanto resisten a la autoridad, les recuerda que la autoridad está instituida por Dios y que la rebelión es intolerable *(Escritos políticos,* 101).

La tesis de Lutero sobre la autoridad, por consiguiente, mantiene la concepción paulina de la autoridad y no encuentra justificación para ofrecer resistencia a la misma. Más adelante, cuando las relaciones entre el Emperador y los príncipes evangélicos se hagan especialmente tensas, la reflexión luterana sobre la resistencia se centrará en si es posible, y cómo, la resistencia al Emperador.

El problema de la resistencia al Emperador

Los problemas entre los gobernantes que habían abrazado la reforma luterana y los gobernantes católicos –con el Emperador a la cabeza– estallan en varias Dietas imperiales. En la de 1529, en Espira, la tensión es máxima. En este contexto se plantea con toda su acritud la cuestión de la resistencia al Emperador. A partir de entonces, Lutero es consultado en varias ocasiones sobre esta cuestión. En sus dictámenes de noviembre-diciembre de 1529 no se encuentra ninguna desviación respecto a sus tesis anteriores. Sigue afirmando que no se puede derramar sangre por el Evangelio; que el Evangelio manda sufrir por su causa y que la condición del cristiano va inseparablemente unida a la cruz [2]. En el dictamen de 6 de marzo de 1530 vuelve a afirmar que, desde un punto de vista cristiano, no cabe la resistencia activa [3].

Después de la crítica Dieta imperial de 1530, celebrada en Augsburgo, Lutero y otros teólogos fueron consultados sobre si sería lícita una alianza de los príncipes protestantes y una guerra contra el Emperador. Reunidos teólogos y juristas a finales de octubre de 1530, en Torgau, los teólogos formularon la siguiente conclusión: si los juristas dicen que

---

2. Luther an Kurfürst Johann, 18 nov. 1529, en *W A Briefe V*, pp. 180 y 208.
3. Luther an Kurfürst Johann, 6 marzo 1530, en *W A Briefe V*, p. 249.

existe un derecho de resistencia según el Derecho constitucional del Imperio, debe ser también aceptado desde un punto de vista cristiano. Añaden que si los teólogos habían dicho antes otra cosa había sido debido a que no conocían que el derecho del Imperio ofrecía una base para la resistencia en determinados supuestos, pero que la enseñanza de los teólogos siempre ha sido la obediencia al derecho secular[4].

Poco después redacta Lutero un escrito, que publica en la primavera de 1531. *Advertencia a sus queridos alemanes (Warnung an seine lieben Deutschen)*, donde desarrolla uno de los puntos de la declaración de Torgau: si el Emperador llamara a la guerra contra los evangélicos, ningún evangélico debería seguir esa llamada, no sólo ningún príncipe sino cualquier evangélico; y si alguien presta obediencia en ese caso al Emperador, debe saber que está desobedeciendo a Dios y «perderá su alma y su cuerpo». No hay, por tanto, un cambio de posición en la *Warnung*. No se trata de que ahora acepte la resistencia en general contra el Emperador. Quien sea atacado por éste por causa de su fe evangélica no le queda más remedio que sufrir –ésta era la tesis de siempre de Lutero–. Lo que un evangélico no debe hacer es seguir al Emperador en una guerra contra los evangélicos; sólo en este caso está liberado del deber de obediencia al Emperador. A quien sea atacado por causa de su fe y abandone la posición de la obediencia pasiva y se defienda tampoco quiere tacharlo de rebelde ni censurarlo, sino que concede que se trata de un caso de legítima defensa, si bien la responsabilidad de esta calificación es propia de los juristas[5]. Así pues, si los católicos desencadenan la guerra, estarían actuando con

---

4. Beilagen von Schriftstücken zu Torgau 26-28 octubre 1530, en *W A Briefe*, pp. 661 y ss.
5. Véase *Warnung an seine lieben Deutschen*, en *W A* 30/3, pp. 276-320, esp. 291. En 1546 y 1547 se reimprimió varias veces la *Warnung*, con un prefacio de Melanchton. Esta nueva edición pretendía hacer luz sobre la cuestión y marcar las diferencias con los papistas.

violencia injusta, y la defensa activa contra ellos sería un ejemplo de *vim vi repelle licet*.

En los años siguientes, toda la argumentación de Lutero para resistir al Emperador gira en torno a la idea de que el Emperador es *miles papae*, un soldado del Papa que no actúa por cuenta propia. Si es lícito resistir al Papa, argumenta Lutero, también lo será hacerlo con su enviado. Su pensamiento a este respecto queda recogido y resumido en las 70 *Tesis sobre los tres tipos de autoridad*, que había redactado para un debate académico que tuvo lugar en mayo de 1539, en Wittenberg [6]. En las tesis 1-50 parte Lutero de la diferenciación de las dos esferas, la espiritual y la política, para afirmar que el cristiano, por una parte, tiene el deber de renunciar a todo y de sufrir a la autoridad que le persiga por causa de la primera tabla. Pero en los asuntos de la segunda tabla, como ciudadano de este mundo, tiene que defenderse del mal de la misma manera que lo hace la autoridad, «de la que se forma parte».

En las tesis 51-60 afirma que el Papa no es ningún tipo de autoridad. Existen tres tipos de autoridad para combatir el mal en este mundo: la autoridad doméstica, la política y la eclesiástica. El Papa, sin embargo, dice, no es ninguno de estos tres tipos de autoridad, sino más bien el monstruo que se opone al dios de los dioses de que hablaba el profeta Daniel, el enemigo de Dios, hombre del pecado, hijo de la perdición de que habla san Pablo. Lutero califica al Papa, además, con una denominación del folklore alemán, *Beerwolf*, una bestia dañina que todo lo devasta, y también le aplica el calificativo griego de *arktolykon*.

---

6. El debate académico versaba sobre el derecho de resistencia (véase *Zirkulardisputation über das Recht des Widerstands gegen den Kaiser*, 19, 21). Las tesis que Lutero había redactado previamente para el debate llevaban por título *Septuaginta propositiones disputandae, de tribus hierarchijs, Ecclesiastica, Politica. Oeconomica, & quod Papa sub nulla istarum sit, sed omium publicus hostis (WA 39/II, pp. 35 y ss.)*.

En las tesis 60-70 expone lo que hay que hacer, lo que se puede hacer contra este «monstruo». Si el Papa promoviera una guerra hay que resistirle como a un verdadero monstruo devastador y no importa que tenga príncipes, reyes o incluso al Emperador que luchen por y para él,

> pues quien lucha a las órdenes de un asesino, sea el que fuere, ha de saber que su lucha encierra el peligro de la condena eterna. Y de nada les servirá al rey, a los príncipes y emperadores decir que son protectores de la Iglesia, pues tienen el deber de saber quién es la Iglesia [7].

2. Juan Calvino

Vida y obra

Jean Calvin nació en Noyon, capital de la Picardía, en 1509, donde su padre era administrador de la catedral. A los catorce años fue enviado a París, al Collège Montaigu, para estudiar artes y teología. Por problemas de su padre con los canónigos de la catedral, tuvo que dejar el Collège Montaigu y se trasladó a Orleans para realizar los estudios de Derecho, que continuaría en Bourges. Con los estudios terminados volvió a París, al Collège Royal, donde siguió cursos sobre historia antigua y cristianismo primitivo. En París tomó contacto con el círculo de Jacques Lefèbre d'Etaples, que se movía entre un reformismo humanista y el reformismo luterano. Cuando los teólogos de la Sorbona persiguieron al rector Nicolas Cop, amigo de Calvino, por su discurso de inauguración del año académico (noviembre, 1533), Calvino tuvo que huir. Basilea sería su primer refugio, donde se consumaría su opción por la Reforma.

---

7. *Zirkulardisputation* (como en nota anterior), tesis 69 y 70.

En 1536 publicó, en Basilea, la primera versión de su obra capital, *Christianae religionis institutio*, un compendio de la doctrina cristiana, que reelaboraría durante más de veinte años y que conocería distintas ediciones[8]. Cuando Calvino quiso trasladarse a Estrasburgo para profundizar sus conocimientos de teología, se detuvo en Ginebra («era como si Dios me hubiera puesto su mano sobre mí para detenerme», recuerda años después), donde colaboró con Guillermo Farel en la Reforma protestante de la ciudad. Calvino redactó una Confesión de fe[9], que pretendía que todos los ciudadanos juraran y que preveía asimismo que el Consejo de la ciudad, como «servidor de Dios», velara por su cumplimiento. El Consejo no aceptó esta propuesta y ambos, Calvino y Farel, tuvieron que abandonar la ciudad.

En Estrasburgo, Calvino trabajó con el luterano Martin Bucer. Publicó una segunda versión de la *Institutio*, participó activamente en debates teológicos en Frankfurt, Hagenau, Worms y Regensburg, y se convirtió en una de las grandes cabezas reformadoras. En 1541 vuelve a Ginebra. Sus propuestas son ahora mejor aceptadas, aunque tuvo que contar con cierta oposición (del síndico Aimé Perrin), que sería derrotada electoralmente en 1555. Su obra reformadora en la ciudad culminó con la creación, en 1559, de la *Academia Genevensis*, centro difusor de la reforma calvinista. Murió en 1564.

Para el estudio del pensamiento político de Calvino hay que acudir básicamente a la *Institutio christianae religionis* (cap. XX, en la edición de 1559), donde Calvino expone su doctrina cristiana sobre la comunidad política. El capítulo,

---

8. La obra fue editada en latín en 1536 (Basilea), 1539, 1543, 1545 (Estrasburgo), 1550, 1553, 1554 (Ginebra), y la definitiva en 1559 (Ginebra). A partir de la edición de 1539 llevaba el título de *Institutio christianae religionis*.
9. *Corpus Reformatorum*, vol. 50, pp. 85-90.

considerablemente ampliado respecto a anteriores ediciones, aborda asimismo la cuestión de la resistencia a la autoridad[10].

La autoridad en la comunidad política

La doctrina política de Calvino parte de su teología que está centrada en la idea básica de que el poder de Dios domina toda la creación. Su doctrina de la predestinación significa, en último término, que nada sucede en el mundo sin la voluntad de Dios. De la voluntad de Dios emana todo derecho. El Derecho natural es idéntico a la voluntad de Dios y fundamento de la comunidad política, que sin salirse de esas coordenadas, adquiere, sin embargo, una mayor significación que en Lutero.

La comunidad política se asienta, según Calvino, en la naturaleza del hombre. En uno de los primeros libros de la *Institutio* se dice:

Dado que el hombre es, por naturaleza, un animal social, se inclina también por un instinto natural, a apreciar y preservar la sociedad. Vemos, en consecuencia, que hay ciertos preceptos generales de honestidad y orden civil grabados en el entendimiento de todos los hombres. Por esta razón, no hay nadie que no reconozca que toda asociación humana debe ser regida por leyes, y no hay nadie que no posea en su propio entendimiento el principio de estas leyes. Por esta razón, hay entre naciones e individuos el acuerdo universal de aceptar las leyes, y éste es un germen plantado en nosotros por la naturaleza, antes que por un maestro o un legislador (*Inst.*, II, ii, 13).

10. El capítulo lleva por título *De politica administratione*. La *Institutio* de 1559 está publicada en *Corpus Reformatorum* 30 *(Calvini Opera*, vol. 2). En la edición de 1539 era el capítulo XV. Otros escritos relevantes para este tema: *Commentarius in Acta Apostolorum* (CR 77, 1-574), *Homiliae in primum librum Samuelis* (CR 57 y 58). Las citas del texto corresponden a Calvino: *Institución cristiana*, trad. cast. de Cipriano de Valera (1597), Rijswijk, 1967, 2 vols.

La cohesión espiritual de los cristianos da también un apoyo a la unidad del orden político, pero la fuente más inmediata de la cohesión de la comunidad política se halla en la comunidad política misma. Del instinto innato del hombre hacia una vida ordenada en la sociedad se deriva una especie de unidad natural, que puede ser reforzada por la vida civilizada. Quiere esto decir que, para Calvino, el orden político no se agota en su misión cristiana de promoción de los valores cristianos.

La comunidad política en cuanto tal tiene unos valores específicos, necesarios para hacer posible la existencia humana. La comunidad política tiene como objeto proporcionar a los hombres un tipo de vida civilizada que no se podría obtener sin ella. Pero este orden político que sí puede aportar a los hombres una vida civilizada no puede, sin embargo, curar las almas. La tarea de moldear al hombre nuevo no pertenece ciertamente al orden político, pero éste tampoco está en una posición antitética con el reino cristiano. Al comienzo del capítulo XX ataca expresamente Calvino a los anabaptistas porque consideran el orden político como innecesario para los cristianos. Para Calvino, por el contrario, se trata de un orden querido y establecido por Dios.

En las consideraciones de Calvino sobre el poder político es esencial la distinción entre los dos géneros de gobierno (espiritual y civil), pero piensa que el civil no se opone al espiritual e interior de Cristo, pues ese gobierno civil tiene asignadas funciones que tienen que ver con la religión, así como la conservación de la paz y la justicia social. Al orden civil le corresponde

hacernos vivir con toda justicia, según lo exige la convivencia de los hombres durante todo el tiempo que hemos de vivir entre ellos, instruirnos en una justicia social, ponernos de acuerdo los unos con los otros, mantener y conservar la paz y tranquilidad comunes.

Pero también le corresponde como fin propio «mantener y conservar el culto divino externo, la doctrina y religión en su pureza, el estado de la Iglesia en su integridad». Por esto, la necesidad de que exista «no es menor entre los hombres que la del pan, el agua, la sal y el aire; y su dignidad, mucho mayor aún» *(Inst., IV, xx, 3)*, pues le atañe la doble función de que resplandezca una forma pública de religión entre los cristianos y de que exista humanidad entre los hombres.

La existencia y necesidad de la autoridad no deriva de la perversidad de los hombres, sino de la providencia de Dios, a quien le agrada conducir de esta manera el gobierno de los hombres. Remitiéndose a san Pablo (Carta a los Romanos), concluye que «el poder civil es una vocación, no solamente santa y legítima delante de Dios, sino también muy sacrosanta y honrosa entre todas las vocaciones» *(Inst., IV, xx, 4)*. La autoridad es un cargo sagrado, pues al ejercer su oficio hace las veces de Dios *(Inst., IV, xx, 6)*. Básicamente la autoridad política queda caracterizada por los rasgos propios del pastor religioso. A la autoridad civil le confía efectivamente el cuidado de ordenar bien la religión, y pide que nadie se extrañe de ello, pues no está dispuesto a aceptar que los hombres inventen leyes a su capricho en lo que toca a la religión y a la manera de servir a Dios.

La autoridad o la función de gobierno tiene en Calvino realmente un carácter de agente educador, pues por su medio «se instruye al hombre en los deberes de humanidad y civilidad que deben ser observados en el trato con la humanidad» *(Inst., III, xix, 15)*. Y adquiere asimismo un carácter de protector para los cristianos, apoyándose para ello en un texto de san Pablo a Timoteo, en el que le exhorta a que se hagan oraciones públicas por los reyes «para que vivamos quieta y reposadamente en toda piedad y honestidad». En estas palabras ve Calvino que san Pablo pone a los gobernantes como tutores y guardianes del Estado de la Iglesia *(Inst., IX, xx, 5)*. Los deberes del gobernante, por tanto, se refieren a ambas tablas de la Ley: respecto a la primera tabla, piensa que es del todo razonable que los gobernantes, que son vicarios de Dios y dominan por su gracia, se consagren a mantener el honor de Dios. Para Calvino no es posible ordenar felizmente ningún Estado o sociedad del mundo sin que ante todo se procure que Dios sea honrado. Piensa que «las leyes que sin tener en cuenta el honor de Dios solamente se preocupan del bien común de los hombres ponen el carro delante de los bueyes» *(Inst.,* IV, xx, 9). Con ser importante la preocupación por la justicia entre los hombres, lo más importante es que Dios sea servido como se merece. Por lo que respecta a la segunda tabla de la Ley, recoge Calvino las funciones de los gobernantes que enumera Jeremías (Jeremías, 22: 3-4), que él condensa en remunerar a los buenos y castigar a los malos, pues si pierden estas funciones, toda la disciplina de las sociedades humanas cae por los suelos *(Inst.,* IV, xx, 9).

Es importante señalar que la autoridad política –y también el pastor religioso– es entendida por Calvino ante todo como una institución, es decir, como un cargo impersonal al servicio de una finalidad superior, a la que quedan todos subordinados. Ambos, pastor y autoridad política, son instrumentos desinteresados de una Ley escrita superior. El pastor es «la boca de Dios» y la autoridad política es «una ley viva», de la misma manera que la ley es un magistrado mudo *(Inst.,* IX, xx, 14).

Resistencia a la autoridad

A la posición que la autoridad obtiene en la doctrina de Calvino le corresponde una obediencia convencida por parte del ciudadano. Esta obediencia no sufre modificación ni ante un gobernante tirano. Para Calvino hasta los gobernantes tiranos desempeñan un cierto tipo de gobierno justo, pues no hay tiranía que no ayude, en ciertos aspectos, a consolidar la sociedad humana. Fundamenta la obediencia al tirano al considerar a éste como un instrumento divino para castigar los pecados humanos; la existencia del tirano debía servir para provocar en el pueblo un sentimiento de culpa colectiva, que le debería obligar a un examen de conciencia. Realmente el tirano es, para Calvino, un fenómeno extrapolítico. Por ello, la fundamentación de la obediencia al mismo discurre por una argumentación no política, sino religiosa. El tirano es querido por Dios como castigo del pecado y como aguijón de la conciencia. Como ejemplo de obediencia al tirano cita Calvino el testimonio bíblico sobre el rey Nabucodonosor, que tiene cautivo a Israel y cuya autoridad, sin embargo, es bendecida por Dios: «He dado el reino a Nabucodonosor, dice el Señor, por tanto, sed sus súbditos y viviréis» *(Inst.*, IV, xx, 26). En cuanto a la obediencia del súbdito, no hay diferencia entre un gobernante legítimo y otro tirano. Quienes mandan para el bien público son, declara Calvino, como verdaderos espejos de Dios; quienes gobiernan, por el contrario, injusta y violentamente están puestos por Dios para castigo del pueblo. Pero unos y otros tienen la majestad y dignidad que Dios ha concedido a los gobernantes legítimos. Un hombre perverso e indigno de todo honor, si es revestido de la autoridad pública, tiene la misma dignidad que el Señor ha dado por su Palabra a los ministros de su justicia, y los súbditos le deben la misma obediencia y reverencia que darían a un buen rey, si lo tuvieran *(Inst.*, IX, xx, 26).

Las consideraciones sobre la resistencia parten siempre de este primer principio calvinista: la posesión del poder muestra por sí sola que el gobernante ha sido colocado en su trono por disposición de Dios; Dios lo ha elevado a la majestad real que no es lícito violar. ¿No hay, entonces, ninguna posibilidad de ejercer resistencia al poder establecido? Hay ocasiones, contesta Calvino, en que el propio Dios llama a algunos de sus siervos para castigar la tiranía y librar así al pueblo injustamente oprimido. Como ejemplos históricos cita Calvino el caso de Moisés frente al Faraón y el de Otoniel frente a Kusán, rey de Siria (Jueces, 3: 9 y ss.). Pero al referir estos casos no pretende Calvino generalizar esta posibilidad para los hombres particulares, sino hacer una llamada de atención a los gobernantes para que los tomen en cuenta.

Si a los hombres particulares les está vedada toda resistencia a la autoridad, sí hay una posibilidad para determinadas autoridades:

porque si ahora hubiese autoridades ordenadas particularmente para la defensa del pueblo y para refrenar la excesiva licencia que los reyes se toman, como antiguamente los lacedemonios tenían a los éforos opuestos a los reyes, y los romanos a los tribunos del pueblo frente a los cónsules, y los atenienses a los demarcas frente al senado, y como puede suceder actualmente que en cualquier reino lo sean los tres estados cuando se celebran cortes. Tan lejos estoy de prohibir a tales estados oponerse y resistir, conforme al oficio que tienen, a la excesiva licencia de los reyes, que si ellos disimulasen con aquellos reyes que desordenadamente oprimen al pueblo infeliz, yo afirmaría que tal disimulo ha de tenerse por una grave traición *(Inst.,* IX, xx, 31).

Se trata, por tanto, de una resistencia basada en una interpretación del derecho constitucional positivo, que estima que en la comunidad política existe una red de autoridades con determinadas funciones entre ellas mismas. No se formula un derecho natural a la resistencia frente al poder injusto, sino una resistencia derivada de la concepción de la autoridad dentro de una estructura política determinada.

Sin embargo, la obediencia a la autoridad debe estar presidida siempre por esta regla general: la obediencia no debe apartar al cristiano de la obediencia a Aquel a cuya voluntad deben someterse todas las disposiciones de los gobernantes.

Después de a Él hemos de someternos a los hombres que tienen preeminencia sobre nosotros; pero no de otra manera que en Él. Si ellos mandan alguna cosa contra lo que Él ha ordenado, no debemos hacer ningún caso de ella, sea quien fuere el que lo mande. Y en esto no se hace injuria a ningún superior por más alto que sea *(Inst.,* IV, xx, 32).

Atendiendo a esta regla, Calvino considera que Daniel (Daniel, 6: 20-22) no cometió ninguna ofensa contra el rey, aunque había obrado contra el edicto regio injustamente promulgado. El juicio de Calvino descansa en la consideración de que el rey había sobrepasado sus límites, no sólo respecto a los hombres, sino que también se había levantado contra Dios. Al obrar así había perdido su autoridad. Esta argumentación respecto a Daniel se recoge también en el *Commentarius in Acta Apostolorum,* donde dice que si un gobernante no cumple su misión sagrada y hace disminuir el derecho y el honor de Dios, se convierte en un hombre particular *(Corpus reformatorum,* 77, col. 109).

3. Luteranos alemanes y calvinistas franceses ante la cuestión de la resistencia (1530-1580)

Luteranos alemanes

La nueva fe cristiana reformada por Lutero fue aceptada por numerosos príncipes alemanes, produciéndose los conocidos enfrentamientos entre católicos y evangélicos, sobre todo a partir de la Dieta imperial de 1529, celebrada en Espira. Muchos teólogos y juristas luteranos escribieron sobre la cuestión de la licitud de resistir al emperador católico Carlos V. Destacamos entre ellos a Melanchton, Osiander, Brück, Bucer y la *Confessio* de Magdeburgo.

Philipp Melanchton (1497-1560) escribió un informe en marzo de 1530 para responder a la pregunta si se puede resistir con la fuerza al emperador que comete una violencia. Su respuesta es que el mandato de Dios es *no resistere potes-*

tati y tolerar a las autoridades malas. Quien utilice la espada, a espada morirá. Al cristiano, aunque cometa una ofensa quien tiene el poder, no le está permitido defenderse con la fuerza. Nadie debe ser juez de su propia causa y nadie puede ocupar por sí mismo el cargo de un juez superior [11].

Una argumentación distinta presenta en 1546, cuando Melanchton, junto con otros teólogos, escribe un informe para los dirigentes de la Liga de Esmalcalda, a finales de mayo o comienzos de junio. Ahí afirman expresamente que los estamentos «no llevan la espada en vano», que son una autoridad auténtica y que, por lo tanto, deben defenderse del Emperador como lo harían de un asesino común. Para defenderse de la tiranía hay que exponer hasta la vida [12].

Esta última argumentación se encuentra también en Martin Bucer y en Andreas Osiander. Para Martin Bucer (1491-1551) todos los poderes existentes en la comunidad han sido ordenados por Dios «para preservar al pueblo de Dios de todo mal y defender su seguridad y sus bienes». La pregunta clave es, por tanto, quién es autoridad en la comunidad, y su respuesta es que Dios no ha transferido todo el poder de la comunidad a un solo hombre. Bucer se remite al ejemplo del rey David para confirmar el hecho de que Dios distribuye el poder político entre muchos, entre la *potestas superior* y las *autoridades inferiores*, pero siendo todas portadoras del *merum imperium*. Todas están capacitadas para ejercer el *ius gladii* en defensa de la comunidad.

Andreas Osiander (1498-1552), primer predicador reformador de Nuremberg, piensa también que todas las autoridades en el Imperio son autoridad, es decir, tienen el deber

---

11. Gutachten, 6-3-1530, en H. Scheible, *Das Widerstandsrecht der deutschen Protestanten Gütersloh*, 1969, p. 58.
12. Firman el documento Melanchton, Johannes Bugenhagen, Caspar Cruciger y Georgius Major. Texto en H. Scheible (como en nota anterior), pp. 98-100, cita en p. 99.

de velar por la comunidad. La tesis paulina y luterana de la obediencia presenta, sin embargo, un escollo de difícil solución. Pero Osiander cree, no obstante, que san Pablo sólo podía estar refiriéndose a las autoridades que cumplen con su deber, con su función, respecto a la comunidad. Por eso entiende que, cuando una autoridad no realiza su función/deber, el resto de las demás autoridades –también autoridades auténticas– podrán oponerse a ella para que se pueda desarrollar un gobierno bueno y piadoso. Concretamente, si el Emperador no cumple las promesas de sus capitulaciones electorales, está incumpliendo las obligaciones de su cargo, y las otras autoridades –territoriales, locales– podrán declararle justificadamente su resistencia.

La argumentación de Gregor Brück (Pontanus), 1483 (?) 1557, canciller de Sajonia electoral y redactor de la protesta en la Dieta imperial de 1529, en Espira, se desenvuelve en la consideración de que el Emperador no tiene jurisdicción en asuntos de fe. No puede definir ni establecer nada en cuestiones de fe. Es un hombre particular en cuanto a la investigación y en cuanto a la decisión *(privatus quoad cognitionem et statuitionem)*. Si es justo resistir a un juez que sea juez, cuando procede injustamente, a *fortiori* es lícito resistir a aquel que no es juez [13]. Si el emperador ataca en asuntos de fe, si persigue a la verdadera religión, está procediendo injustamente como un hombre particular.

Ambas líneas de argumentación convergen en la *Confessio* de Magdeburgo, publicada en latín y alemán el 13 de abril de 1550. Se recoge aquí la interpretación de la estructura imperial como una red de autoridades, dotadas todas de auténtico poder, teniendo el deber las autoridades inferiores de resistir a la autoridad superior que persiga la fe. La «alta au-

---

13. *Iudici procedenti iniuste an licitum sit resistere* (26 octubre 1530), en H. Scheible, *Das Widerstandsrecht als Problem der deutschen Protestanten 1523-1546,* Gütersloh, 1969, pp. 63-64.

toridad» tiene la misión de proteger la fe, la vida y la propiedad. Si fracasa en la protección, hay obligación de resistirle activamente, pues la mera resistencia pasiva equivaldría a tolerar un crimen. Si son la vida y la propiedad las que están en peligro, hay que prestar resistencia *pasiva*. Si una autoridad superior obliga a una inferior a cometer un pecado, ésta puede defenderse, sin atacar ninguna otra ley de Dios. Si, por último, el príncipe, no sólo persigue a los súbditos y a los estamentos, sino que anula el derecho natural, luchando así contra Dios, hay obligación de una resistencia *activa*. La razón última está en que Dios ha concedido a las autoridades su poder para que garanticen la verdadera doctrina y el culto, la vida, la propiedad y el honor. Si falla la autoridad suprema, tiene el deber de oponerle resistencia la autoridad inferior. Si ésta también falla, todo individuo tiene el *deber* de ejercer la resistencia [14].

Los monarcómacos franceses en la década de 1570

La Reforma protestante encontró en Francia, sobre todo en el sur, un terreno abonado anteriormente por los albigenses. El calvinismo se extendió sobre todo a partir de su sínodo nacional (1559), estimándose que un 10 por 100 de la población total de Francia era calvinista en la década de

---

14. La *Confessio* de Magdeburgo, cuya redacción no hay certeza todavía de que la hiciera Nikolaus von Amsdorff, llevaba por título *Bekenntnis, Unterricht und Vermahnung der Pfarrherrn und Prediger der christlichen Kirchen zu Magdeburg, 13 April 1550*. En F. Horteleder, *Der römischen Keyser und königlichen Majestäten Handlungen und Ausschreibungen*, Gotha, 1645, 4, cap. 7, pp. 1053-1091. El título latino era, *Confessio et apologia pastorum et reliquorum ministrorum ecclesiae magdeburgensis*, Magdeburgo, 1550. Sobre la *Confessio*, véase Q. Skinner, *Los fundamentos...*, II, pp. 214 y ss., y U. Bermbach, *Widerstandsrecht Souveränität. Kirche und Staat*, en I. Fetscher y H. Münkler, eds., *Handbuch der politischen Ideen*, Múnich, 1985, vol. 4, pp. 110-111.

1560. Las discusiones religiosas durante las guerras de religión (1562-1589), independientemente de su primera significación religiosa, se mostraron adecuadas para la defensa de posiciones políticas tradicionales frente a los intentos centralizadores de la monarquía. Entre los escritos contra el poder absoluto y su monopolio en la interpretación religiosa destacan tres, redactados por calvinistas: Hotman, Bèze y Brutus (Du Plessis-Mornay), denominados habitualmente como monarcómacos[15].

François Hotman (1524-1590)

Nacido en una familia vinculada a las profesiones jurídicas, Hotman busca en sus conocimientos del Derecho un apoyo para la defensa del protestantismo en Francia. Profesor en Lausana, Ginebra, Estrasburgo, Valence, Bourges y Basilea, unió a su azarosa vida académica una intensa actividad política. En 1557 comenzó una etapa de viajes en misiones diplomáticas y participaría en la conspiración de Amboise en 1562.

Tenía una firme voluntad de transformar la jurisprudencia francesa en el sentido de exigir una mayor atención a la propia historia francesa en vez de guiarse exclusivamente por el derecho romano. Su distanciamiento del derecho romano lo plasmó en su libro *Anti-Triboniam ou discours sur l'étude des lix* (1567). El derecho romano, en su forma de derecho canónico, se le presentaba a Hotman como un enemigo declarado de la Reforma protestante. Al tomar partido por la Reforma, busca fundamentos jurídicos para apoyar a los hugonotes, que eran considerados evidentemente como rebeldes. Su búsqueda en la historia del derecho francés va guiada por esa

---

15. William Barclay (1546-1608): *De regno et regali potestate adversus Buchananum, Bratum, Boucherium et reliquos Monarchomacho. Libri sex*, 1600.

necesidad de encontrar argumentos y tradiciones que limitaran el poder del rey.

Su obra más significativa es la *Francogallia*, publicada en latín en 1573. En 1576 y 1586 aparecerían sendas nuevas ediciones, con ampliaciones considerables. La primera edición francesa se publicó en Colonia en 1574 [16]. En el prefacio le dedica la obra –«un resumen de nuestra historia»– al príncipe elector del Palatinado pidiéndole que haga lo posible para que llegue a los lectores. La *Francogallia* es, efectivamente, a diferencia de otros escritos calvinistas, un análisis histórico y empírico más que teórico y abstracto.

La obra parece a primera vista, ciertamente, una exposición de la historia de la monarquía francesa, pero está guiada por un propósito muy concreto: mostrar que el rey, desde un principio, fue llamado a su cargo por la elección del pueblo, o mejor, por la elección de las asambleas estamentales. La exposición histórica arranca de la Galia prerromana y pasa por la Galia romana, por los francos y la organización de su imperio. A lo largo de ella se va afirmando continuamente que la corona no era hereditaria, sino que le era otorgada a quien gozaba de buena fama. En los capítulos 10 y 11 del libro se expone la elección de los reyes por la asamblea pública. Se afirma asimismo que la corona no tenía un poder ilimitado, sino que «los gobernantes estaban en la misma dependencia respecto al pueblo que éste respecto a aquéllos» (*Francogallia*, 154). Las asambleas estamentales aparecen dotadas de funciones muy importantes, como el derrocamiento del rey, la deliberación sobre la paz y la guerra, la

---

16. El título latino completo es: *Francogallia, sive tractatus isagogicus de regimine regum Galliae et de iure successionis*, Ginebra, 1573. La traducción francesa de 1574 llevaba por título *La Gaule française de François Hotman jurisconsulte*, Colonia, 1574. En 1576 y 1586 hubo sendas ediciones en latín, con considerables ampliaciones. Las citas remiten a la edición bilingüe latín-inglés de R. E. Giesey y J. H. M. Salmon, *François Hotman, Francogallia*, Cambridge, 1972.

codecisión en la legislación, el desempeño de funciones administrativas, el control de las finanzas o la adjudicación de los territorios hereditarios a los hijos del rey muerto *(Francogallia,* 332 y ss.).

Es básica la distinción entre rey y reino, entre «cabeza de la comunidad» y «conjunto total de ciudadanos y súbditos, por así decir, el cuerpo de la comunidad» *(Francogallia,* 398). Pero las relaciones entre la cabeza son entendidas de tal manera que el pueblo podría vivir sin rey, pero no al revés *(Francogallia,* 400). Respecto al poder del cargo de rey, entiende Hotman que la tradición ha definido el cargo de rey como una función dentro del ordenamiento institucional, que el rey ha de respetar. El cargo del rey está vinculado al derecho y a la ley; no puede nombrar sucesor por sí solo, no puede vender bienes de la corona ni del país, no puede despedir funcionarios sin el consentimiento de los estamentos. Entre el rey y los estamentos hay un pacto implícito, en el sentido de que el derecho y la ley son vinculantes para todos. Su desarrollo es una tarea a realizar de común acuerdo y sólo bajo esta condición podrán ser obligatorios para el pueblo [17].

Theodore de Bèze

Nacido en 1519, en Vezelay, donde su padre era juez *(bailli),* fue educado en casa de Melchior Wolmar, en Bourges, la ciudad de la duquesa Margarita de Alençon, luego reina de Navarra. En casa de Wolmar tendría lugar su primer encuentro

---

17. Cuando la *Francogallia* empieza a escribirse, probablemente en 1567, los hugonotes estaban exigiendo la convocatoria de los Estados generales, apelando a la costumbre inmemorial y reclamando libertades supuestamente disfrutadas por los francos conquistadores antes del establecimiento de la monarquía. Sobre otros escritos hugonotes de 1567, como *Protestation de Monseigneur le Prince de Condé, Nécessité d'assembler les états,* véase Giesey y Salmon, *François Hotman, Francogallia,* Cambridge, 1972, pp. 39 y ss.

con Calvino, del que sería su sucesor en Ginebra a la muerte de aquél en 1564.

Estudió en la universidad de Bourges y luego en la de Orleans. Una vez licenciado en Derecho, marchó a París, donde pudo llevar una vida de hombre de mundo. Con motivo de una enfermedad, experimenta una profunda transformación espiritual y se decide por una vida intelectual y religiosa. En 1548 está en Ginebra, comenzando la fase más importante de su vida. Entre Ginebra y Lausana reparte estos años de intensa actividad reformadora. Traduce los Salmos al francés, escribe una obra sobre el castigo de los herejes *(De haereticis a civili magistratu puniendis,* 1554, publicada en 1559), viaja en misiones diplomáticas ante los príncipes alemanes y ante los estamentos suizos, participa en discusiones teológicas y políticas. Participa activamente en la conjura contra los Guisa, y su influencia sobre los protestantes franceses en los primeros años de la década de 1560 es enorme. Muere en 1602.

La obra más relevante sobre su concepción de la autoridad y sobre la resistencia a la misma es *Du droit des magistrats*, publicada en el otoño de 1574 [18].

El escrito desarrolla una teoría del orden político que parte de un principio básico de su pensamiento teológico: «No existe ninguna otra voluntad que la de un solo Dios, que es perpetua e inmutable, norma de toda justicia». Toda su exposición sobre la autoridad política queda encuadrada en este primer principio teológico.

---

18. El título completo es: *Du Droit des magistrats sur leurs subjets. Traité très-nécessaire en ce temps, pour aduertir de leur deuoir tant les magistrats que les subiets: publié par ceus de Magdebourg l'an MDL: maintenant reueu & augmenté de plusieurs raison & exemples, 1574.* En 1576 apareció la versión latina con el título *De iure magistratum in subditos, et officio subditorum erga magistratus.* Nuestras referencias remiten a T. Beza, *De iure magistratum,* ed. de Klaus Sturm, Neukirchen, 1965 (reproduce el texto latino de 1576, según lo presentó la edición de 1580).

Bèze entiende la autoridad como un cargo, como una función dentro de y para la comunidad. La función de la autoridad se origina por causa del pueblo y no al revés:

El poder de las autoridades, por grandes y soberanas que sean, depende del poder del pueblo que las ha elegido en ese nivel y no al contrario *(De iure magistratum,* 46).

El pueblo es para Bèze una realidad anterior a las autoridades, no creada por éstas. El pueblo es una realidad permanente, en función de la cual surgen las autoridades, por causa de la cual éstas obtienen su misión:

Yo digo, pues, que los pueblos no surgen de las autoridades, y que los pueblos a los que le ha pluguido dejarse gobernar por un príncipe o por algunos señores elegidos, son más antiguos que sus autoridades y, por consiguiente, no son creados por sus autoridades, sino al contrajo: los magistrados son creados por el pueblo, como el tutor para el pupilo y no el pupilo para el tutor, y el pastor para el rebaño y no el rebaño para el pastor *(De iure magistratum,* 33).

Además de la autoridad suprema existen para Bèze otras autoridades, de las que habla al analizar las clases de súbditos. Tres son las clases de súbditos, con una posición netamente diferenciada: las personas privadas o particulares, que no desempeñan ninguna función pública; los cargos o autoridades inferiores o subalternas; y aquellas autoridades que, aunque no desempeñan el *imperium* ni están provistos de la *potestas* suprema y ordinaria, están, sin embargo, constituidas en su orden para que sean como frenos contenedores de la autoridad suprema en su cargo *(De iure magistratum,* 39-47).

Dentro de esta concepción funcional de la autoridad y dentro de esta red de autoridades que sirven a la comunidad, es donde se sitúa la pregunta de Bèze por la posibilidad de la resistencia. Al plantear esta cuestión Bèze distingue dos tipos de tirano: *absque titulo* y *quoad exercitium*. La resistencia se plantea sobre todo ante este segundo. El primero (quien llega ilegítimamente al poder), si recibe la aprobación al desempeño de su cargo, puede convertirse en autoridad legítima *(De iure magistratum,* 38). En el segundo caso, en el tirano *quoad exercitium* (en el ejercicio del cargo), Bèze restringe la capacidad de rebelarse solamente a las autoridades, negándosela a las personas particulares. Reconoce ciertamente el derecho de resistencia, pues «aquellos que tienen la facultad de elegir a un rey, también tienen el derecho a deponerlo», pero son las autoridades las únicas competentes para hacer la resistencia y decidir los medios de oposición. A las personas particulares les está vedada la resistencia, pues si cada individuo se tomara la resistencia por sí mismo, se abriría la puerta al levantamiento y a la conjura *(De iure magistratum,* 43).

La concepción del poder sobre la que Bèze construye el derecho de resistencia remite a una relación entre gobernantes y súbditos que entiende en términos de obligaciones mutuas y recíprocas. Es precisamente la ruptura de esas obligaciones por una de las partes la que justifica la desobediencia y la resistencia. Se puede ejercer resistencia cuando se rompe la fidelidad debida *(De iure magistratum,* 67 y ss.). Sus conceptos básicos, por tanto, los toma Bèze del derecho feudal, sin reconocer un derecho general a la resistencia contra el tirano en general, limitando este derecho a las autoridades y al caso del tirano *quoad excercitium* [19].

Philippe du Plessis-Mornay

Nació en 1549, hijo de padre católico y madre protestante. Comenzó su formación escolar en un colegio católico, pero

---

19. En un escrito de 1582, *Confessio fiedei christianae,* hay sin embargo una tendencia a la generalización del derecho de resistencia: véase *Tract. Theolog.,* 1582, c. V, p. 55.

la temprana muerte de su padre fue aprovechada por su madre para cambiar su orientación educativa y hacer de él un convencido protestante. Entre 1565 y 1572 viajó por Alemania e Italia. Pudo escapar de la Noche de San Bartolomé y huyó a Inglaterra, pero regresó a Francia al año siguiente. Pronto entró en el círculo del rey de Navarra, que lo acogió en su Consejo. Es importante su participación en la reconciliación entre Enrique III y Enrique de Navarra en 1589. En agradecimiento recibió el cargo de gobernador de la ciudad de Saumur, una de las ciudades que Enrique III había concedido a sus antiguos correligionarios. En 1621, sin embargo, tuvo que devolverla al rey. Murió, decepcionado y triste, en 1623, con el sentimiento de haber sido traicionado en su fidelidad.

Su escrito principal, *Vindiciae contra tyrannos (Condena de los tiranos)*, atribuido en algunas ocasiones a la doble autoría de Du Plessis-Mornay y Hubert Languet, fue publicado en 1579, en Edimburgo, bajo el seudónimo de *Stephanus Junus Brutus*[20]. El libro, el más notable entre los escritos monarcómanos, se publicó en francés dos años después[21]. Analiza en ella cuatro grandes cuestiones: *a)* si los súbditos

---

20. J. Dennert *(Bèze, Brutus, Hotman,* Colonia/Opladen, 1968 p. XI) se inclina por la doble autoría. J. N. Giggis *(Political Tought from Gerson to Grotius, 1414-1625,* Nueva York, 1960, p. 175), J. H. Franklin *(Constitutionalism and Resistance in the 16. Century: Three Treatises by Hotman, Bèze and Mornay,* Nueva York, 1969 p. 139, 208 n.) y K. Skinner *(Los fundamentos del pensamiento político moderno,* México, 1986, vol. II, p. 314, nota 8) se inclinan por la autoría única de Du Plessis-Mornay.

21. El título completo en latín es: *Vindiciae contra tyrannos, sive de principis in populum populique in principem legitima potestate.* La versión francesa de 1581 llevaba el título: *De la Puissance légitime du Prince sur le Peuple et du Peuple sur le Prince. Trait étré utile et digna de lectura en ce temps, escrit en latin par Estienne Unius Brutus, et nouvellement traduit en francois* (sin lugar). Las citas remiten a la traducción alemana de J. Dennert, *Strafgericht gegen die Tyrannen,* en J. Dennert, *Bèze, Brutus, Hotman,* Colonia/Opladen, 1968, pp. 61-202, realizada sobre el texto latino de 1579.

tienen que seguir obedeciendo a sus príncipes aun cuando éstos hayan mandado algo contrario a la ley divina; *b)* si se puede ofrecer resistencia a un gobernante que viole la ley de Dios o destruya a la Iglesia; *c)* si es lícito ofrecer resistencia a un príncipe que arruina la comunidad política, cómo se puede fundamentar esa resistencia y hasta dónde puede llegar; *d)* por último, si un gobernante extranjero puede venir en ayuda de los súbditos de otro príncipe, cuando éste oprime la verdadera religión o cuando gobierna tiránicamente.

El tratamiento de la cuestión central de la resistencia al poder se desenvuelve en un marco conceptual que es necesario precisar para no malentender la obra ni atribuirle planteamientos democráticos modernos. Los conceptos básicos de que parte la *Vindiciae* no traspasan las coordenadas feudovasalláticas y cristianas de los siglos anteriores. Efectivamente, el centro de la reflexión del libro es que Dios es el único señor y propietario de todas las cosas, siendo los hombres simples administradores de las mismas.

También es significativo su concepto de pueblo *(peuple, populus)*. El pueblo de que habla la *Vindiciae* es entendido como una realidad histórica, concreta, actual:

El pueblo no muere jamás, aunque los reyes se vayan fuera del mundo unos detrás de otros. Pues como el curso continuo del agua da al río una duración *perpetuelle,* así también... el pueblo se convierte en inmortal. Y así como hoy tenemos el mismo Rin, Sena y Tíber que teníamos hace mil años, también es el mismo pueblo el de Alemania, el de Francia, el de Italia...: ni el curso del tiempo ni el cambio de los individuos puede cambiar en modo alguno el derecho de estos pueblos *(Vindiciae,* 137).

Es este pueblo como comunidad histórica quien establece a los reyes; un pueblo puede ser tal sin un rey, pero no al revés. «Nadie puede ser rey por sí mismo ni reinar sin un pueblo: pero, al contrario, el pueblo puede ser pueblo sin un rey» *(Vindiciae,* 114). De aquí se deduce la superioridad del pueblo sobre el rey: «Puesto que el pueblo *eslit* y establece a los reyes, se sigue que el cuerpo del pueblo está por encima del rey» *(Vindiciae*, 116).

El pueblo es considerado, por tanto, como superior al rey, pero, al mismo tiempo, también el rey es calificado de *souverain (Vindiciae,* 118). Esta común calificación de soberanía sitúa a ambos, pueblo y rey, como elementos originarios de la realidad. La superioridad del pueblo no puede significar sino que desde el pueblo se le marca al gobernante la función que tiene que desempeñar en la comunidad. El poder aparece así como caracterizado por la función que debe desempeñar en el orden político, fundado en último término en Dios. Esa función del poder es procurar el bien del pueblo: «Los emperadores y reyes sólo tienen que hacer una cosa, procurar el bien del pueblo» *(Vindiciae,* 130). Los límites del poder se definen desde el orden divino, dentro del cual se sitúa su función de procurar el bien del pueblo *(Vindiciae,* 73).

La relación del rey con el pueblo está entendida en la *Vindiciae* como una relación de pacto, de *foedus.* Hay un pacto básico entre Dios, por una parte, y el pueblo y el rey, por otra. Este pacto establece el orden político, que determina la función del poder del gobernante en términos de velar por el bien del pueblo. Hay un segundo pacto entre el pueblo y el rey, según el cual el rey es presentado como vasallo del pueblo. El poder es entendido como un feudo concedido al rey por el pueblo. Consiguientemente, el rey tiene que desempeñar su función dentro de ciertas coordenadas; es guardián y servidor de la ley, a la que ciertamente puede interpretar, pero no cambiar sin el consentimiento de los representantes de *todo el pueblo (tout le peuple).*

Este concepto de *todo el pueblo* es un concepto clave en el planteamiento no sólo de la relación entre rey y pueblo sino sobre todo para explicar la resistencia al poder. Cuando la *Vindiciae* habla de *tout le peuple* entiende por este término aquellos que tienen en sus manos la autoridad *par le peuple*, a saber, las autoridades *(magistrats)* inferiores al rey que el pueblo ha establecido o delegado en la forma que sea como *consorts* del imperio y controladores de los reyes y que representan a todo el cuerpo del pueblo *(Vindiciae*, 93).

El pueblo son estas autoridades; ellas lo representan. Pueblo no designa al conjunto de todos los individuos de la comunidad, como claramente expone este pasaje:

Lo que decimos de todo el pueblo en general debe ser entendido... de los que en todo el reino o ciudad representan legítimamente el cuerpo del pueblo y que ordinariamente son llamados los *officiers* del reino o de la corona, y no del rey *(Vindiciae,* 118).

Pueblo, por tanto, no se refiere a una voluntad general, racionalmente construida, sino a una comunidad histórica y «todo el pueblo» se refiere a las autoridades constituidas en los distintos niveles de la organización política. A ellas se va a limitar también el derecho a ofrecer resistencia al poder del rey. La resistencia está justificada cuando el oficio de rey no se cumple bien. Pero la resistencia sólo puede ser ejercida por *tout le peuple,* es decir, por las autoridades y no por los hombres particulares. Los individuos privados, en cuanto que tales, no son considerados partes del cuerpo entero. El conjunto de los hombres particulares, la masa del pueblo *(popularsse)* no tiene capacidad para dirigir los asuntos públicos (es «una bestia de un millón de cabezas») *(Vindiciae,* 96, 93).

4. Contribución de la Reforma protestante a la formación del Estado moderno

Se ha convertido en un lugar común la afirmación de que la Reforma protestante fue un factor decisivo en la formación del Estado moderno. Para que la contribución de la Reforma a este fenómeno histórico sea adecuadamente comprendida creo que es preciso tener en cuenta las siguientes observaciones:

1) La Reforma contribuyó, antes que nada, a la ruptura de la unidad de la cristiandad. Desde esta ruptura se hizo posible que el Estado moderno pudiera avanzar en su construcción. La ruptura en la fe cristiana hizo posible, en el Imperio alemán, que los territorios fueran evolucionando hacia su transformación en Estados modernos, en el sentido de ir adquiriendo mayores competencias –una de las cuales fue, sin duda, la educación y el culto–, que antes habían pertenecido a la organización política católica. Por otra parte, el hecho de la diversidad de confesiones religiosas y las guerras de religión derivadas de aquélla condujo a que el Estado buscara establecer el fundamento de su autoridad y legitimidad más allá de la convicción religiosa de sus súbditos.

2) La Reforma protestante contribuyó a una desacralización, no sólo del mundo religioso-eclesiástico, sino también del mundo político. El mundo religioso deja de ser un orden jurisdiccional, de organización del poder, para convertirse en una simple comunidad de creyentes sin diferencias esenciales entre sus miembros. El mundo político se desacraliza asimismo al liberarse del sometimiento a principios eclesiásticos externos. La comunidad política, el Estado, podrá ganar en independencia para autodeterminarse sus propios fines.

3) La formulación del derecho de resistencia de la Reforma protestante basa éste menos en un derecho natural que en la interpretación del derecho constitucional positivo. La resistencia es entendida, por otra parte, más bien como un *deber* cristiano.

Bibliografía

Fuentes

Amsdorff, Nikolaus von (?), «Bekenntnis, Unterricht und Vermahnung der Pfarrherrn und Prediger der christlichen Kirchen zu Magdeburg, 13. April 1550», en Friedrich Hortleder, *Der römischen Kaiser und königlichen Majestäten Handlungen und Ausschreibungen*, Gotha, 1645, IV, cap. 7, pp. 1053-1091.

Bèze, Theodore, *De iure magistratum in subditos, et officio subditorum erga Magistratus*, ed. de Klaus Sturm, Neukirchen, 1965 (según el texto latino de la edición de 1580).

Brück, Gregor, «Iudici procedenti iniuste an licitum sit resistere», en Heinz Scheible, *Das Widerstandsrecht als Problem der deutschen Protestanten, 1523-1546*, Gütersloh, 1969, pp. 63-64.

Bucer, Martin, *Opera omnia* (latinas y alemanas), ed. de Robert Stupperich, Gütersloh/París, 1960 y ss., 7 vols.

Calvin, Jean, «Calvini Opera» en *Corpus Reformatorum* (CR), volúmenes 29 y ss., ed. de G. Baum, E. Cunitz y E. Reuse, Branuschweig 1863 y ss., reimpr. Frankfurt a.M./Nueva York/Londres, 1964. La *Institutio christianae religionis* está contenida en los volúmenes 29 y 30.

Calvin, Jean, *Institución cristiana*, trad. cast. de Cipriano Valera, 1597, Rijswijk, 1967, 2 vols.

Du Plessis-Mornay, Philippe, *Vindiciae contra tyrannos*, Edimburgo, 1579, trad. alemana de J. Dennert, *Strafgericht gegen die Tyrannen*, en: J. Dennert, ed., *Bèze, Brutus, Hotman. Calvinistische Monarchomachen*, Colonia/Opladen, 1968, pp. 61-202.

Hotman, François, *Francogallia*, ed. bilingüe latín-inglés de R. E. Giesey y J. H. M. Salmon, Cambridge, 1972.

Lutero, Martin, *Werke, Kritische Gesamtausgabe*, Weimar, 1883 y ss. (WA).

—, *Escritos políticos*, ed. de J. Abellán, Madrid, Tecnos, 1986. (Contiene: «A la nobleza cristiana de la nación alemana», «Sobre la autoridad secular: hasta dónde se le debe obediencia», «Exhortación a la paz en contestación a los doce artículos del campesinado de Suabia», «Contra las bandas ladronas y asesinas de los campesinos», «Carta sobre el duro librito contra los campesinos», «Si los hombres de armas también pueden estar en gracia»).

Melanchton, Philipp, *Opera quae supersant omnis*, en *Corpus Reformatorum* (CR), ed. de K. G. Bretschneider y H. H. Bindseil, 28 vols., Braunschweig, 1834-60, reimp. Frankfurt a. M./Nueva York, 1963.

—, *Melanchtons Werke in Auswahl* (Studienausgabe, ed. de Robert Stupperich, 1-7 vols.), Gütersloh, 1951-1978.

Osiander, Andreas, *Gesamtausgabe*, ed. de Gerhard Müller, Gütersloh, 1975-1985, 6 vols.

Scheible, Heinz, *Das Viderstandsrecht als Problem der deutschen Protestanten, 1523-1546*, Gütersloh, 1969.

Bibliografía secundaria

Allen, J. W., *A History of Political Thought in the Sixteenth Century*, Londres, 1957.

Bermbach, Udo, «Widerstandsrecht, Souveranitat, Kirche und Staat», en I. Fetscher y H. Münkler, eds., *Handbuch der politischen Ideen*, vol. 3, *Neuzeit. Von den Konfessionenkriegen bis zur Aufklärung*, Munich, 1985, pp. 101-162.

Bohatec, Joseph, *Calvins Lehre von Staat und Kirche*, Aalen, 1961.

Carlyle, R. W., y A. J. Carlyle, *A History of Mediaeval Political Theory in the West*, vol. VI: *Political Theory from 1300-1600*, Londres, 1950.

Dennert, Jürgen, *Bèze, Brutus, Hotman, Calvinistische Monarchamachen*, Colonia/Opladen, 1968 (introducción I-LXXIII).

Figgis, John N., *Studies of Political Thought from Gerson to Grotius 1414-1625*, Cambridge, 1923.

Franklin, Julian H., *Constitucionalism and Resistance in the Sixteenth Century. Three Treatises by Hotman, Bèze and Mornay*, Nueva York, 1969 (introducción).

Hoepfl, Harro, *The Christian Polity of John Calvin*, Cambridge, 1982.

Kingdon, Robert M., «Les idées politiques de Bèze d'après son traité de l'autorité du magistrat en la punition des hérétiques», en *Bibliothèque d'Humanisme et Renaissance* (Ginebra), 22 (1960), 566-599.

Lohse, Bernard, *Martin Luther. Eine Einführung in sein Leben und Werke,* Múnich, 1982, 2.ª ed.

Mesnard, Pierre, *La filosofía política en el siglo XVI,* San Juan de Puerto Rico, 1956.

Nipperdey, Thomas, «Lutero y el mundo moderno», en Fundación Ebert, ed., *Martin Lutero 1483-1983,* Madrid, 1984.

Sabine, George, *Historia de la teoría política (1937)* (trad. cast., México, 1945).

Skinner, Quentin, *Los fundamentos del pensamiento político moderno,* vol. II, *La Reforma* (1978), México, 1986.

Thompson, J. Cargill, *The Political Thought of Martin Luther,* Sussex, 1984.

Troeltsch, Ernst, *El protestantismo y mundo moderno (1911)* (trad. cast., México, 1951).

–, *Die Soziallehren der christlichen Kirchen und Gruppen (1912),* Aalen, 1961.

Von Gierke, Otto, *Johannes Althusius und die Entwicklung der naturrechtlichen Staatstheorien (1880),* Aalen, 1981, 7.ª ed.

Wolf, Ernst, «Das Problem des Widerstandsrechts bei Calvin», en B. Pfister y G. Hildmann, eds., *Widerstandsrecht und Grenzen der Staatsgewalt,* Berlín, 1956, pp. 45-58.

Würtenberger, Thomas, *Die Legitimität staatlicher Herrschaft. Eine staatsrechtlich-politische Begriffsgeschichte,* Berlín, 1973.

Algunas cuestiones debatidas en la investigación

1) *Lutero y la modernidad*

La interpretación ilustrada de Lutero como luchador contra la tradición y como defensor de la autonomía del individuo ha sido cuestionada por Ernst Troeltsch (1951, pp. 107 y ss.) y Thomas Nipperdey. Éste sostiene que «cabe afirmar que Lutero cerró el paso a una tendencia a la modernidad existente hacia 1500, al volver a situar en el centro de la vida la cuestión de la gracia y la salvación» (1984, p. 72). Nipperdey considera, asimismo, que la Reforma luterana no se puede considerar como una protorrevolución burguesa.

2) La originalidad de la teoría calvinista de la resistencia ha sido negada por Quentin Skinner (1986, p. 331 y ss.), al afirmar que sus elementos básicos están tomados del luteranismo y de los escolásticos. Para Skinner, el enfoque weberiano, por el contrario, insiste en una clara distinción entre las teorías sociales y políticas de los católicos y los calvinistas en el siglo XVI *(ibid.)*.

3) *Monarcómacos y democracia*

Otto von Gierke (1981, p. 9) establece una continuidad entre las doctrinas de los monarcómacos y la del contrato social. Rousseau habría integrado en su teoría de la soberanía elementos de la soberanía popular anterior. J. Dennert (1968, p. XLV y ss.) niega esta continuidad porque los conceptos fundamentales que utilizan los monarcómacos no se corresponden con una construcción racional del Estado, sino que se refieren a realidades históricas, concretas. George Sabine (1945, pp. 280-286) insiste también en la continuidad medieval del pensamiento de los monarcómacos. Udo Bermbach (1985, p. 110) niega la interpretación de Ernst Troeltsch (1961, p. 671) sobre los contenidos democráticos del calvinismo. Bermbach piensa que el calvinismo contiene elementos premodernos, al intentar fundamentar tanto el Estado como la Iglesia en bases teocráticas (alianza de Dios con la comunidad, Estado al servicio de la Iglesia, control de la vida pública por los eclesiásticos según el modelo de los profetas).

Capítulo 4

Juan Bodino: soberanía y guerra civil confesional

Julio A. Pardos

1. Identificar la época propia como mundo *turned upside down* no constituía ninguna novedad entre quienes componían el universo intelectual e ideológico europeo del siglo XVI. Pero cuando Louis Le Roy recurrió al tópico, en 1575, para dar una imagen de la situación, francesa y europea, ha de reconocerse que le sobraban motivos. «Por todas partes –escribía– el orden político se ha visto maltratado, perturbado o arruinado; por todas partes, las religiones han sufrido la plaga de herejías», para concluir que «todo está fuera de lugar y en confusión, y nada es como debería ser» [1]. Juicios de valor aparte, lo cierto es que importantes piezas de la cultura política europea estaban «fuera de lugar y en confusión» en ese momento. Desde iniciales posiciones de extra-

---

1. Louis Le Roy, *De la vicisitude ou varieté des choses en l'univers* (1575), ed. Ph. Desan, París, 1988, pp. 380-381; se responsabilizaba, naturalmente, a la novedad de «las *sectas,* surgidas en todas partes, que han destruido grandemente la paz pública y hecho desaparecer la misericordia entre los hombres». Sobre la contribución no sólo historiográfica de Le Roy, y su contexto, D. R. Kelley, *Foundations of Modern Historial scholarship. Language, law and history in the french Renaissance,* Nueva York, pp. 80 y ss.

ñamiento político y confesional, en la década de los setenta el nivel y densidad del debate de ideas estaba alcanzando dimensiones de auténtica *Kulturkampf*[2], y la situación llegó a expresarse mediante una sobreabundante literatura panfletística[3], e incluso sublimarse en bien complejos programas iconográficos[4], además de promover varias de las obras de orden mayor de la tradición de pensamiento político de la modernidad.

En el centro de esa complicada madeja ideal se debatían, crucialmente, problemas de *dominio absoluto y soberanía*. Y a su instancia y compás se pusieron en circulación conceptos nuevos –leyes *fundamentales*, mediación *eforal*–, se reacuñaron formas de argumentación –derecho *natural y de gentes*, «*ancient constitution*», posibilidad misma de una *science politique*– y se relanzaron ficciones de circulación generalizada, *Corona, état,* más todo el cortejo que componía

---

2. D. R. Kelley, *François Hotman. A Revolutionary's Ordeal*, Princeton, 1973, p. 260, y D. R. Kelley, *The beginning of ideology. Consiousness and society in the french reformation*, Cambridge, 1981, p. 293.

3. Una recopilación de material diverso –panfletos, manifiestos, edictos– en R. O. Lindsay/J. Neu, *French political panphlets, 1547-1648*, Madison, 1969. Para los vecinos Países Bajos, una selección en E. H. Kossman/A. F. Mellink, *Text concerning the Revolt of the Netherlands*, Cambridge, 1974, que resume bien otras recopilaciones e investigaciones inaccesibles. Lamentablemente, V. D. Caprariis, *Propaganda e pensiero politico in Francia durante le guerra di religione*, vol. I (1559- 1572), Nápoles, 1959, no continuó su encuesta más allá de 1572. Bien aprovechado parte de este ingente material en Kelley, *The beginning*, especialmente caps. VI y VII.

4. Como los que actualizaban los festivales de corte promovidos por Catalina de Medici en varias ocasiones ceremoniales de los setenta –incluyendo la embajada polaca de 1573 y su ofrecimiento de la «soberanía» a Enrique Valois; su estudio en R. Strong, *Arte y Poder. Fiestas del Renacimiento, 1450-1650* (1984), Madrid, 1988, pp. 105 y ss.–. Y también los que se contienen en los «Tapices Valois» de 1581/1582 –magistralmente estudiados en F. Yates, *The Valois Tapestries* (1959), Londres, 1975–, donde se expresa la identidad *politique* de la alianza de Guillermo de Orange y la dinastía Valois.

la tópica del *ius commune* europeo. Bajo condiciones de guerra civil confesional, se trataba de un trabajo *coral* de recomposición del léxico político europeo desde el punto bien sustantivo de las dimensiones y referentes de la *puissance absolue*. Desde una perspectiva de reconstrucción histórica –François Hotman, Bernard du Haillan– hasta otra de más altos vuelos filosóficos –Théodore de Bèze, Philippe du Plessis-Mornay–, pasando por la recuperación de textos inéditos –Étienne de La Boétie– y la relectura –Innocence Gentillet– de otros capitales y otras múltiples formas de expresión menores o tradicionales –Louis Le Roy, Nicolas Barnaud, Hubert Languet–, multitud de *voces* respondían, estridentemente a veces, al reto de una política que con la Noche de San Bartolomé (23-24 de agosto de 1572) discurría por derroteros difíciles de asimilar. En este punto, la contribución de Juan Bodino (1530-1596) fue directa y masiva –*Les six livres de la République* (1576), una «obra abierta» a través de sucesivas ediciones hasta la latina de 1586–, apoyada metódicamente –*Iuris universi distributio* (1578)– y desde luego nada improvisada –venía precedida por un *Methodus ad facilem historiarum cognitionem* (1566) y culminaría en 1588/1593 con la fusión de un doble itinerario político y religioso en el *Colloquium Heptaplomeres de aditis rerum sublimium arcanis*–. Si a esto añadimos que fue también contribución comprometida –con ocasión de los Estados Generales de Blois (1576), o del debate constitucional de Países Bajos (1578-1583)– y nada unidimensional –*De la démonomanie des sorciers* se publica en 1580– [5], queda así identificada una cota del mapa intelectual de esos años que no puede pasarse por alto fácilmente. La cuestión no resulta

---

5. Mas obra menor relevante, aunque no copiosa: listado completo a tener ya en cuenta, con indicación de ediciones, en H. Denzer, *Jean Bodin, Verhandlungen der internationalen Bodin Tagung in München*, Múnich, 1973, pp. 492-513. Noticia de ediciones recientes en nota bibliográfica.

tanto perder de vista esa posición cuanto identificar la *dirección* a la que apuntaba una contribución reconocidamente decisiva. El mundo poblado de *sectas* constituye aquí el necesario punto de partida, por contexto y por biografía.

Contexto y biografía en la génesis de «La République»

1. Juan Bodino no ha dejado, que sepamos, ningún tipo de reflexión –como sí hizo Thomas Hobbes– acerca de la coincidencia de su propia venida al mundo y el suceso de acontecimientos cruciales de la historia europea. En cualquier caso, en 1529-1530 la convergencia de reforma evangélica y conflicto constitucional, y la polarización confesional en el ámbito del Sacro Imperio –Dieta de Espira, Confesión de Augsburgo, Liga de Esmalcalda– inauguraban una dinámica de guerra civil religiosa [6] que no tardaría en sumergir a casi toda Europa, afectando en cualquier caso las líneas evolutivas de todas las formaciones políticas. La década de los cincuenta del siglo XVI –el tiempo que vio, con la paz religiosa de Augsburgo (1555), la cancelación de la guerra civil confesional en los territorios del Sacro Imperio– resulta ser el punto de no retorno para los fenómenos de politización del protestantismo y confesionalización de la política y la religión en los territorios gobernados por la dinastía Valois [7]. Francia pasa a ser el escenario de complejos fenómenos de

---

6. Una reciente e informada puesta a punto del concepto de guerra civil religiosa puede encontrarse en K. Repgen, «What is Religious War», en Kouti/Scott, *Politics and Society*, pp. 311 y ss.

7. A partir de este punto puede seguirse la imagen de conjunto compuesta por una de las máximas autoridades en el tema de confesionalización: E. W. Zeeden, *Hegemonialkriege und Glaubenskämpfe, 1556-1648*, Frankfurt, 1977. Resume el estado de la cuestión más puntualmente R. Po-Chia Hsia, *Social Discipline in the Reformation*, Londres, 1989.

imbricación íntima de *religión* y de *política*. El año 1559 adquiere significación de *tournant* fundamental: momento donde concurren *Pax Catholica* (Cateau-Cambrésis), accidente dinástico (la muerte inesperada de Enrique II el 10 de julio) y afianzamiento de posiciones confesionales, abriéndose una crisis para la monarquía francesa que tardará más de treinta años en cerrarse.

El calvinismo francés, que en la primavera de ese mismo año de 1559 veía cristalizar su identidad confesional con la reunión de su primer sínodo en París, vio en cualquier caso en la muerte de Enrique II, sobre todo, un acto de castigo divino sobre el príncipe que se había propuesto exterminar a sus súbditos heréticos. El 24 de julio de 1557 el Edicto de Compiègne ponía fuera de la ley, de la manera más rigurosa, a todo súbdito que profesara la *religion pretendue reformée*. Acompañado en la misma fecha de disposiciones que hacían de Carlos de Guisa, cardenal de Lorena, una especie de Gran Inquisidor, el edicto contenía una expresa declaración de guerra al calvinismo francés. Aunque el proyecto inquisitorial no llegaría a materializarse (en parte debido a la oposición radical del Parlamento de París), hacía evidente que tras la firma del tratado de Cateau-Cambrésis, en abril de 1559, Enrique II promovería la articulación de una política de fuerza contra sus súbditos protestantes. En este contexto –un contexto dotado de ramificaciones internacionales, hacia Inglaterra, Escocia y Países Bajos, que aquí no cabe desarrollar–, la captura del escenario político central por parte del clan de los Guisa implicó la exclusión de Antonio de Borbón, rey de Navarra, y su hermano Luis, príncipe de Condé, ambos príncipes de la sangre [8]. Precisamente hacia ellos se

---

8. La política de la época sólo puede comprenderse tomando bien en cuenta las redes clientelares establecidas por la atistocracia francesa: una reciente puesta a punto en S. Kettering, «Clientage during the French Wars of Religion», *Sixteenth Century Journal*, 20/2, 1989, pp. 221 y ss.

habían vuelto en busca de protección, concurrentemente, Calvino desde Ginebra y el entramado de la organización protestante que en esos momentos cuajaba en Francia. La implementación por los Guisa de la política de *extirpation et extermination* –era el vocabulario oficial– religiosa de Enrique II y luego de Carlos IX no podía dejar de provocar una violenta oposición. Cuestión *de religion* y cuestión *politique*, quedaban íntimamente entrelazadas. El calvinismo francés se convertía en *hugonoterie* –*factio eignoschaffica*, en expresión de Guillaume Poste [9]–, y de la posición de minoría religiosa perseguida pasaba a moverse en la trayectoria de la formación de una *cause* [10], mientras que la guerra iniciada por Enrique como defensor de la fe se convertía en hostilidades promovidas por ministros de una regencia precaria. La guerra civil religiosa, guerra confesional entre facciones político-religiosas dotadas de fuertes vínculos exteriores, había dejado de ser una hipótesis en el horizonte político francés.

En marzo de 1560, el oscuro episodio de la «conspiración de Amboise» representó el primer acto del enfrentamiento: una conspiración fracasada que intentaba romper el monopolio cortesano de la facción de los Guisa y la suspensión de la política de extirpación religiosa. Catalina de Medici, en cualquier caso, interpretó el momento como punto propicio para una política de relativa moderación. Pudo hacerlo en el terreno de la definición de esa política; la frustración de la posible implementación corrió a cargo de los católicos franceses. Esto centra bien el núcleo del problema en los años de guerra civil recurrente inmediatamente posteriores. De hecho, el contencioso básico que enfrentaba a los franceses en

---

9. Citado en H. Hauser, *Les sources de l'histoire de France. XVI siècle*, III, París, 1912, p. 176.
10. Kelley, *Beggining*, cap. VII, compone un magnífico tratamiento de los mecanismos de formación de la lógica de *cause*.

la segunda mitad del XVI no se libraba entre los hugonotes y la Corona, sino entre la Corona y el extremismo católico [11] –un extremismo centrado en torno a los recursos políticos del clan Guisa-Lorena y un buen número de *fuorusciti,* de origen italiano.

Una cierta medida de reconocimiento hugonote fue alcanzado durante 1560, culminando en el edicto de enero de 1562 por el que los hugonotes recibían una limitada y relativa tolerancia. En cualquier caso, el extremismo católico estaba en condiciones de obstruir cualquier acuerdo entre la Corona y los hugonotes, aunque no en condiciones de imponer los términos de las sucesivas rondas de pacificación y subsiguientes edictos. La ayuda exterior (Roma y Madrid) está en parte detrás de esta capacidad del catolicismo francés. Cuando en abril de 1561 la facción de los Guisa pareció perder el control sobre la corte, el catolicismo francés afirmó sus posiciones y mediante los oportunos contactos exteriores forzó la expulsión de los protestantes del Consejo de Carlos IX. El Edicto de enero de 1562 se convirtió en el primer blanco de la guerra religiosa promovida por los Guisa.

Tres guerras de religión jalonan la evolución de los acontecimientos hasta 1570 (1562-1563, 1567-1568, 1568- 1570). Sus vicisitudes interesan menos que el recurrente modelo que parecen observar: por parte católica, intentos para monopolizar el espacio de la corte, para impedir cualquier acuerdo religioso, y para torpedearlo de llegar a producirse. Y por otro lado, por parte hugonote, no pudiendo esperarse la derrota abierta de los católicos (sobre todo si éstos controlaban al «cuerpo natural» del rey), siempre estaban en situación de mover y mantener una guerra de desgaste especialmente allí donde radicaban sus más eficaces bases políticas, el sur y el oeste francés. Todo ello originaba una situación de

---

11. N. M. Sutherland, *The Huguenot Struggle for Recognition*, New Haven, 1980, p. 3.

punto muerto. En esa situación, por lo demás, se adensaba un cierto fermento de ideas, creciente en ciertos sectores (*moderadores, moyenneurs,* o más derogatoriamente –por el momento– *politiques*) que sobre la base de naciones de «concordia» luego avanzarían ideas de paz religiosa o alternativa *politique*[12].

Con la paz de Saint-Germain en agosto de 1570[13], los hugonotes se aseguraron garantías para buena parte de sus demandas (incluyendo cierto grado de libertad religiosa, civil, y cuatro *places de sûreté*). Además, en agosto de ese mismo año, el clan de los Guisa dejó de controlar la corte. El edicto y paz de Saint-Germain significaba así un jalón de referencia básico para la *cause.* Desde este punto y hasta la Noche de San Bartolomé (23-24 de agosto de 1572), los acontecimientos discurrirían potenciando las afiliaciones exteriores de todos los contendientes confesionales, con la política española en Países Bajos como polo fundamental de atracción[14].

2. La Noche de San Bartolomé hizo de la «extirpación y exterminación» algo más que una fórmula cancilleresca, con sus tres mil muertes en París y diez mil en provincias. Pero a los efectos de una historia de las ideas políticas, interesa no menos que, inmediatamente, la misma monarquía

---

12. Este complejo universo tiene ahora una sólida construcción, centrada biográficamente: M. Turchetti, *Concordia o Tolleranza? François Bauduin (1520-1573) e i «moyenneurs»,* Milán, 1984.
13. A partir de aquí convendría seguir más de cerca los edictos de pacificación: puede ahora hacerse mediante la recopilación de A. Stegmann, *Edits des guerres de Religion,* París, 1979, pp. 67 y ss. para este punto concreto.
14. Reconstrucción de esa trayectoria en N. M. Sutherland, *The Massacre of St. Bartholomew and the European conflict, 1559-1772,* Londres, 1973, y el complemento de la misma autora «The Massacre of St. Bartholomew and the Problem of Spain», en A. Soman, ed., *The Massacre of St. Bartholomew. Reappraisals and Documents,* La Haya, 1974, pp. 15 y ss.

aseguraba el respeto de los edictos [15] a la vez que asumía la responsabilidad de lo sucedido declarando, el 26 de agosto, «au Parlemente, et la seant en son lit de justice» [16] esto es, al máximo nivel formal– que todo había sucedido «par son exprès commandement» [17]. No cabía conciliación entre esos dos cursos de razonamiento. Hotman lo supo expresar muy claramente: era la identidad misma de la *majestas* real lo que se ponía en juego, porque «¿cómo puede reconocerse *majestad* alguna en tal monstruo?, ¿cómo puede aceptarse como rey a quien ha derramado la sangre de treinta mil personas en ocho días?» [18]. No había sido ése el tenor del debate de ideas movido al compás de las anteriores tres guerras de religión, donde era el «mal consejo» de los Guisa, o en su caso «la tiranía española» (Felipe II), quienes estaban en el punto de mira de la panfletística que acompañaba cada rebelión [19]. Empezaba una labor, quizá más convergente que divergente, de recomposición de las bases de la obligación política. Y eso, radicalmente, en el sentido más literal de la expresión: desde la identidad misma del *quod principi placuit,* en torno al alcance y límites del *car tel est notre plaisir* de las disposiciones regias, diseccionando hasta donde pudiera ser posible los arcanos del *commandement,* y en el sentido de definitiva formalización de coordenadas libertarias, que ahora, con la presión de estas «guerras más que civiles» van a alcanzar su expresión de alguna manera clásica, acuñándose algunos de sus motivos típicos. La neutralización del «cuerpo

---

15. *Lettres de Henri III,* ed. M. François, París, 1959, I, núm. 631 (24 de agosto, 1572).
16. E. Pasquier, *Lettres historiques pour les annés 1556-1594,* ed. D. Thickett, Ginebra, Droz, 1966, p. 207.
17. Isambert/Decrusy/Taillandier, eds., *Recueil général des anciennes lois françaises,* París, 1829, XIV, 257 (28 de agosto); cf. Sutherland, *Huguénot Struggle,* pp. 209-210.
18. Hotman, en carta a Gualter de enero de 1573, cit. en Kelley,
19. Kelley, *Beginnings,* pp. 276 y ss.

natural» del rey que así intentaba contra el «cuerpo político y místico» del reino –o cuando menos contra algunos de sus miembros– tenía que ser, al menos en parte, reinventada.

Las condiciones políticas en que tal reinvención tenía que ser acometida tenían mucho de inédito, nada parecidas a las que presidieron las tres primeras guerras de religión. En agosto de 1572, ni la monarquía ni los católicos, ni los hugonotes, habían previsto una nueva guerra civil. Se abría ahora, más bien, un periodo de extrema confusión, marcado por un notorio esfuerzo calvinista de autoorganización en Languedoc y el sur, y la limitación de operaciones militares al asedio de La Rochela, durante los primeros meses de 1573. El asedio sirvió, sobre todo, para reunir frente a la ciudadela protestante a un importante segmento de la nobleza francesa cuyo denominador común era la oposición a los Guisa. Sobre todo, este grupo de *malcontents* se arremolinó en torno a Francisco de Valois, duque de Alençon, el menor de los hermanos de Carlos IX. Una alineación potencialmente peligrosa para la monarquía, desacreditada y enfrentada a unos hugonotes momentáneamente carentes de dirección. La oposición abierta entre Alençon y sus dos hermanos, Enrique, duque de Anjou, y Carlos IX, polarizaba la situación: sin formar un *parti des politiques,* este *malcontentement* contenía sin embargo un potencial político bien sustantivo [20].

La elección de Enrique de Valois –un *guisard*– como rey de Polonia, en mayo, despejó momentáneamente la situación y en cualquier caso apresuró la conclusión de una paz y la promulgación de un edicto –de Boulogne, en julio–, cuyo

---

20. Se cuenta ahora con una importante biografía: M. P. Holt, *The Duke of Anjou and the Politique Struggle during the Wars of Religion,* Cambridge, 1986, pp. 28 y ss., que revisa drásticamente la noción de «parti politique», una construcción historiográfica más que otra cosa (cf. Decrue, *Le parti des politiques au lendemain de la Saint-Barthélemy,* París, 1892).

contenido centra perfectamente la naturaleza del problema de fondo al que había que enfrentarse: no como el de Saint-Germain de 1570 –en realidad nunca revocado *de iure*– carecía el edicto de julio de 1573 de cláusulas de tolerancia religiosa [21]. Una resolución semejante no podía en realidad hacer durar la paz. En el sur y centro-oeste, mientras tanto, *réglements* generados por diversas asambleas hugonotes dotaban de estructura a un esfuerzo organizativo capaz de plantear –en agosto de 1573– una completa alternativa –*vraye réintégrance d'amitié*– a la paz «a medias» de Boulogne. El combustible ideal de esta trayectoria acababa de ser aportado por Théodore de Bèze y François Hotman, que redactaban y completaban, respectivamente, en esos meses, sus bien complementarios *Droit des magistrats* y *Francogallia*: con estos textos, la literatura del calvinismo político pasaba de la narrativa de la «estratagema» –*De Furoribus Gallicis*, de Hotman, o el primer diálogo de *La Réveille-Matin des François*, de autor no bien localizado, quizá Barnaud– a la articulación, desde la perspectiva de la resistencia, de nuevos fundamentos del orden libertario.

Con todo ello, de 1573 a 1576 existió más bien una situación que no era «ni de paz ni de guerra, más bien un estado incierto de caos crecientemente peligroso». Una de las piezas más importantes de todo este movedizo ajedrez político-religioso era, sin duda, Francisco de Alençon, el más destacado –y políticamente rentable– de *los malcontents*, quien con la salida, a finales de 1573, de Enrique hacia Polonia, pudo reforzar su posición como punto de referencia fundamental del horizonte político para toda posición de moderación religiosa protestante o católica, y contraria al extremismo católico de los Guisa. Y desde esta perspectiva pudo también contemplar la posibilidad de imponer cierta torsión en los planes de sucesión diseñados con ocasión de la

---

21. Stegmann, *Edits*, 83 ss. Cf. Sutherland, pp. 212 y ss.

elección de Enrique como rey de Polonia. En efecto, en agosto de 1573 Carlos IX emitió un edicto que dejaba bien claro el orden de sucesión: de producirse sin descendencia directa la muerte de Carlos, la Corona pasaría a Enrique y a sus herederos masculinos, y sólo faltando éstos, a Alençon y los suyos. Registrado por el Parlamento de París, el edicto podía, sin embargo, verse sobrepasado en caso de lograr Alençon una posición de fuerza como *Lieutenant-Général,* y contando con el apoyo de *malcontents, politiques* y *hugonoterie.* Al final, la captura del trono no fue posible, pero al compás de una historia tremendamente accidentada entre 1574 y 1576, cierto grado de colaboración sí se dio entre todos esos sectores, forzando una salida en términos de paz religiosa, de trasfondo *politique,* formalizada en mayo de 1576 con la Paz de Beaulieu [22]. El privilegio de impresión de *Les six livres de la République* lleva fecha de agosto de 1576.

Juan Bodino era desde 1571 consejero y *maître de requêtes* de Francisco de Alençon. La incorporación a la corte, y más precisamente al entramado clientelar de quien pasaría a centrar en un momento inmediato buena parte del juego político, marca un paso decisivo en la biografía de Bodino. Pero sobre todo en el estrecho engranaje de esos años entre biografía y contexto político radican seguramente –aparte posibilidades de promoción personal, ligadas en lo sucesivo a la fortuna política del regio patrón– varias de las claves de lectura de la *République,* cuya composición cristalizará en estas coordenadas entre 1574 y principios de 1576 –como contribución al esfuerzo de paz religiosa que cristalizó– momentáneamente, pero apuntando las bases de resolución del conflicto confesional, en la Paz de Beaulieu, paz *de Monsieur* en el entendimiento de que Alençon había sido la pieza clave

---

22. Sobre este jalón fundamental de las guerras de religión que adelanta las coordenadas del posterior Edicto de Nantes (1598), A. Stegmann, *Edits,* pp. 97 y ss., para el texto, y Sutherland, *Hugenot Struggle,* pp. 228 y ss.

de su posibilidad. Interesa ahora reconstruir, siquiera mínimamente, el perfil intelectual, y los materiales que entran en su composición, del consejero de Alençon en el momento de ponerse a redactar lo que serían, en 1576, las casi ochocientas páginas de la primera edición de *Les six livres de la République*.

3. En 1545 pueden seguirse ya los pasos en París de Juan Bodino [23]. Había ingresado muy joven en la orden de los carmelitas, y en ese año se traslada a la capital para proseguir sus estudios en el *studium generale* de esta orden. Interesa subrayar que se trata de un contexto notoriamente abierto en cuanto a sensibilidad religiosa se refiere, bien propicio a la discusión, en un lenguaje místico, de problemas de oración, iluminación, purificación y profecía. Y además nada refractario a las corrientes de pensamiento religioso de la Reforma. A este contexto deberá Bodino no tanto su educación formal como la fuerte impronta inicial de una espiritualidad altamente peculiar [24]. El París al que accede el joven carmelita era arena de discusión, por supuesto que religiosa y política –en el momento de un cambio de reinado (1547) especialmente significativo–, pero no menos de importantes cuestiones de tópica filosófica (Pierre de la Ramée en estos mismos años cuarenta marcaba, y no en solitario, un importante punto de inflexión en las cuestiones de lógica y pedagogía). Y el panorama tenía algo

---

23. Había nacido en Angers, en algún momento no bien localizado de 1529 o 1530 (entre junio y julio de esos años: primera incertidumbre de su biografía). Su padre era *maître tailleur*, de posición acomodada en el medio artesanal, y con conexiones familiares con pequeños propietarios agrarios y profesionales. Parecen descartables orígenes hebreos: J. Levron, *Jean Bodin et su famille*, Angers, 1950, y J. Saillot, «Jean Bodin, sa famille, ses origines», en *Jean Bodin. Actes de Colloque Interdisciplinaire d'Angers*, Angers, 1985, pp. 111-118, para más recientes precisiones.
24. Rose, *Bodin and the great God of Nature*, pp. 79-84.

más que su complemento en las lecciones de latín, griego y hebreo que podían seguirse en el *Collège Royal*, fundado por Francisco I [25].

Un oscuro episodio de proceso por herejía en 1548, no bien localizado, marca el tiempo final de esta estancia parisina, y en cualquier caso informa acerca de una situación de abierta inquietud religiosa. En 1549 Bodino abandona la orden y en 1550 puede retomarse su pista en Toulouse, en su Facultad de Derecho. Con este paso, Bodino accedía, en un momento fundamental de su formación intelectual, a un campo disciplinar donde se libraba uno de los más apasionantes –y apasionados– debates culturales de la época: el encuentro nada pacífico de *mos italicus* y *mos gallicus* –debate no sólo jurídico, habida cuenta de la identificación de la *iurisprudentia* como *vera philosophia*–. En fuerte competición con centros como Orleans, Poitiers y Bourges, Toulouse destacaba, aparte de por su relativo conservadurismo –medido en términos de romanismo y antirromanismo–, por su carácter problemático; de ahí la estrecha conexión (y vigilancia) de la estructura universitaria con el Parlamento y los *États* provinciales. A este cuadro pertenecen, en los años inmediatamente anteriores a la guerra civil, nombres de figuras importantes del horizonte intelectual y religioso como Jean de Coras, Arnaud Ferrier, Jacques Cujas, Louis Le Roy y Étienne Dolet [26].

---

25. R. J. Knecht, *Francis I*, Cambridge, 1982, caps. 9 y 17.
26. Kelley, *Beginning*, pp. 158-163, para una imagen rápida. Sobre Toulouse en concreto, H. Gilles, «La Faculté de Droit de Toulouse au temps de Jean Bodin», en *Jean Bodin. Actes*, pp. 313 y ss., vol. II. Los estudios de D. R. Kelley, «Civil Science in the Renaissance: Jurisprudence Italian Style» (1979) y «Civil Science in the Renaissance: Jurisprudence in the French Manner» (1981), ambos en *History, Law and the Hummans Sciences. Medieval and Renaissance Perspectives*, Londres, 1984, caps. VI y VII, son la referencia básica para el debate jurídico en cuestión. Más recientemente, multitud de detalles y revisiones en Fell, *Origins*, III, *passim*.

Los años de Toulouse –la década de los cincuenta– marcan un jalón decisivo en la cristalización de la identidad intelectual de Bodino. No se trataba sólo, aunque esto es bien importante, de la adquisición de un entrenamiento formal en el lenguaje –jurídico– crucial para la articulación de cualquier reflexión política, lenguaje por lo demás dotado de relevancia filosófica inmediata [27]. Era no menos importante un ambiente de fuerte efervescencia religiosa, con numerosos y reiterados casos de transgresión de fronteras de afiliación religiosa, por lo demás no nítidamente establecidas. En cualquier caso, y significativamente, desde estas posiciones los primeros resultados materiales de la actividad de Bodino se producen en un terreno más comprometidamente cercano a la filología: publicará en 1555 una traducción y comentario de la *Cynegetica* de Oppiano *(De Venatione libri IV)* [28]. De la intersección de los problemas de biografía personal y de debate pedagógico y humanista del momento es testimonio la publicación, en 1559, de la *Oratio de Instituenda Iuventute,* dirigida al medio parlamentario de la ciudad [29]. Y al final del período tolosano cristaliza lo que más tarde (1578) se publicará como *Iuris universi distributio,* una muy personal recomposición de los puntos cardinales de toda la jurisprudencia que, por lo demás, no deja de registrar una fuerte impronta de los trabajos de tópica jurídica de Jean Coras, cuyo *De iure civili in artem redi-*

---

27. D. R. Kelley, «Vera Philosophia: The Philosophical Significance of Renaissance Jurisprudence» (1976), en *History.*
28. Primer, y no último, episodio rodeado de acusaciones de plagio, cuando menos parcial, en este caso concerniente a Adrien Turnebe, profesor de griego de la Universidad de París. Para éste y otros casos que puntean la biografía intelectual de Bodino (Coras, Smith, Postel), Fell, *Origins,* III, cap. XIII.
29. Y no a los cuadros municipales: revisión y análisis de la *Oratio* en Fell, *Origins,* III, cap. II, y desde otra perspectiva, Rose, *Bodin,* cap. I, ambos dejando atrás anteriores estudios de Mesnard. Además, Caprariis, *Propaganda,* pp. 327 y ss.

gendo toma forma en 1557-1558 y se publica en 1560[30]. Dos fragmentos, *De imperio et iurisditione* y *De decretis et iudicis,* en la misma clave de profundización sobre el concepto de *legis actio* que al parecer centraba las preocupaciones de Coras, compuestos en estos mismos años, no se han conservado, destruidos tardíamente por el mismo Bodino.

La década de los sesenta se abre para Bodino en París. Abandonando más o menos forzadamente las posibilidades de una carrera académica en Toulouse, desde 1561-1562 ejerce como abogado en el Parlamento de París. No es sólo la práctica del foro con lo que se entra en contacto. El Parlamento de París constituía en ese preciso momento un espacio fuertemente problematizado por cuestiones políticas y religiosas. El reciente *affaire* Du Bourg (1559) había puesto definitivamente sobre el tapete el explosivo problema de la convergencia de herejía y jurisprudencia profesional, convergencia coincidente con la cuestión constitucional abierta por la prematura muerte de Enrique II. Politización y confesionalización del medio *parlamentaire* en su centro vital de París promovían debates ideales de la más alta incandescencia provocando intensos intercambios entre los dominios de la jurisprudencia y la teología[31]. En estas coordenadas –de las que formaba parte además el fracaso del *colloque* de religión en Poissy (1562) y la primera guerra de religión (1562-1563)– el contacto de Bodino con la práctica judicial del más alto tribunal francés se traduciría en una relativa reevaluación de los aspectos de practicismo jurídico propios del bartolismo y en un distanciamiento relativo de la pura filología

---

30. La conexión forma el núcleo y fundamento de la reciente aportación de Fell, *Origins of legislative sovereignty and the legislative state,* III; *Corasius and the Renaissance Systematization of Roman Law,* Cambridge, 1983, y *Origins,* III, donde se individualiza a Coras como fuente capital de la recomposición tópica bodiniana.

31. Una imagen rápida pero muy elocuente, Kelley, *Beginning,* pp. 171 y ss.

jurídica tal y como venía representada por Cujas. Los materiales acarreados durante la época tolosana (el énfasis sobre el *ius naturas* y el *ius gentium*, la insistencia sobre la interpretación histórica del *ius civile* y el imperativo de estudio lo más amplio y comparado posible de la historia y la legislación de las diversas sociedades humanas) terminarían cristalizando en el *Methodus ad facilem historiarum cognitionem*, publicado en París en 1566 [32]. En el horizonte político, religioso e intelectual de mediados de la década de los sesenta, el *Methodus* de Bodino no comparece en solitario. Son los años en que en torno al canciller Michel de l'Hôpital parecen centrarse las posibilidades todavía abiertas de reforma política y compromiso religioso [33]. Los trabajos histórico-jurídicos de François Hotman –redacción del *Antitribonian* y encuesta histórica sobre el pasado francés que más tarde resultaría en la *Francogallia*– o de comentario de la *Política* de Aristóteles por Le Roy (publicado en París en 1568) representan, desde perspectivas diversas, inquietudes intelectuales convergentes. El *Methodus*, con su colecta empírica y alcance comparativo como medio a través del cual llegar a una *civilis disciplina*, intentaba también medirse con la *Política* aristotélica, componiéndose así un eslabón importante de la reelaboración del aristotelismo político y moral en la que estaba fuertemente implicado el Renacimiento del quinientos [34] –si bien de una manera no perfectamente reducible a los módulos del *ars historica* del momento [35].

32. Y luego reeditado, siempre con reelaboraciones: en 1572 (París), 1576 y 1579 (Basilea), 1583 y 1591 (Lyon y Heidelberg), 1591 (Ginebra), 1599 (Estrasburgo) y ocho ediciones en el siglo XVII hasta 1672.
33. Kelley, *François Hotman*, cap. VIII. Páginas cuyo interés trasciende a Hotman.
34. Sobre aristotelismo renacentista, breve pero muy ajustado R. Tuck, *Natural rights theories. Their origin and development*, Cambridge, 1979, cap. II, en concreto, p. 44 sobre Le Roy.
35. Kelley, *Foundation*, 13, sobre el alejamiento de Bodino respecto a la «mainstream of humanist learning and of historicism».

A la resonancia casi inmediata alcanzada por el *Methodus* no pareció corresponder una similar fortuna en el terreno de la práctica forense. A finales de los sesenta Bodino aparece en diversas formas conectado a los engranajes administrativos de la monarquía francesa. Los debates técnicos en torno a la reforma monetaria en curso promueven su *Response aux paradoxes de monsieur de Malestroit,* publicada en 1568. Y aparecerá como representante del *procureur-général* en los *grands jours* de Poitiers (1567). En cualquier caso, son también años en que vuelve a prender la guerra civil (1567-1568 y 1568-1570), y con la obligada alineación confesional las cuestiones de índole religiosa pasan a primer plano en la biografía de Bodino [36]. En 1567-1568 tendría lugar una especie de transfiguración o conversión religiosa, en clave profética, que provocaría en su sensibilidad religiosa una fuerte impronta anticristiana. En cualquier caso, en un momento en que el edicto de agosto de 1568 imponía sobre los oficiales de la Corona un juramento de catolicidad, la aplicación en 1569 de tal disposición se saldó para Bodino en año y medio de prisión, hasta ser liberado con ocasión del edicto de pacificación de agosto de 1570. No hubo luego problemas para una reincorporación rápida al aparato administrativo francés, esta vez con un cargo de mayor relevancia, de naturaleza comisarial, en Normandía. El naufragio relativo de su misión de recuperación del *domaine* real no bloquearía una inmediata promoción, no ya meramente administrativa.

4. En este punto, la *Carta* de Bodino a Jean Boutru de Matras –para la que puede aceptarse la datación de 1568-1569 [37]– expone las claves de una sensibilidad religiosa que

---

36. Rose, *Bodin,* pp. 164 y ss., revisión fundamental de la cronología.
37. Rose, *Bodin,* p. 190, y todo el capítulo VIII, en extenso, y «Bodin's Universe», pp. 283-285, resumidamente, para lo que sigue.

trasciende las precisas delimitaciones de las afiliaciones confesionales del momento. Esa sensibilidad religiosa ha venido perfilándose, a partir de bases borrosas pero firmes, desde los años tolosanos. Un examen atento de la *Oratio* muestra que a finales de los años cincuenta Bodino había perfilado ya los contornos de su peculiar concepto de *vera religio*. Desde esas fechas tempranas, la figura de un *Grand Dieu de Nature* permitía la síntesis de lo divino y lo natural típica de su pensamiento de madurez. Los conceptos y opciones intelectuales que de tal sensibilidad derivaban informaban la filosofía moral que a su vez servía de matriz para su filosofía política, impensable en términos secularizados y puramente positivistas. *Vera religio,* en definición de Bodino, *«aliud nihil esse quam purgatae mentis in Deum veram conversionem»* [38], resulta ser, tras dos décadas de refinamiento, varias conversiones y una profunda y crucial crisis en los años 1567-1570, de raíz más hebrea que cristiana, anclada en la influencia de Maimónides y sobre todo Filón de Alejandría –y no de ningún platonismo, a pesar de la semejanza de ciertas ideas universalistas–. Durante los años cincuenta se produjo en Francia un interesante fenómeno de recuperación de Filón, editado en 1552 por Adrien Turnèbe, quien proporcionaría dos años más tarde la versión latina. En Filón pueden encontrarse muchas de las claves de la religión de Bodino: principios de ordenación y jerarquización de los seres, equivalencia de derecho divino y natural, la idea neoestoica y no-cristiana de *pneuma* y su aplicación al alma humana y los espíritus angélicos y demoníacos, la idea hebrea de profecía, así como sus conexiones con el concepto de virtud, la figura de Gran Dios de la Naturaleza. También la raíz de conceptos más reductiblemente políti-

---

38. Juan Bodino, «Carta a J. Boutru de Matras», P. L. Rose, ed., en *Selected Writings on Philosophy, Religion and Politics,* Ginebra, 1980, pp. 79-81, en concreto p. 79.

cos, con el énfasis en las funciones de creación y preservación del orden jurídico. Según parece, fue una primera aproximación a Filón lo que provocó en Bodino una inicial cristalización de una religión universal y no-confesional, primer estadio de su conversión a la *vera religio*. En 1566 Bodino había alcanzado un segundo estadio, una *vera religio* judaizada organizada en torno a las nociones de purificación y profecía. La relectura de Filón en 1567-1568 precipitaría un tercer y definitivo estadio de conversión. A través de esta triple conversión, Bodino había adquirido, a punto de entrar en la década de los setenta –en la que se producirían significativos desarrollos políticos y constitucionales– una religión natural y a la vez revelada, cuyo Dios era a la vez trascendente e inmanente, y en la que la libre voluntad resultaba compatible con la intervención providencial, en la que las virtudes superiores ya no admitían una definición teológica pero no por eso habían pasado a ser secularizadas.

Una matriz religiosa altamente compleja y personal, en cualquier caso nada impropia del fermento religioso del quinientos [39]. En definitiva, unas coordenadas de ordenamiento de la filosofía moral y política que escapaban a la alineación confesional, sin caer en el escepticismo [40]. En definitiva, un

---

39. El caso de Guillaume Postel ilustra bien este fermento –que se suele pasar por alto en lecturas más «lineales»– doblemente interesante por sus conexiones bodinianas. Aquí pueden ayudar las muy informadas páginas de C. Vasoli, «L' "Homo novo restitutus" di Guillaume Postel: gli anni veneziani», en *Ragione e «Civilitas». Figure del vivere associato nella cultura del 500 europeo*, S. Bertelli, ed., Milán, 1986, pp. 196 y ss. (que reenvía a la copiosa literatura especializada: Secret, Bowsma y Kuntz).

40. Como es sabido, en este mismo punto cronológico de paso a la década de los setenta se sitúa el momento de inflexión de la biografía de Michel de Montaigne del que surgirá la primera redacción de los *Essais*. Para los resultados, A. M. Battista, *Alle origini del pensiero politico libertino. Montaigne e Charron*, Milán, 1979.

combustible moral y religioso que demostraría un alto rendimiento cuando la guerra civil religiosa transite el cabo de las tormentas de la Noche de San Bartolomé.

En el momento de la publicación de la *République;* en 1576 la incandescencia de la conversión de Bodino había remitido, pero no habían sufrido alteración las coordenadas fundamentales de su universo religioso y moral. Ahora aparecerán conectadas al proyecto político que había resultado, en mayo de 1576, en el Edicto de Pacificación de Beaulieu. Engranando con la apuesta de paz religiosa que se articulaba en este fundamental jalón de toda esta historia de guerra civil confesional, y de alguna manera representando su despliegue o apoyatura ideal, se edita en París *Les six livres de la République*. Las casi ochocientas páginas del texto se habían compuesto, entre 1574 y 1576, en estrecho contacto con el centro del escenario político, la corte de los Valois en el momento del acceso al trono de Enrique III (1574), y sobre todo François d'Alençon, pieza indispensable en todo el montaje que había desembocado en la Paz de Beaulieu. La indiferencia confesional, que ya era patrimonio de Bodino a principios de los setenta, adquiriría ahora el formato de una visión de la política que podía tener muchos puntos de contacto con las posiciones de los *politiques*. Pero no se agota en un discurso *politique*. Esa indiferencia confesional –que adquiriría otros formatos textuales en momentos posteriores– tenía su lado más positivo en la noción de *Grand Dieu de Nature,* que desde el mismo prefacio de *Les six livres,* dedicados a Guy Faur de Pibrac, comparece para organizar la redefinición de la *puissance absolue:*

Pues así como el Gran Dios de la Naturaleza, muy sapiente y justo, manda *(commande)* a los ángeles, así los ángeles mandan sobre los hombres, los hombres sobre las bestias, el alma sobre el cuerpo, el cielo a la tierra, la razón a los apetitos: con el fin de que quien está menos capacitado para mandar *(habile à commander),* sea conducido y guiado por quien puede protegerle y preservarle por medio de su obediencia [41].

La política de «La République»: soberanía y orden libertario

1. La conocida definición que abre *Les six livres,* donde se introduce de manera directa el concepto de *República,* le parecía a Ch. McIlwain «in many ways the most significant thing in that great work» [42]. Se comparta o no esta opinión –y hay buenas razones para compartirla–, esa definición constituye, en cualquier caso, el punto de partida obligado en la reconstrucción del universo político de Bodino:

República es un recto gobierno *(droit gouvernement)* de varias millas *(mesnages)* y de lo que les es común, con poder soberano *(puissance souveraine)* [43].

En realidad la definición tiene, como todo el capítulo que inaugura, la función de conectar el concepto de *vera religio* con la argumentación *politica* que se va a desplegar.

El desenvolvimiento de esa posición inicial exige de Bodino una inmediata aclaración sólo a primera vista de método, en realidad bien sustantiva [44]: «la definición no es otra

---

41. Juan Bodino, *Lex six livres de la République,* Frémont *et alii* ed., París, Fayard, 6 vols., 1986, I, p. 13 (que es la edición que se utilizará en adelante, remitiendo al libro, capítulo y página correspondientes).
42. Ch. H. McIlwain, *Constitutionalism. Ancient and Modern* (1940), Ithaca, 1983, p. 135.
43. *République,* I.1, 27. Como en otras ocasiones, convendrá retener la definición latina: «Res publica est familiarum rerumque inter ipsas communium summa ac ratione moderata multitudo».
44. Sobre estas cuestiones de método, una de las más debatidas respecto a Bodino, contiene un útil resumen C. Vasoli, «Il metodo ne "La République"», en *La «République» di Jean Bodin. Atti del convegno di Pe-*

cosa sino el fin del sujeto que se presenta», derivando de ello la necesidad de «buscar en todas las cosas la finalidad principal, e inmediatamente los medios de acceder a ella». *Droit gouvernement* aparece así como medio remitido a un fin, y la República *bien ordenada* –como se expresaba en la titulación del capítulo– no aparece en ningún momento como gobierno caracterizado por la posesión de soberanía, sino como *recto* gobierno. En este sentido, puede afirmarse que el resto de la obra constituye fundamentalmente un conjunto de variaciones sobre este tema del gobierno atenido a la categoría de lo justo. Bodino se sitúa así en la perspectiva nuclear de la constitución libertaria, tal y como se encontraba ésta expresada mediante las nociones de *government by constitution* –como opuesto a *government by will*– o en otra formulación, de *Enrådighet* (gobierno único atenido a consejo o ley) –como contrario de *Envälde* (gobierno único a voluntad)[45]–. «Recto gobierno según las leyes de la naturaleza» constituye, según Bodino, «auténtico signo de amistad» *(vraie marque d'amitié)*, vínculo comunicativo fundamental de una *societas civilis sive res publica* ordenadamente constituida[46].

Remitiéndose a la *Ética a Nicómaco,* Bodino hace de las «virtudes intelectuales y contemplativas» el fin último de la República, ejercitación de la «contemplación de cosas naturales, humanas y divinas» que permite así reconocer al

---

rugia, 1980, Florencia, 1981, pp. 3 y ss.; sin olvidar el excelente planteamiento más general de D. R. Kelley, «The Development and context of Bodin's Method» (1973), reproducido en *History, Law and the Human Science,* cap. VIII.

45. Para estas categorías, por todos, S. Barudio, *Absolutismus, Zerstörung der «libertären Verfassung»,* Wiesbaden, 1976, pp. 27 y ss., que constituye la tercera parte, única publicada, de su *Das Wohlproportionierte regiment. Begriffs un Fallstudien zur «Schwedischen Verfassung» zwischen 1633 und 1693 unter besonderer Beachtung der Kategorie des Gerechten,* Frankfurt, Universidad J. W. Goethe, 1973.

46. *République,* I.1, p. 30.

«Gran Príncipe de la Naturaleza» *(Grand Prince de Nature)* [47]. Prudencia, conocimiento *(science)* y «religión verdadera» *(vraie religion)*, manifestaciones del más elevado grado de la *virtud*, componen la verdadera sapiencia *(vraie sagesse)*, donde reside el más elevado extremo de felicidad de este mundo [48]. Las acciones *políticas* cumplen una función de mediación, a través del *droit gouvernement*, respecto a la consecución de ese fin contemplativo. Y esta elaboración y conocimiento de las *reglas políticas* que tocan a la República así «bien ordenada» no tienen nada que ver con «figuraciones de República en Idea sin efecto», como era el caso con Platón o Moro [49]. Se trata aquí, en definitiva, de una posición estructural de la *virtud* que, planteada en este capítulo de apertura, va a servir de criterio fundamental a lo largo de toda la obra y por lo demás en perfecta coexistencia con el resto de los jalones de experimentación intelectual de la biografía de Bodino [50]. Estas posiciones iniciales transparentan bien cómo en el objetivo de *Les six livres* de 1576 estaba, quizás primariamente, promover el incremento de la *virtus politica*, sin la cual no podía sobrevivir una república bien ordenada. Y desde esta perspectiva, *Les six livres* cobran sentido como una aportación, nada menor, a la transformación y reproducción del viejo tema de la *virtud*, estructura de fondo de la *Alteuropa* [51]. Las explicaciones bodinianas de ascenso, plenitud y derrumbamiento de repúblicas aparecen

---

47. *République*, I.1, p. 31.
48. *République*, I.1, pp. 32-33.
49. *République*, I.1, p. 31.
50. Examen detenido del concepto de *virtud*, Rose, *Bodin*, pp. 17 y ss., 42 sobre el *Methodus* y la *République*; sobre el capítulo de 1576 que nos ocupa, Rose, «Bodin's Universe», p. 278.
51. Por todos, O. Brunner, *Vita nobiliare e cultura europea* (1949), Bolonia, 1982, cap. II, «Ethos e mondo culturale della nobilità europea», pp. 85 y ss. Y sobre este punto de «educación para la constitución», G. Barudio, *Gustav Adolf - der Grosse. Eine Politische Biographie*, Frankfurt, 1982, pp. 64-81.

siempre ligadas no a variables de riqueza o mero poder, sino al grado de *virtus* en cuestión. La República romana floreció con Papirius Cursor porque «nunca jamás la disciplina militar y doméstica, las leyes y ordenanzas estuvieron mejor ejecutadas, mejor guardada la fe, mantenida más santamente la religión, y los vicios más severamente castigados». Por el contrario, el sin embargo muy poderoso Imperio de Trajano no conservaba sino «la sombra de la antigua *virtud*»[52].

Las ideas de gradación de virtudes y jerarquización del universo, que en *Les six livres* se hacen así bien sustantivas desde la apertura de la argumentación, habían ya tenido en el *Methodus* una primera formalización. «Una vez iniciados en la historia humana, y luego en la natural, podremos entonces, habiendo purificado nuestras manos, dirigir nuestra atención a la historia sacra», era el precepto que resumía la cuestión del «orden a seguir en lo relativo a la Historia» *(De Ordine Historiarum)*[53]. En 1576 Bodino se mostraba perfectamente consecuente con el paradigma que había puesto a punto durante el decenio anterior. No hace falta, como se suele, recurrir al «ramismo» para intentar reconstruir ahora esta argumentación. La progresión argumentativa de Bodino respecto a la *societas civilis sive res publica* razona acerca de las causas –humanas, naturales, divinas– de cambio, y de su posible control, para terminar desembocando en un discurso acerca de la *monarchia* como mejor forma de gobierno, en tanto en cuanto reflejo de la armonía universal. La misma progresión de los capítulos del texto se articula sobre el cuadro de progresión desde lo material a lo divino que se enunciaba, al tratar del *droit gouvernement*, en el primer capítulo. Material y formalmente, Les *six livres* mantienen el

---

52. *République*, 4.1, pp. 15-16.
53. *Methodus* (ed. Mesnard), cap. 2, p. 116, en concreto 118: «Postremus erit, ut cognita rerum humanorum ac naturalius historia, quasi lotis manibus, ad divinam accedamus, ac primas cujusque relligionis cumma capita colligamus».

compromiso con la enunciada voluntad de logro de la más alta contemplación. El capítulo de cierre del texto (VI.6), con su concepto final de armonía universal, usualmente poco atendido por sus escasas resonancias inmediatamente «políticas», guarda así una estrecha relación con el planteamiento de partida [54].

2. Desde esa perspectiva, no cabe proceder a una consideración desconectada respecto a lo anterior del concepto de *soberanía* que se articula en los tres capítulos finales del libro primero. Casi siempre considerados en solitario, o dotados de vida propia, en realidad quizá convenga repensarlos menos como el punto de culminación de *Les six livres,* y mejor como la preparación de la materia *De Monarchia* que abre el libro II y que ya no se abandonará hasta el final.

La definición de soberanía, tan directa como era páginas atrás la de República, incorpora sin embargo algunas inmediatas aclaraciones, esta vez no de método, sino de orden filológico que conviene atender:

La soberanía *(souveraineté)* es el poder absoluto *(puissance absolue)* y perpetuo de una república, a lo cual los latinos llaman *majestas* [55].

Resultando significativo el equivalente italiano –*signoria*–, pero sobre todo el término hebraico que Bodino expresa como «el más extenso poder de mando» *(la plus grande puissance de commander),* que entre otras cosas nos remite a San Bartolomé, aunque no sólo. La calificación de poder *perpetuo* durante la vida de quien posee el poder *(puissan-*

---

54. Rose, «Bodin's Universe», pp. 27-28, para una consideración conjunta de estos dos capítulos.
55. *République*, I.8, p. 179. También aquí conviene confrontar la versión latina: «Maiestas est summa in cives ac subditos legibusque soluta potestas», con la aclaración etimológica luego que haría derivar *majestas* de *magnitudo*.

ce) [56], y *absoluto*, sin cargas y condiciones *(charges et conditions)* [57], se completa luego con las notas de *indivisibilidad* o *no comunicabilidad* –si resultan participables *(communicables)* por los súbditos, no puede decirse que se trate de marcas de soberanía– [58] y naturaleza *legislativa* [59].

Pero la definición no está más completa si a la vez no se retienen dimensiones de la soberanía que no pueden desplazarse al ámbito de lo accidental. Primero, que la *perpetuidad* del soberano no se extiende a sus herederos *(héritiers)*, limitándose así una disposición patrimonial sobre la soberanía mediante su plena identificación *dinástica*. Segundo, que la condición de *absoluta* remite la desvinculación a las *lois civiles*, quedando suspendida para el derecho *divino, natural, de gentes y fundamental* –leyes del Reino *(loys du Royaume)*–, así como respecto a *contratos* del rey y *propiedad* de los súbditos. Tercero, que la no comunicabilidad se remite a la nación transpersonal de *Corona*, bloqueándose así una inmediata identificación del rey y su cargo. Y finalmente, que tratándose de legislación, y por tanto de *mando* –este término de *ley* significa también en latín el mando *(commandement)* de aquel que posee la soberanía [60]– en cuanto al concepto de ley asumido «hace falta presuponer que la palabra ley, sin decir otra cosa, significa mando atenido a lo justo» *(droit commandement)* [61].

---

56. Que no se desarrolla demasiado: *République*, I.8, pp. 179-187. Cf. la interpretación de R. Giesey, *Cérémonial et puissance souveraine. France, XVe-XVIIe siècles*, París, 1987, pp. 61 y ss. y 65.
57. Cuyo tratamiento ocupa el resto del capítulo *République*, I.8, pp. 187-227.
58. *République*, I.10, pp. 298-299.
59. *République*, I.10, p. 306.
60. *République*, I.8, p. 191. Sobre el problema del voluntarismo en todo esto, M. Isnardi, «Le volontarisme de Jean Bodin: Maimonides ou Duns Scoto?», *Jean Bodin. Verhandlungen*, pp. 39 y ss., y su revisión, atenta a las fuentes hebreas (Filón), en Rose, *The Great God of Nature*, passim.
61. *République*, I.10, p. 300.

En cualquier caso, y más allá de esas bien operativas condiciones de la soberanía, un poder de esa naturaleza deriva necesariamente de las coordenadas de articulación del orden cósmico universal de Bodino:

Y así, de la misma manera que el gran Dios soberano *(ce Grand Dieu souverain)* no puede crear un Dios semejante a Él, puesto que es infinito, y no puede ser que existan dos cosas infinitas, por necesaria demostración, así puede afirmarse que el Príncipe a quien describimos por imagen de Dios no puede hacerse igual a un súbdito sin que su poder se desvanezca [62].

En este punto, Bodino no está procediendo por analogía, sino afirmando la participación del Gran Dios de la Naturaleza y del príncipe soberano en la función doble de creación y preservación del orden natural, en el radio limitado de la República o en el infinito del universo a través de una relación de *colaboración* [63]. Y así, afirmándose que «las leyes de la naturaleza conducen todas a la Monarquía» [64], Bodino puede dejar al descubierto que en realidad escribe más *De Monarchia* que de *souveraineté*:

El punto principal de la República, que es el derecho de soberanía *(droit de souveraineté)*, no puede sin embargo existir ni subsistir, propiamente hablando, sino en la Monarquía *(Monarchie)* [65].

Un motivo –habrá más– para entroncar a Bodino en la estela de Claude de Seyssel, a cuya *Monarchie de France* (1515), con todo su aparato de contención de la *puissance*

---

62. *République*, I.10, p. 299.
63. Rose, «Bodin's Universe», pp. 276-277.
64. *République*, VI.4, p. 186.
65. *République*, VI.4, p. 178. Identifica bien esta cuestión de la «regalità» A. Tenenti, «Sovranità e sovrano. L'ideologia di Jean Bodin per la società francese del suo tempo», en J. C. Margolin *et alii*, Ragione e «*Civilitas*». *Figure del vivere associato nella cultura del 500 europeo*, Milán, 1986, pp. 127 y ss., en concreto p. 138 para este caso.

absolue, daba continuidad fundamental en un «mundo subvertido» [66]. El concernimiento con la *Monarchie Royale,* que se abre en el segundo de *Les six livres,* ya no se abandonará a lo largo de la obra, alcanzando en sus últimos tres capítulos (VI.4-6) su culminación.

3. Al compás de esa relativización de la *soberanía* introducida por la noción de *Monarchia* Bodino articulará, precisamente al franquear ese paso, en el segundo de *Les six livres,* otra de las condiciones fundamentales para la reproducción ideal de un orden libertario: la distinción entre *État* y *gouvernement:*

Existe una enorme diferencia entre lo relativo al Estado *(l'état),* y lo relativo al gobierno *(gouvernement):* lo cual constituye una regla política *(reigle de police)* que nadie ha tratado hasta aquí [67].

El corolario lógico de la noción de soberanía, con su nota de no comunicabilidad, había sido la estricta negación del principio de *gobierno mixto* [68]. Lo que resultaba *esencial* en cada una de las formas de república –monarquía, aristocracia, democracia– era «la diversidad en cuanto a gobernar» *(gouverner);* esa «variación» es la que le permite distinguir entre una monarquía señorial o despótica *(seigneuriale),* una real *(royal)* y una tiránica *(tyrannique),* relegando el resto de criterios al ámbito de lo *accidental* [69]. Esencial es, en

---

66. Claude de Seyssel, *La Monarchie de France et deux autres fragments politiques,* ed. J. Poujol, París, 1961. Cf. Skinner, *Foundations,* II, pp. 293 y ss., marcando nada convincentemente la discontinuidad entre ambos autores. En sentido contrario, McIlwain, *Constitutionalism,* p. 98-99.
67. *République,* II.2, p. 34. Cfr. D. Marocco Stuardi, «La teoria delle forme di stato e di governo nella *République* de Jean Bodin», *Il Pensiero Politico,* 11, 1978, pp. 321 y ss.
68. *République,* II.1, pp. 8 y ss.
69. *République,* II.2, p. 34, y II.1, p. 8. Para lo que sigue, cf. M. Isnardi, «Jean Bodin: sua tirannide e signoria nella *République»,* en *Jean Bodin. Actes du colloque Interdisciplinaire d'Angers (1984),* Angers, 1985, 2 vols., pp. 61 y ss.

efecto, el distinto tratamiento *posesivo* que identifica cada uno de los tres tipos de *Monarchia:*

La Monarquía real o legítima es aquella en la cual los súbditos obedecen a las leyes del monarca, y el monarca a las leyes de la naturaleza, permaneciendo en los súbditos la libertad natural y la propiedad sobre sus bienes. La Monarquía señorial es aquella en la que el Príncipe se constituye *(est faict)* en señor de bienes y personas por el derecho de las armas y de guerra justa *(bonne guerre),* gobernando a sus súbditos de la misma manera en que un padre de familia gobierna a sus esclavos. La Monarquía tiránica es aquella en que el monarca, despreciando las leyes de la naturaleza, trata abusivamente a las personas libres como si fueran esclavos, y abusa de las propiedades de sus súbditos como si fueran suyas *(siens)*[70].

Se está efectuando aquí una demarcación fundamental, relativa a la distinción entre dominio *político* y dominio *despótico,* cuyas bases Bodino había marcado en distinciones previas (I.2-5) acerca del *gobierno de la casa (mesnage)* y *gobierno de la República*. Todo ello permite ahora volver a enunciar la idea libertaria de monarquía *nomística:*

De manera que si los súbditos obedecen a las leyes del rey, y el rey a las leyes de la Naturaleza, la ley será señora *(maîtresse)* para una y otra parte, o como dice Píndaro, reina. Se seguirá de ello una mutua amistad *(amitié mutuelle)* del rey hacia sus súbditos, y la obediencia de los súbditos hacia el rey[71].

La distinción *État/Gouvernement* permitirá la reintroducción, en este espacio de la variación de las formas de gobierno, de toda la materia de proporción y limitación que era propia de la teoría de los órdenes mixtos, articulando en suma la posibilidad de una monarquía *absoluta* a la vez que *limitada*[72]. Alcanzado este punto de la argumentación, ha-

---

70. *République,* II.2, pp. 34-35.
71. *République,* II.3, p. 44.
72. McIlwain, *The Growth of political thought in the West* (1932), Nueva York, 1968, pp. 383-389, y *Constitutionalism,* p. 90.

brá de reconocerse que el nudo *commandement* que compareció en las inmediaciones de la Noche de San Bartolomé era ya bastante irreconocible.

4. Quedan, sin embargo, varias vueltas de tuerca más en esta neutralización del principio «dominio único a voluntad» que viene articulándose sostenidamente en el texto de *Les six livres*. Esa identificación constitucional de la *Monarchie Royal* bodiniana tiene su base más irradicable en las condiciones de autogobierno *doméstico* que quedaron delimitadas respecto al *político* o *civil* en el arranque de *Les six livres*:

No resulta inconveniente que las familias posean algunas normas particulares *(statuts particuliers)* para sus miembros y sus sucesores, establecidos por los antiguos jefes de familia y ratificados por los príncipes soberanos..., a los efectos de mutua conservación de sus bienes, linaje y antiguos distintivos *(biens, nom et marques anciennes)*... De hecho, estas convenciones *(traictes)* y estatutos domésticos *(statuts domestiques)* en ocasiones no sólo han conservado a las familias, sino también el estado de la República *(l'estat de la République)*[73].

Así como no menos en los «derechos y prerrogativas» *(droits et prerrogatives)* que pueden hacer posible, en tanto que extremo de una relación contractual, un vínculo de comunicación política y jurídica contractualmente medida y esencial entre el súbdito *libre* y el monarca *soberano*:

Se hace necesario decir que no son los privilegios los que constituyen al súbdito libre *(citoyen)*, sino la mutua obligación *(obligation mutuelle)* del soberano hacia el súbdito, al cual debe justicia, con-

---

73. *République*, I.2, pp. 47-48; y V.3, p. 89, sobre inconfiscabilidad y vinculaciones. Por todos, O. Brunner, «La casa come complesso e l'antica economica europea» (1958), en su *Per una nuova storia economica e sociale*, Milán, 1970, pp. 133 y ss.

sejo, confortación, ayuda y protección, a causa de la fidelidad y obediencia *(foi et obéissance)* que recibe[74].

Pasa también por la presencia de un amplio desenvolvimiento corporativo, en estados, cuerpos, colegios y comunidades sin los que la soberanía no tendría adecuado despliegue o «fundamento»:

La institución real legítima *(juste royauté)* no menos tiene fundamento más seguro *(fondement plus asseuré)* que los estamentos, cuerpos y colegios *(estats de peuple, corps et colleges)*..., los cuales, al permanecer estrechamente unidos entre sí, se fortalecen para la defensa y protección de sus príncipes[75].

Pero de esa base de *libertades* y composición corporativa Bodino destaca a quienes como titulares –en parte desde posiciones patrimoniales– de capacidades de integración *jurisdiccional* del conjunto más allá del primario autogobierno de familias, cuerpos, colegios y comunidades, cumplen así una función de *mediación* entre los «derechos y prerrogativas» y la *soberanía,* y significan un tercer polo de referencia en el *gouvernement* de la República. El tratamiento de toda esta materia cubre casi todo el libro tercero (III.1-6) y aquí quedará comprendida la distinción entre *officier* y *commisaire* que todavía no atisba nociones de «burocracia»[76]. Y la mate-

---

74. *République,* I.6, pp. 131 y 141. Cf. la calificación feudal de la cuestión por M. Isnardi, «Introduzione» a su edición de *I sei libro dello stato,* vol. I, Turín, 1964 (reed. 1988), pp. 46 y ss.
75. *République,* I.6, p. 130.
76. El trabajo clásico, todavía muy aprovechable, es el de O. Hintze, «El comisario y su significación en la historia general de la administración» (1910), reproducido en su *Historia de las formas políticas,* Madrid, 1968 ss., pp. 15 y ss. La capacidad de limitación de la soberanía por los entramados de la magistratura ya fue apuntada y demostrada, sobre testimonio de Bodino y Loyseau, por M. P. Gilmore, *Argument from Roman Law in Political Thought, 1200-1600,* Harvard, 1941, pp. 93 y ss. Además, D. Marocco, «Police e pubblica amministrazione nella *République*», *Filosofía Política,* 2/2, 1988, pp. 15 y ss.

ria tiene su arranque y clave de bóveda en la posición del *Senado*, identificada mediante cita de Cicerón:

Cicerón llama al Senado alma, razón e inteligencia de una República, llegando a la conclusión de que la República no puede mantenerse sin Senado, como no puede hacerlo el cuerpo sin alma, o el hombre sin razón[77].

El principio del dominio de los apetitos de la *voluntad* por la *razón* se expone en estrecha conexión con el de necesaria concurrencia del *consejo* en la conformación de la voluntad soberana. El inicial concepto, que sirvió de punto de partida a todo esto, de *droit gouvernement*, reaparece ahora bajo el aspecto de necesario trámite del *commandement* mediante *autoridad*:

No existe nada que otorgue más autoridad *(qui plus autorise)* a las leyes y mandatos *(lois et mandement)* de un príncipe, de un pueblo o de una señoría, que hacerles pasar por el examen de un sapiente consejo, de un senado, de un tribunal[78].

Todo ello, a fin de cuentas, compone, mediante el encuentro de esas tres *prerrogativas* –*majestad* del soberano, *autoridad* del Senado, y *libertades* de los súbditos– un régimen bien ordenado, *République bien ordenée*, que anima una vida política contractualmente medida en el seno de una constitución libertaria. Bodino no dejó de expresarlo de manera directa, casi clásica:

El Estado no puede sino prosperar allí donde el soberano retiene los extremos tocantes a su *majestad (les poincts qui concernent sa majesté)*, el senado guarda su *autoridad (auctorité)*, los magistrados ejercen su potestad, y la *justicia* sigue el curso ordinario que le es propio. De cualquier otra forma, si quienes tienen la soberanía pretenden apoderarse *(veulent entreprendre)* de lo que se ha encomendado

77. *République*, III.1, p. 12.
78. *République*, II.1, p. 9.

(charge) al Senado y los magistrados, se ponen en situación peligrosa de perder lo suyo. Y se exceden quienes piensan realzar el poder del soberano, señalándose sus garras y haciéndole entender que su voluntad *(son vouloir)*, su rostro, su mirada, deben ser como un edicto, una sentencia, una ley *(un edit, un arrest, une loy)*[79].

Aquí *justicia* sigue siendo la atribución a cada uno de lo que es su reconocido derecho. Y el orden que se quiere expresar es la tricotomía fundamental de la constitución libertaria, con su equilibrio contractualmente medido entre las *tres prerrogativas* y su admisión de la soberanía como *imperium* sometido a derecho y no como *dominium* incondicionado. La condición de la *soberanía* que así articulara Bodino remite su identidad a principios organizativos que no tienen nada que ver con situaciones posteriores, correspondientes al siglo XVII, desde las que se ha podido luego organizar conceptualmente la lectura del discurso bodiniano[80]. La recomposición

---

79. *République*, IV.6, pp. 178-179. Cfr. Barudio, *Wohlpropotionierte Regiment*, capítulo I, *passim*, sobre las «Trois Prerrogatives».
80. El caso de la imagen «hobbesiana» de Bodino promovido por el decisionismo schmittiano es, en este sentido, elocuente: C. Schmitt, «Teologia politica. Quattro capitoli sulla dottrina della sovranità» (1922), en *La categorie del politico*, ed. de G. Miglio y P. Schiera, Bolonia, 1984, pp. 27 y ss., contiene, como es sabido, la más radical y conocida posición del tema, con sus definiciones frontales y luego architehadas sobre soberanía, decisión y teología política. Bodino sigue teniendo un sitio, no menor, en la obra mayor inmediata, *Teoría de la Constitución* (1928), Madrid, 1982, p. 70. El acercamiento Bodino/Hobbes como punto de partida de un *ius publicum europaeum* puede seguirse en los escritos de Schmitt sobre Hobbes –recopilados en C. Galli, *Carl Schmitt: scritti su Thomas Hobbes*, Milán, 1986–, pero mejor aún expresarse en instantánea del mismo Schmitt: su *Ex captivitate salus* (1946), Milán, 1987, pp. 65 y ss. En su estela, R. Koselleck, *Critica illuminista e crisi della società borghese* (1959), Bolonia, 1972, pp. 17 y ss., y R. Schnur, *Individualismo ed assolutismo. Aspetti della teoria politica Europea prima di Thomas Hobbes (1600-1640)* (1963), Milán, 1979, pp. 48-50, bien influyentes –así, E. Castrucci, *Ordine convenzionale e pensiero decisionista*, Milán, 1981, y directamente toda una línea de investigación italiana cuya figura más relevante es P. Schiera.

en 1576 de una categoría de *soberanía* difícilmente prefigura experiencias constitucionales como la de Bohemia tras 1627, Dinamarca/Noruega desde 1660, Prusia desde 1656-1660 o Suecia desde 1680 [81]. Componen estos experimentos un cuadro de aniquilación política de la comunidad estamental o constitución libertaria, de conversión de la *societas civiles sive res publica* en *societas domestica*, mediante *soberanía y dominio absoluto*, que de ninguna manera puede encontrarse articulada en avance por los cuidadosos equilibrios internos de la obra mayor bodiniana. En 1656-1660 el duque de Prusia alcanzó el reconocimiento exterior como poseedor de un *iure supremi dominii cum summa atque absoluta potestate* [82]. Por las mismas fechas, la *Lex Regia* danesa (1665) formalizaba la transferencia estamental a Federico III de «todos los *iura maiestatis*, poder absoluto, soberanía, atributos y regalías pertenecientes a la regia Corona», según las previsiones de la Dieta de 1660 [83]. La comparecencia en estas expresiones –muy clara en la primera– de elementos de la definición bodiniana de la *soberanía* ha tendido a imponer un efecto de identificación entre composiciones que en realidad se encuentran a mucha distancia, y no sólo cronológica, mediando fenómenos de interpretación *patrimonial* de la *souveraineté*, de sustitución de un constitucional *nexo feudal* por una *disposición ilimitada* –«absoluta»– sobre tierras y gentes.

El universo político de *Les six livres* no tiene nada que ver con eso, y precisamente los capítulos que cierran su argu-

---

[81]. Para esta historia constitucional, por todos, Barudio, *La época del absolutismo y la Ilustración, 1648-1779* (1981), Madrid, 1983, pp. 252 y ss., 143 y ss., 175 y ss. y 38 y ss.; y p. 363 para lo que sigue.
[82]. H. Quaritsch, *Souveränität. Entstehung und Entwicklung des Begriffs in Frankreich und Deutschland von 13. Jahrhundert bis 1806*, Berlín, 1986, p. 115.
[83]. E. L. Petersen/K. J. V. Jespersen, «Two Revolutions in early modern Denmark», en E. I. Kouri/T. Scott, *Politics and society in reformation Europe*, Londres, 1987, rep. 1989, en concreto p. 487.

mentación apuntan en este sentido. Bodino incorpora, en el segmento final del texto, un doble dispositivo que viene a especificar todavía más las condiciones de la *Monarchie Royal* que se está reconstruyendo. El primero (VI.5) despliega la identidad del concepto de *ley fundamental, Loy Royale,* que sólo había sido indicado en el capítulo de soberanía. El segundo (VI.6) reintroduce el tema de las *proporciones* del *gouvernement,* para resolverlo mediante *justicia.* Sólo ahora, desde esta doble perspectiva, la correlación *soberanía/República* cobra su pleno sentido.

Multiplicando las referencias dinásticas –*maison de France, maison d'Hue Capet*– el derecho de sucesión a la Corona se examina punto por punto: indivisión, exclusión femenina, llamamiento del más próximo varón del linaje. Ya se había antes expresado que se trataba de «leyes que conciernen al estado del reino, y a su establecimiento», que como tales «están incorporadas y unidas a la Corona» y por tanto «no puede aquí el Príncipe efectuar derogación alguna», siendo como son condición de existencia de la misma majestad soberana:

(Loys) sobre las cuales se apoya y fundamenta *(fundé)* la soberanía *(la majesté souveraine)* [84].

El punto crucial, sin embargo, no es esta metáfora arquitectónica, sino la interpretación que se hace de su naturaleza: la *Ley Sálica,* que ha de ser tenida como *ius gentium gallorum,* responde a la identidad de un *feudo hereditario,* aplicándosele las condiciones de transmisión condicionada

---

84. *République,* VI.5, pp. 195 y ss., I.8, 197. Cf. H. Mohnhaupt «Die Lehre von der "Lex Fundamentalis" und die Gesetzgebung europäischer Dynastien», en J. Kunish, ed., *Der Dynastische Fürstenstaat. Zur bedeutung von Suzeksionsordnungen für die Enstehung des Frühmodernen Staates,* Berlín, 1982, pp. 3 y ss., en concreto pp. 16-19, y U. Muhlack, «Thronfolge und Erbreich in Frankreich», *ibid.,* pp. 173 y ss.

de los feudos de esa naturaleza [85]. No cabe, entonces, disposición patrimonial alguna sobre tierra y gentes, ninguna «posesión sin límites del reino» *(pleine possesion du royaume)* para así disponer de él «a voluntad» *(à son plaisir)*. Quedaba asentado sobre esta base contractual todo el resto de equilibrios y proporciones, y podía entonces enunciarse claramente la distinción fundamental:

Puesto que la potestad pública *(la puissance publique)*... no tiene nada que ver *(n'est jamais liée)* con el poder doméstico *(puissance domestique)* [86].

Con este fundamento, el *droit gouvernement* del arranque puede volver a encontrarse en la mediación por la justicia *armónica* –real– de las otras *deux proportions* de la justicia, la aritmética y la geométrica, que correspondían a principios aristocráticos y democráticos de gobierno. La salida de la guerra civil religiosa no necesariamente tenía por qué ser en clave de *absolutismo*.

Recapitulación

La *teología política* en que había venido a cifrarse desde el siglo XIII el trabajo político en el marco de un orden constitucional libertario ya no se mostró capaz de seguir rindiendo la misma función con el tránsito al siglo XVI. Las novedades de ese tiempo –Reforma, confesionalización, guerra civil religiosa desde supuestos de politización de confesiones, más la práctica política de un decisionismo monárquico en el marco de la guerra civil religiosa– no se dejaban contener mediante las ficciones y expedientes conceptuales de cuño organológico que de todas formas todavía circulaban en la

---

85. *République*, VI.5, pp. 246-247.
86. *République*, VI.6, p. 233.

especulación política –en la estela de Claude de Seyssel: por ejemplo, Guy Coquille– o en el ceremonial. La reproducción del orden libertario quedó parcialmente bloqueada por una crisis de legitimación [87], demandándose una recomposición de sus valores fundamentales sobre nuevas bases. Esta «crisis de legitimación del feudalismo tardío» generaría así una fuerte demanda de *razón no teológica* –aunque todavía nada irreligiosa.

Con Bodino, el pensamiento en que se expresaba y estabilizaba el orden estamental –imágenes propias de una teología política, de expresión usualmente organológica, en fase terminal, cuyos motivos en parte retiene a su vez el pensamiento del calvinismo político de los años setenta, no sin expresar tendencias de superación [88]– se renueva mediante una llamada al *derecho divino y natural,* de *gentes* y *fundamental,* entendidos en el marco de la búsqueda de una *vera religio* relativamente desteologizada y supraconfesional también desde la base de una nueva coalición entre ciencia jurídica y pensamiento «político» [89], cimentada sobre el entendimiento de la ciencia del derecho como *vera philosophia,* reducible a cierto sistema mediante el programa del *ius*

---

87. Si Habermas me lo permite: cfr., para las crisis de legitimidad de un orden «tradicional», J. Habermas, *Problemas de legitimación del capitalismo tardío* (1973), Buenos Aires, 1975, pp. 35-37. Siempre bien en cuenta O. Brunner, «Osservazioni sui concetti di dominio e di legittimità» (1962), *Filosofía Política,* 1/1, 1987, pp. 103 y ss. Para comparar quiebras de legitimidad ulteriores y más irreversibles, muy ajustado para nuestro tema resulta A. Biral, «La crisi della monarchia di diritto divino e il problema della costituzione», en *Il concetto di Rivoluzione nel pensiero político moderno: dalla sovranità del monarca allo Stato sovrano,* Bari, 1979, pp. 15 y ss. Y E. H. Kantorowicz, *Los dos cuerpos del Rey* (1957), Madrid, Alianza Editorial, 1987.
88. Capta bien esa condición bifronte del pensamiento de los monarcómanos calvinistas. H. A. Lloyd, *The State, France and the Sixteenth Century,* Londres, 1983, pp. 153-156.
89. Palanca fundamental de desteologización: cf. Kelley, *Beginning,* pp. 169 y ss.

in artem redigere del humanismo jurídico. Bodino está en la encrucijada de todo esto, y al desenvolvimiento de esos motivos contribuye notablemnte –primariamente, aunque no sólo, con un concepto de *soberanía* nada absolutista.

El ciclo así abierto no se cierra con la desaparición de Bodino; al compás de episodios de aclimatación de sus motivos y de apropiación, más o menos reconocida y respetuosa, de éstos, alcanza un punto culminante, en torno a 1648-1649, «punto culminante de la libertad europea»[90]. Recorre, sobre todo, un *filo rosso* que, en forma de *«république des sçavants»*, une la *Académie du Palais* de 1576 a los círculos intelectuales –*solidates litterarum*– de las primeras décadas del siglo XVII, donde en torno a Mersenne, Gassendi y Pascal se fragua el *De cive* hobbesiano[91]. Cuando ciertos componentes de ese panorama intelectual e institucional lleguen a superponerse –fundamentalmente la extensión y generalización del pirronismo, y sobre todo la invención de una razón matematizante en el tercer decenio del siglo XVI[92]–, la renovación del pensamiento libertario podrá hacerse sobre nuevas bases. Se tratará, entonces, de un derecho natural de la razón –no el derecho natural-divino bodiniano– y de una idea de pacto que ya no recurre a la comparación histórica o

---

90. Barudio, *Absolutismo*, 7.
91. Fundamental, centrando agudamente en este punto de la «république des savants» la combinatoria de continuidad/cambio presente en Hobbes, A. Biral, «Hobbes: la società senza governo» en G. Duso, ed., *Il contrato sociale nella filosofia politica moderna*, Bolonia, 1987, pp. 51 y ss., y especialmente pp. 100 y ss.
92. Clásicamente, sobre esta conexión del Derecho natural con el pirronismo, N. Bobbio, «Il giusnaturalismo», en L. Firpo, dir., *Storia delle idee politiche, economiche et sociali*, IV: *Età Moderna. Assolutismo, diritto naturale, costituzioni*, Turín, 1980, pp. 491 y ss., en concreto p. 500, y más recientemente, matizando anterior aportación propia, R. Tuck, «The "modern" theory of natural law», en A. Padgen, ed., *The Languages of political theory in early-modern Europe*, Cambridge, 1987, pp. 99 y ss., *passim*.

el precedente –derecho de gentes y fundamental– como lo hacía el pensamiento bodiniano. Por lo demás, esta articulación sobre nuevas bases se hace teniendo en el punto de mira una sociedad que ha dejado de ser estamental y cultiva un radical individualismo posesivo –y no ya una sociedad que «sistematiza» su base estamental y libertaria, como era el horizonte desde y para el que escribía Bodino [93]. Tampoco, en cualquier caso, una imagen de *absolutismo* cuadra sin más en el caso de Hobbes, cuyo «Dios mortal» nada tiene que ver con *prerrogativa regia* alguna [94]. Pero con Hobbes –y Pascal–, está claro, las condiciones ya son otras. Y se concretan en un horizonte, ahora sí, de auténtico *absolutismo patrimonial* que hace en cierta manera comprensibles las protestas de novedad de un Leibniz a la hora de abordar –1677– la materia *de iure suprematu,* «comúnmente conocida como *soberanía*» respecto a la cual «se carece del auxilio de tratadistas capaces» [95]. La soberanía libertaria de Bodino no ayudaba mucho, ciertamente.

Bibliografía

Dos repertorios pueden servir la información bibliográfica básica relativa a las obras *de* Bodino y a la literatura *sobre* su pensamiento: con referencias hasta 1986 la Nota bibliográfica de M. Isnardi y D. Quaglioni que abre su *I sei libri dello stato,* vol. II, Turín, 1988, pp. 9-24 (que a su vez pone al día las referencias, hasta 1963, que proporcionaba M. Isnardi en la primera entrega: Turín, 1964, pp. 109-128)

---

93. Macpherson, *La teoría política del individualismo posesivo* (1962), Barcelona, 1979, y Skinner, *Foundations,* II, p. 357.
94. Por todos, Biral, «Hobbes», p. 101.
95. G. W. Leibniz, «Caesarinus Fürstenerius (De Suprematu Principum Germaniae)» (1677), cap. IX *(Political Writings,* ed. P. Riley, Cambridge, 1988, 2.ª ed., p. 114). Agradezco a Julen Viejo sus discusiones sobre este contrapunto.

y en segundo lugar el listado muy completo hasta 1970, desde 1801, que aparece en H. Denzer, ed., *Verhandlungen der internationalen Bodin Tagung in München,* Munich, 1963, pp. 492 y ss. para las obras, y pp. 501 y ss. para los estudios. Habida cuenta de la disponibilidad de estos dos instrumentos, uno de ellos bastante reciente, y del carácter introductorio que la presente serie persigue, no hará falta subrayar que las referencias bibliográficas que siguen son meramente indicativas, pretendiendo simplemente indicar los títulos clásicos y planteamientos de la investigación más reciente. A pesar de su fecha seguirán siendo útiles los informes publicados en *Der Staat,* 1967 y 1974 (de R. Schnur) y *Filosofía,* 1960 (de P. Mesnard).

Ediciones

Juan Bodino carece actualmente de alguna edición completa de su obra. Una labor de localización de ediciones está siendo llevada a cabo en el *Séminaire de Bibliographie Historique* de la Universidad de Mons bajo la dirección de R. Crahay, con especial atención a la *République,* y sin haber todavía presentado resultados globales de la encuesta (aunque hay trabajos muy puntuales R. Crahay y colaboradores que se indican en la nota bibliográfica de Isnardi/Quaglioni arriba citada, p. 9).

1. Se carece, de cualquier forma, de edición crítica de la *République,* tanto en su versión francesa como en la latina. Una edición facsimilar de la edición francesa de 1583 (París: Dupuy), suele ser la de utilización más frecuente: *Les six livres de la République,* Aalen, Scientia Verlag, 1961, reimpr. 1977. Se ha efectuado una transcripción de la edición francesa de 1593 (Lyon: Cartier): *Les six livres de la République,* París, Fayard, 1986 (en seis volúmenes). Ambas incorporan la *Apologie de René Herpin* y la segunda también la *Responseaux paradoxes de Malestroit.* Se anuncia facsímil de la edición de Frankfurt de 1641 (también en Scientia Verlag). También es facsimilar la edición disponible de la traducción inglesa (por R. Knolles, 1606), editada con materiales introductorios por K. D. McRae, *The Six Books of a Commonwealth,* Cambridge, 1962; una edición en muchos sentidos «peligrosa», al fundir en un texto inglés textos

de ediciones francesa y latina de Bodino, componiendo un texto peculiar no del todo bodiniano; por ello, se hace imprescindible el trabajo de comparación de textos y anotación crítica efectuado al compás de la traducción italiana de M. Isnardi y D. Quaglioni, monumental aunque todavía incompleta, pendientes los dos últimos libros, recientemente incorporados los dos libros centrales: M. Isnardi, ed., *I sei libri dello stato*, vol. I (libros I y II), Turín, 1964, reed. 1988; M. Isnardi y D. Quaglioni, ed., *Id.*, vol. II (libros III y IV), Turín, 1988. La traducción castellana de Gaspar de Añastro (Turín, 1590) sigue esperando reproducción facsimilar, no disponiéndose de ninguna otra versión castellana (y no pudiendo servir ni siquiera mínimamente la colección de extractos publicada en Madrid, Tecnos, 1985).

2. Dos recopilaciones transcriben (en un caso con traducción), sin aparato crítico aunque sí con materiales introductorios, un cierto número de entradas de la bibliografía bodiniana. P. Mesnard incorporó al *Corpus Général des Philosophes Français* un volumen (Auteurs modernes, t. V, 3) de *Oeuvres philosophiques de Jean Bodin*, París, PUF, 1951. Se contiene aquí la edición usual de la *Oratio*, de la *Iuris universi distributio* y del *Methodus*, con traducción francesa. La *Distributio* puede manejarse ahora preferiblemente a partir de la reimpresión facsimilar de las tres primeras ediciones realizada por W. Wolodkiewicz, ed., *Iuris universiti distributio. Les trois premières editions. Con una nota di lettura*, Nápoles, Jovene, 1985, con la novedad importante del formato de la primera (1578). La edición de S. Goyard-Fabre, R. M. Rampelberg y R. Jerphagnon, *Exposé du droit universel. Iuris universi distributio*, se limita a reproducir y retraducir la edición de 1580, sin crítica relevante. El *Methodus* sigue esperando un estudio de la variación de sus ediciones; hay una traducción al inglés editada por B. Reynolds, Columbia University Press, 1945.

3. La segunda recopilación es la de P. L. Rose, *Jean Bodin. Selected Writings on Philosophy, Religion and Politics*, Ginebra, Droz, 1980. Se reproducen aquí, con muy ajustadas introducciones: el *Sapientiae moralis epitome* (1588), la versión francesa (de 1598) del *Paradoxon* (reteniendo la dedicatoria de la latina, de 1596), un *Consilium de institutione principis* (ed. 1603) y tres piezas epistolares (de 1568/1569, de 1590) y la *Épitre à son neveu* (de 1586).

4. Tampoco la *Démonomanie* cuenta con una edición crítica, sólo disponible su texto en reproducción facsimilar de la edición de 1587 (París, Du Puys), *Démonomanie des sorciers* (París, Guttenberg Reprints, 1979) y la de 1616 (Niort), *Le fléaux des démons et sorciers* (París, Hachette, microfichas, 1975).

5. La única edición disponible del texto latino del *Colloquium Heptaplomeres* sigue siendo la de L. Noack, *Joannis Bodini Colloquiam Heptaplomeres de rerum sublimium arcanis abditis*, Schwerin-Mecklenburg, 1857, reimp. por F. Frommann Verlag, Stuttgart, 1966, con indicación de variantes, hoy a todas luces insuficiente. Novedad reciente es la edición (anotada y pertinentemente introducida) de la traducción francesa efectuada en los años inmediatamente posteriores a la desaparición de Bodino, *Colloque entre sept Scavans qui sont des differents sentiments des secrets caches des choses relevées*, texto fijado por F. Berriot y colaboradores, Ginebra, Droz, 1984 (pero cf. la nota crítica de D. R. Kelley, en *The Sixteenth-century Journal*, 18 de abril 1987, pp. 930-931). El texto latino ha servido a M. L. D. Kuntz como base para una excelente traducción anotada, *Colloquium of the Seven about Secrets of the Sublime*, Princeton, 1975.

6. Reproducciones de la *Apologie*, como se ha indicado, acompañan las ya mencionadas ediciones de la *République*. La *Response* tiene edición de referencia por H. Hauser, París, 1932. Las piezas dispersas del epistolario han de ser consultadas a partir de las obras de Chauviré Braudillard y Moreau-Reibel (más las indicadas en P. L. Rose. Y para terminar de describir un perfil de edición más alentador, basta indicar que ni tan siquiera facsímil o transcripción se ha intentado sobre el texto del *Universae Naturae Theatrum*.

7. Queda, como consuelo menor –una última entrada en este apartado de aproximación directa a los textos–, el contrapunto de una muy bien equilibrada antología: *Bodin. Antologia di scritti politici*, a cargo de V. I. Comparato, Bolonia, 1981. Y se anuncia otra antología, ésta de J. H. Franklin, para la nueva colección de clásicos que en Cambridge Univ. Press dirige Q. Skinner.

Estudios

1. El más inmediato acceso a una imagen global de la biografía intelectual de Bodino, y a los módulos y preocupaciones de la historiografía normalizada sobre el tema, lo proporcionan sobre todo las actas publicadas en dos encuentros internacionales. El primero se celebró en Múnich en 1970, y sus actas han sido editadas por H. Denzer, *Jean Bodin. Verhandlungen der internationalen Bodin Tagung in München,* Múnich, 1973. El segundo tuvo lugar en Angers, en 1984, editadas sus contribuciones al año siguiente: *Jean Bodin. Actes du Colloque Interdisciplinaire d'Angers,* Angers, 1985, 2 vols. Muy por encima –en cuanto al valor global se refiere– el primero respecto al segundo.

2. De las obras de conjunto, el punto de partida obligado es Q. Skinner, *The Foundations of Modern Political Thought,* Cambridge, 1978 (hay trad. cast. en México, 1985-1986), vol. II, *The Age of Reformation.* También se pueden introducir diversos trabajos de entre los reunidos por L. Firpo para su *Storia delle idee politiche, economiche e sociali* en sus volúmenes III, Turín 1987, y IV/1 (C. Vivanti, N. Matteucci y P. Mortari). Un manual italiano de muy escueto formato, el de S. Mastellone, *Storia Ideologica d'Europa, da Savonarola a Adam Smith,* Florencia, 1979, resume bien otros trabajos («Lo Stato amministrativo: Bodin», pp. 113 y ss.). Y un manual francés es el de S. Goyard-Fabre, *Philosophie Politique, XVIe-XXe siècles,* París, 1987; el paso del tiempo no desaconseja, sin embargo, volver a venerables obras de síntesis sobre el pensamiento político del siglo XVI, como las de P. Mesnard, J. M. Allen, J. N. Figgis y O. von Gierke. Pero posiblemente la más atendible y recuperable de las imágenes globales de Bodino sea la que proporciona el punto final a una obra de pensamiento político antiguo y medieval: Ch. H. McIlwain, *The Growth of political thought in the West,* Nueva York, 1932, reimpr. 1968.

3. Otras síntesis de radio menor: H. A. Lloyd, *The State, France and the Sixteenth Century,* Londres, 1983 (donde el tratamiento de Bodino se reparte entre los caps. 1 y 6, pp. 1 y ss. y 146 y ss.). Mucho antes, W. F. Church, *Constitutional Thought in Sixteenth-Century France,* Cambridge Mass., 1941 (cap. IV b, pp. 194 y ss.), que proporciona un conjunto de referencias difícil de encontrar reunido.

Y dos encuestas de muy diverso signo sobre el desenvolvimiento de las ideas políticas en Francia: N. Keohane, *Philosophy and the State in France, the Renaissance to the Enlightenment*, Princeton, 1980 (caps. 2.4 y 2.5, pp. 67 y ss.), y H. H. Rowen, *The King's State. Propietary Dynasticism in early modern France*, New Brunswick, 1980.

4. Ya monográficamente, el punto de partida lo constituye H. Braudillard, *Bodin et son temps. Tableau des théories politiques et des idées économiques au XVIe siècle*, París, 1853 (reimpr. Aalen, 1963), obra todavía insustituible a la que siguen otras tres también de formato global, centradas en torno a la *République:* R. Chauviré, *Jean Bodin, auteur de la République*, París, 1914; J. Moreau-Reibel, *Jean Bodin et le droit publique comparée dans ses rapports avec la philosophie de l'histoire*, París, 1933; y A. Garosci, *Jean Bodin. Politica e Diritto nel Rinascimento francese*, Milán, 1934. Aproximadamente en esos años P. Mesnard entraba en escena, poniendo en marcha lo que sería una de las más sistemáticas encuestas de aproximación a Bodino, que sin embargo no llegó a coronarse en una obra de conjunto. En el tránsito a los ochenta ha podido producirse el más serio esfuerzo de reordenación global de la biografía intelectual de Bodino, con la obra, desde todo punto de vista crucial, de P. L. Rose, *Bodin and the Great God of Nature. The Moral and religious Universe of a Judaiser,* Ginebra, 1980, precedida de varios trabajos de revisión puntual, donde la *République* ya no ocupa el proscenio y una religión de cuño judaizante compone la estructura de un denso itinerario intelectual culminante en el *Colloquius*. Sobre esta base, el reciente «Bodin's Universe and its paradoxes: some problems in the intelectual biography of Jean Bodin» del mismo autor (en E. I. Kouri y T. Scott, *Politics and Society in Reformation Europe*, Londres, 1987, reimpr. 1989, pp. 26 y ss.) confirma que quedan puestas las bases para la reconstrucción historiográfica de *otro Bodino*.

5. Los años de Toulouse, que ya fueron renovados por trabajos de P. Mesnard, son objeto de una renovadora atención reciente. Se dispone ahora de una mejor imagen del contexto, con R. A. Schneider, *Public Life in Toulouse, 1463-1789. From municipal republic to cosmopolitan city,* Ithaca, 1989. Y apoyándose en una revisión de *Iuris universi distributio* se ha podido proceder a una revisión importante de aspectos biográficos y sobre todo intelectuales: A. L. Fell,

Origins of Legislative Sovereignty and the legislative State, vol. III: *Bodins Humanistic legal System and Rejection of «Medieval Political Theology»*, Boston, 1987, que prosigue a la encuesta anterior de enlace metódico con Coras.

6. El decenio siguiente centra la atención de los historiadores hacia el *Methodus.* Pero la investigación de la biografía religiosa de Bodino ha arrojado aquí resultados importantes: P. L. Rose, «Two problems of Bodin Religious Biography: the letter to Jean Bautru de Matras and the Imprisonment of 1569», *Bibliothèque d'Humanisme et Renaissance,* 28 (1976), 459 y ss. Sobre el *Methodus* se cuenta con numerosos trabajos, empezando por los materiales introductorios de las ediciones de Mesnard y de Reynolds. La investigación monográfica a la que todavía hay que recurrir es la de J. L. Brown, *The Methodus ad facilem historiarum cognitiones of J. Bodin. A critical Study,* Washington, 1939, parcialmente revisado por los trabajos de G. Cotroneo, *J. Bodin, teorico della storia,* Nápoles, 1966.

7. La bibliografía atraída por la *République* y sus conceptos es inmensa, y no una indicación mínima. Imágenes interpretativas de tenor global del texto –aparte de la ya mencionada de Chauviré– no faltan; en 1980 la obra fue objeto de un coloquio cuyas actas encierran trabajos de gran interés: La *«République» de Jean Bodin. Atti del convegno di Perugia, 1980,* Florencia, 1981. Una aplicación encubierta, sin reconocimiento mínimo y con protestas de novedad, de la obra de Rose: S. Goyard-Fabre, *Jean Bodin et le droit de la République,* París, 1989. Conserva, en cambio, todo el interés la magnífica y extensa «Introduzione» que antepuso M. Isnardi a su versión en curso del texto al italiano (ya citada *supra,* vol. I, pp. 99-100), que revela a veces intuiciones, a principios de los sesenta, que la más reciente investigación parece confirmar. Con mayor intención polémica: la de J. H. M. Salmon, «Bodin and the Monarchomachs» (su contribución al coloquio de Múnich) y J. H. Franklin, *Jean Bodin and the Rise of Absolutist Theory,* Cambridge, 1973, forman la apoyatura fundamental de la síntesis de Q. Skinner, que así se permite no ser muy personal en su tratamiento de Bodino. El revisionismo en este punto: D. Parker, «Law, Society and the State in the Thought of Jean Bodin», *History of Political Thought,* 2/2, (1981), 253 y ss., e interesante, A. Tenenti, «Sovranità e sovrano: l'ideologia di Jean Bodin per la società francese del suo tempo», en

Ragione e «Civilitas», pp. 127 y ss. (ahora reproducido, junto con otros trabajos relativos a Bodino, en su *Stato: un'idea, una logica. Dal comune italiano all'assolutismo francese*, Bolonia, 1987, pp. 281 y ss.).

9. La noción de *soberanía* centra las discusiones en torno a la obra de 1576, junto con toda una serie de campos conexos, y ello quizá no con toda justicia si la perspectiva es sólo la del «derecho público». En cualquier caso, masiva e imprescindible es la encuesta de H. Quaritsch, *Staat und Souveränität, 1: Die Grundlagen*, Frankfurt, 1970, cuya parte central (cap. 4, pp. 245 y ss.), tras sistemático repaso de las condiciones medievales, se centra en Bodino. Más resumido y reciente, del mismo Quaritsch, el perfil evolutivo compuesto en *Souveränität. Entstehung und Entwicklung des Begriffs in Frankreich und Deutschland vom 13. Jahrhundert bis 1806*, Berlín, 1986. En las antípodas de este tipo de tratamiento se ha aproximado al problema de la introducción bodiniana de la soberanía, desde la perspectiva del ceremonial real francés y desarrollando sugerencias de E. H. Kantorowicz, R. E. Giesey, *Cérémonial et puissance souveraine. France, XVe- XVIIe siècles*, París, 1987 (interesando especialmente el cap. 4, «La Majesté Royale», pp. 49 y ss.), que amplía posiciones que cerraban su pionera investigación, *The Royal Funeral Ceremony in Renaissance France*, Ginebra, 1960, reimpr. 1983.

10. Sobre la participación de Juan Bodino en episodios de encuentro político y religioso que de alguna manera pusieron a prueba el texto de la *République*, su implicación en los Estados Generales de Blois de 1576-1577 puede seguirse a partir del artículo de O. Ulph, «Jean Bodin and the Estates General of 1576», *Journal of Modern History*, 19 (1947), 289 y ss., y ahora a partir de R. Crahay, «Jean Bodin aux États généraux de 1576», en *Assemblee di Stati e istituzioni reppresentativi nella storia del pensiero politico moderno. Atti del convegno di Perugia, 1982, Annali della Facoltà de Scienze Politiche de l'Università di Perugia*, 19, 1982-1983, 1, pp. 85 y ss. Su implicación en el experimento de recambio de la soberanía en el marco de la revuelta de los Países Bajos tiene ahora un interesante estudio: G. Griffiths, «Humanists and Representative Government in the Sixteenth-Century: Bodin, Marnix, and the invitation to the Duke of Anjou to become Ruler of the Low Countries», en *Representative Institutions in theory and practice*, Bruselas, 1970, pp. 59 y ss.

11. El coloquio de Angers dedicó una sección a la *Démonomanie*, destacando el trabajo de M. Th. Isaac de localización de ediciones, y el de M. Préaud de enlace entre la *République* y la *Démonomanie*. Un artículo importante es el de C. Baxter, «Jean Bodin. De la Démonomanie des Sorciers: the logic of persecution», en *The Damned Art*, Londres, 1977, pp. 76 y ss.

12. El último decenio de la biografía de Bodino está siendo en estos momentos objeto de una profunda revisión, en parte promovida por el creciente interés hacia el *Colloquium Heptaplomeres*. Respecto al primer problema, los planteamientos de las biografías usuales, asentados sobre la evidencia aportada por J. Boreau-Reibel, «Bodin et la ligue d'après des lettres inédites», *Humanisme et Renaissance*, 2 (1935), 422 y ss., y S. Baldwin, «Jean Bodin and the League», *Catholic Historical Review*, 23 (1937-1938), 160 y ss., no han podido resistir la reinterpretación demoledora de P. L. Rose en su artículo ya citado sobre la sucesión al trono francés, y en otro, si cabe más importante, «The Politique and the Prophet: Bodin and the Catholic League, 1589-1594», *The Historical Journal*, 21 (1978), 783 y ss., ahora refundidos en el capítulo final de su *Great God of Nature*. Por lo demás, la parte segunda (pp. 65 y ss., «Bodin's Judaised Religious Ethics») de esta obra contiene una sistemática e innovadora aproximación al *Colloquium* (a través, a su vez, del análisis, hasta aquí no intentado, del *Paradoxon)*, que además concurre con los importantes y numerosos trabajos de M. D. L. Kuntz, empezando por la amplia «Introduction» (pp. XV y ss.) a su versión inglesa del *Colloquium*, hasta su aportación al Coloquio de Angers, «G. Postel, Jean Bodin and the Colloquium Heptaplomeres: another look at the problem of influence» en *Jean Bodin. Actes*, 453 ss. (el epígrafe xiii, 4, pp. 261 y ss., de Fell, *Origins*, se mueve exclusivamente sobre los datos de Kuntz). De todas formas, una excelente síntesis del contexto en el que surge la obra, con especial referencia a Bodino, la proporcionó hace ya algunos años C. Vivanti, *Lotta politica e pace religiosa in Francia fra Cinque e Seicento*, Turín, 1963, reimpr. 1974.

Capítulo 5

Tomás Hobbes y la teoría política de la Revolución inglesa

Fernando Vallespín

1. Vida y obra

Tomás Hobbes viene al mundo el 5 de abril de 1588 en Westport, una pequeña aldea junto a Malmesbury. Nace en el seno de la familia de un conflictivo e inculto vicario, que abandonó a su mujer y tres hijos tras verse implicado en una reyerta con repercusiones judiciales. Su tío paterno, un acomodado guantero, se hizo cargo de sus sobrinos y proporcionó al joven Hobbes la posibilidad de estudiar en Oxford. Aquí entra en contacto con la filosofía escolástica de raíz aristotélica y se entretiene leyendo libros de viajes y cartas geográficas. En 1608 entra al servicio de la familia de William Cavendish, primer *earl* de Devonshire, como tutor de su hijo, a quien Hobbes apenas llevaba diferencia de edad. A partir de este momento y hasta su muerte, la vinculación de Hobbes con los Cavendish, una familia de rancio abolengo y gran influencia política, va a ser casi continua. Siguiendo una costumbre de la época en la educación de los hijos de la nobleza, en 1610 acompaña a su pupilo a un viaje de estudios por Francia e Italia, donde comienza a familiarizarse con el nuevo tono intelectual del continente. Su participación en el mundo social de los Cavendish le permite también entrar en contacto con filósofos como Francis Bacon, Ben Jonson o Herbert de Cherbury. Ésta es la época en la que empieza a cobrar interés, no ya sólo por la filosofía, sino también por los problemas sociales de su tiempo. Fruto de este interés y de su admiración por los clásicos es su traducción de *Los ocho libros sobre la guerra del Peloponeso* de Tucídides (1629), que le sirve para dar el primer toque de atención a sus contemporáneos sobre los peligros de la democracia.

Tras la muerte de su discípulo en 1628, pasa ahora al servicio de sir Gervase Clinton para hacerse cargo de la educación de su hijo. Con este motivo vuelve al continente, donde pasará dos años y quedará absolutamente fascinado con el mundo de las matemáticas y, en particular, de la geometría. Le entusiasma especialmente la pulida explicación deductiva desde axiomas o principios incontrovertibles, tal y como se viene practicando ya por las nuevas ciencias de la naturaleza. Desde entonces su obsesión va a consistir en trasladar este método al ámbito de la reflexión filosófica, como luego en efecto hará en su obra posterior.

En 1631 le reclaman de nuevo los Cavendish como tutor del nuevo *earl,* hijo del primer discípulo de Hobbes. Con él inicia su tercera visita al extranjero (1634-1637), que esta vez le pondrá en contacto personal con algunos de los protagonistas de la nueva ciencia: en Florencia visita a Galileo, y en París entra en el círculo del abate franciscano M. Mersenne, donde traba amistad con Gassendi y conoce a Descartes. Durante estos fructíferos intercambios intelectuales se gesta ya el primer esbozo de su sistema de pensamiento. Se trata del diseño de una trilogía filosófica: *De corpore,* donde intenta plasmar la idea de que todos los fenómenos físicos son explicables a través del principio fundamental del movimiento; *De homine,* o de las facultades y apetitos del hombre como encarnación del principio del movimiento en la naturaleza humana; y, por fin, *De cive,* donde se estudian las implicaciones de los análisis anteriores sobre el gobierno civil y la organización social. Aún pensada como una obra unitaria donde cada una de las partes se engarza con las demás siguiendo una escalonada lógica deductiva, Hobbes trabaja en cada una de ellas indistintamente, y no puede evitar que la tercera vaya completándose con cierta independencia respecto a las dos anteriores. Como él mismo recordará más adelante, en la Introducción a la edición de *De cive* de 1647, fueron los preocupantes acontecimientos políticos y sociales de su país los que le condujeron a centrarse más en la filosofía política: «El país estaba hirviendo con cuestiones relativas a los derechos de dominación, y a la obediencia debida por parte de los súbditos, las verdaderas precursoras de una guerra que se avecinaba» (E. W. II: XX) *. Esta relativa «independencia» o «autonomía» en la elaboración de su teoría política es lo que, como luego veremos, dará pie a un sector de los comentaristas posteriores de la obra hobbesiana para afirmar una relativa «desconexión» entre su filosofía natural y su pensamiento político propiamente dicho. Lo cierto es que, una vez que Hobbes hubo vuelto a Inglaterra en 1637, se dedicó de lleno a este aspecto concreto de sus inquietudes intelectuales.

Por estas fechas se había desatado ya la guerra con Escocia como consecuencia de la imposición de una nueva liturgia, el *Book of Common Prayer;* asimismo, el largo conflicto

---

* Las referencias de las obras de Hobbes se contienen en la bibliografía adjunta. Dentro de lo posible nos valdremos de la compilación de las mismas de W. Wolesworth, *English Works* (E. W.). Las únicas excepciones serán el *Leviatán*, del que usaremos la edición de C. B. Macpherson, y los *Elements of Law*, que citaremos por la edición de F. Tönnies. Salvo las citas literales del *Leviatán*, donde utilizaremos la traducción del mismo de Carlos Mellizo (Alianza Editorial, 1989), nos valdremos siempre de traducciones propias. Para facilitar la localización de las citas de otras ediciones se hará constar también el capítulo y, en su caso, el parágrafo.

entre las distintas élites políticas representadas en la Cámara de los Comunes y el monarca sobre quién era el efectivo titular de la soberanía, no sólo no llevaba visos de apaciguarse, sino que parecía haber entrado en una fase explosiva. Estos dos factores, el religioso y el más estrictamente ideológico, serían percibidos después por Hobbes en su *Behemoth* (Diálogos 1-4) como las causas fundamentales de la guerra civil. En torno a 1640 deja circular en versión manuscrita lo que luego aparecerá impreso al cabo de una década como *Los Elementos del Derecho, Natural y Político,* una especie de síntesis en dos partes de algunos aspectos de sus reflexiones sobre el hombre y el ciudadano. Aquí se contienen ya, en lo esencial, los rasgos básicos de su teoría antropológica y política. A pesar de su rigurosa formulación filosófica, deja traslucir perfectamente las posturas del autor sobre las cuestiones disputadas en la esfera política del momento. El mensaje es claro: dada la naturaleza humana, la paz civil sólo es posible bajo el sometimiento total a una soberanía indivisible y absoluta. Se erige, pues, en firme opositor a las tesis del bando parlamentario, favorable, al menos en aquella época, a una soberanía compartida con el Rey; pero no por ello consigue congraciarse con el partido realista, partidario de la teoría del origen divino del poder real y poco dispuesto a aceptar argumentaciones no teológicas.

A finales de 1640, tras la elección de un nuevo Parlamento con síntomas de gran beligerancia, y consciente de la precariedad de su situación, decide exiliarse en París. Como él mismo reconocerá más adelante, «fui el primero entre los que huyeron». Allí permanece once años, frecuentando el círculo de Mersenne y dedicado por entero a su actividad científica. Fue, sin duda, su período más productivo. Intenta refutar, con poco éxito, las *Meditaciones metafísicas* y la *Dióptrica* de Descartes; completa sus estudios de óptica y de otras disciplinas matemáticas; pero, sobre todo, formula la presentación más desarrollada de su teoría política. El primer hito lo constituye la publicación de su *De cive,* que aparece en una edición limitada en 1642, a la que seguirá una más amplia, en 1647, en Holanda. Con este libro se va a granjear por fin la admiración de gran parte de la intelectualidad del momento, y su repercusión será prácticamente inmediata en Francia y Holanda. En él se amplían los argumentos ya expuestos con anterioridad en el manuscrito de *Elementos del Derecho,* desconocidos aún en toda su fuerza en el continente. Su gran novedad reside en la introducción de una tercera parte sobre la religión, en la que afirma la esencial unidad entre el Estado y la Iglesia cristiana, a cuya cabeza está el soberano. Únicamente a él corresponde determinar la forma de culto público, así como el control en la interpretación de las Escrituras. Esto no supone, sin embargo, como luego sostendrá en el *Leviatán,* que el soberano se arrogue literalmente la capacidad de interpretar las Escrituras, sino sólo el derecho a «decidir» cuáles de las interpretaciones vigentes es digna de obtener el marchamo oficial de religión del Estado.

Desde París observa atentamente los acontecimientos políticos ingleses, que le van narrando de primera mano los realistas refugiados en la capital francesa. A este contingente se une en 1646 el mismo príncipe de Gales, que fija su residencia en Saint-Germain y pronto se rodea de una improvisada corte de legitimistas exiliados. Durante algunos meses se le encarga a Hobbes la instrucción en matemáticas del futuro Carlos II, lo cual contribuye a introducirle aún más en la enrarecida atmósfera de los expatriados ingleses. Estos contactos le vuelven a sumergir en sus preocupaciones filosófico-políticas. En 1650 publica, en libros independientes, las dos partes diferenciadas del manuscrito de los *Elementos: La naturaleza humana* y *De corpore politico.* Su contenido lo compendia poco después en una versión de los mismos más completa y consumada, particularmente respecto del tratamiento que se hace del problema central del poder y de la obligación política, y a la que se incorpora una punzante crítica de la Iglesia y de la teoría teocrática del Derecho y del Estado. Se trata del *Leviatán,* escrito en inglés y dirigido fundamentalmente a destinatarios ingleses con la clara intención de solventar de una vez por todas, no ya sólo sus inquietudes filosófico-políticas, sino su misma postura ante los acontecimientos de su país. Sale editado en Inglaterra en 1651, en pleno período republicano, y conteniendo una legitimación implícita del nuevo orden. Con esto no pretendemos decir que el *Leviatán* fuera escrito con la única «intención» de legitimar la recién instaurada *Commonwealth* de Cromwell, establecida tras el ajusticiamiento de Carlos I y la abolición de la Cámara de los Lores. Parece haber un amplio consenso en fijar la fecha de maduración de las tesis fundamentales del pensamiento político de Hobbes hacia finales de los años treinta, poco antes de que comenzara a circular su manuscrito de los *Elementos.* Y está también fuera de toda duda que dicho pensamiento se enmarca dentro de un proyecto filosófico mucho más ambicioso, que trasciende, por su peso específico, como auténtico «clásico», la posible importancia que tuviera en el debate político del momento. Pero no hay que negar tampoco, como se encarga de recordar Q. Skinner (1972), que el *Leviatán* fue escrito en parte como contribución a la controversia sobre el derecho de los poderes *de facto* a obtener la obediencia de sus súbditos [1]. En la parte final de dicho libro (Resumen y Conclusiones) subraya claramente las implicaciones de su teoría a este respecto. Si un poder político es capaz de proteger a sus súbditos, y éstos «viven abiertamente bajo su protección», se les supone sometidos al gobierno. Hobbes mismo reconoce haber es-

---

1. La discusión sobre si el *Leviatán* fue escrito efectivamente como contribución al debate sobre los poderes *de facto,* tal y como Skinner lo interpreta, acaba resultando un tanto simplista, como se encarga de demostrar J. Steinberg, *The Obsession of Thomas Hobbes,* Nueva York, Peter Lang, 1988.

crito el *Leviatán* influido por los «desórdenes del tiempo presente», y «sin ningún propósito excepto el de poner ante los ojos de los hombres la relación mutua entre protección y obediencia».

Sea como fuere, lo cierto es que la recepción del libro entre los realistas exiliados en Francia no pudo ser más negativa. A pesar de la clara opción de Hobbes por la monarquía absoluta como la única condición de posibilidad de la paz civil, las implicaciones de su teoría dejaban al monarca en una situación poco honrosa. No en vano presupone que sólo le es debida la obediencia al soberano en tanto en cuanto sea capaz de garantizar efectivamente la seguridad de sus súbditos, algo que, en verdad, no parecía estar al alcance de un rey en el exilio. Si a esto añadimos los furibundos ataques que el *Leviatán* dirige contra las argumentaciones teológicas y, en particular, a la Iglesia católica, es fácil imaginar la reacción de rechazo por parte de los clérigos del entorno del Rey y, sobre todo, de las propias autoridades eclesiásticas francesas. Consecuentemente, en el invierno de 1652, con casi sesenta y cuatro años de edad, dirige de nuevo sus pasos a Inglaterra. Como dice en su *Autobiografía,* «volví a mi país natal sin demasiada garantía de mi seguridad, pero porque no había ningún otro lugar donde pudiera estar más seguro». Una vez allí no es mal recibido por el régimen imperante, al que promete sumisión, pero se desvincula de la argumentación política para encerrarse a rematar sus trabajos más estrictamente filosóficos. Éstos culminan con la publicación de *De homine* (1652) y *De corpore* (1655). Se implica también en algunas disputas teóricas: sobre el libre albedrío con el obispo Brahall, y otras de índole más estrictamente matemático y de filosofía mecanicista.

La restauración de Carlos II en 1660 tiene un efecto ambivalente sobre Hobbes. De un lado consigue el favor personal de su antiguo discípulo de matemáticas, que le recibe en la corte y le otorga una pensión; pero, de otro, tiene frente a sí al clero y a importantes sectores de la Universidad de Oxford, que no le perdonan las críticas dirigidas contra ella en el *Leviatán*. Allí ataca al sistema universitario por haber apoyado al Papa y haber vertido enseñanzas «anticuadas», proclives a incitar a la rebelión a los hijos de la *gentry*. Al cabo del tiempo, estos enemigos logran la prohibición de sus obras políticas bajo la acusación de ateísmo (1666), y muchas de ellas son quemadas en Oxford, ya después de la muerte del filósofo. La Sociedad Real de Ciencias también le cierra sus puertas, y en sus últimos años Hobbes se retira, ya anciano, aunque todavía increíblemente productivo, a las posesiones de los Cavendish. Por estas fechas escribe dos libros de historia y teoría política, como son el *Behemoth. Historia de las causas de la guerra civil de Inglaterra*, y su *Diálogo entre un filósofo y un estudiante de derecho común de Inglaterra*. Este último constituye una ácida crítica de la teoría constitucional del *Common Law* inglés, representada fundamentalmente por Edward Coke. Ambos se editarán tras su muerte, en 1682 y 1681, respectivamente. Aún le quedará tiempo, en un sorprendente retorno a sus aficiones juveniles, para traducir al inglés, y en verso, la *Ilíada* y la *Odisea* de Homero. En curiosas rimas latinas escribe también su *Autobiografía*, una breve relación de su vida llena de referencias irónicas. Otras obras suyas a destacar son su versión latina del *Leviatán* (1668), donde matiza algunos de sus pasajes más duros sobre la religión, y su *Historia Ecclesiastica* (1688). En el invierno de 1679, a una edad bíblica, como tantas de sus referencias simbólicas, fallece en Hardwick. En su lápida figura la inscripción latina *Vir probus et fama eruditionis domi forisque bene cognitus*. Se dice que él hubiera preferido otra, más acorde con sus preferencias por los juegos del lenguaje y por la concepción que tenía de sí mismo: *This is the true Philosopher's Stone*.

2. Contextualización general

Durante los noventa y un años de la vida de Hobbes Inglaterra vivió uno de los períodos más cruciales de su historia moderna, cuando no el proceso decisivo hacia lo que luego constituiría la fuente de su identidad política. Nace, en efecto, un par de meses antes de la derrota de la Armada española, que supuso el afianzamiento de una Inglaterra protestante e independiente, y durante la época en la que este país consigue al fin asentarse como Estado moderno tras superar las fracturas creadas por las disputas feudales y los enfrentamientos con el papado. Su infancia transcurre así durante el período álgido del absolutismo progresista isabelino, que pronto dará paso, tras el establecimiento de la dinastía Estuardo (1603), a una época de creciente conflictividad social y política. Entre 1640, año de la convocatoria del «Parlamento Corto» y del primer enfrentamiento frontal de esta institución con la Corona, hasta 1660, año de la restauración monárquica de Carlos II, discurre el período de guerra o guerras civiles, de las que Hobbes va a ser un testigo de excepción. Como él mismo reconoce al abrir el *Behemoth,* «si en el tiempo, como en el espacio, hubiera niveles de altura y bajura, creo firmemente que el más alto de todos los tiempos sería aquel que transcurrió entre 1640 y 1660» (E. W., VI: 165). Los factores a tener en cuenta en la explicación de las causas que condujeron a la «Gran Rebelión» no son fáciles de enumerar y exigen un análisis de una envergadura que excede con mucho los límites de este trabajo. Baste con decir ahora que esta «Rebelión» es el producto de una larga y fiera disputa constitucional entre el Parlamento y la Corona sobre quién era el auténtico titular de la soberanía. A ello hay que añadir un complejo trasfondo de intereses económicos y, sobre todo, la pervivencia del problema religioso. No sólo en lo que se refiere a la relación entre el poder espiritual y político, sino a la misma naturaleza de la tolerancia religiosa. Las creencias religiosas fueron un factor decisivo a la hora de optar por uno u otro bando en la guerra civil. En 1649 ésta culmina con la ejecución de Carlos I y la proclamación de la *Commonwealth* o República, que a partir de 1653 cobrará la forma de Protectorado bajo la autoridad casi indiscutida de Oliverio Cromwell. Su hijo Ricardo, que le sucede en el cargo, no es capaz de imponerse ante los intereses en liza, y en 1660 un nuevo Parlamento restaura la dinastía Estuardo. Aunque Carlos II toma el poder bajo determinadas condiciones dictadas por el Parlamento, pronto vuelve a resucitar viejas querellas políticas y religiosas que desembocan en la «Revolución Gloriosa» de 1688. Su hermano Jacobo II es obligado ahora a abandonar el trono, acusado de pretender restablecer el catolicismo en Inglaterra, y Guillermo de Orange y María, la misma hija protestante del rey destronado, son elevados conjuntamente a ocupar la Corona. Con el «arreglo revolucionario» *(revolutionary settlement)* se cierra el ciclo de luchas civiles y se sientan los presupuestos para la ya indudable supremacía parlamentaria. Todo esto acontece cuando apenas ha transcurrido una década desde la muerte de Hobbes. Un par de años después de su fallecimiento es también cuando Locke comienza a madurar su *Segundo tratado sobre el gobierno civil*.

Como se puede observar, la vida de Hobbes abarca un período apasionante, marcado por la ruptura del equilibrio entre la Corona y los sectores más relevantes de la *gentry*[2] y las nuevas clases comerciales urbanas. Al menos el conseguido por el gobierno de los últimos Tudor, que supieron imponer un estilo de gobierno absolutista sin alterar significativamente el juego de poderes constitucionales entre Corona, Parlamento y tribunales. Los intereses de la *gentry* y de

---

2. La *gentry* comprende a la nobleza menor, de origen esencialmente rural, integrada por los *knights*, *esquires* y *gentlemen*. Véase, al respecto, P. Laslett, 1987, pp. 41 y ss.

la incipiente burguesía urbana coincidían con las políticas de los Tudor dirigidas a afianzar la unidad del Estado. Se anulan los poderes de la alta nobleza, a la par que se unifican las leyes y el sistema de pesas y medidas. La aristocracia, a su vez, se ve favorecida por la compra de los bienes expropiados a la Iglesia tras la ruptura con Roma, lo que aumenta su poder económico, y, en todo caso, sigue manteniendo importantes parcelas de poder social y político en el ámbito rural, así como a través de su representación directa en la Cámara de los Lores. No es posible olvidar, como se encarga de subrayar Christopher Hill (1961: 102-103), la clara situación de dependencia de la monarquía inglesa respecto de la nobleza, la *gentry* y las otras clases prominentes en los núcleos urbanos, representadas estas dos últimas en la Cámara de los Comunes. Lo que la diferenciaba fundamentalmente respecto de las monarquías francesa o española, por ejemplo, era su incapacidad para cobrar impuestos contra la voluntad de sus contribuyentes. Prueba de ello es que mientras en Francia los reyes pudieron prescindir de convocar los Estados Generales desde 1614 hasta la misma Revolución, en Inglaterra Carlos I sólo pudo gobernar un máximo de once años sin requerir el apoyo del Parlamento. Fuera de la armada, que servía como escudo protector frente a enemigos externos, Inglaterra carecía de un ejército permanente y de una administración centralizada con funcionarios profesionalizados y asalariados. Para las realizaciones de funciones públicas clave, tales como recaudar los impuestos aprobados por el Parlamento, supervisar y hacer ejecutar innumerables leyes y estatutos, alistar a la milicia, etc., el rey dependía, en los condados rurales, de un conjunto de servicios no remunerados de los nobles y de las figuras más relevantes de la *gentry,* y en las urbes, de determinados ciudadanos de prestigio (véase, C. Hill, 1961: parte 1.ª).

Son fáciles de imaginar entonces las consecuencias que debió arrastrar la quiebra de dicho consenso. El país se encontró ante la disyuntiva de convertirse en algo parecido a una monarquía absoluta de estilo continental, como en efecto pretendieron los primeros Estuardo [3], o bien en mantener y desarrollar el viejo modelo de equilibrio entre la Corona y los otros poderes del Estado. Eso sí, bajo unos presupuestos totalmente nuevos derivados de las necesidades de una cambiante estructura social. Hoy se halla en entredicho la tesis de que, en última instancia, las causas de dicha ruptura obedecieran a un conflicto de clases entre la aristocracia terrateniente, de un lado, y el poderoso grupo de la *gentry* y las nuevas clases urbanas, de otro. Se trata de la tesis convencional, ya establecida en formulaciones más o menos matizadas por autores como M. Guizot, Marx y Engels, Tawney y, más recientemente, por Ch. Hill [4]. Sin entrar en el debate, la crítica fundamental que se hace a este enfoque estriba en subrayar la dificultad, cuando no imposibilidad, de demostrar la existencia de un vínculo firme entre clase objetiva y bando ocupado durante la guerra civil. No parece haber una conexión directa entre burguesía –o «actitudes burguesas»– y radicalismo político, ni siquiera dentro de la propia *gentry*. Se entremezcla, además, el factor religioso, decisivo a la hora de explicar por qué dentro de un determinado grupo se optaba por una u otra facción.

Aun así, sin que sea preciso reconocer que las *causas* de la guerra civil se debieran a un conflicto más o menos explícito entre clases y/o actitudes feudales y burguesas, sí parece importante resaltar cuál fue el *efecto* que tuvieron todos estos acontecimientos que se cierran con la Revolución Gloriosa. Y aquí consideramos que es bastante difícil refutar la inter-

---

3. Pretensiones que se centraban fundamentalmente en tres principios básicos: la afirmación incuestionable del derecho divino de los reyes, el derecho a establecer tributos de modo arbitrario –sin necesidad de requerir la aprobación del Parlamento–, y la indisoluble unidad de Estado y Religión.
4. Véase más abajo, epígrafe 7 *in fine*.

pretación convencional: la consecuencia fundamental de todo este proceso revolucionario no fue otra que la toma del poder político por parte de las elites mercantiles y bancarias, estrechamente asociadas a una nueva clase de propietarios agrícolas contagiados de su mismo espíritu empresarial. Libre empresa e individualismo posesivo van a ser ahora los dos grandes principios que orienten la marcha de este país en pleno despegue hacia su dominación mundial [5].

En el ámbito de la teoría política, que es en definitiva el que aquí nos interesa, el lapso que va de 1640 a 1660 es uno de los de «mayor importancia, tanto para la filosofía política inglesa como para la de Europa. En Inglaterra, ningún período de semejante brevedad ha producido una cosecha tan espléndida» (P. Zagorín, 1954: 1). Ésta es una de las ventajas de los procesos revolucionarios, que, como dice este mismo autor, incitan a correr a publicar a aquellos que generalmente hubieran estado «rumiando en silencio sobre sus Biblias y sus lamentos» *(ibid.).* Los frutos de esta época, que desde luego no hay por qué restringir a estas dos décadas, van de la apasionada y rica panfletística de autores menores y muchas veces anónimos, a las más sistemáticas racionalizaciones de los grandes pensadores políticos. Las posturas defendidas son también de una gran pluralidad, combinándose las tesis realistas convencionales con otras más heterodoxas en defensa del absolutismo real, o el democratismo radical y el comunismo utópico con el republicanismo. Entre toda esta fuente de pensamiento político sobresale claramente la obra de Hobbes. Desde luego, más por sus cualidades filosóficas y su proyección sobre los siglos posteriores que por su efecto

---

[5]. En esto coincidirían autores como Lawrence Stone («The Bourgeois Revolution of Seventeenth Century England Revisited», *Past & Present,* núm. 109, 1985) y el mismo Ch. Hill, que en sus últimos trabajos sobre el tema ha moderado un tanto sus posturas iniciales (véase «A Bourgeois Revolution?», en J. G. A. Pocock, ed., 1980).

inmediato sobre sus contemporáneos, aunque esto haya sido también sujeto a revisión en los últimos años [6].

Esa misma repercusión y fuerza filosófica, que lo han convertido en un *clásico* indiscutible de la teoría política, no debe sin embargo llevarnos a olvidar la influencia que todos estos factores contextuales ejercieron sobre el pensamiento de Hobbes. Este autor, en tanto que teórico político, no tuvo otro objetivo que el de contribuir a evitar la guerra civil. Como dice en la Introducción a *De cive,* su preocupación básica residía en discernir las causas que disuelven el Estado, o las razones de la sedición; por tanto, centró sus pesquisas en torno a los problemas más amplios derivados de la generación y el mantenimiento del orden social *(the very matter of civil government).* La «autonomía» que a partir de ahí pueda atribuirse a su pensamiento será ya siempre una cuestión debatida y responde a una previa toma de partido metodológica [7]. Nosotros nos sentimos satisfechos con una postura ecléctica que trate de ponderar ambas dimensiones. Como afirma Connolly,

el pensamiento tiene un momento de autonomía que le hace irreductible a las circunstancias personales y sociales de las que brota, incluso aunque no pueda ser bien comprendido sin tomar en cuenta el contexto de su creación. Los contextos inspiran el pensamiento; los grandes pensadores se ven inspirados a reconstruir los contextos [8].

3. Método científico y estudio de la política

Junto con Maquiavelo, Hobbes pasa por ser uno de los padres fundadores de la ciencia política moderna. El autor italiano

---

6. Respecto a la influencia de Hobbes sobre sus contemporáneos, véase Bowle (1969) y Mintz (1962), así como el mismo Skinner (1969) y la obra de Steinberg (1988) antes citada.
7. A este respecto, véase nuestro capítulo introductorio en F. Vallespín, ed., *Historia de la teoría política, 1,* Madrid, Alianza Editorial, 2002, pp. 21-56.
8. Connolly, *Political Theory and Modernity,* Oxford, Blackwell, 1988.

fue el primero en haber escindido la política de toda consideración moral y, por ende, de haberla liberado de su servidumbre teológica. A Hobbes, por su parte, se le reconoce haber intentado fundamentar el estudio de la filosofía política en el nuevo método mecanicista de la ciencia natural moderna. En este sentido, al menos para la interpretación convencional, la obra hobbesiana se halla gobernada por un *sistema filosófico unitario* anclado en los presupuestos básicos de la nueva ciencia. Él mismo así lo parece dar a entender cuando afirma que la filosofía constituye una unidad cuyas partes sólo difieren en nombre debido a la diversidad de las materias sobre las que versa; no son más que ramas que remiten a un tronco común, o diversos mares a los que sólo la atribución de nombres distintos puede permitir distinguirlos del común océano en el que se funden (*De cive*, E.W. II: iii-iv). Entre esas diversas ramas, como una más entre ellas, se encuentra la «filosofía natural», que no es sino la física. «Filosofía» y «ciencia» no van a concebirse así como saberes separados, y no hay por qué pensar que Hobbes pretendiera otra cosa cuando –como en el *Leviatán*– se ocupa esencialmente de una de sus «partes» –la «filosofía civil» en este caso.

Sin embargo, frente a la idea de esta supuesta unidad metodológica se alza una buena parte de los comentaristas de Hobbes, que creen ver una importante diferencia entre lo que nuestro autor denomina filosofía «moral» y «civil» y el resto de su cuerpo filosófico. Resultaría así que, junto a la filosofía de corte mecanicista, Hobbes habría desarrollado una teoría política apoyada en determinados presupuestos éticos derivados de la tradición del derecho natural cristiano [9]. No hay tal unidad metodológica, y cabría, por tanto, un

---

9. Ésta es la tesis que lanzó A. E. Taylor, ya desde 1938 (su trabajo «The Ethical Doctrine of Hobbes» fue reeditado en Brown, ed., 1965, pp. 35-57) y fue recogida con posterioridad por H. Warrender (1957). Desde entonces se ha sometido a un continuo debate y revisión.

análisis sistemático independiente de su teoría política una vez diseccionados tales presupuestos. Sin pretender afirmar que en la obra de Hobbes no haya fisuras y discontinuidades que hagan difícil esa visión de su proyecto filosófico general como un todo comprehensible y unitario, sí consideramos que no es posible alcanzar una intelección completa de su teoría sin antes haber descrito las líneas básicas de tal proyecto. Vayan por delante, sin embargo, dos advertencias preliminares: primero, que el tránsito hacia el nuevo paradigma metodológico que él introduce no implica una renuncia total y drástica a muchos de los supuestos del paradigma convencional [10]; y, en segundo lugar, que su reflexión *política* posee una ambiciosa dimensión de *tipo retórico* que no es fácil de ajustar a su proyecto filosófico general, y no sale a la luz sino tras una cuidadosa contrastación con los elementos contextuales. Esto ya lo analizaremos a su debido tiempo. Empecemos, pues, por la metodología general de Hobbes.

Decir que Hobbes desarrolla o incorpora a su filosofía el modelo de ciencia natural que comenzaba a abrirse camino en el siglo XVII es una afirmación un tanto ambigua. No había aún un paradigma claramente establecido de lo que hubiera de entenderse por «método científico», y mucho menos todavía una visión clara sobre cómo podría adaptarse a un objeto tan escurridizo como es la sociedad. Puede mantenerse entonces que Hobbes participa de esa visión del método científico que era común a grandes rasgos a la practicada por Galileo en la física o por Harvey en la medicina, y que él no encuentra inconveniente en amoldar a su proyecto filosófico general (véase Epist. Dedic. en *De corpore*, E.W. I). Consiste, antes de nada, en una afirmación radical y drástica de materialismo mecanicista. «El universo –nos dice– es un agregado de todos los cuerpos, no hay una parte real del

---

10. A este respecto es tremendamente ilustrativo el libro de T. Spragens, Jr., *The Politics of Motion*, Londres, Croom Helm, 1973.

mismo que no sea también *cuerpo*» *(Lev.,* cap. 34: p. 428). De ahí se deriva el reconocimiento de la física como *philosophia prima* y, por tanto, la explicación de la naturaleza como sujeta al principio universal del movimiento y a los axiomas y principios del lenguaje de las matemáticas.

El análisis de los fenómenos se sujeta a una *computatio, Reckoning* o «cálculo» en el que se desgajan o «sustraen» las distintas partes de un objeto, se estudian sus propiedades más simples y los principios universales que lo gobiernan, para luego «adicionarlas» o recomponerlas y contemplar así su «movimiento». La esencia del proceso científico consiste, desde luego, en el conocimiento de las *causas* que hay detrás de los fenómenos que observamos, si bien para Hobbes el estudio de la relación causa-efecto puede centrarse en cada uno de los polos de esta relación (véase *Lev.,* cap. V: 115). Podemos empezar por el análisis de un fenómeno que es un «efecto», y al *descomponerlo* descubrir sus causas; o bien por una «causa» que por *composición* o deducción nos conduce a sus efectos. Si nos fijamos en el «Estado», por ejemplo, que no es algo natural o físico, pero sí un «cuerpo» artificial en tanto que es creado por la voluntad de los hombres, es preciso disolverlo en sus unidades esenciales, los individuos, y éstos a su vez en sus propiedades fundamentales (la razón, las pasiones, el poder, etc.). De aquí extraemos las causas que explican el «efecto» Estado. O podemos comenzar por las causas, los atributos de la naturaleza humana y, a partir de su reconstrucción deductiva, llegar al efecto [11]. A este méto-

---

11. Éste es el fundamento de la explicación *more geometrico,* donde se inquiere por los «primeros datos del cálculo», no habiendo una diferencia sustancial entre el método empleado a la hora de definir un concepto propio de la geometría, como un «cuadrado» por ejemplo, que reducimos a sus partes esenciales –cuatro líneas rectas y cuatro ángulos rectos– o el de «hombre», que definimos de igual manera –cuerpo, sensaciones, racionalidad, etc.–, véase *Lev.,* cap. V, y la definición de «filosofía» en el inicio del cap. XLVI.

do desarrollado en la Escuela de Padua y aplicado por Galileo se le conoce como *resolutivo-compositivo* y Hobbes mismo nos ofrece un buen ejemplo de su funcionamiento aplicado a su nueva *ciencia* de la política:

En lo que atañe a mi método [...] tomé el punto de partida del propio objeto del gobierno civil, y de ahí pasé a su creación y forma, y a los primeros principios de la justicia, ya que todo se comprende mejor recurriendo a sus causas constitutivas. Pues al igual que en un reloj o en alguna pequeña máquina, la materia, forma y movimiento de las ruedecillas no puede conocerse bien a menos que se desmonte y se vea en partes; de igual modo, para emprender una indagación más perspicaz de los derechos de los Estados y los deberes de los súbditos es necesario (no digo ya que despedazarlos, pero sí al menos) que sean considerados como si hubieran sido disueltos *(De cive,* E.W. 2: 14).

Mediante una adecuada construcción de la cadena del razonamiento accedemos, pues, al conocimiento científico. «*Ciencia* es el conocimiento de las consecuencias y de la dependencia de un hecho con respecto a otro» *(Lev.,* cap. V, p. 115). A Hobbes no se le escapa, como es obvio, la importancia decisiva que compete al *lenguaje* en la intelección de todo este proceso. El «verdadero» conocimiento se obtiene a partir de su correcta aplicación, de la pulida formulación de definiciones de los significados de las palabras y de su orden dentro del discurso. Esta actividad, cuando la centramos sobre el estudio de los fenómenos sociales, es tanto más difícil cuanto que el lenguaje, como ya había observado Bacon, constituye el ámbito idóneo de la ocultación; el «arte de la palabra» permite que

algunos hombres puedan representar a otros lo que es bueno dándole la apariencia de malo, o lo malo dándole la apariencia de bueno; y aumentar o disminuir a su antojo las dimensiones de lo bueno y lo malo, sembrando así el descontento y perturbando su paz y bienestar *(Lev.,* cap. XVII, p. 226).

Hobbes atribuye, pues, al análisis lingüístico una función emancipadora respecto de los «prejuicios», la elocuencia vana y el encubrimiento ideológico. Adaptar el modelo matemático a nuestro estudio del lenguaje equivale a *desvelar*, desde el rigor de este nuevo disciplinamiento metodológico, el origen contingente y relativo –ya que no es sino el poso de un determinado proceso histórico– de nuestras opiniones sobre lo justo y lo injusto, sus mistificaciones y presupuestos; y, a la par, *construir* una verdadera *ciencia* –de la política, en nuestro caso– a partir del modelo axiomático deductivo, sujeto a definiciones no contradictorias.

Con estos supuestos metodológicos como telón de fondo, la reflexión hobbesiana se sujeta al siguiente escalonamiento lógico:

Primero: en aplicación del método resolutivo-compositivo, el análisis se centra sobre el hombre y los principios que le gobiernan. A partir de éstos se engarzará toda la cadena causal hasta llegar al Estado. Se trata fundamentalmente de una teoría de las pasiones, la razón y el «poder» en tanto que atributo humano.

Segundo: la anterior descripción de la naturaleza humana debe cumplir la función de *ilustrar* a las personas sobre las consecuencias de imaginar un estado o situación sin el sometimiento a leyes firmes y eficaces. Así se introduce la ficción del *estado de naturaleza,* destinado a resaltar las consecuencias desestabilizadoras y destructivas de los rasgos «inmutables» de la naturaleza humana.

Tercero: Hobbes nos presenta ahora las *leyes de la naturaleza* en tanto que «artículos de la paz». Son los preceptos de racionalidad moral que nos dictan «aquellos deberes que es preciso cumplir con respecto a los otros en orden a garantizar la propia supervivencia» *(De cive,* E.W. II: II, 2, p. 16). Imponen, pues, el sometimiento racional y consciente de los hombres a determinadas pautas de cooperación social. Sirven de coto y disciplinamiento de ese «derecho a todo» de que gozan en el estado de naturaleza, mostrándoles las pautas que han de seguir para evitar caer en toda amenaza a la paz social.

Cuarto: la convicción de que, dada la naturaleza humana, no existe ninguna seguridad de que las personas se sometan a las leyes de la naturaleza, lleva a Hobbes a presentar al Estado o *Leviatán* como la institución necesaria para resolver el problema humano de la convivencia y el orden social. El poder del soberano debe completar ahora lo que los seres humanos son incapaces de conseguir por sí mismos. Como luego veremos, sólo un Estado que satisfaga determinadas condiciones y ejerza determinados *derechos* estará capacitado para llevar a cabo esta tarea.

A través de estos pasos lógicos, que aquí presentamos simplificados a efectos puramente didácticos, nos va desbrozando Hobbes la esencia de su teoría política, que es la que a continuación pasamos a desarrollar.

4. Teoría del hombre

La dependencia de Hobbes del nuevo paradigma de las ciencias naturales se hace particularmente manifiesta cuando nos enfrentamos a su concepción de la naturaleza humana. Ya hemos visto cómo por imperativo metodológico se descomponen los fenómenos u objetos analizados hasta llegar a sus unidades básicas. En la reflexión política esto nos conduce hasta el último «cuerpo» de la vida social, que es el hombre. Pero una vez que focalizamos nuestro estudio sobre él, hemos de analizarlo siguiendo ese mismo imperativo; es decir, diseccionarlo en sus partes esenciales hasta captar las últimas leyes del movimiento que lo gobiernan, la forma en que funciona su «mecanismo». Aquí, una vez más, Hobbes hace gala de un reduccionismo *fisicalista* radical. Comienza así presentándonos una visión de la naturaleza humana, de ese «agregado de materia en movimiento», como mera instancia receptora de estímulos externos; nuestras imágenes de los objetos externos las obtenemos por el efecto o la «impresión» que aquéllos producen en «el adecuado órgano sensorial». «Este estímulo, a través de los nervios y de otras ligaduras y membranas del cuerpo, continúa hacia dentro hasta llegar al cerebro y al corazón» y se concreta en «apariencias» y «fantasía» *(Lev.,* cap. I, p. 85). Sólo lo que acontece en el cuerpo es real; los fenómenos mentales son meras apariencias provocadas por nuestro cuerpo material. El *lenguaje* nos permitirá después almacenar las percepciones y sensaciones así obtenidas y procesarlas lógicamente en enunciados de causa-efecto, así como «dejar constancia de nuestras secuencias de pensamientos» para poder utilizarlas en un futuro; organiza todo un conjunto de percepciones basadas en un sistema de conocimiento simplificado *(Lev.* I, cap. IV).

El *movimiento* específico presente en el ser humano reside en su intento por conservar su vitalidad a través de un impulso dialéctico de atracción y repulsión. Sería algo similar al principio de la inercia que venía desarrollando Galileo (toda materia dejada por sí misma tiende a mantener el estado de movimiento o de reposo en que se encuentra). Los *deseos* o «apetitos» son las respuestas a estímulos placenteros que nos *suscita* un determinado objeto. Cuando éste nos produce la reacción contraria, estamos ante un impulso de «aversión» o rechazo. Generalmente vinculamos la idea de *bien* a aquello que apetecemos y la de *mal* a todo lo que nos provoca repulsión. No hay entonces una evaluación «objetiva» del bien, sino que se hace depender del grado de satisfacción o placer que nos provoca; de las preferencias subjetivas de cada persona tal y como se presentan a un puro cálculo de utilidad. Estos impulsos pueden tener una causa intrínseca o instintiva, como la apetencia o el rechazo de los alimentos, por ejemplo, u otra más propiamente «interactiva», que se apoya ya en la *experiencia* propia o en la de otros hombres.

La variedad existente entre los distintos deseos de las personas se explica por las diferentes experiencias que haya tenido o pueda tener cada cual; igual que las mismas cosas no tienen por qué generarle siempre los mismos estímulos a una misma persona. El cuerpo humano está en «mutación continua». La *felicidad* se obtiene cuando conseguimos el «éxito continuo» en el logro de las cosas que deseamos y es, en consecuencia, el fin último al que aspira cualquier persona. Pero no se trata de un objetivo que podamos alcanzar de un modo permanente. Todo deseo satisfecho reactiva inmediatamente otros nuevos hasta hacer de la vida un puro movimiento guiado por deseos y repulsiones que se retroalimentan continuamente (véase *Lev.*, cap. VI).

Entre éstos, no hace falta decirlo, el más apremiante y poderoso es el impulso de subsistencia o autoconservación, la verdadera fuerza motriz de la conducta humana; en justa correspondencia, la fuente de mayor repulsión y temor es la muerte. Es también el único deseo que afecta a todos por igual; toda persona «desea» mantenerse en vida, independientemente de que *además* se someta a otros estímulos. Este deseo predominante y la tendencia general de querer satisfacer nuestros impulsos engendra un «perpetuo e incansable deseo de conseguir poder tras poder, deseo que sólo cesa con la muerte» (*Lev.*, cap. XI, p. 161). El *poder* cumple la función de calmar la *ansiedad* que nos genera el sabernos permanentemente amenazados y nos impele a organizar un espacio vital sobre el que ejercer nuestro señorío. Aunque aquí, como ya vimos arriba al referirnos a la idea de felicidad, nunca –por muy grande que llegue a ser nuestro poder– nos estará permitido conseguir adormecer del todo las pulsiones que incesantemente nos acechan [12]. El hombre

---

12. «Es imposible que un hombre constantemente preocupado en protegerse contra los males que teme y en procurarse los bienes que desea no se encuentre en un estado de perpetua ansiedad ante el porvenir. [...]

no puede eludir la anticipación de sus privaciones futuras, *homo fame futura famelicus (De Homine* O.L. II, cap. X, 3). De ahí esa necesidad constante de sentirse protegido y de acaparar todos los medios precisos a estos efectos. El impulso de subsistencia no sólo genera, por tanto, el temor a la muerte, sino también a lo que nos depare el futuro.

Nótese el carácter absolutamente central que en la antropología hobbesiana cobra este vínculo entre autoconservación, temor-ansiedad y poder. El rasgo principal sobre el que es preciso fijar nuestra atención –y lo subrayamos una vez más– es aquello que constituye la causa última de todo el proceso impulsivo del ser humano: la *necesidad* de dar respuesta a nuestra constitución psicobiológica. Todo lo demás en el hombre tiene un carácter instrumental cara a satisfacer estos estímulos primarios que nos suscita el mundo exterior. De ahí que el hombre no pueda eludir su naturaleza de ser «centrado sobre sí mismo», de ente que encuentra en sí mismo la fuente de todo lo que existe y localiza sobre sí toda la realidad. El *individualismo* en Hobbes responde, pues, a ese supuesto antropológico de que el nexo causal de todo lo humano comienza en esa previa definición del interés propio como interés por satisfacer su propia carga impulsiva. De aquí se deriva la prioridad de que dota a su autoconservación y seguridad, así como a disponer de los medios que le procuren una «vida confortable».

Luego veremos las implicaciones que este aserto tiene para su teoría de la racionalidad. Lo que ahora nos interesa destacar es cómo esta perspectiva rompe de modo radical con la concepción aristotélica-escolástica del hombre. Nos referimos al hecho de que el ser humano se va a concebir

---

Preocupado por lo que habrá de venir, tiene constantemente su corazón carcomido por el miedo a la muerte, a la pobreza o a cualquier otra calamidad, y no encuentra reposo ni pausa en su ansiedad, excepto cuando duerme» (*Lev.*, cap. XII, p. 169).

ahora, no como el centro de la creación y, por tanto, el punto de referencia necesario de todo lo creado, sino como un «cuerpo» más, de mayor complejidad y superior versatilidad quizá que cualquier otro organismo, pero sujeto por igual al ámbito de la necesidad, a las leyes inmutables de la naturaleza. Y lo peculiar en él va a ser precisamente esa toma de *conciencia* de que su subsistencia depende de cómo sea capaz de enfrentarse al mundo que le rodea. De ahí deriva su visión del poder como un acto de afirmación del hombre *sobre* una naturaleza que se ofrece a su transformación y manipulación. La acción humana deviene así en una actividad dirigida a dominar y controlar el mundo, se inscribe en el ámbito de la *poiesis* aristotélica, de la acción «productiva» y transformadora de la realidad; pertenece al mundo de la necesidad [13]. El *telos* de la acción del hombre no es entonces algo así como la consecución moral de la vida buena en su acepción aristotélica; y la política tampoco es el ámbito en el que los individuos concurren en pie de igualdad sin mayor fin que el de realizar su naturaleza de seres sociables dentro de un marco de comunicación dialógica. La política es instrumental, y como todo lo que tiene su origen en el hombre, posee un carácter de *artificio*. «Natural» en el hombre no son sino sus impulsos, ese movimiento interno de que hablábamos antes. La propia razón, y su más importante producto, la ciencia, comparten también ese valor *instrumental*. Las máximas morales, como veremos más abajo, son reglas prudenciales dirigidas a refrenar nuestras pasiones a efectos de garantizar nuestra autoconservación y seguridad; y nuestro conocimiento del mundo, así como cualquier otro tipo de saber, no tiene más fin que el sernos *útil*. «El fin y objeto de la filosofía consiste en que podamos hacer uso en nuestro provecho de cosas vistas con anterioridad; o que, mediante la

---

13. A este respecto véase Andrzej Rapaczynski, *Nature and Politics*, Ithaca y Londres, Cornell University Press, 1987, pp. 46 y ss.

aplicación de unos cuerpos a otros, podamos producir los mismos efectos que ya hemos imaginado en nuestras mentes, en la medida en que nos sea permitido por la materia, fuerza e industria, y para la comodidad de la vida humana» *(De corpore,* E.W., I: I, 6, p. 7). En términos generales, la ciencia es una actividad esencialmente humana, no porque nos permita participar del proceso de una razón cósmica, universal, que podemos aprehender por nuestra capacidad racional, sino porque es el producto de una *acción productiva;* sólo deviene inteligible entonces aquello que *hacemos;* y lo que así hemos poseído –el conocimiento, la ciencia– revierte a su vez sobre nuestra capacidad de controlar el mundo. El saber se convierte, a la postre, en una forma de *poder,* de modo que nuestra ansia por controlar el mundo que nos rodea se corresponde con nuestro afán por conocerlo [14].

Una de las cuestiones que es preciso tener presente cuando se aborda el estudio del método hobbesiano es el «giro antropológico» –por llamarlo de alguna manera– que este autor introduce en su interpretación filosófico-científica. Se trata de la evaluación privilegiada que Hobbes concede al estudio de todo aquello que «creamos», de lo que tiene su origen en el artificio humano y está destinado, por tanto, a contribuir a su bienestar. Por eso, afirma, así como en la geometría trazamos nosotros mismos las líneas y las figuras, de igual modo la filosofía civil nos permite construir el Estado *(De cive,* E.W. II: xx). Hay una apuesta por intentar imaginar y describir la ciencia desde el prisma de la acción humana. La «reconstrucción» de los *artefactos* humanos ofrece la ventaja sobre el análisis de los fenómenos de la naturaleza de que «dependen del propio arbitrio del hombre» *(De corpore,* E.W., I: I, 8, p. 10). En cierta forma son, por tanto, susceptibles de una percepción apriorística; podemos aprehender

---

14. A este respecto véase Ulrich Weiss, «Wissenschaft als menschliches Handeln», en *Zeitschrift für Sozialforschung,* 37, 1 (1983), 37-55.

sus principios de un modo en el que los de la naturaleza se nos escapan. Así, en la Introducción al *Leviatán* nos dice que «la *sabiduría* se adquiere, no leyendo *libros,* sino *hombres*» (p. 82); el acceso a lo que somos y el conocimiento de nuestra potencialidad en tanto que miembros de una misma especie está a nuestro alcance por un mero acto de introspección. En última instancia, la causa última de nuestros actos puede retrotraerse a ese último acto de consciencia, a algo que sabemos cómo «funciona»; los fenómenos naturales, aunque podemos llegar a observarlos, describirlos e incluso controlarlos, nunca nos permitirán alcanzar ese mismo tipo de intelección. Entre otras razones, no sólo porque únicamente «Dios, que creó la naturaleza, sabe cómo funciona» *(De corpore,* E.W., I, 4, 25, p. 388), sino porque ella sólo puede cobrar sentido para nosotros una vez que la hemos «humanizado»; esto es, instrumentalizado para nuestros propios fines.

5. El estado de naturaleza

Generalmente se suele identificar la teoría del hombre de Hobbes, su antropología, con la ficción del estado de naturaleza. Si así fuese, como bien ha observado Julien Freud, todavía estaríamos viviendo allí[15]. Para lo que sirve en realidad es para ilustrar algunas de las consecuencias desestabilizadoras de la naturaleza humana. Está dirigido a ofrecer una descripción de lo que *ocurriría* si no existiera una autoridad efectiva investida con todos los poderes necesarios. La particular distinción que Hobbes nos ofrece entre hombre «natural» y hombre «civilizado» no significa entonces que el vínculo social sirva por sí mismo para transformar la propia

---

15. «Anthropologische Voraussetzungen zur Theorie des Politischen bei Thomas Hobbes», en U. Bermbach y K. M. Kodalle (1982), p. 127.

naturaleza humana, como ocurre por ejemplo en Rousseau. Los atributos básicos del hombre permanecen. Aunque su amenazador potencial de conflicto pueda ser atenuado mediante un proceso social más o menos «disciplinador» [16], éste siempre puede volver a hacer acto de presencia, como se demuestra cuando un gobierno pacífico «degenera en guerra civil» *(Lev.,* cap. XIII, 187). El estado de naturaleza es por ello una mera ficción o situación hipotética dirigida a sacar a la luz lo que quizá no sea sino algo latente, soterrado, pero no por ello menos real; algo que en cualquier momento puede hacer acto de presencia si no nos sometemos a determinadas formas de organización social y política. Y la idea no es otra que aportar *razones* para generar la obediencia a una determinada configuración del poder; sirve como su mecanismo *legitimador.* Esto es, ofrece una perspectiva que cada uno de nosotros –desde la sociedad– podemos asumir y desde la cual se nos permite comprender por qué sería racional acordar con todos los demás la institucionalización de un soberano efectivo, asegurándose así la estabilidad y viabilidad de las instituciones existentes; siempre que éstas coincidan con el resultado de nuestro cálculo racional, desde luego.

En tanto que clave metodológica, está fuera de toda duda que no se trata de una situación histórica «anterior» a la supuesta «socialización» del hombre, si bien esto no excluye

16. Como F. Tricaud se encarga de subrayar, cada una de las causas del estado de guerra no aparecen ponderadas por igual en las distintas obras en que Hobbes se ocupa de este tema. El tránsito desde los *Elements* al *Leviatán* aparecería marcado por el otorgamiento de una mayor importancia al factor de la «competencia», que en último término revierte sobre una evaluación del factor «objetivo», la escasez, como la causa última del conflicto. De otro lado, parece fuera de toda duda que la sobrevaloración de que Hobbes dota a la «gloria», «vanagloria», «vanidad», etc., responde a la lectura que hace del comportamiento de los hombres de su tiempo. (Véase «Hobbes's Conception of the State of Nature», en G. A. J. Rogers y A. Ryan, 1988, pp. 107-124).

que el contenido de su descripción pueda presentarse de hecho entre «los pueblos salvajes de muchos lugares de América» *(Lev.,* cap. XIII, 187). El *De cive* es bastante claro al respecto: «Volvamos de nuevo al estado de naturaleza y consideremos a los hombres *como* si acabaran de surgir de la tierra y de repente, como setas, llegaran a la plena madurez sin ningún tipo de vínculo entre sí» (E.W., II, cap. 8, 1: 108-109). Y el capítulo XIII del *Leviatán* nos describe ya con detalle qué es lo que ocurre cuando estas personas así consideradas entran en relación: el paso a un *estado de guerra* generalizado. Por tal se entiende aquella situación en la cual no existe un poder soberano «que los mantenga atemorizados» y hay una «voluntad de confrontación violenta suficientemente declarada». No hace falta, pues, que exista una lucha efectiva; basta con que esa predisposición se dé de un modo generalizado *(Lev.,* cap. XIII, 185).

Recordemos algunas características de la naturaleza humana que nos inclinan a caer en tal situación. Está, en primer lugar, el egoísmo del hombre, su impulso por dotar de prioridad a todo lo que contribuya a satisfacer su autoconservación, seguridad y vida confortable; no posee un deseo original de fomentar su asociación con otras personas, ni ningún otro sentimiento de simpatía natural hacia sus semejantes, aunque esto no tiene por qué presuponer que seamos maliciosos, que deseemos el sufrimiento ajeno por sí mismo. El vínculo social deriva esencialmente de los beneficios que nos reporta, no de un imperativo natural. De otro lado, esta asociación nos predispone a dejarnos guiar por el orgullo y la vanagloria, que hacen a las personas sentirse por encima de los demás y son irracionales. En suma, los deseos y necesidades humanos son de una naturaleza tal que, unidos a la escasez de medios para satisfacerlos, necesariamente las colocan en una situación de *competencia* permanente. A ello hay que añadir que los hombres son lo suficientemente *iguales* en dotes naturales y facultades mentales como para que nadie pueda escapar a la hostilidad de los demás; «aun el más débil tiene fuerza suficiente para matar al más fuerte, ya mediante maquinaciones secretas, o agrupado con otros que se ven en el mismo peligro que él» *(Lev.,* cap. XIII, 183). El aspecto más sobresaliente de la igualdad humana reside entonces en la correlativa exposición al riesgo de perder la vida.

A partir de estos supuestos, la argumentación que conduce del estado de naturaleza al estado de guerra sigue el siguiente escalonamiento lógico: la igualdad (de dotes naturales y facultades mentales) conduce a una igualdad en la esperanza de obtener nuestros fines; esta igualdad en las esperanzas –dada la escasez de medios– sitúa a las personas en una situación de *competencia* generalizada y las convierte en enemigos potenciales; esta competencia –ante la falta de certeza respecto de las pretensiones de los demás y las estratagemas que pudieran estar urdiendo con otros en nuestra contra– siembra la *desconfianza;* esta desconfianza, a su vez, potenciada por la posibilidad de que otros se dejen arrastrar por *su ambición* y deseo de *gloria,* y de que ningún pacto sea capaz de dotarnos de la suficiente seguridad, les lleva a la convicción de que una actividad predatoria es quizá más rentable que la propia actividad productiva, y que bajo circunstancias favorables un ataque anticipatorio permite gozar de una mayor seguridad, siempre relativa. Cuando este estado de cosas se generaliza y todos se encuentran por igual en esta situación latente o expresa de conflicto generalizado, estamos ya en pleno estado de guerra. «Y la vida de cada hombre es solitaria, pobre, desagradable, brutal y corta» *(Lev.,* cap. XIII, 186).

6. Obligación moral y ley natural

La descripción del estado de naturaleza es lo suficientemente desoladora como para estimularnos a abandonar las armas y dedicarnos a una actividad productiva ya libres de inquietud por nuestra vida. Y el medio adecuado para hacerlo lo encuentra Hobbes en el concepto de *ley natural*. Su máxima primera consiste en un precepto o regla general encontrada por la *razón*, por la cual se prohíbe al hombre hacer aquello que sea destructivo para su vida o le arrebate los medios para preservarla (véase *Lev.*, caps. XIV y XV); hacer la paz y mantenerla, en suma. Las leyes naturales, de las que Hobbes nos ofrecerá unas dieciocho o diecinueve, son, por tanto, «artículos de la paz», y como tales imponen el sometimiento racional y consciente de los hombres a ciertas pautas de cooperación social. En principio, pues, estas pautas racionales nos conminan a abandonar el *derecho* natural que en el estado de naturaleza tenemos todos a todo, el derecho a usar de nuestro propio poder como nos plazca. No hay que olvidar que en el estado de naturaleza, aunque inseguros y cargados de temores, somos *libres* de aplicar todos los medios a nuestro alcance para satisfacer nuestro impulso de autoconservación.

Entre las leyes de la naturaleza que Hobbes nos irá presentando sólo nos interesa detenernos ahora en las tres primeras, que son las que nos van a dar la clave de su contrato social. Como acabamos de ver, la primera de ellas define el fin o la obligación principal. Las otras dos se encargan ya de poner los medios para que este fin principal pueda ser llevado a cabo. La segunda ley establece e impone que cada cual debe estar dispuesto, cuando los otros lo estén también, a «no hacer uso de su derecho a todo, y a contentarse con tanta libertad en su relación con los otros hombres como la que él permitiría a los otros en su trato con él» (cap. XIV, p. 190). Esta transferencia mutua de sus derechos «es lo que los hombres llaman *contrato*». Cuando a través suyo se obligan moralmente a respetar lo acordado, estamos ya en presencia de la tercera ley de la naturaleza («que los hombres deben cumplir los convenios que han hecho. Sin esta ley los convenios se hacen en vano y sólo son palabras vacías») (cap. XV, p. 201). En general, todas las leyes de la naturaleza serían corolarios o derivaciones de la máxima contenida en la regla de oro «no hagas a otro lo que no quieras que te hagan a ti». Falta un elemento, sin embargo, que garantice el auténtico y efectivo cumplimiento del pacto por parte de todos los contratantes –«sin la espada los pactos no son sino palabras» (cap. XVII, p. 223)–; «tiene que haber un poder coercitivo que obligue a todos los hombres por igual al cumplimiento de sus convenios, por temor a algún castigo que sea mayor que los beneficios que esperarían obtener del infringimiento de su acuerdo» (cap. XV, 202). Esa realidad política, esa instancia de poder que haga efectivas las leyes de la naturaleza será, obviamente, el Estado.

Antes de entrar ya en cómo se formula el contrato social hobbesiano propiamente dicho, conviene que nos detengamos algo más en la explicación que nuestro autor ofrece de estas leyes de la naturaleza. En particular nos interesa evaluar ahora cuál es la fuente de su validez normativa; o, si se quiere, ¿por qué hemos de sentirnos obligados por ellas? Como se recordará, en la tradición escolástico-cristiana del Derecho natural, las leyes de la naturaleza eran dictados legislativos de Dios, única instancia con poder originario sobre el mundo y las criaturas que en él habitan. En tanto que emanaban de Él, estas leyes debían entenderse como auténticas prescripciones y, en consecuencia, como «leyes» en un sentido estricto. Eran «naturales» (en oposición a las disposiciones «reveladas»), puesto que aquello que prescribían, así como el mismo hecho de que provinieran de Dios, podía ser conocido mediante la correcta utilización de nuestras facultades *naturales* de la razón una vez que nos hubiéramos detenido a reflexionar sobre el mundo que nos rodea. En este sentido, nuestra capacidad racional está diseñada para sintonizar con este conjunto de prescripciones objetivas. A primera vista, Hobbes no parece andar demasiado lejos de esta concepción e incluso remite expresamente al origen divino de la ley natural. Esto ha llevado a algunos autores a defender la tesis de que Hobbes es, en efecto, un autor perfectamente asimilable a la doctrina tradicional del Derecho natural. Para Warrender (1957), por recurrir a quien inició esta discusión, el hecho de que Hobbes parezca convertir la moral en una mera cuestión de interés propio no tiene por qué ir en contra de la posible interpretación de su teoría en la línea de la doctrina del Derecho natural. Habría que comenzar por fijarse en la *fuerza obligatoria* de los preceptos de la ley natural. Y aquí sería necesario distinguir entre la «fuente» de la obligación, las razones por las cuales una acción es obligatoria, y las «condiciones de validez» de la misma, las circunstancias en las que dicha obligación es aplicable. Una cosa es suscitar la cuestión sobre el *por qué* debo ansiar la paz (la fuente de la obligación), y otra distinta es inquirir por el *qué* he de hacer en orden a alcanzarla (las condiciones de validez). Para Warrender entonces estaría claro que la justificación prudencial de Hobbes responde únicamente a esta última cuestión. En consecuencia, desde el momento en que se reconoce que la obligación moral responde a un imperativo divino, cobra sentido afirmar que «el estado de naturaleza no es de ninguna manera una situación en la que no existan obligaciones; menos aún que sea un estado en el que no haya principios morales. Suponiendo que puedan llegar a satisfacerse determinadas condiciones de validez, los hombres están siempre sujetos a la ley y pueden seguir extendiendo estas obligaciones mediante los pactos. La explicación de la sociedad civil es esencialmente una explicación sobre cómo pueden llegar a satisfacerse esas condiciones de validez [...]. La pauta resultante de las obligaciones en la sociedad civil es, por tanto, el producto, bajo condiciones especiales, de principios morales que sujetan al hombre en tanto que hombre, y no sólo en tanto que ciudadanos (1957: 102). La función del Estado debería ser, pues, la de dotar de seguridad a aquellos que actúan moralmente; la obligación moral es anterior, aunque en el estado de naturaleza sólo obligue *in foro interno* (véase páginas 52-79).

No parece, sin embargo, que esta descripción que Warrender nos hace de la teoría de la ley natural en Hobbes sea fácil de engarzar a su concepción general del hombre ni a su descripción de la racionalidad. Las referencias de Hobbes al origen divino de la ley natural parecen responder más a su ánimo por congraciarse con la tradición que a la búsqueda de su fuerza obligatoria. Sólo alude a este origen, además, en un párrafo un tanto forzado al final del capítulo XV del *Leviatán*. Sin entrar en la discusión sobre si Hobbes estuvo imbuido de un espíritu agnóstico, ateo o simplemente deísta, sí nos dejó claro que es imposible demostrar racionalmente la existencia y naturaleza de Dios; no siendo «cuerpo» no puede constituirse en objeto de la ciencia *(De corpore,* E.W., I, 1, 8, p. 10), y no compete por tanto a los filósofos el pronunciarse sobre Él. Basta con conceptualizarlo como «causa primera», aquella que pone en marcha el encadenamiento indefinido de causas y efectos. Traduciendo esto al ámbito de la obligación moral, resulta que ésta bien puede entenderse como prescripción del Creador, pero sólo como imperativo que cobra fuerza obligatoria desde el momento en que es *realizable*. O, lo que es lo mismo, fuerza obligatoria y condiciones de validez coinciden. Nuestras inclinaciones naturales –que también deben entenderse como producto de la voluntad de Dios–, guiadas por la razón prudencial, subordinan la eficacia de la ley natural a las condiciones concretas de su efectividad. La obligación moral de respetar los pactos, por ejemplo, sólo es válida una vez que «la espada» nos garantiza su efectividad. Mientras siga estando en juego nuestra seguridad, cuya preservación es el auténtico imperativo, su fuerza obligatoria es siempre cuestionable. De otro lado, no parece que a alguien tan agudo como Hobbes se le escapara la inutilidad de intentar presentar una argumentación de la ley natural que tiene como presupuesto básico su origen divino. ¿Cómo convencer entonces a los ateos?

Es fácil observar que toda esta discusión tiene un claro carácter aporético, al menos planteada en estos términos. No en vano nos encontramos aquí ante el clásico problema entre objetivismo y subjetivismo moral, que Hobbes sólo consigue resolver parcialmente, ya que se inclina decididamente –o así al menos lo trataremos de demostrar– hacia la segunda de las opciones. Desde luego, Hobbes no sostiene un objetivismo moral de tipo deontológico (que lo justo es anterior a lo bueno, por ejemplo), sino que opta por un tipo de explicación teleológica: es justo aquello que contribuye a realizar el bien; debemos actuar moralmente, por tanto, porque ello contribuye a satisfacer nuestro interés propio conformado en gran medida por nuestros deseos y pasiones. Y este interés del que deriva el valor moral se concreta en nuestras preferencias subjetivas, en lo que consideramos como bueno. Sin embargo, no es menos cierto que cabe introducir una cierta explicación «objetivista» de su teoría de la obligación moral; un objetivismo cuanto menos similar al que nos proporcionan los enunciados científicos nomológicos. Las prescripciones morales serían «objetivas» entonces en la medida en que desvelan una cadena causal que pretende ser «verdadera». Por eso habla Hobbes también de *ciencia* moral. Su función residiría en proporcionarnos la información necesaria sobre la conexión «causal» que existe entre un fin comúnmente deseado –la paz y seguridad en este caso– y los medios para alcanzarlo –entrar en acciones de tipo cooperativo, por ejemplo–; nos dice cómo *debemos* comportarnos en orden a alcanzar ese objetivo. La ciencia moral hobbesiana pasa a identificarse así con su concepción de ciencia general, y comparte con ella ese mismo carácter instrumental. Parece que, después de todo, el método hobbesiano sí posee esa «unidad» que algunos autores han pretendido discutir.

Pero con esto no acaban los problemas. Lo peculiar de la teoría moral hobbesiana no es sólo la forma en la que se pretende justificar la obligación moral, sino sobre todo el modo en el que se la somete al factor político. Como vimos antes, para Hobbes fuerza obligatoria y condiciones de validez debían coincidir necesariamente. Y esto introduce una considerable dificultad a la hora de intentar argumentar desde presupuestos estrictos de filosofía moral, ya que la racionalidad de los agentes no va a depender, en última instancia, de la aprehensión de una determinada objetividad moral, en el sentido limitado e instrumental que antes hemos conferido a este concepto, sino del hecho de que ésta sea reconocida como tal por todos los demás. Así, el rasgo decisivo parece residir en el elemento *convencional,* en el «reconocimiento» mutuo y expreso de que tal objetividad existe y que, en consecuencia, estamos dispuestos a actuar según sus dictados. ¿Significa esto entonces que la «verdad» y, por tanto, la fuerza obligatoria de los imperativos morales depende únicamente de una «convención», o es efectivamente anterior al acuerdo de desarme?

Una cosa sí que resulta evidente, y es que Hobbes muestra en toda su crudeza la interacción, por no hablar de dependencia, entre ética y política. La paradoja puede plantearse en estos términos: de un lado, para que la obligación moral sea eficaz requiere del factor «político», del poder coercitivo del Estado; de otro, este poder ofrece pocas garantías de estabilidad si no cuenta con el apoyo –desde la «fuerza» de la convicción y el sentimiento *moral*– de los ciudadanos. De aquí nace la perplejidad que ha acosado a la filosofía política desde Hobbes hasta Rawls y no es sino el problema que se esconde detrás del concepto de *legitimidad.* Para nuestro autor este problema se suscita desde el mismo momento en que rompe con la concepción aristotélica-escolástica de la identidad entre sociedad y política. La sociedad política no tiene un origen «natural», sino artificial: cada persona «construye», concertándose con los demás, una «persona civil». Y al romperse tal identidad hace falta *justificar* de alguna manera la existencia del poder. La descripción del estado de naturaleza como estado anárquico ya vimos que cumplía esta función de demostrar *por qué* es legítima una determinada configuración política. En su teoría del contrato social, en definitiva, lo que se hace es responder a la pregunta sobre *cómo* y *por qué* «debe» cada persona «reconocer» su vinculación a la autoridad estatal. Y se plantea así una curiosa dialéctica entre la autonomía de la voluntad y el criterio objetivo. Ambas se funden en el *dictamen rectae rationis,* que hace que la decisión individual no sea simple producto del libre albedrío, sino que responda a relaciones de necesidad que obliguen a «reconocer» y, por tanto, a «valorar» el fundamento de la obediencia. ¿Significa esto entonces –como señalábamos arriba– que ya se estaría previamente obligado al «reconocimiento»? Esta pregunta incide sobre el auténtico problema que plantea la cuestión de la legitimidad. Sintéticamente se puede contestar afirmando que el individuo no debe obediencia ineludiblemente al Estado en cuanto que tal, sino sólo a un Estado *verdadero.* Existe una vinculación ético-normativa que se funda en el sometimiento voluntario de las personas, en el sentido de que éstas deciden –dentro de determinados límites– obedecer todas sus órdenes o imposiciones, pero no porque provengan de tal instancia a secas, sino porque previamente se ha emitido una *decisión* que la declara como la organización más «racional», esto es, la más eficaz para la satisfacción del fin del cual es medio: la paz y seguridad.

A nuestro juicio, pues, parece que lo decisivo es este cálculo de utilidad. Es lo más congruente también con la concepción del hombre de Hobbes. No olvidemos que, para él, pasiones y razón se necesitan mutuamente [17]. En términos

---

17. «Las pasiones que inclinan a los hombres a buscar la paz son el miedo a la muerte, el deseo de obtener las cosas necesarias para vivir cómo-

kantianos puede afirmarse entonces que las leyes naturales serían imperativos categóricos asertóricos; es decir, aquellos que presentan la necesidad práctica de la acción como «medio» para fomentar la felicidad –en términos hobbesianos, diríamos que para satisfacer las pasiones «fundamentales»–. Y habría que añadir: suponiendo que todos los demás se someten también a los mismos. D. Gauthier (1969) fue el primero en observar cómo Hobbes nos ofrece un ejemplo de libro de un típico supuesto de *dilema de los prisioneros* generalizado [18]. En este sentido, simplificando lo que es un sofisticado esquema de decisión racional, el estado de naturaleza se presenta como una situación que afecta a una pluralidad de personas, que desconocen sus intenciones mutuas y se hallan en una situación de desconfianza permanente. En vista de ello se plantean las siguientes opciones: *a)* si la mayoría de ellos vulneran las leyes de la naturaleza, entran en el estado de guerra y, por tanto, en la destrucción mutua potencial; *b)* si, por el contrario, se sujetan a sus dictados, habrá paz y esto es beneficioso para todos; *c)* cada individuo puede intentar obtener a veces el máximo rendimiento posible de las quiebras de la ley natural, siempre y cuando otros se sometan a ellas; *d)* cuando se producen estas vulneraciones, aquellos que sí se guían por ellas salen claramente perjudicados, más que si no lo hicieran. A partir de estos supuestos se suscitarían los siguientes problemas: (i) definir el estado mutuamente beneficioso de la paz civil; (ii) instituir dicho estado; y (iii) estabilizarlo; es decir, dar a cada persona un motivo o razón suficiente para sujetarse a las normas cuya eficacia

---

damente y la esperanza de que, con su trabajo, puedan conseguirlas. Y la razón sugiere convenientes normas de paz, basándose en las cuales los hombres pueden llegar a un acuerdo» (*Lev.*, cap. XIII, p. 188).

18. Para encontrar una exposición general del «dilema de los prisioneros» véase Luce y Raiffa, *Games and Decisions*, Nueva York, Wiley, 1957. Una sofisticada aplicación de la teoría de los juegos a la obra hobbesiana se encuentra en J. Hampton (1986).

constituye la condición de posibilidad de tal estado. La solución a cada uno de estos problemas sería la siguiente: a (i): reconocer las leyes de la naturaleza además de la idea de un soberano efectivo con todos los poderes necesarios para mantenerlas; a (ii): a través del contrato social o, lo que es lo mismo, mediante la institucionalización del soberano por autorización; a (iii): mediante el sistema de sanciones impuesto por un soberano *efectivo.*

7. El poder del Leviatán

La institucionalización del Estado responde a la voluntad de cada uno de los individuos de entrar en un pacto que sigue la siguiente formulación:

> Autorizo y concedo el derecho de gobernarme a mí mismo, dando esa autoridad a este hombre o a esta asamblea de hombres, con la condición de que tú también le concedas tu derecho de igual manera, y les des esa autoridad en todas sus acciones *(Lev.,* cap. XVII, p. 227).

De aquí puede extraerse una importante particularidad del contrato social hobbesiano. No se contempla ya la típica relación bilateral del contrato de gobierno. Como se recordará, en las teorías pactistas anteriores, la comunidad, previamente instituida en cuerpo político merced al *pactum associationis,* contrataba con el soberano el contenido y los límites de su sometimiento *(pactum subjectionis).* Había dos partes bien delimitadas. En Hobbes, sin embargo, se da la peculiaridad de que una serie de personas contratan entre sí a *favor* de un tercero. El motivo que hay detrás de esta reestructuración de la fórmula convencional no reside sólo en el planteamiento individualista del método; responde también a la necesidad de no dar el más mínimo pie a caer de nuevo en el estado de anarquía. Una vez «autorizado», el soberano dispone ya de un poder irrevocable capaz de protegerse automáticamente frente a posibles intentos por parte de los contratantes para recuperar los derechos a él enajenados. Lo que importa es que los súbditos se sometan a la discrecionalidad del soberano [19]. Esto queda muy claro cuando Hobbes contempla el otro supuesto de institucionalización del soberano: por *adquisición* (véase *Lev.*, cap. XX, pp. 251-252). Es decir, por conquista o cualquier otro medio violento mediante el cual se hace con todo el poder efectivo. Aquí, la «autorización» sería puramente hipotética pero no menos válida. Si el soberano ejerce un poder *de facto* capaz de satisfacer nuestro interés racional en un gobierno efectivo, si es capaz de evitar que caigamos en un estado de guerra, hemos de entender que goza de la misma legitimidad que aquel al que explícitamente nos sometimos (véase *Lev.*, «Repaso y Conclusión», pp. 717 y ss.). En última instancia, lo que importa es que cumpla el fin para el que existe, independientemente de cómo se haya constituido.

El símil que Hobbes utiliza para caracterizar a esta criatura no puede ser más gráfico: *Leviatán*, el monstruo marino de que nos habla la Biblia en el Libro de Job. Con ello se quiere hacer referencia tanto a la desmesura de su poder cuanto a una de las finalidades básicas que debe cumplir: obligar «por el terror que ese poder y esa fuerza producen» *(Lev.,* cap. XVII, p. 227) a que se mantenga la paz interna y se genere la ayuda mutua contra los enemigos de fuera. Pero su naturaleza no es la de un ser animado; es ante todo un *automaton* o máquina, un artificio creado o producido por el hombre, responde a un diseño racional. Y, por enésima vez, sus atributos deben corresponderse a los fines para los que ha sido forjado. Una lectura del capítulo XVIII del *Leviatán* sobre los *derechos* de que dispone deja bien claro qué es lo

---

[19]. Un mecanismo formal de asegurar que el soberano no pueda romper el pacto es, precisamente, cuando no forma parte de él. Queda, pues, libre de toda responsabilidad para actuar discrecionalmente.

que se pretende evitar: el fraccionamiento del poder, la quiebra del principio *indivisible* de la soberanía. El soberano no puede renunciar o dejar de ejercer ninguno de los derechos fundamentales de la soberanía sin que los demás pierdan su eficacia. Toda hendedura abierta en su poder unitario está llamada a provocar su ruina. En sus propias palabras,

si transfiere el poder sobre la *militia,* estará reteniendo en vano el de la judicatura, por falta de fuerza que obligue a que las leyes se cumplan; y si renuncia al poder de recaudar dinero, la *militia* será entonces algo vano; y si renuncia a tener control sobre las doctrinas, los hombres se alzarán en rebelión por miedo a los espíritus. Así, cuando consideramos cualquiera de los derechos mencionados, vemos que poseer todos los demás no tendrá efecto alguno en la conservación de la paz y la justicia, que es precisamente el fin para el que los Estados son instituidos *(Lev.,* capítulo XVIII, p. 236; y véase, en general, todo el capítulo XXIX sobre «Estas cosas que debilitan y tienden a la disolución de un Estado»).

Entre el enorme elenco de derechos que Hobbes atribuye al soberano, que sería prolijo reproducir aquí, además de destacar este rasgo de la inalienabilidad e indivisibilidad de la soberanía del Estado, es necesario subrayar aquel que le faculta para establecer las reglas básicas de la convivencia; «que los hombres sepan cuáles son los bienes que pueden disfrutar y qué acciones pueden realizar sin ser molestados por ninguno de sus súbditos» (p. 234). Las reglas que establecen el *tuum* y el *meum,* lo bueno y lo malo, lo legal y lo ilegal. Todo el orden jurídico es una creación del Estado. En última instancia, por tanto, los presupuestos jurídicos dentro de los cuales ha de encauzarse la vida económica y social, así como todo lo relativo al papel, relevante o subordinado, que deba jugar cada cual.

Una cierta sensibilización «contextual», que contemple la obra hobbesiana enmarcada en el período y lugar al que pertenece, nos permite percibir en esta descripción de las facultades del Estado la exacta contrapartida a lo que según Hobbes constituía la causa fundamental de las contiendas civiles de su época. El *Leviatán* o *deus mortalis* requería de todo este poder hiperbólico para enfrentarse a *Behemoth,* la encarnación –bajo el nombre de otro monstruo bíblico– de la guerra civil. Así, al final del capítulo XVIII, pretende persuadirnos de que aunque parezca que hemos atribuido un inmenso poder al Leviatán, éste es el imprescindible para conseguir imponer la paz civil. La obsesión de Hobbes no es otra, por decirlo una vez más, que evitar la disgregación del poder por las disputas de los distintos actores políticos, así como el constante cuestionamiento de la «legitimidad» del soberano, tanto por las facciones religiosas o políticas como por quienes hoy llamaríamos los «intelectuales». El Estado debe ser inmune a este tipo de cuestionamientos o desafíos. El principal peligro a la efectividad del soberano lo encuentra Hobbes en los *poderes fácticos,* por emplear otro término al uso en nuestros días; es decir, en aquellos capaces de acumular el suficiente poder como para competir con el monarca en el ejercicio de algunas de sus funciones. Advierte así sobre el poder excesivo que pueden llegar a adquirir algunos caudillos militares, que mediante tretas demagógicas pueden pretender ganarse el favor popular; o el de las personas o grupos de interés adinerados, cuyo poder económico pueden intentar poner al servicio de causas distintas de las queridas por el soberano; o el de las grandes corporaciones locales, cuya capacidad para organizar ejércitos propios debe ser cortada de raíz por el auténtico titular legítimo del poder militar. De ahí la importancia que nuestro autor atribuye al derecho del soberano para atribuir honores y distinciones, para canalizar y disponer de la estructura de los distintos rangos sociales.

De hecho, Hobbes manifiesta una clara animadversión hacia todas esas elites sociales y políticas que amparándose en su poder social efectivo intentan eludir su sometimiento a la ley (véase *Lev.*, cap. XXX). El destinatario fundamental de su poder debería ser el hombre común, la *generalidad* de los ciudadanos, aunque esto no tiene por qué condicionar su arbitrariedad a la hora de dispensar favores a unos u otros grupos o personas concretas. Hay, como se ve, al modo maquiaveliano, la presentación de ciertas máximas o «consejos de Príncipes» que Hobbes considera necesario poner de relieve. Junto a la presentación de los poderes o facultades del soberano se entremezclan así diversos «consejos» o máximas de prudencia, que permiten interpretar también el *Leviatán* en esa línea de los «Espejos de Príncipes». Siempre, claro está, como «añadido» al fin básico que trata de satisfacer, que no es sino fundamentar la necesariedad de un Estado absoluto, único capaz de velar efectivamente por la paz civil. Hobbes comparte con Maquiavelo no sólo una visión pesimista de la naturaleza humana, sino esta necesariedad de consolidar el poder en una instancia centralizada capaz de controlar a rivales potenciales. Y, sin embargo, sus consejos al Príncipe van a ser radicalmente distintos de los que el autor italiano ofrece al gobernante. Como ha observado D. Baumgold (1988: 106), mientras este último se centra en definir las características básicas que debe reunir «quien gobierna», su *virtú*, Hobbes se preocupa por objetivar los rasgos propios de la «función» de gobierno; muestra una auténtica obsesión por delimitar cuál es el campo y el papel del ejercicio de la soberanía. Más que el gobernante en sí importan sus atribuciones, el rol que *debe* cumplir la ley como instrumento en manos del Estado. No en vano nos dice Hobbes, en la Epístola Dedicatoria del Leviatán, que en este libro no habla de los hombres, «sino, en abstracto, de la sede del poder» (p. 75).

Cuando se aborda el problema del absolutismo en Hobbes se suele pasar por alto el capítulo que este autor consagra a los *deberes del soberano* (cap. XXX). Llama la atención que éstos se corresponden a grandes rasgos con los derechos contenidos en el cap. XVIII, y prescriben algo que podríamos calificar como las «condiciones mínimas» de la función de gobierno *(office)*. Delimitar este *officium* es una de las principales tareas de la obra hobbesiana. Estos «deberes» buscan promover un gobierno justo dirigido al interés común. Entre otras cosas, se encomienda al soberano la promulgación de leyes buenas[20], asegurar el reparto proporcional de los impuestos, la educación política, la justa y equitativa aplicación de castigos y recompensas, un sistema judicial imparcial, etc. En cierto modo constituyen la otra cara de sus *derechos* (cap. XVIII del *Leviatán*). Si hubiera que reducir este *officium* del soberano a una única fórmula, ésta podría concretarse en dos principios básicos: primero, en velar porque no disminuya su poder soberano, por mantenerlo firme y unitario; y, en segundo término, por garantizar la paz civil y el bienestar general del pueblo *(salus populi suprema lex,* E. L. II, 9, 1: p. 142).

Desde luego, Hobbes no ofrece ninguna garantía a los súbditos de que el soberano vaya a actuar siguiendo tales preceptos; no existe ninguna instancia capaz de asegurar su cumplimiento. Sí deja entrever, sin embargo, que al soberano le *conviene* actuar en esta línea si su deseo es mantenerse en el poder, ya que un gobierno despótico es fuente constante de la sublevación popular y, por ende, de la guerra civil (véase *De cive,* XIII, 2, p. 157). Cuando se refiere a la acción «racional» del gobernante Hobbes no puede eludir, aquí tampoco, su vinculación al cálculo de interés. Si su «deber»

---

20. Piénsese que en aplicación de la tercera ley de la naturaleza, el soberano es la única instancia capacitada para dictar leyes que serán necesariamente «justas»; es el único capaz de enjuiciar lo justo e injusto. Esto no obsta para que no pueda dictar leyes «malas», no equitativas, con lo cual no estaría contraviniendo ninguna prescripción de tipo jurídico, pero sí de tipo moral y lo que para Hobbes tiene más importancia, de naturaleza «prudencial», ya que la proliferación de leyes no equitativas es una de las causas de la sedición (véase discusión posterior en el texto).

consiste en el «buen gobierno del pueblo [...], así también su ganancia» *(profit)* (E. L., IX, 1, p. 142). Entendida ésta, desde luego, como un interés puro y simple por conservar su *office*. Saltan a la vista las diferencias entre Maquiavelo y Hobbes por la forma en la que cada uno de ellos presenta los criterios de instrumentalización de la conservación del poder. El cálculo prudencial lleva a Hobbes a sugerir al Príncipe una actuación no despótica pero firme en el mantenimiento de la unidad soberana –implícitamente se contiene aquí una diferenciación entre despotismo y absolutismo–. Para el autor italiano, por el contrario, y por decirlo una vez más, la *virtú* del gobernante no se hace depender de una previa definición de las funciones del gobierno. Lo que sí es verdad es que ambos se separan de aquellos autores –casi todos ellos contemporáneos de Hobbes y, por tanto, partícipes del debate sobre la titularidad de la soberanía– que utilizan el recurso a mecanismos procedimentales como garantía de la adecuación de la acción política a ciertos límites que se consideran necesarios [21]. Hobbes, por su parte, opta por el puro interés del soberano por seguir al frente del Estado. Por eso favorece tarmbién la forma de gobierno monárquica, ya que en ella el interés público coincide con el privado. «Pues no hay rey que pueda ser rico, ni glorioso, ni seguro, si sus súbditos son pobres, o despreciables, o demasiado débiles –por carestía o disensión interna– para sostener una guerra contra sus enemigos» *(Lev.,* cap. XIX, p. 241).

La delimitación del ámbito de las funciones del soberano acaba de completarse cuando nos acercamos a la descripción que Hobbes nos ofrece de las *libertades de los súbditos* *(Lev.,* cap. XXI). Insistimos: éstos no pueden gozar de nin-

---

21. Desde luego, habrá que esperar a J. Locke para encontrarnos con una argumentación consecuente de esta idea, pero está también presente en la impetuosa defensa de la soberanía popular que ofrecen autores *republicanos* tales como A. Sidney, J. Milton y, sobre todo, James Harrington.

gún mecanismo institucional capaz de velar por su protección, así que se decretan de un modo puramente retórico, como desarrollo o complemento de las funciones del soberano. Los rasgos más sobresalientes del elenco que nos ofrece Hobbes de estas «libertades» pueden esquematizarse en los siguientes puntos: Primero: los súbditos sólo gozan de libertad «efectiva» respecto de aquellas cosas «cuyo derecho a ellas no puede transferirse mediante un convenio» (p. 268). Tienen, pues, pleno derecho a la autodefensa y, como corolario, a oponerse a cualquier dictado del soberano que atente contra su vida y seguridad (que se maten, se hieran o se mutilen a sí mismos, que no hagan resistencia a quienes los asalten, etc.; incluso a negarse a luchar contra el enemigo, aunque en este caso el soberano tendrá el derecho de castigar su negativa). Consecuencia lógica de todo esto es que la obligación de obediencia de los súbditos cesa desde el momento en que éste es incapaz de protegerlos. Y, segundo: salvo este derecho absoluto e inalienable, «la mayor libertad de los súbditos proviene del silencio de la ley» (p. 271). Posee entonces un carácter *residual* respecto de aquellos ámbitos no regulados previamente por la ley. A estos efectos, y visto desde hoy, no deja de sorprender la cantidad de «espacios» que el «totalitario» Hobbes presume que estén a la entera disposición de los ciudadanos. «Tal es, por ejemplo, la libertad de comprar y vender, la de establecer acuerdos mutuos; la de escoger el propio lugar de residencia, la comida, el oficio, y la de educar a sus hijos según el propio criterio, etc.» (cap. XXI, p. 264).

Estas afirmaciones de nuestro autor nos muestran, por tanto, cómo la racionalidad que haya de orientar al soberano en su gobierno debe guiarse por la promulgación de leyes *generales,* capaces de canalizar la libre iniciativa de sus súbditos en la conformación de su propio destino. Esto ha suscitado, como no podía ser menos, una interpretación *liberal* de la teoría hobbesiana. Así, Habermas imputa a Hobbes el ser «el auténtico fundador del liberalismo» [22]; en su obra se contendría la sanción absolutista de determinados contenidos liberales. En el capítulo XIII del *De cive*, donde se habla de las obligaciones del soberano, se incluiría un importante elenco de los deberes que le incumben para «satisfacer las intenciones liberales del Derecho natural». El núcleo de su interpretación radica en valorar el carácter instrumental del poder absoluto en lo que éste pudiera representar como marco objetivo necesario para el desarrollo de un libre comercio en plena fase de expansión. Paz y seguridad son, sin duda, condiciones necesarias para que los ciudadanos puedan comenzar a pensar en su bienestar, el *commodious living* a que Hobbes se refiere continuamente. Pero éste no se derivaría de la virtud, como la «vida buena» de la tradición clásica, sino del «disfrute de la propiedad libremente disponible». En definitiva, el soberano cargaría con la preocupación de que «con la menor cantidad posible de leyes, la mayor cantidad posible de ciudadanos viva tan agradablemente como pueda permitirlo la naturaleza humana. Mantiene la paz en el interior y la defiende contra enemigos exteriores a fin de que cada ciudadano pueda "aumentar su fortuna" y "disfrutar de su libertad"» [23].

22. *Theorie und Praxis*, Frankfurt, Suhrkamp, 1971, véanse pp. 77 y ss.
23. La dimensión liberal-burguesa de la obra de Hobbes es desarrollada desde otra perspectiva por el conocido libro de C. B. Macpherson (1964) sobre el «individualismo posesivo» donde se subrayan los «supuestos sociales» o condicionantes socioeconómicos que pudieran informar la obra de Hobbes. Este autor, «más o menos conscientemente», habría introducido en su imagen del hombre un afán competitivo propio de la época, y un modelo de sociedad en el que toda persona tiende de modo potencial a obtener el mayor beneficio individual posible, instrumentalizando a los demás si fuera necesario. De lo que se trata esencialmente es de verificar hasta qué punto está presente en la teoría hobbesiana un tipo de sociedad capitalista aún no del todo desarrollada, pero en vías de consolidación.

Para un análisis de la obra de Hobbes –y Locke– en el que se pasan revista a todo este tipo de interpretaciones a la luz de las circunstancias so-

Evidentemente, la apreciación de «contenidos liberales» hay que entenderla sólo en el sentido del liberalismo –o, mejor, *individualismo*– económico, producto de un previo individualismo abstracto u ontológico. El *Leviatán* bien puede satisfacer la función de guardián de un determinado orden económico, pero no deja de ser por ello un guardián despótico, incontrolado, que en cualquier momento puede volverse contra sus «protegidos» o, cuando menos, contra los hasta entonces más beneficiados de su protección.

8. La espada y el báculo

Otro importante aspecto a tener en cuenta a la hora de delimitar las funciones del soberano, pero también los supuestos contenidos liberales de la teoría de Hobbes, es el relativo a su postura sobre la religión. A este tema dedica nuestro autor nada menos que la tercera y cuarta parte del *Leviatán*, casi la mitad del libro y, curiosamente, es el aspecto menos estudiado de su teoría. En lo que sigue vamos a ofrecer una sintética visión de sus contenidos más relevantes al solo efecto de completar todo lo dicho con anterioridad.

El primer aspecto que exige ser explicado es por qué Hobbes dedica tanto espacio para intrincarse en complejas argumentaciones teológicas que no añaden, al menos en apariencia, nada sustantivo a sus argumentos centrales. Pueden apuntarse dos respuestas, relacionadas ambas con consideraciones estrictamente contextuales. La primera, obvia por otra parte, teniendo en cuenta las peculiaridades de la época que le tocó vivir, obedece a la necesidad de dotar de una doble justificación a su teoría; no sólo mediante estrictos argumentos filosóficos sino, también, recurriendo a fuentes *bí-*

cioeconómicas de la época, véase F. Vallespín, «Contrato Social y orden burgués», *Revista de Estudios Políticos*, núm. 38, marzo-abril, 1984.

blicas. Nos referimos, claro está, y como en seguida veremos, a su pretensión de otorgar al soberano la potestad absoluta en materia de religión. La segunda es derivativa de la anterior e incide directamente sobre el corazón de la teoría hobbesiana: su obsesión por la guerra civil. Ya desde un principio hemos venido aludiendo al papel central que para nuestro autor tuvieron las disputas religiosas en el estallido de la guerra civil inglesa, y no sólo en este país. Hobbes afronta el problema de la disensión religiosa optando por una de las pretensiones en disputa –la subordinación de la Iglesia al Estado– pero, eso sí, utilizando argumentos bien distintos de aquellos a los que solía recurrir el bando monárquico [24]. Su objetivo no es así otro que contravenir las aspiraciones de las distintas sectas protestantes –o de la propia Iglesia católica– a la supremacía espiritual. Y lo hace –como acabamos de señalar– dentro de su propio terreno, en el discurso teológico.

Como vemos, la línea argumental de Hobbes va dirigida a eliminar uno de los mayores obstáculos que se interponían entre las pretensiones absolutas del poder civil y sus súbditos. Los deberes de los hombres para con Dios no debían ser impedimento –como de hecho ocurría– para su obligación de obediencia al soberano. De ahí que nuestro autor buscara ratificar en las Escrituras lo que emblemáticamente representara en el grabado que abría el *Leviatán*: la unidad en una sola persona de la espada y el báculo. Ahorraremos a los lectores los ásperos argumentos teológicos de que se vale e iremos directamente al grano. En este sentido,

---

24. La necesidad de afirmar y defender al soberano protestante británico frente al intrusionismo de la Iglesia católica llevó a racionalizar la soberanía del rey, ahora *Godly Prince*, en temas religiosos, recurriendo a su papel como representante de Dios en la tierra. Esta misma argumentación (!) sería utilizada después en su enfrentamiento a los puritanos y presbiterianos, que se opusieron a la supremacía regia en temas religiosos.

el capítulo más esclarecedor del *Leviatán* es el 43, con el que cierra la tercera parte de su obra. Ahí nos ofrece algo así como los *mínimos* necesarios para alcanzar la «salvación»: la creencia de que Jesús es el Cristo, el salvador, que constituye el *unum necessarium* de la fe cristiana (p. 610); y la obediencia a los dictados del soberano. El primero de estos principios se podría extraer sin ningún género de dudas de las Escrituras, tanto del Antiguo Testamento, que anuncia la venida del Mesías, como del Nuevo, donde se nos deja constancia de la misma. Y el origen divino de la Biblia, Hobbes no parece ponerlo en duda en ningún momento. Por lo que hace al segundo, la justificación a la que recurre remite directamente a su argumentación sobre la ley natural y explica en cierto modo la insistencia que allí pone en señalar su origen en la voluntad de Dios.

Sintetizando, la justificación última de esta «teología de mínimos» sería la siguiente: el «Reino de Dios» se manifestaría en este mundo de una doble manera: como Reino de Dios *natural*; esto es, como aquellos dictados de nuestra razón que nos conminan a creer en Él y nos prescriben como obligación prioritaria velar por nuestra autoconservación. Y el Reino de Dios *profético*, que describe el vínculo directo entre Él y el pueblo de Israel hasta que «fue rechazado en la elección de Saúl», y será restaurado «cuando Cristo venga en majestad a juzgar al mundo y a gobernar de hecho a su propio pueblo» (Capítulo XXXV, p. 448). A partir de aquí, el propósito de Hobbes va dirigido a combinar estas dos ideas en una fórmula única, guiada por la fuerza prescriptiva de la ley natural. No existe ya ninguna autoridad legítima capaz de imponernos una *única* interpretación de las Sagradas Escrituras; luego, ésta corresponderá a quien «personifica» la aplicación de la ley natural: el soberano. «[...] sólo serán libros canónicos en cada nación, es decir, sólo será ley lo que ha sido establecido como tal por la autoridad soberana. [...] Pero la cuestión aquí no se refiere a la obediencia de Dios, sino al *cuándo* y al *qué* nos ha dicho, cosas que, para los súbditos que no han tenido una revelación sobrenatural, no pueden ser conocidas sino mediante el uso de la razón natural que los guía, para la obtención de la paz y la justicia, a obedecer la autoridad de sus respectivos Estados, es decir, de sus respectivos soberanos» (cap. XXXIII, p. 415).

Una vez asentada esta idea, Hobbes se limita a pasar revista al problema de la interpretación racional que comportan algunos de los dictados de las Escrituras. A la hora de optar por una u otra interpretación, casi siempre nos dejan en la duda sobre su veracidad, aparte del problema de la autenticidad de muchos de los supuestos Libros Sagrados, o de las revelaciones, profecías, milagros, etc., que ahí se narran, y frente a los cuales Hobbes se muestra siempre escéptico. Toda lectura de las Escrituras lleva consigo, como se ve, grandes dosis de decisionismo, y aun aplicando una hermenéutica apoyada en principios lógicos estrictos, siempre estamos expuestos a errar. La ley natural, por el contrario, no da lugar a ninguna conjetura, sino que se muestra a la razón como un imperativo indubitable. Dejemos, pues, que ya que hay que «decidir», sea el soberano quien lo haga, y así al menos nos sometemos a la voluntad de Dios manifiesta en la ley natural. Como se puede percibir, el recurso al fundamento divino de la ley natural, que antes se nos antojaba innecesario, cumple ahora una función decisiva para ayudar a legitimar el poder espiritual de los monarcas. Resulta, a la postre, que podrá haber tantas interpretaciones distintas cuantos Estados haya. Al menos en lo referente al «culto público», a la religión oficialmente reconocida, lo que no obsta para que cada cual, en su intimidad, llegue a las consideraciones que sean menester: pero eso ya es un problema de conciencia. Lo relevante a nuestros efectos es la disolución del fenómeno religioso en el Estado, que es una manifestación más del «primado de la política» (Goyard-Fabré) que caracteriza toda la obra de Hobbes.

En la cuarta y última parte del *Leviatán*, «Del Reino de las Tinieblas», el lenguaje de Hobbes recupera toda su chispa y mordacidad, que dirige sobre todo contra las Iglesias católica y presbiteriana. Lo que ahora le interesa no es tanto encontrar argumentos para justificar la identidad religión-Estado, cuanto vituperar a los dos grandes opositores de esta idea. Y quien sale aquí peor parada es la Iglesia católica y el Papado, al que acusa de ser un «reino de brujas» y de «oscurecer» la luz que emana de la razón. El reino de las tinieblas «no es sino una *confederación de engañadores que, a fin de obtener dominio sobre los hombres en este mundo presente, intentan, mediante oscuras y erróneas doctrinas, extinguir la luz en ellos, tanto la luz natural como la del Evangelio*» (*Lev.*, cap. XLIV, pp. 627-628; énfasis del autor). Sus doctrinas no serían sino pura «demonología» hipócrita al servicio de los intereses más espurios; puras supersticiones, con el agravante de haberse introducido plenamente en las universidades. La amenaza para Inglaterra no vendría, sin embargo, únicamente de la Iglesia católica, de la que ya casi habría conseguido emanciparse, sino de la presbiteriana, dispuesta ahora a ocupar el lugar de aquélla. Se trata, en suma, de un alegato contra la irracionalidad del mundo religioso, que cautelarmente se dirige sólo contra algunas de sus manifestaciones, y a favor del poder emancipador de la razón.

Una lectura en esta línea nos permite disipar la racionalidad que subyace a estas largas e intensas argumentaciones contenidas en las dos partes del *Leviatán* que ahora analizamos. Ésta es una cuestión que ya desde C. Schmitt (1938) ha obsesionado a algunos de los comentaristas de Hobbes, tentados de buscar en él una interpretación teológico-filosófica de toda su filosofía. Sin entrar en el debate, nuestra posición aquí se aproxima bastante a la sostenida recientemente por D. Johnston (1986), para quien el *Leviatán,* contrariamente a otras obras de Hobbes, tiene un importante contenido «retórico» dirigido a la «transformación cultural»; a la búsqueda de un discurso capaz de desvelar la falsedad intrínseca de las argumentaciones de la filosofía tradicional, de la religión o de cualquier otra forma de superstición.

9. En el umbral de la modernidad

Siguiendo esta interpretación que acabamos de introducir, Hobbes se nos aparece así como un heraldo de la Ilustración; alguien preocupado por «liberar» al hombre de tanta mentira depositada por las doctrinas y tradiciones, y por enseñarle a aplicar su capacidad racional para poder conseguir una auténtica paz social y mayor prosperidad. Con ello nos sumamos al conjunto de interpretaciones que ven en nuestro autor a un precursor de la *modernidad*. Generalmente, cuanto más se acentúa la ruptura de Hobbes con respecto a la ética y la filosofía del Estado tradicionales, tanto más se comienza a valorar o percibir en su obra la presencia de rasgos propios de una nueva concepción del mundo producto del desarrollo y nacimiento de una burguesía incipiente en la Inglaterra de su tiempo. Ya en una época temprana adopta esta actitud un autor clásico como F. Tönnies (1971) o el propio Leo Strauss (1936), quien no duda en reconocer la raíz burguesa del pensamiento hobbesiano en rasgos tales como la tajante división que aquél establece entre derechos subjetivos (*rights, ius*) y derecho objetivo *(law, lex);* en su punto de partida desde los derechos naturales sin ninguna consideración de los deberes; o, y en esto estaría en la línea de Maquiavelo o Spinoza, por su tratamiento puramente técnico de los problemas políticos sin ninguna consideración de principio sobre sus fines y valor moral concreto. Aparte de esto, esta visión se haría tanto más patente cuanto que deriva la concepción del hombre de Hobbes de la profunda observación que éste hiciera de sus contemporáneos, hecho que habría de tener más trascendencia para su pensamiento global que el método resolutivo-compositivo.

Desde luego, el individualismo y subjetivismo hobbesiano, su materialismo y racionalismo, desembocan paradójicamente en la más firme justificación del absolutismo. Ésta es la paradoja que asola toda su obra, y que no es explicable –como señalábamos arriba–, si no nos acercamos a los condicionantes propios de su época, que ponen de manifiesto su «obsesión» por la guerra civil. No han faltado intentos por reconciliar las premisas de la filosofía política hobbesiana con su derivación política. Y el propio Johnston (1988) nos ofrece una salida. A su juicio, Hobbes habría tratado de disolver en una fórmula única dos intereses contrapuestos: la necesidad de preservar la paz social, de un lado, y buscar una respuesta a las crecientes demandas de democratización, de otro. El primero se vería garantizado por el sistema absolutista, y el otro mediante el diseño de un método que permitiera reconocer como legítimo dicho poder por parte del pueblo y, por tanto, «autorizar» su traslación: su teoría del Contrato Social.

Esta explicación no deja de tener sentido, pero, a nuestro juicio, pierde de vista un hecho fundamental: la «contradicción» que asola la obra hobbesiana no tiene por qué ser reconciliada desde sus mismas premisas, ya que es una contradicción que asola a todo el proceso de la modernidad. Si Hobbes es el «padre de la modernidad», lo es porque en él se manifiesta esta paradoja entre emancipación y sumisión de un modo extraordinario, y éste es uno de los grandes atractivos de su teoría. Hobbes es el primero en desprenderse de un modo radical de las losas metafísicas y ontológicas, y el primero en ofrecer una teoría de la legitimidad racional, pero es también el iniciador de la «cultura del despotismo». Liberación y disciplinamiento son los dos ejes sobre los que desde sus inicios ha discurrido la modernidad, y aquí se nos presentan por primera –y quizás última– vez con una nitidez sin parangón.

Bibliografía

A) *Obras de Hobbes*

La única edición de referencia de las obras de Hobbes es la de sir William Molesworth, *English Works*, en XI vols., y *Opera Latina*, V vols., Londres, John Bohn, 1839-1845. Hay una reedición en Aalen, Baden-Wüttemberg: Scientia Verlag, 1961-1966. Dos rasgos pueden destacarse de esta edición: primero, que no agota todas las obras de Hobbes; y, en segundo lugar, que muchas de las ediciones que recopila no son las más fiables. Esto es especialmente cierto respecto de los *Elements of Law* y el *Behemoth*. Para encontrar dos excelentes ediciones de estos libros hay que remitir a las preparadas por F. Tönnies, que se apoya en sendas copias manuscritas. Ambas aparecen en Londres, Simpkin, Marshall & Co., en 1889, y son reeditadas en 1969 con una introducción de M. M. Goldsmith. Respecto al *Leviatán*, entre las numerosas ediciones en lengua inglesa del siglo XX, parece haber acuerdo en considerar la edición de C. B. Macpherson (Pelican Classics, Penguin Bocks, 1968) como la más fiel a la «Head edition» de Andrew Crooke de 1651, cuya paginación original recoge además en el texto; es también una de las más accesibles. Recientemente está en proyecto la edición de las obras de Hobbes en Oxford University Press. Hasta el momento sólo ha visto la luz una preciosa edición del *De cive,* en dos volúmenes, versión latina e inglesa, respectivamente, editada y anotada por H. Warrender (1983).

Traducciones al castellano

Elementos del Derecho, traducción, introducción y notas de D. Negro Pavón, Madrid, Centro de Estudios Constitucionales, 1979.

Del *Leviatán* hay varias ediciones. En México, Fondo de Cultura Económica, 1971, traducción de M. Sánchez Surto; en Madrid, Editora Nacional, 1979, traducción de A. Escohotado, con prólogo de C. Moya; en Madrid, Alianza Editorial, 1989, con traducción, prólogo y notas de Carlos Mellizo. Estas dos últimas parecen las más recomendables, en particular la de C. Mellizo, que tiene un admirable rigor terminológico.

B) *Bibliografía secundaria*

Aquí el número de referencias es tan apabullante que se hace necesario introducir algún criterio selectivo. A estos efectos hemos optado por desbrozar el terreno distinguiendo los trabajos que ya podemos calificar de «clásicos» por su contribución a abrir el camino y fomentar los estudios hobbesianos posteriores, y aquellos otros más recientes que abren nuevas perspectivas en este campo. En cualquier caso, una bibliografía ingente sobre el tema se contiene en Alfred García, *Thomas Hobbes: Bibliographie International de 1620 à 1986,* Université de Caen: Centre de Philosophie politique et juridique, 1986. Su único punto débil estriba en que, por razones obvias, no incluye la marea de nuevos trabajos aparecidos como consecuencia del cuarto centenario de Hobbes en 1988.

1. Entre las obras colectivas, la clásica son los *Hobbes Studies* editados por K. C. Brown, Oxford, B. Blackwell, 1965, que reúne a casi todos los pesos pesados de los estudios hobbesianos de la época. Entre las más recientes destacamos las siguientes: U. Bermbach y K. M. Kodalle, eds., *Furcht und Freiheit,* Opladen, Westdeutscher Verlag, 1982; G. A. J. Rogers, A. Ryan, eds., *Perspectives on Thomas Hobbes,* Oxford, Clarendon Press, 1988; R. Schnur y R. Roselleck, *Hobbes Forschungen,* Berlín, Duncker & Humblot, 1969; C. Walton, P. J. Johnston, eds., *Hobbes's Science of Natural Justice,* Dorndrecht, Martinus Nijhoff, 1987.

2. Como clásicos ya entre los estudios hobbesianos hemos de destacar los siguientes libros: en lo relativo a la influencia de Hobbes sobre el medio intelectual de la época, John Bowle, *Hobbes and his Critics. A Study in Seventeenth Century Constitutionalism,* Londres, Frank Cass, 1969, y Samuel Mintz, *The Hunting of Leviathan,* Cambridge University Press, 1962; como exposiciones generales de la obra de Hobbes, con cierto toque personal en la interpretación, merecen ser mencionados: D. P. Gauthier, *The Logic of Leviathan,* Oxford, Clarendon Press, 1969, ofrece una de las más agudas exposiciones de la teoría del Contrato Social hobbesiano; M. M. Goldsmith, *Hobbes' Science of Politics,* N. York, Columbia University Press, 1966, una de las más claras y pulidas exposiciones generales; F. C. Hood, *The Divine Politics of Thomas Hobbes,* Oxford, Clarendon Press, 1964, introduce con gran agudeza el problema teológico

y el de la fundamentación de la obligación moral; C. B. Macpherson, *The Political Theory of Possessive Individualism: Hobbes to Locke,* Oxford, Clarendon Press, 1962 (hay traducción española en Barcelona: Península, 1974), constituye la más valiosa aportación al estudio de la obra hobbesiana desde un enfoque contextual-marxista; F. S. McNeilly, *The Anatomy of Leviathan,* Londres, St. Martin's Press, 1968, imprescindible para aproximarse a los aspectos metodológicos y filosóficos de Hobbes; M. Oakeshott, *Hobbes on Civil Association,* Oxford, Blackwell, 1975, que aparte de otros textos sobre Hobbes incluye su conocida y magistral «Introducción» a la edición del *Leviatán* del mismo autor, Blackwell, 1946; R. Peters, *Hobbes,* Harmondsworth, Penguin, 1956, ofrece una de las más completas visiones generales de su obra; R. Polin, *Politique et Philosophie chez Thomas Hobbes,* París, Ed. du Seuil, 1953, el clásico francés sobre nuestro autor, que mantiene una interpretación convencional; C. Schmitt, *Der Leviathan,* Colonia, Hohenheim Vlg., 1982 (1.ª ed. de 1938); Q. Skinner, «The Ideological Context of Hobbes's Political Thought», *Historical Journal,* 8 (1965), 286-317, artículo auténticamente innovador en la línea de la investigación historicista; L. Strauss, *The Political Philosophy of Hobbes,* University of Chicago Press, 1955 (1.ª ed. de 1936), iniciador de la interpretación «burguesa» y moderna de Hobbes; F. Tönnies, *Hobbes. Leben und Lehre,* Stuttgart, Frommann, 1896 (hay traducción española en Madrid, Alianza Editorial, 1988). Éste es uno de los libros clásicos, el verdadero iniciador de la interpretación «moderna» de Hobbes; H. Warrender, *The Political Philosophy of Hobbes: His Theory of Obligation,* Oxford, Clarendon Press, 1957, ofrece la clásica interpretación iusnaturalista de Hobbes; J. W. N. Watkins, *Hobbes's System of Ideas,* Londres, Hutchinson, 1965, una magnífica sistematización general de su teoría; B. Willms, *Die Antwort des Leviathan. Thomas Hobbes politische Theorie,* Neuwied-Berlín, Luchterhand, 1970, una de las mejores monografías sobre Hobbes en lengua alemana por parte de su máximo experto en ese país.

3. Entre las obras más recientes destacamos las siguientes: Debora Baumgold, *Hobbes's Political Theory,* Cambridge University Press, 1988, refrescante y original reinterpretación de esta teoría; Simone Goyard-Fabre, *Le droit et la loi dans la philosophie de Thomas Hobbes,* París, Klincksieck, 1975, de imprescindible lectura;

Jean Hampton, *Hobbes and the Social Contract Tradition*, Cambridge University Press, 1986, interpretación en la línea del trabajo de Gauthier; D. Johnston, *The Rethoric of Leviathan. Thomas Hobbes and the Politics of Cultural Transformation*, Cambridge University Press, 1988, magnífica interpretación contextualizada de esta teoría; G. S. Kavka, *Hobbesian Moral and Political Theory*, Princeton University Press, 1986, neointerpretación de la teoría moral de Hobbes desde los presupuestos de la nueva filosofía moral; R. Polin, *Hobbes, Dieu et les hommes*, París, Presses Universitaires de France, 1982, analiza la difícil dimensión teológica de la obra hobbesiana; R. Tuck, *Hobbes*, Oxford University Press, 1989, buena introducción general; U. Weiss, *Das philosophische System von Thomas Hobbes*, Stuttgart/Bad Cannstatt, Frommann-Holzboog, 1980, ofrece una estimulante y nueva interpretación del método de Hobbes; B. Willms, *Der Weg des Leviathan. Die Hobbes-Forschung von 1969-1978*, Berlín, Duncker & Humblot, 1979, incisivo análisis de la investigación sobre este autor durante los años referidos.

C) *El contexto político, social e ideológico*

Aquí la literatura no es menos prolija, ya que éste es uno de los períodos históricos de Inglaterra sobre el que en los últimos años se ha vertido más cantidad de tinta, pero ahora seremos mucho más selectivos, a riesgo de no mencionar alguna obra fundamental. Destacaremos, en primer lugar, las obras sobre la Revolución inglesa de Christopher Hill, tanto en su vertiente estrictamente histórica como en las que se ocupa de la historia intelectual del período analizado: *The Century of Revolution 1603-1714*, Nueva York, Norton, 1964 (hay traducción española en Madrid, Ayuso, 1972); y *Los orígenes intelectuales de la Revolución inglesa*, Barcelona, Crítica, 1982. Muy recomendable es también el libro editado por G. E. Aylmer, *The Interregnum: The Quest for Settlement*, Londres/Basingstoke, Macmillan, 1972, que recoge trabajos de los máximos expertos en el tema, incluyendo al propio Q. Skinner; otro tanto ocurre con el de E. W. Ives, *The English Revolution 1600-1660*, Londres, Edward Arnold, 1978; una deliciosa contextualización de todo este período se contiene en Peter Laslett, *El mundo que hemos perdido*, *explorado de nuevo,* Madrid, Alianza Editorial, 1987; de excelente hay que calificar también el de J. G. A. Pocock, ed., *Three English Revolutions,* Cambridge University Press, 1980; un estudio específico de la teoría política de las revoluciones inglesa y holandesa nos lo ofrece el libro de R. Saage, *Herrschaft, Toleranz, Widerstand,* Frankfurt, Suhrkamp, 1981; muy ilustrativo sobre los debates ideológicos es el de J. P. Sommerville, *Politics & Ideology in England, 1603-1640,* Londres/N. York, Longman, 1986; por último, destacar un clásico ya sobre el pensamiento político de la época: Pérez Zagorín, *A History of Political Thought in the English Revolution,* Routledge & Kegan Paul, 1954.

Capítulo 6

Spinoza *

Atilano Domínguez

Spinoza ha pasado a la historia como el creador de un sistema metafísico y no como un pensador político. El rechazo de toda trascendencia y libertad de elección, que ha definido tradicionalmente a su filosofía, tachada de monismo determinista, ha inducido a denegar todo valor a su religión y a su ética y a tender un tupido velo sobre su obra política, haciendo de ella un simple apéndice de la de Hobbes. Esta actitud, puesta de relieve por algunos de sus corresponsales, tales como Blijenbergh, Oldenburg y Tschirnhaus, adquirió carta de ciudadanía con Bayle (1697), que vio en el autor de la *Ética* a un «ateo de sistema». Ni el renacimiento «romántico», por obra de Lessing, Jacobi y Mendelsohn (1785), ni el renacimiento «histórico», por obra de Bruder, Saisset y tantos otros, en la segunda mitad del siglo XIX, parecen haber superado esa imagen respecto a la política. El escaso espacio reservado a Spinoza en la historia de las ideas políticas y del

* Para las obras de Spinoza usaremos las siglas habituales: *CM = Cogitata metaphysica; E = Ethica; Ep = Epistolae; IE = T. de intellectus emendatione; KV = Korte Verhandeling (Tratado breve); PPC = Principia phil. cartesianae*. La página y, eventualmente, la línea (/) remiten a la edición de Gebhardt, el signo (n.º) a nuestra Bibliografía.

derecho invita a algunos a hacer suyo el juicio que emitiera, hace dos siglos, el primer traductor alemán del *Tratado político*, S. H. Ewald: «Spinoza está totalmente olvidado como escritor que ha tratado de temas relativos al derecho natural y político»[1].

Tal juicio debe ser matizado e incluso corregido. Matizado, porque, desde comienzos del siglo XIX, existen múltiples estudios sobre la política spinoziana y no todos hacen de ella un apéndice de la de Hobbes, sino una vía hacia la de Locke. Corregido, porque actualmente asistimos al que podría llamarse tercer renacimiento de Spinoza, como ponen de manifiesto millares de ediciones y traducciones, monografías y artículos, léxicos y concordancias, coloquios y congresos. Y en este renacer ocupa un puesto privilegiado la política, tanto en el interior del propio sistema como de la historia general de las ideas. Corregido, además, porque hoy parece prevalecer el método de leer a Spinoza desde el futuro y no desde el pasado, desde Marx y no desde Hobbes. La consecuencia más sorprendente es que se interpreta su metafísica a partir de su política, y ésta a partir de los conceptos de pasión, potencia y multitud. Se opera así una doble revolución hermenéutica. El sistema spinoziano deja de ser el racionalismo del *amor intellectualis Dei* de la *Ética* para convertirse en el materialismo de la *multitudinis potentia* del *Tratado político*. Spinoza constituye, pues, «la anomalía salvaje» del siglo XVII, ya que no se inscribe en la línea Hobbes-Locke-Rousseau-Hegel, tachada de absolutismo estatal y conservador, sino en la línea Maquiavelo-Spinoza-Feuerbach-Marx, calificada de democracia popular y revolucionaria[2].

---

1. Texto recogido en H. C. Lucas *Die Idee des Friedens in Spinozas Philosophie* (n.º 18), p. 118; cf. L. Mugnier-Pollet (n.º 34), p. 9.
2. Cf. A. Negri (n.º 27) y (n.º 4), 1985, pp. 143-181, A. Matheron (n.º 24); A. Tosel (n.º 34); D-J den Uyl (n.º 35).

No es nuestro propósito entrar aquí en un debate ideológico, sino hacer una exposición lineal de la filosofía política de Spinoza, entroncándola, a la vez, con su vida y con el resto de su obra. Creemos que Spinoza es un pensador polémico, por lo que sus expresiones son con frecuencia antitéticas y dilemáticas, del todo o nada. A fin de no caer en esa trampa, adoptaremos un método hermenéutico que articule los textos opuestos, lejos de aceptar unos y rechazar otros [3]. La problemática que orientará nuestra lectura, y que gira habitualmente en torno a la alternativa Hobbes-Spinoza o Spinoza-Locke, comprende preguntas como las siguientes: ¿se funda la política spinoziana en su metafísica o es ajena o incluso opuesta a ella? ¿Cómo se concilia, en otros términos, su liberalismo político con su determinismo metafísico? Su célebre tesis de que el derecho es poder, ¿significa que es potestad racional e incluso moral o que es potencia imaginativa y puramente psicológica o pasional? O, desde otra perspectiva, ¿se funda el Estado en un pacto racional o en el equilibrio social de la mecánica pasional? Finalmente, ¿pasó Spinoza del liberalismo individualista del *T. teológico-político*, anterior a la caída del gobierno de Jan de Witt (1672), al estatismo legalista del *T. político*, o más bien al revés, del absolutismo contractual del primero a la democracia revolucionaria del segundo? Cualquiera que sea la respuesta que se dé a estas preguntas, siempre estará latente en ella una de las dos interpretaciones clásicas del spinozismo: la idealista, iniciada por Hegel, o la materialista, iniciada por Feuerbach [4].

---

3. En este sentido, Torlief Boman, *Das hebraische Denken im Vergleich mit dem griechischen*, Gotinga, 1952, p. 154. En sentido opuesto (duplicidad de Spinoza), Leo Strauss, *Anleitung zum Studium von Spinoza's TTP*, en (n.º 11), pp. 301 y ss.
4. Cf. N. Altwicker *Tendenzen der Spinoza-rezeption* (n.º 11) pp. 1-58, espec. 2-5, pp. 43 y ss.

1. La vida de Spinoza y la política holandesa

No cabe duda alguna que una clave importante para interpretar correctamente la obra política de Spinoza nos la debieran ofrecer sus relaciones con su entorno político y social. Ahora bien, esas relaciones no parecen, a primera vista, nada claras. Spinoza se nos presenta, por un lado, como un hombre solitario y aislado: hijo de portugueses emigrados, judío excomulgado, soltero sin casa propia y distanciado de su familia, filósofo de gabinete y pulidor de lentes como único oficio. Por otro, en cambio, parece que no sólo se integró paulatinamente en el medio holandés, sino que se acercó, al mismo tiempo, a la sede del gobierno y a los temas políticos. A fin de clarificar la situación, conviene trazar un breve diseño de su vida y de la Holanda de su tiempo.

Baruch de Spinoza (Bento de Espinoza en familia) nació en Amsterdam el 24 de noviembre de 1632 y murió en La Haya el 21 de febrero de 1677. Hijo de judíos portugueses emigrados a los Países Bajos y dedicados al comercio, recibió una sólida formación en las escuelas de la comunidad judía hispano-portuguesa, donde aprendió el hebreo y se inició en el latín. Desde la muerte de su hermano Isaac (1649), parece haber colaborado en la empresa familiar que, al fallecer su padre (1652), tomó el nombre de «Bento y Gabriel de Espinoza», en cuyas peripecias se ve envuelto en 1655. Un hecho extraordinario cambió el rumbo de su vida. El 27 de julio de 1656, la comunidad judía decidió apartarle de la «nación de Israel» mediante el «herem» o excomunión solemne a causa de «sus horrendas herejías». El joven comerciante dejó, pues, el negocio familiar y decidió consagrarse a la filosofía, de plena actualidad en Holanda, donde Descartes viviera sus últimos veinte años (1629-1649). Su ciudad natal le ofreció el ambiente propicio para la nueva tarea: la tertulia del médico español Juan de Prado, la escuela de latín del ex jesuita Francisco van den Enden y la librería del editor liberal Jan Rieuwertsz le permitieron perfeccionar su latín, iniciarse en la filosofía cartesiana y afianzarse en sus convicciones naturalistas y deístas (1656-60). Tras ese período de meditación y adaptación, abandona definitivamente Amsterdam y reside, sucesivamente, en Rijnsburg, aldea próxima a Leiden (1660-63), en Voorburg, pueblecito muy cercano a La Haya (1663-69) y en La Haya, sede del gobierno (1669-1677). Sólo dos obras publicó en vida: *Principios de filosofía de Descartes* (en apéndice, *Pensamientos metafísicos*) (otoño de 1663) y *Tratado teológico-político* (a principios de 1670). A los pocos meses de su muerte, un grupo de amigos publicaron, en doble edición independiente, latina y holandesa, sus *Opera posthuma/Nagelate schriften: Ética, Correspondencia* (75 cartas, de las que eliminaron datos personales) y tres obras inacabadas: *Tratado de la reforma del entendimiento, Tratado político* y *Gramática hebrea* (finales de 1677). Casi dos siglos después fue hallado y editado otro escrito completo, especie de «pequeña Ética»: *Korte Verhandeling (Tratado breve)* (ed. 1862).

Proyectemos este esbozo biográfico sobre su marco histórico. Mientras en las grandes naciones europeas (España, Francia e Inglaterra) impera el absolutismo, que consume sus mejores energías en guerras de religión, las Provincias Unidas del Norte (hoy Holanda), organizadas en una especie de república federal, de estructura feudal, viven su siglo de oro. Tras haberse declarado independientes de España en la Unión de Utrecht (1579), consiguen año a año mayor autonomía, hasta que el tratado de Westfalia reconoce oficialmente su independencia (1648). La libertad religiosa y comercial crea un clima de euforia, que favorece el progreso económico y cultural. Dado que el puerto de Amberes sigue bajo dominio español, el comercio marítimo es desviado hacia Amsterdam, que se convierte así en el emporio mercantil de Europa. En muy pocos años, surgen las dos célebres Compañías: de las Indias Orientales (1602) y Occidentales

(1621), y dos grandes bancos: el de Amsterdam (1609) y el de Rotterdam (1635). Holanda es, al mismo tiempo, la patria o refugio de librepensadores de toda Europa, como los judíos hispano-portugueses Juan de Prado y el tristemente célebre Uriel da Costa, los franceses Saint-Glain y Saint-Evremont, y el belga F. van den Enden, y el foco cultural que atrae hacia sus universidades a profesores alemanes, como Graevius, Clauberg, Cocceius y Wittichius, y belgas, como Geulincx. Pero, por encima de estos nombres extranjeros, brillan cuatro figuras holandesas, que simbolizan ese período de esplendor: Grocio († 1645), Rembrandt († 1669) Spinoza († 1677) y Huygens († 1695). La etapa culminante corresponde a la del régimen liberal de Jan de Witt (1653-72).

La misma libertad que había impulsado la economía y la cultura provocó la caída del gobierno. Las discordias político-religiosas y las apetencias extranjeras se aliaron para ello. En efecto, aunque el país era mayoritariamente calvinista, existían dos facciones abiertamente enfrentadas desde el sínodo de Dordrecht (1618-19). Los arminianos o remontrantes, de tendencia liberal, fueron los perdedores frente a los gomaristas o contra-remontrantes, apoyados por Mauricio de Nassau. Ese enfrentamiento, que llevó a Grocio a la cárcel, al poeta Camphuyzen al destierro y al jefe remontrante, Oldenbarneveldt, al patíbulo, se tradujo en una lucha política. En efecto, los remontrantes pertenecían a la burguesía liberal en ascenso y a la clase de los regentes; los calvinistas ortodoxos constituían el elemento popular, que apoyaba a la casa de Orange, de tradición militar y ligada a la lucha por la independencia del país. A la muerte de Guillermo II de Orange (1649) tomó el mando el Gran Pensionario Jan de Witt. Los orangistas, sin embargo, esperaban que el futuro Guillermo III (1649-1702) alcanzara la mayoría de edad para recuperar el poder. Jan de Witt lo sabía; pero no supo evitarlo, porque cometió dos graves errores, a los que apuntará Spinoza: no reformó la estructura del Estado ni cuidó de la defensa. La segunda guerra naval con Inglaterra (1665-67) puso de manifiesto su vulnerabilidad, como lo revelan los ataques públicos de los predicadores a los gobernantes. Cuando el ejército francés invadió Holanda, coincidiendo con la mayoría de edad de Guillermo III, el pueblo humillado descargó sus iras contra el jefe liberal y puso en su lugar al militar (1672).

Cabría sospechar que Baruch de Spinoza («un extraño filósofo, que vive en Holanda, pero no es un holandés», como le calificaba su «amigo» Oldenburg ante sir Robert Moray, o «el judío de Voorburg», como le denominaba su vecino Huygens ante su hermano) no se ocupara demasiado de ese entorno [5]. ¿No es su sistema un edificio levantado sin otros materiales que la religión judía y la ciencia cartesiana? Contra este vetusto prejuicio están, sin embargo, los hechos. Su *Correspondencia* demuestra que la vida del filósofo judío estuvo siempre en contacto con los tres centros neurálgicos de Holanda: comercial en Amsterdam, universitario en Leiden y político en La Haya. Y también con las dos capitales culturales de Europa: con Londres a través del Secretario de la Royal Society, Henry Oldenburg, y con París por medio de su compatriota, Christian Huygens. Conviene recordar que Spinoza nació, vivió y murió en Holanda y que nunca salió de ese país, ni siquiera en los momentos más difíciles, tras la caída de De Witt, cuando se le ofreció una cátedra de filosofía en Heidelberg; que la mayor parte de sus amigos eran holandeses de las más diversas profesiones: comerciantes, médicos, políticos...; que leía y escribía correctamente su idioma, como lo ponen de manifiesto su biblioteca y las cartas autógrafas a Blijenbergh. Nada sorprendente, pues, que en más de una ocasión llame a Holanda su patria.

En cuanto a la política; aunque es cierto que nunca partici-

---

5. Textos recogidos en (n.º 9), *Ep*. 30, notas 207 y 210; en J. Freudenthal, *Die Lebensgeschichte Spinozas*, Leipzig, Veit, 1899, pp. 191-192.

pó en ella ni perteneció a ningún partido, todos los datos confirman que no sólo estuvo siempre atento a ella, sino que simpatizaba con el régimen de De Witt. La cronología de su vida demuestra que se acercó paulatinamente a la sede del gobierno y que sus dos últimos cambios de residencia coinciden con la publicación de sus obras (1663 y 1670). ¿Se sentía inseguro y buscaba una sombra protectora contra los calvinistas? De hecho, Spinoza dudó mucho en publicar su primera obra por miedo a los teólogos y, si lo hizo, al fin, le dio un carácter impersonal a fin de tantear la actitud de las autoridades oficiales. Posteriormente, en cambio, decide saltar a la palestra, para defenderse a sí mismo y a los gobernantes de los ataques de los predicadores, puesto que tiene «la rara dicha de vivir en un Estado..., donde la libertad es lo más apreciado y lo más dulce». Por otra parte, Spinoza era amigo de los mejores representantes de la libertad de ese Estado: el alcalde de Amsterdam, Johannes Hudde, y el librero que publicó todas sus obras, Jan Rieuwertsz; y quizá también del mismo Jan de Witt. En cuanto a esto último, que muchos ponen en duda, conviene añadir algunos datos. Nadie ha desmentido la afirmación de su biógrafo, M. Lucas, de que J. de Witt haya asignado, de su peculio personal, una pensión al filósofo. En todo caso, cuando aquél cayó asesinado en la calle a manos del populacho, Spinoza lanzó contra los asesinos su *ultimi barbarorum*. Y, cuando ese mismo pueblo calificó de traición su viaje al cuartel francés de Utrecht, en 1673, su sentimiento de «sincero republicano» le trajo el recuerdo de los «buenos señores De Witt». Por el contrario, los panfletos que, en 1672, anunciaran la subasta de la biblioteca «secreta» del jefe asesinado, incluían el *Tratado teológico político*, «forjado en compañía del diablo en el infierno por el judío renegado y editado a sabiendas del señor Jan y sus cómplices» [6].

---

6. Textos entrecomillados en *TTP*, pref., p. 7, J. Freudenthal (cit. nota 5), pp. 201, 64-65 y 194.

De hecho, pese a las incesantes denuncias de los calvinistas contra dicho tratado, su gobierno no accedió a prohibirlo, cosa que hicieron los Orange en julio de 1674. Nada extraño, pues, que en el *Tratado político* (1675-77), Spinoza se lamente de «la ruina de Holanda», en clara alusión a la caída del gobierno de De Witt [7].

Con todo esto no pretendemos insinuar que la obra política de Spinoza tenga un objetivo partidista ni siquiera ocasional. Al contrario, intentaremos demostrar que sus ideas políticas se insertan en la ética y hunden sus raíces en la metafísica, como lo sugiere la misma cronología de sus obras. Pues si en 1665 aparcó la *Ética,* que tenía en cantera desde 1661, para redactar el *Tratado teológico-político,* una vez publicado éste (1670), llevó aquélla a su término (1675). Y volvió de nuevo a la política. Pero cuanto llevamos dicho demuestra que las circunstancias de su patria no le eran indiferentes. Adelantamos, finalmente, que, aunque el contenido doctrinal de los dos tratados es esencialmente idéntico, el acento de uno y otro delatan su actitud personal ante el cambio de gobierno. En el primero, bajo De Witt, defiende, por encima de todo, la libertad religiosa, con lo que apoya al gobierno liberal frente a la Iglesia calvinista. En el segundo, bajo los Orange, sostiene que no se debe confiar los asuntos públicos a la buena voluntad de nadie, sino a la correcta organización del Estado, basada en la representación popular y la división de poderes, y señala, además, que es sumamente peligroso que el supremo jefe militar asuma el poder del Estado. Apoyo al gobierno liberal y llamada de atención al gobierno militar, he así un reflejo de la época más que un cambio de ideas [8].

---

7. *TP,* VIII, § 44, pp. 344/10 («Hollandis exitio fuit»).
8. Para la vida de Spinoza, la cronología de sus obras y el entorno holandés remitimos a nuestras introducciones históricas (n.º 9) a *TTP, TP* y *Ep.* Y ahora (2.ª ed.) a nuestra selección de *Biografías de Spinoza* (n.º 16 bis).

2. De la ética a la política

Las ideas políticas de Spinoza están expuestas en sus dos tratados políticos. Aunque otras obras hacen ciertas alusiones al tema, no aportan nada que no esté contenido en ellos. Pero, por otra parte, sólo otras obras, especialmente la *Ética,* nos dan la clave para comprender los tratados. En efecto, Spinoza es autor de un sistema cuya estructura básica es una metafísica de la producción por la sustancia, y cuyo objetivo es una ética de la salvación por el conocimiento. Puesto que la política es, como la ética, una actividad humana, es innegable que tiene que existir una relación entre ambas y que es aquella obra que desarrolla el sistema la que debe aclararla. Pues bien, esto que parece evidente *a priori,* lo afirma el mismo Spinoza en un texto del *Tratado teológico-político,* que suele pasar desapercibido. En un capítulo dedicado a la ley, natural y civil, y tras haber demostrado la necesidad del Estado, afirma categóricamente: «En qué sentido los fundamentos de un Estado y las relaciones entre los hombres persigan ese fin, es algo que pertenece determinarlo a la Ética general» [9]. Y, efectivamente. la cuarta parte de la *Ética* no sólo trata largamente del papel que juegan las relaciones entre los hombres en orden al dominio de las pasiones, sino que considera necesaria para ello la constitución del Estado.

El célebre pasaje en que éste es introducido en el sistema tiene más valor porque los datos cronológicos hacen muy probable que haya sido redactado en el momento en que Spinoza aparcó la *Ética* para publicar su primer tratado político [10]. Ahora bien, para comprender su sentido exacto, es necesario recordar el esquema general de la obra, que no es otro que el de su propio sistema. Se desarrolla, como se sabe, en cinco partes. Existe una única sustancia y de ella fluyen, con absoluta necesidad, infinitas cosas o modos (I). Uno de

---

9. *TTP,* cap. 4, p. 60; cf. E, IV, 26-28; V, 25-28, etc.
10. Cf. Ep. 28 (n.º 9), p. 163 y notas.

esos modos finitos es el hombre, el cual, como expresión del Pensamiento y de la Extensión divinos, se define como idea del cuerpo y contempla, por tanto, las cosas desde dos perspectivas distintas: la imaginativa y la intelectual (II). La primera engendra las pasiones y las rige por las leyes de la simple asociación, por lo que el hombre se siente arrastrado, cual náufrago permanente, en direcciones contrarias (III). La segunda se esfuerza por contemprarlas *sub specie aeternitatis* y descubrir en ellas leyes necesarias; pero se muestra prácticamente impotente de liberar por sí sola al hombre (IV). Por consiguiente, como la imaginación es connatural al hombre mientras vive y el método racional es difícil de practicar, son muy pocos los que siguen sin desmayo el arduo camino que conduce a la felicidad (V).

Es justamente esa dificultad la que hace necesario el Estado y lo que condujo a Spinoza a la reflexión política. En el preciso momento en que la *Ética* descubre la impotencia de la razón sobre las pasiones introduce, pues, la organización social. Merece la pena citar el texto:

Si los hombres vivieran según la guía de la razón, cada uno detentaría este derecho suyo (de juzgar el bien y el mal), sin daño alguno para los demás. Pero, como están sujetos a afectos que superan con mucho la potencia o virtud humana, son por ellos arrastrados en diversos sentidos y son contrarios entre sí, aun cuando precisan de la ayuda mutua. Así pues, para que los hombres puedan vivir concordes y prestarse ayuda, es necesario que renuncien a su derecho natural y se den recíprocas garantías de que no harán nada que pueda dar lugar a un daño ajeno.

Ahora bien, esa renuncia y esa garantía se materializan en «constituir una sociedad», o más concretamente,

la potestad de prescribir una norma común de vida, no por medio de la razón, que no puede reprimir los afectos, sino por medio de la coacción [11].

11. *E*, IV, 37, esc. 2; cf. *TP*, I, 5; A. Matheron (n.º 23), pp. 82, 283.

Este texto pone de manifiesto que la política spinoziana se inserta en el dinamismo de la ética y señala, además, su lugar exacto, es decir, el motivo y objetivo de esa inserción: porque la razón se muestra incapaz de conducir por sí sola a los hombres de la pasión a la libertad, acude al ardid del Estado a fin de servirse al máximo de los mecanismos pasionales. El *Tratado político* parece hacer suya esta tesis cuando remite, desde el principio, a la *Ética* para el estudio de los dos conceptos claves de la ética y de la política: la pasión como punto de partida y la libertad como objetivo final [12].

Contra esta interpretación alguien podría aducir un pasaje del *Tratado teológico-político*, en el que se afirma que el hombre desea tres cosas: «Entender las cosas por sus primeras causas, dominar las pasiones... y vivir en seguridad o con un cuerpo sano»; puesto que, a renglón seguido, advierte que «los medios que sirven directamente para el primero y el segundo objetivo... no son peculiares de ninguna nación, sino que han sido siempre patrimonio de todo el género humano», mientras que los medios para alcanzar el tercero «residen principalmente en las cosas externas» y exigen, por tanto, «formar una sociedad regida por leyes fijas». Ahora bien, la intención del texto no es dejar al Estado al margen del conocimiento como vía de salvación, sino señalar que lo que caracteriza a las naciones, en concreto a la hebrea, no es el grado de inteligencia, cuyas diferencias son individuales y no raciales ni sociales, sino su mejor o peor organización política [13].

Por si quedara alguna duda, citemos un texto del *T. de la reforma del entendimiento*, que responde a la misma problemática. Al final de su introducción, donde Spinoza plantea, no sin resonancias biográficas, el problema ético, de la renuncia a los intereses inmediatos para entregarse de lleno a

---

12. *TP*, II, § 1 y I, § 5. Véase texto de la nota 109 («ardid»).
13. *TTP*, cap. 3, pp. 46-47.

la serena contemplación de las cosas eternas, introduce la dimensión social de la vida humana a dos niveles: de fin, como comunicación del saber por parte de los sabios, y de medio, como organización social, indispensable para alcanzar ese fin. El fin es obtener una naturaleza humana perfecta mediante el conocimiento; los medios son todas las ciencias particulares, como la mecánica, la medicina, la pedagogía y la filosofía moral. Y también la política.

Éste es, pues, el fin al que tiendo: adquirir tal naturaleza y procurar que muchos la adquieran conmigo; es decir, que a mi felicidad pertenece contribuir a que otros muchos entiendan lo mismo que yo, a fin de que su entendimiento y su deseo concuerden totalmente con mi entendimiento y con mi deseo. Para que esto sea efectivamente así, es necesario entender la Naturaleza en tanto en cuanto sea suficiente para conseguir aquella naturaleza (humana). Es necesario, además, formar una sociedad, tal como cabría desear, a fin de que el mayor número posible de individuos alcance dicha naturaleza con la máxima facilidad y seguridad.

En el momento en que el joven Spinoza decide abandonar el comercio para consagrarse a la filosofía, después de ser excluido de su comunidad, no es un ser amargado que opte por el aislamiento. Su ideal es ya la comunidad perfecta, en la que el hombre sería un Dios para el hombre; entre los medios ocupa ya un lugar privilegiado la sociedad ordinaria, en la que los hombres están dominados por las pasiones, y en la que el sabio deberá mostrarse, al mismo tiempo, respetuoso y cauto [14].

3. De Dios al derecho natural

Spinoza aboga, en la política, por un método realista y pragmático, que concuerda con el de Maquiavelo, y llega así a una descripción del derecho natural, que parece coincidir

14. *IE*, §§ 14-15; cf. § 17; *E*, II, 49, esc., 3.º y 4.º (fin); *KV*, II, cap. 26, §§ 5-7, etc.; S. Zac (n.º 38), pp. 97-98, 111-116.

con el de Hobbes. No se trata, sin embargo, ni en un caso ni en el otro, de imitación de un sistema ajeno, sino del desarrollo lógico del suyo propio. Comencemos por el método.

La regla básica del método spinoziano es que «en la investigación de las cosas hay que poner todo cuidado en no confundir los seres reales con los entes de razón». O, en términos más propios, con los «entes de imaginación», es decir, la esencia particular afirmativa captada por el entendimiento, con las propiedades superficiales procedentes de sensaciones fortuitas; y, en definitiva, el entendimiento con la imaginación [15]. Aplicado a las cosas creadas, esto significa que una esencia no debe ser definida por sus propiedades, sino por su causa próxima. Y como todas las cosas están concatenadas unas con otras y, en última instancia, con Dios como causa primera, el ideal del método será deducir de ella todas las demás.

> Para que nuestra mente reproduzca perfectamente el modelo de la Naturaleza debe hacer surgir todas sus ideas de aquella que expresa el origen y la fuente de toda la Naturaleza [16].

Éste es, pues, el método que utiliza Spinoza para deducir el concepto de derecho natural. «El derecho de Dios no es otra cosa que su mismo poder considerado en cuanto absolutamente libre.» Ahora bien,

> el poder por el que existen y actúan las cosas naturales es el mismísimo poder de Dios... De ahí que el derecho natural de toda la naturaleza y, por lo mismo, de cada individuo se extiende hasta donde llega su poder. Por consiguiente, todo cuanto hace cada hombre en virtud de las leyes de su naturaleza lo hace con el máximo derecho de la naturaleza y posee tanto derecho sobre la naturaleza como goza de poder [17].

---

15. Cf. *CM*, I, 1, p. 235; *E*, I, apéndice, p. 83; *IE*, §§ 50, 84, 87-90.
16. *IE* § 42; cf. §§ 92-99.
17. *TP*, II, §§ 3-4; cf. *TTP*, cap. 16, pp. 189/12 y ss.

Este razonamiento, tomado aquí del *T. político*, aún puede ser llevado más lejos, como hacen algunos textos del *T. teológico-político*, cuyo tono suele ser más polémico y categórico.

> En esto no reconozco diferencia alguna entre los hombres y los demás individuos de la naturaleza, ni entre los hombres dotados de razón y los demás, que ignoran la verdadera razón, ni entre los tontos y los locos y los cuerdos. [...] El derecho natural de cada hombre no se determina, pues, por la sana razón, sino por el deseo y el poder [18].

Si los textos de Spinoza sobre el derecho natural sólo admitieran esta lectura, el derecho divino y el humano se reducirían finalmente al deseo y, por tanto, a los instintos. Tal lectura reductora demolería todo su sistema. Pues hay que recordar, aunque sea de paso, que ese magnífico edificio se articula sobre una doble distinción: Dios-modos o, lo que es lo mismo, Naturaleza naturante-Naturaleza naturada, causa-efecto, todo-partes; y razón-imaginación o, lo que es lo mismo, acción-pasión, libertad-esclavitud. Como hemos visto ya, la primera determina la estructura ontológica de la *Ética*, y la segunda hace posible su dinamismo liberador. Pues bien, el dinamismo político apunta, acabamos de verlo, en el mismo sentido: a sacar al hombre de la guerra pasional y conducirlo a la paz racional, es decir, a la libertad [19].

Como el método seguido por Spinoza para definir el derecho natural es esencial a su sistema, ya apuntaba en su primer libro publicado. Uno de sus lectores, Willen van Blijenbergh, le acusó de que tendía a hacer de la naturaleza algo uniforme y, lo que era peor para un calvinista ortodoxo, a reducir al hombre a un animal o un tronco. Spinoza rebatió con vigor ambos argumentos. Necesidad no equivale a uni-

---

18. *TTP*, cap. 16, pp. 189/30 y ss. y 190/13 y ss.
19. Recordemos que la razón y la libertad son el objetivo final de todas las obras de Spinoza: *KV*, II, 26; *IE*, §§ 29, 84, 87; *TTP*, cap. 20; *TP*, V; *E*, V, título y 42, esc., véase § V.

formidad, «pues, aunque el ratón y el ángel, la tristeza y la alegría dependan igualmente de Dios, no puede el ratón ser una especie de ángel ni la tristeza una especie de alegría». Y otro tanto cabe decir del hombre.

En filosofía... vemos claramente que atribuir a Dios aquellos atributos que hacen al hombre perfecto es tan impropio como si atribuyéramos al hombre aquellos que hacen más perfecto a un elefante o a un asno [20].

Sólo dentro del marco así trazado entenderemos correctamente los textos sobre el derecho natural y la ley natural. No existe un solo tipo de leyes, porque no hay un solo tipo de seres. La única ley común a todos es que cada uno tiende a conservar su ser; pero, a partir de ahí, varían. Una es la ley del choque, propia de los cuerpos, y otra la ley de asociación de imágenes, propia de la memoria [21]. Y otro tanto hay que decir del derecho, puesto que se define por el poder efectivo que tiene cada ser para realizar sus tendencias. Por tanto, así como el pez tiene derecho a nadar y el grande a comerse al chico, así el gato no tiene el mismo derecho que el león ni el ignorante el mismo que el sabio.

En otros términos, así como el sabio tiene el máximo derecho a... vivir según las leyes de la razón, así también el ignorante o débil de espíritu tiene el máximo derecho... a vivir según las leyes del apetito [22].

En una palabra, el propósito de Spinoza no es reducir todo derecho humano al instinto o a la fuerza física, sino situarlo en sus justos límites y, en definitiva, defender al débil frente al fuerte, sentando así las bases de la democracia.

Y así, al comienzo del *T. político,* ataca a los filósofos y teólogos utópicos, porque «conciben a los hombres no como son, sino como ellos quisieran que fueran». Y su ataque se di-

---

20. *EP* 23, pp. 148 y 149; cf. *Ep.* 19, p. 94; *E*, III, 55, esc.
21. *TTP,* cap. 4, p. 57.
22. *TTP,* cap. 16, pp. 190/7 y ss.; cf. *TP*, II, § 18, pp. 282/25s.

rige, en primer lugar, contra los pensadores cristianos, moralistas o teólogos, que piensan que el hombre salió de las manos del Creador con «un poder absoluto para determinarse y para usar rectamente de la razón» y que, por consiguiente, las pasiones son producto de un vicio, es decir, del pecado original. Frente a esa doctrina, sobre la que se apoya una larga tradición del derecho natural como *recta ratio,* Spinoza defiende que las pasiones son propiedades de la naturaleza humana y, por otra parte, asocia a ellas el relativismo de la razón humana, que juzga del bien y del mal desde el punto de vista de su utilidad y no del orden general de la Naturaleza [23].

Si nuestra interpretación es correcta, la doctrina de Spinoza sobre el derecho natural puede formularse como sigue:

Si la naturaleza humana fuera de tal condición que los hombres vivieran conforme al exclusivo precepto de la razón y no buscaran ninguna otra cosa, entonces el derecho natural, en cuanto es considerado como propio del género humano, vendría determinado por el solo poder de la razón. Pero los hombres se guían más por el ciego deseo que por la razón y, por lo mismo, su poder natural o su derecho no debe ser definido por la razón, sino por cualquier tendencia por la que se determinan a obrar y se esfuerzan en conservarse.

Como es obvio por todo el tenor del texto (no «sólo», sino «más» o «menos»), de esas tendencias no se excluye, sin embargo, a la razón [24].

4. Del estado natural al estado político

Spinoza no admite, como después veremos, separación alguna entre el estado natural y el político, porque el derecho natural es el mismo en ambos, como lo es también el hom-

---

23. *TP,* I; § 1, II, § 6; cf. II, § 8; *TTP,* cap. 16, pp. 190-191; *E,* III, pref.; Maquiavelo, *El príncipe,* cap. 15.
24. *TP,* II, § 5.

bre. Pero, como ese derecho existe en dos estados o condiciones, conviene preguntarse por sus diferencias y, en definitiva, por los móviles que empujan a los hombres a pasar del uno al otro. Situémonos, primero, en el punto de partida, el estado natural.

Aunque los textos spinozianos no se ocupan directamente del estado natural, sino del derecho natural, es fácil de definir *a priori*, por simple contraposición al estado político. Éste es estado de unión, de normas y de paz; aquél será, pues, estado de soledad, sin normas y de guerra o, quizá mejor, de enemistad. Spinoza entiende por estado natural el hombre en su situación más pura y elemental, es decir, «como simple individuo». En tal situación, dice, «cada uno es su propio juez» y, por tanto, «nadie está obligado a vivir según el criterio de otro», puesto que los individuos tienen pleno derecho a conservar su ser y el Estado y las Iglesias aún no existen [25].

Cabría imaginar que, en tales condiciones, el hombre fuera feliz. Pero no es así. El estado de soledad es tan mísero como imposible. Mísero, porque el individuo humano es una parte muy especial de la naturaleza, ya que sus necesidades superan a sus posibilidades. «Sin la ayuda mutua los hombres apenas si pueden sustentar su vida y cultivar su mente» [26]. Imposible, porque el hombre se relaciona necesariamente con los demás hombres, ya que son sus semejantes y es ley de la imaginación conocer las cosas por sus semejanzas. Pero justamente la imaginación puede crear un estado peor que el de la soledad. Conocimiento profundamente subjetivo y superficial, que genera las pasiones, lejos de unir a los hombres, tiende a provocar divergencias e incluso enfrentamientos entre ellos.

---

25. *TTP*, pref., pp. 11/15 s.; cap. 5, pp. 73/19 s.; cap. 16, pp. 189/ 13 y 192/nota 98.
26. *TP*, II, § 15, p. 281; *TTP*, cap. 5, p. 73; cap. 16, p. 189.

En la medida en que los hombres son presa de la ira, la envidia o cualquier otro afecto de odio, concluye Spinoza, son arrastrados en diversas direcciones y se enfrentan unos con otros... Y, como los hombres, por lo general, están por naturaleza sometidos a las pasiones, son enemigos por naturaleza [27].

Como se ve, este estado de miseria y de miedo, en el que el individuo oscila incesantemente entre la soledad y la enemistad, es muy similar al de Hobbes [28]. Su definición, sin embargo, es deducida por Spinoza de la naturaleza humana, tal como existe en el común de los mortales. En efecto, esa naturaleza consiste en que la mayoría de los hombres son guiados, durante la mayor parte de su vida, más por la pasión que por la razón. Están, pues, sometidos a la fluctuación de las pasiones, que es la misma que la de la imaginación [29]. Su dinámica está marcada por las tres pasiones fundamentales, a las que se reducen todas las demás; el deseo como tendencia a conservarse, y la alegría y la tristeza como sus modulaciones primarias [30]. En consecuencia, el hombre oscilará entre el amor y el odio, la conmiseración y la envidia, etc. La razón última de que el odio prevalezca sobre el amor reside en que nuestra tendencia natural a imitar a los demás se transforma, primero, en emulación o deseo de igualarles y, después, en ambición o deseo de superarles. Y, como esta última no tiene límites, acompaña a todas las demás y las refuerza; y, si no consigue su objetivo, se transforma en envidia y, por tanto, en odio [31]. Que el enfrentamiento no radica tanto en la finitud del objeto cuanto en la infinitud del deseo se ve en las tres pasiones clásicas, que,

---

27. *TP*, II, § 14 y *TTP*, cap. 16, p. 191/27: «ex legibus enim appetitus unusquisque diversa trahitur»; cf. *E*, II, 16-18; III, 14- 17, etc.
28. Cf. *TTP*, cap. 16, p. 191; Hobbes, *De cive*, I, 10; *Leviatán*, I, 13.
29. Cf. *TP*, I, §§ 3 y 7; II, § 8; *TTP*, cap. 5, p. 73; cap. 16, p. 190 («non omnes», «magna aetatis pars»...); *E*, II, 44, esc., etc.
30. *E*, III, 9-12, 57 dem.; apéndice, def. gen. af.
31. *E*, III, 27, esc. 1; 32, esc.; 37, esc. 1; apéndice, def. af. 44.

como observa sagazmente Spinoza, «no tienen contrario»[32]. El caso de la ambición es el más claro.

Vemos que cada cual apetece, por naturaleza, que los demás se dejen guiar por sus gustos personales; y, como todos desean lo mismo, se estorban mutuamente... y provocan el odio mutuo[33].

Algo parecido sucede con la lujuria, en cuanto deseo sexual exclusivo e insaciable, y con la avaricia, por cuanto ve en el dinero «el compendio de todas las cosas» y causa, por tanto, de todo tipo de alegría. «Tanto la avaricia como la ambición y la lujuria, resume Spinoza, son clases de delirio, aunque no se las cuente en el número de las enfermedades»[34].

En tal situación, de auténtica enfermedad moral, aunque inconsciente, de fluctuación incesante entre la miseria de la soledad y el miedo a los semejantes, el poder y el derecho del individuo, teóricamente ilimitados, resultan ser prácticamente nulos. En efecto, si el derecho de cualquier individuo se define por el poder, el derecho natural del individuo humano consistirá en ser autónomo o *sui juris* tanto en su alma como en su cuerpo, lo cual supone, negativamente, que no esté sometido a otro ni por la fuerza o el miedo ni con engaños o favores y, positivamente, que pueda desarrollar plena y libremente su cuerpo y su alma.

Más aún, dado que el poder debe ser valorado, no tanto por la robustez del cuerpo cuanto por la fortaleza del alma, se sigue que son autónomos en sumo grado quienes poseen el grado máximo de inteligencia y más se guían por ella[35]. [...] De donde se sigue que, en la

---

32. *E*, III, 56, esc.; apéndice, def. af. 48.
33. *E*, III, 31, esc.
34. *E*, III, 35, esc.; IV, 44, esc.; apéndice, cap. 28; *IE*, § 7. Sobre esta idea del dinero: Aristóteles, *Política,* I, caps. 8-9; Marx, *El capital,* I, cap. 4, § 3 d.; cap. 3, § 3.
35. *TP,* II, § 11; cf. *TTP,* cap. 3, pp. 59-60; cap. 5, pp. 76-77; cap. 20, p. 241.

medida en que el derecho natural de cada individuo se determina por su poder y es el de uno solo, no es derecho alguno; consiste en una simple opinión más que en una realidad, puesto que su garantía de éxito es nula [36].

Es indudable que los hombres tienden a salir de tal estado. Les empuja a ello la ley suprema de la naturaleza o deseo de autoconservación. «No hay nadie que no viva angustiado en medio de enemistades, odios, iras, engaños, y que no se esfuerce cuanto esté en su mano por evitarlos» [37]. La dificultad estriba en cómo conseguirlo. Pues la imaginación y la pasión, dominadas por el embrujo de lo singular y lo presente, son incapaces de abrir a los hombres una vía de colaboración hacia el futuro [38]. Y esa colaboración es, sin embargo, imprescindible, ya que la soledad sólo se supera mediante la unión, y la enemistad, mediante la paz. Si todos esos males provienen de que las pasiones no están dirigidas por la razón, sólo ésta podrá indicarles el camino. Sólo ella, como instrumento de las nociones comunes, es decir, comunes a todos los hombres y capaces de descubrir sus comunes intereses, puede unirlos de forma eficaz e instaurar entre ellos la paz [39].

A pesar de ciertas diferencias de vocabulario, ésta nos parece ser la doctrina de Spinoza en los dos tratados políticos. El *T. teológico-político* gira en torno al concepto de pacto. Su razonamiento es el siguiente: «Para vivir seguros y lo mejor posible los hombres tuvieron que unir sus esfuerzos». Ahora bien, esa unión sería poco sincera si no llevara consigo el pacto o compromiso mutuo de «dirigirlo todo por el solo dictamen de la razón... y frenar el apetito en cuanto aconseje algo en perjuicio de otro». Más aún, también el pacto sería ineficaz si no cumpliera dos requisitos esenciales: ser útil

---

36. *TP*, II, § 15.
37. *TTP*, cap. 16, pp. 191/17 s.
38. *E*, IV, 9, esc. y cor.; 16, dem.; 17; 55, esc. 1; 60, esc.; 62, esc.
39. *E*, II, 38, cor.; 39, cor.; 40, esc. 2; *TTP*, cap. 4, pp. 61, 64, etc.

para los pactantes o más ventajoso que la situación previa, y estar garantizado por la transferencia de los derechos individuales a la colectividad. Sin esto, la sociedad no sería auténtico Estado o árbitro supremo; sin aquello, los súbditos no serían ciudadanos, sino esclavos. Pero como ambos requisitos pueden ser cumplidos, concluye Spinoza: «Se puede formar una sociedad y lograr que todo pacto sea siempre observado con máxima fidelidad, sin que ello contradiga al derecho natural»[40].

No faltan, sin embargo, quienes piensan que esta doctrina del pacto racional ha sido abandonada en el *T. político*. Se apoyan para ello en que el concepto de pacto parece haber sido sustituido aquí por los de «potencia» y «multitud». Y creen avalar su tesis con textos como el siguiente:

Dado que los hombres se guían... más por la pasión que por la razón, la multitud tiende naturalmente a asociarse, no porque la guíe la razón; sino algún sentimiento común, y quiere ser conducida como por una sola mente[41].

Sostienen, por tanto, que «la sociedad es la resultante mecánica de una simple relación de fuerzas» y que, además, «no puede en absoluto nacer de la razón»[42]. Una discusión en regla de esta lectura del *T. político* implicaría, entre otras cosas, un análisis serio de los conceptos de imaginación y de razón y un cotejo de la terminología de los dos tratados políticos. Al primero hemos aludido varias veces; atengámonos, pues, al segundo.

El *T. político* no estudia el acto de constitución del Estado, ya analizado en el *T. teológico político*, sino que pasa directa-

---

40. *TTP*, cap. 16, pp. 191/18 ss., 193-195; cf. *E*, IV, 18, esc.; V, 10, esc.
41. *TP*, VI, § 1; cf. II, § 5. Es la tesis de A. Negri (n.º 27), nota 2.
42. A. Matheron (n.º 23), pp. 287 y 282; *État et moralité selon Spinoza* (n.º 19), p. 351: «mecanismo autorregulado». De hecho, esta interpretación se remonta a A. Menzel, *Der Sozialvertrag bei Spinoza*, «Zeits. priv. off. Recht»..., 34 (1907), 452-457.

mente del estado natural al estado político. Su discurso se centra, pues, en los conceptos de «multitud unida» y de «paz», es decir, no en el acto de unirse, sino en la unión efectiva; no en el pacto o acto de hacer las paces, sino en la paz real y vivida. En consecuencia, Spinoza concibe aquí el Estado ora como un todo cuyo poder es tanto mayor cuantos más son los individuos que lo forman, ora como una persona moral o social cuyo cuerpo son los ciudadanos y cuya alma son los derechos comunes, es decir surgidos del común acuerdo[43]. En cualquier caso, el Estado sigue siendo el poder absoluto: si algún individuo no lo reconoce, queda excluido del mismo; si el Estado no logra la paz entre sus súbditos, divide su poder y provoca su ruina, retornando al estado natural[44]. Es dentro de este marco y de lo antes dicho sobre el derecho natural (del más y el menos) donde hay que proyectar el texto citado. Por si cupiera alguna duda, señalemos dos hechos decisivos: tanto la unión como la paz son obra de la razón y no de la pasión.

No se puede conseguir que la multitud se rija como por una sola mente, cual debe suceder en el Estado, a menos que goce de derechos establecidos por el dictamen de la razón. [...] La razón enseña paladinamente a buscar la paz;

ahora bien, ésta

no se puede alcanzar sin que se mantengan ilesos los comunes derechos de la sociedad, es decir, sin plena obediencia y, por tanto, sin transferencia de derechos, etc.[45].

En nuestra opinión, el sentido del texto es, pues, el siguiente. El deseo o tendencia natural hacia la sociedad no surge en

---

43. *TP*, II, § 13/fin y 15-17; III, §§ 2 y 7. Señalemos que en el *TP* el término «multitudo» aparece 69 veces y el de «paz» 70; «potencia», 66 veces, y «potestas», 72; la expresión «veluti una mente», 7 veces.
44. *TP*, III, § 3, 8-9; V, § 2; VI, § 6; cf. *TTP*, cap. 16, pp. 193, 197.
45. *TP*, II, § 21, y III, § 6. El término «ratio» aparece en él 140 veces y los de «libertas» y «liber» 82 veces. Véase nota 106.

el hombre de un discurso racional ni de una elección libre, sino de «un sentimiento común», a saber, de la vivencia común de la soledad, la miseria y el miedo. Pero es la razón, como facultad de las nociones comunes, que ya existe en el estado natural en algún grado, la que comprende que tal situación sólo cambiará eliminando su causa, es decir, invirtiéndola: sustituyendo el miedo por la confianza, la violencia universal por el pacto social. Así lo insinúa este texto: «El estado político... busca... aquello que intentaría conseguir, aunque en vano, en el estado natural, todo aquel que se guía por la razón»[46]. Pues, al fin, «la diferencia principal entre uno y otro consiste en que en el estado político todos temen las mismas cosas y todos cuentan con una y la misma garantía de seguridad y una misma razón de vivir»[47]. Lo que hace posible ese intento es, pues, aquello justamente que marca la diferencia entre ambos estados: el establecimiento de una norma común de vida garantizada por una autoridad a la que todos obedecen y temen, es decir, por el pacto social o constitucional. Por estas razones hacemos nuestra la opinión de un prestigioso spinozista: «El pacto social no es, pues, el resultado mecánico y ciego de un equilibrio de fuerzas; si así fuera, no se dejaría nunca el orden natural, es decir, de la potencia pura[48]».

5. Naturaleza del Estado: poder absoluto y libertad

De lo anterior se desprende que el Estado spinoziano, en cuya génesis juega un papel decisivo la razón, es, al mismo

46. *TP*, III, § 6, p. 286/28 s.
47. *TP*, III, § 3. Véase nota 27.
48. R. Misrahi, *Rigueur et utopie dans la philosophie politique de Spinoza* (n.º 36), p. 172; «c'est la reversibilité comme suprème rigueur logique»; *Spinoza*, Madrid, Edaf (1975), pp. 150, 153, 155, 161, 170. Por el contrario, L. Mougnier-Pollet (n.º 260, pp. 121-125, tras hablar de «disparition du contrat» y de «renversement» en el *TP*, reconoce que es cuestión de «orden».

tiempo, un Estado democrático y absoluto. Ambos tratados lo expresan sin titubeos. «El derecho de dicha sociedad, dice el *T. teológico-político*, se llama democracia; ésta se define, pues, como la asociación general de los hombres, que posee colegialmente el supremo derecho a todo lo que puede. De donde se sigue que la potestad suprema no está sometida a ninguna ley, sino que todos deben obedecerla en todo»[49]. El *T. político* recoge la misma doctrina en su propia terminología. «Este derecho, que se define por el poder de la multitud, suele denominarse Estado. Posee este derecho sin restricción alguna quien, por unánime acuerdo, está encargado de los asuntos públicos.» La unidad y el poder de esa multitud son tales que cada uno de sus miembros «no posee realmente sobre la naturaleza ningún derecho, fuera del que le otorga el derecho común; y que, por otra parte, cuanto se le ordena por unánime acuerdo, tiene que cumplirlo o ser forzado a ello»[50].

Estos textos, en los que Spinoza formula el resultado de la deducción genética del Estado, constituyen la réplica exacta de aquellos en los que formulaba la definición genética del estado (derecho) natural. Allí era el individuo el que poseía o parecía poseer el derecho absoluto; aquí es el Estado. La analogía con Hobbes salta a la vista. Si allí el individuo se presentaba como un instinto ciego y sin más límites que su poder, aquí el Estado parece ser el gran monstruo Leviatán, que ha acaparado las voluntades de sus súbditos y los tiene a su merced. En efecto, el Estado, como poder conjunto de toda la multitud o sociedad, tiene el supremo derecho sobre todos y a todo, es decir, de legislar sobre el bien y el mal, lo justo y lo injusto, sin que pueda hacer injuria a los súbditos, ya que no está sometido a ley alguna; éstos, en cambio, como no poseen ningún derecho

---

49. *TTP*, cap. 16, p. 193/24 s.
50. *TP*, II, §§ 17 y 16; III, § 2.

individual, deben obedecer todas sus órdenes, aunque les parezcan absurdas e incluso inicuas, y, si no lo hacen voluntariamente, pueden ser obligados por la fuerza o condenados a pena de muerte [51].

Al parecer, la lectura del *T. teológico-político* despertó en su amigo Jarig Jeyes sospechas similares a las que acabamos de apuntar. A ellas responde Spinoza en carta del 14 de septiembre de 1674:

> Por lo que respecta a la política, la diferencia entre Hobbes y yo, sobre la cual me pregunta usted, consiste en que yo conservo siempre incólume el derecho natural y en que yo defiendo que, en cualquier Estado, al magistrado supremo no le compete más derecho sobre los súbditos que el que corresponde a la potestad con que él supera al súbdito, lo cual sucede siempre en el estado natural [52].

Aunque no suela decirse, este texto tiene su paralelo en el *T. político*:

> Este derecho natural, según el cual cada uno es su propio juez... (si lo pensamos bien), no cesa en el estado político. Efectivamente, tanto en el estado natural como en el político el hombre actúa según las leyes de su naturaleza y vela por su utilidad [53].

En consecuencia, el poder del Estado no es absoluto ni irracional, sino que está delimitado por la naturaleza humana, tanto de los que gobiernan como de los gobernados. Es decir, que «esa facultad debe ser definida, no sólo por el poder del agente, sino también por la capacidad del paciente» [54].

En efecto, una vez explicada la génesis del Estado, Spinoza se pregunta si un poder tan amplio no será irracional. Y su

---

51. *TTP*, cap. 16, pp. 193-194, 196; cap. 19, pp. 229-230; *TP*, II, §§ 19 y 23; III, §§ 2-5, etc.
52. *Ep.* 50, pp. 238-239; cf. *TTP*, cap. 16, p. 195, nota 33.
53. *TP*, III, § 3.
54. *TP*, IV, § 4.

respuesta es clara. Tal poder es un ideal teórico, al que la práctica deberá aproximarse cada vez más, pero sin alcanzarlo nunca. «Nadie, en efecto, podrá jamás transferir a otro su poder ni, por tanto, su derecho hasta el punto de dejar de ser hombre; ni existirá jamás una potestad suprema que pueda hacerlo todo tal como quiera»[55]. No es cierto, pues, que el Estado no esté sujeto a ley alguna, pues eso haría de él una quimera y no un ser real. Por el contrario, está sujeto a la suprema ley de su naturaleza, que es la salvación del pueblo[56]. Y para ello debe hacerse respetar de los súbditos. Por eso, aunque, en principio, no está sometido a las leyes que él dicta, tampoco puede despreciarlas. Pues sería absurdo que el gobernante hiciera acciones indignas, como

correr borracho o desnudo con prostitutas por las plazas, hacer el payaso, violar o despreciar abiertamente las leyes por él dictadas y, al mismo tiempo, mantener la majestad estatal[57].

Si este texto introduce en la política una especie de moral popular, como atenencia del gobernante al buen sentido y a las costumbres del pueblo, otros introducen una moral auténticamente racional en la constitución misma del Estado y en sus mecanismos. «Cuál sea la mejor constitución de un Estado cualquiera, se deduce fácilmente del fin del estado político, que no es otro que la paz y la seguridad de la vida»[58]. Y, como ésta no consiste en «la circulación de la sangre», sino, sobre todo, en «la razón, verdadera virtud y vida del alma», aclara Spinoza, «cuando digo que el Estado está constitucionalmente orientado al fin indicado, me refiero al instaurado por una multitud libre y no al adquirido por de-

55. *TTP*, cap. 17, p. 201/14s.; cf. cap. 16, p. 194; *TP*, III, § 6.
56. *TP*, IV, § 4, pp. 292/31 s.; cf. III, § 14/fin VII, § 5, p. 310; *TTP*, cap. 16, pp. 194/35; cap. 19, pp. 232/21.
57. *TP*, IV, § 4/fin.
58. *TP*, V, § 2, p. 295. Véase nota 107.

recho de guerra sobre esa multitud»[59]. El *T. teológico-político* lo había expresado con más rotundidad en uno de sus textos más célebres.

De los fundamentos del Estado... se sigue con toda evidencia que su fin último no es dominar a los hombres ni sujetarlos por el miedo a someterlos a otro, sino, por el contrario, librarlos a todos del miedo para que vivan, en cuanto sea posible, con seguridad... El fin del Estado, repito, no es convertir a los hombres de seres racionales en bestias o autómatas, sino lograr más bien que su alma y su cuerpo desempeñen sus funciones con seguridad y que ellos se sirvan de su razón libre... El verdadero fin del Estado es, pues, la libertad[60].

Dicho en otros términos, el Estado es un instrumento del que los hombres se sirven para alcanzar su objetivo final, que no es otro que realizar plenamente su propia vida. Tal objetivo es, finalmente, la reforma del entendimiento o el desarrollo de la razón, es decir, el conocimiento de la Naturaleza total y, por tanto, el amor y la felicidad que él lleva consigo; en una palabra, la autonomía y la libertad. Porque la ética no es capaz de conseguir con sus enseñanzas ese ideal de libertad y felicidad, es por lo que Spinoza ha introducido la política en su sistema: y, con ella, el poder coactivo.

Si los hombres estuvieran por naturaleza constituidos de tal forma que no desearan nada, fuera de lo que la verdadera razón les indica, la sociedad no necesitaría ley alguna, sino que sería absolutamente suficiente enseñar a los hombres doctrinas verdaderas para que hicieran espontáneamente y con ánimo sincero lo que es verdaderamente útil. Pero la verdad es que la naturaleza humana está constituida de forma muy distinta... De donde resulta que ninguna sociedad puede subsistir sin autoridad, sin fuerza y, por tanto, sin leyes...»[61].

59. *TP*, V, §§ 5-6. En estos textos insiste acertadamente W. Eckstein, *Zur Lehre vom Staatsvertrag bei Spinoza* (n.º 11), pp. 362-376, de acuerdo con Adelphe, Solari... y en contra de Menzel, Duff, Carp...
60. *TTP*, cap. 20, p. 240/33 s.
61. *TTP*, cap. 5, pp. 73-74; Véase nota 11.

La dificultad reside en cómo organizar esa sociedad, de forma que el mayor número posible de ciudadanos alcance ese objetivo.

Hay que organizar de tal forma el Estado que todos, tanto los que gobiernan como los que son gobernados, quieran o no quieran, hagan lo que exige el bienestar común; es decir, que todos, por propia iniciativa o por fuerza o por necesidad, vivan según el dictamen de la razón [62].

Estado significa, al mismo tiempo, estabilidad del gobierno y seguridad ciudadana; significa, en una palabra, convivencia pacífica, que permita vivir cómodamente y desarrollar la razón. Ahora bien, la convivencia y la paz son resultado de tres elementos: la fuerza coactiva del Estado, las necesidades individuales y la iniciativa ciudadana o civilizada. La primacía de uno u otro de estos elementos es la que define a un Estado como despótico y tiránico o como liberal y democrático, y a los súbditos como esclavos o como ciudadanos. Quien, como Spinoza, ha fijado como objetivo final la libertad, no puede dudar en la elección: primero iniciativa, segundo necesidad y tercero coacción; lo cual se puede sintetizar en obediencia útil.

He aquí su razonamiento:

La razón y la experiencia enseñan con toda claridad que la conservación del Estado depende principalmente de la fidelidad de los súbditos y de su virtud y constancia de ánimo en cumplir las órdenes estatales. Cómo, sin embargo, haya que guiarlos para que mantengan constantemente su fidelidad y su virtud, no es tan fácil verlo. Porque todos, tanto los que gobiernan como los gobernados, son hombres que rehúyen el trabajo y propenden al placer [63].

La dificultad, más práctica que teórica, la resuelve el mismo texto: unir placer con el trabajo, es decir, utilidad con

---

62. *TP,* II, § 3, pp. 297/33 s.; VII, § 8; *TTP,* cap. 17, pp. 203/30 s.
63. *TTP,* cap. 17, pp. 202; *TP,* VII, § 12.

obediencia. En realidad, este criterio es la condición misma del pacto social: los hombres sólo transfieren su derecho natural, si ello les resulta útil; y, por lo mismo, sólo obedecen libre y permanentemente, porque ello les reporta más ventajas que hacer su capricho en la soledad. Spinoza acude con frecuencia a la analogía clásica entre el Estado y la familia para aclararlo. Los súbditos, dice, están en el Estado en una condición similar a la de los hijos, y no a la de los esclavos, en la familia. Quienes rechazan el orden estatal se parecen a aquellos hijos que, por despecho con sus padres, abandonan el hogar para irse a la guerra[64].

Desde esta perspectiva se comprende que Spinoza no sólo deseche todo régimen violento y tiránico por inhumano, sino por débil, al tiempo que defiende la democracia como el régimen más libre y, a la par, como el más absoluto o poderoso. Un gobierno tiránico provoca en los súbditos o la apatía y la inhibición o la indignación y la rebelión. En uno y otro caso, hace de los ciudadanos sus enemigos, por lo cual será el Estado más débil; y, lo que es más grave, su propia debilidad le incitará a perpetuarse, acudiendo para ello a todo tipo de recursos[65]. Por el contrario, el régimen democrático es el más poderoso, porque es el poder de todos unidos, y el más libre, ya que, obedeciendo a un poder colectivo, se obedece a sí mismo. En realidad, antes que un régimen o forma de organización del Estado, la democracia es para Spinoza la esencia misma del Estado, definido como poder colectivo o como poder de la multitud unida[66].

Nada revela mejor el talante liberal de Spinoza que su actitud ante la libertad de expresión. Por un lado, la violencia genera la subversión. «El reinado más violento se da allí

---

64. Cf. *TTP*, cap. 5, pp. 74-75; cap. 16, pp. 194-195; *TP*, II, §§ 7 y 20; III, § 6, pp. 286/20 s; V, § 6; VI, § 4; *E*, IV, apéndice, cap. 13.
65. *TTP*, cap. 17, pp. 201-202, 212, 215, 220, 226-227; *TP*, VI, § 6; VII, § 23; 29, p. 230; VIII, § 9; *E*, IV, apéndice, cap. 13.
66. *TTP*, cap. 16, pp. 193-195; cap. 20, p. 245; *TP*, VIII, § 3, pp. 325 y s.

donde se tiene por un crimen las opiniones que son del derecho de cada uno, al que nadie puede renunciar. Más aún, donde sucede eso, es donde más suele imperar la ira de la plebe»[67]. Por otro, el único límite de la libertad es la paz:

> Para que las supremas potestades mantengan mejor el poder, sin que tengan que ceder a los sediciosos, es necesario conceder a los hombres la libertad de juicio y gobernarlos de tal suerte que, aunque piensen abiertamente cosas distintas y opuestas, vivan en paz[68].

6. Relación con otros Estados y con la Iglesia

Después de analizar los fundamentos del Estado, Spinoza apunta, en ambos tratados, ciertas ideas sobre las relaciones de unos Estados con otros. Las relaciones con la Iglesia son objeto directo del *T. teológico-político*, como revela su propio título.

En cuanto a las relaciones entre Estados, su posición no ofrece mayor dificultad, ya que es la consecuencia de su idea del Estado como individuo colectivo o persona social. «Dado que el derecho de la potestad suprema no es sino el mismo derecho natural, se sigue que dos Estados se relacionan entre sí como dos hombres en el estado natural»[69]. Pese a que la sociedad es más autónoma que el individuo, la analogía es válida. Los Estados, como los individuos, no pueden vivir aislados, ya que la mayor parte de los ciudadanos deben vivir del comercio y éste exige intercambios con otros países[70]. El aislamiento del Estado hebreo le resulta al ex judío Spinoza tan irrepetible como abominable, ya que se fundaba, según él, en una especie de odio religioso a las demás naciones, generado por su conciencia de «pueblo elegido» y

---

67. *TTP*, cap. 18, pp. 225/19 s.; cap. 5, 9, 74.
68. *TTP*, cap. 20, p. 245/19 s.
69. *TP*, III, § 11.
70. *TP*, VII, § 8; VIII, § 31.

simbolizado en la circuncisión [71]. Como regla general, hay que afirmar, pues, que, «si dos sociedades quieren prestarse mutua ayuda, tienen más poder y, por tanto, más derecho las dos unidas que cada una por sí sola» [72]. Y tanto más cuantas más sean las sociedades así unidas o aliadas [73]. La dificultad estriba, también aquí, en que una promesa o alianza sólo es firme mientras resulta beneficiosa para los dos Estados, puesto que está supeditada a la ley suprema de la propia utilidad; si ésta falla, cualquier Estado puede romper el pacto, sin que el otro pueda sentirse injuriado, ya que esa condición va implícita en él [74]. Que sea difícil mantener las alianzas no significa, sin embargo, que sea preferible no hacerlas. Al contrario, si tenemos en cuenta que «dos sociedades son enemigas por naturaleza» y que, como es obvio, es más beneficioso el comercio pacífico que la guerra entre las naciones, la analogía con el estado natural apunta claramente que la superación de ese estado de guerra latente sólo podrá venir de alianzas internacionales, cada vez más numerosas, y apoyadas en intercambios comerciales beneficiosos para todos los países aliados [75].

Más difícil resulta sintetizar en pocas líneas la opinión de Spinoza sobre las relaciones del Estado con la religión y la Iglesia, a la que consagra la mayor parte del *T. teológico-político*, cuyos resultados hace suyos en el *T. político* [76]. Dos son sus tesis centrales: libertad individual o de conciencia en cuanto al culto interno, y derecho del Estado *in sacris* o sobre el culto externo. A ellas le conduce un minucioso análisis, histórico y teórico, centrado en el judaísmo y el cristianismo, es decir, en dos religiones reveladas. Puesto que la

71. *TTP*, cap. 3, pp. 55-57; cap. 17, pp. 214 y ss.; cap. 18, p. 221.
72. *TP*, III, § 12.
73. *TP*, III, § 16.
74. *TP*, III, § 14; *TTP*, cap. 16, pp. 196-197.
75. *TP*, VIII, § 13.
76. *TP*, VII, § 26, remite a *TTP*, cap. 19-20; cf. cap. 16, pp. 198-200.

revelación divina se ha cerrado con los apóstoles, dice Spinoza, sólo podemos conocer su contenido a través de los documentos en que aquélla fue recogida, la Biblia [77]. En su estudio debemos seguir un método tan riguroso como el de las ciencias naturales: el método histórico-crítico, que él mismo diseñó dos siglos antes de ser aplicado de forma sistemático [78]. Dos son sus resultados: la historia de la Biblia es tan compleja como sencillo su contenido. El texto actual del Antiguo Testamento es, según Spinoza, un conglomerado de fragmentos redactados a lo largo de unos dos mil años por autores desconocidos; el del Nuevo Testamento, que él no aborda a fondo, sería más bien obra de doctores que de profetas, más de filósofos que de predicadores [79]. La doctrina de ambos, en cambio, se reduciría al anuncio de la salvación por la obediencia, es decir, por la fe y la caridad [80]. Tras estas distinciones se vislumbra la dura crítica de Spinoza al judaísmo farisaico, aferrado a la letra, y al cristianismo paulino, proclive a la filosofía. Efectivamente, todos los análisis del hecho religioso están presididos por la distinción spinoziana entre imaginación y razón, que aquí reciben, alternativamente, el nombre de profecía y ciencia, fe y filosofía, teología y razón. Spinoza extrae de todo ello dos consecuencias prácticas: la religión bíblica profética o popular, fundada en la creencia en un Dios único y remunerador, y la filosofía o, si cabe hablar así, la religión filosófica, fundada en el análisis crítico de la Biblia y que supone el conocimiento de los atributos divinos, pertenecen a dos dominios distintos y gozan, por tanto, de mutua libertad [81].

Si tenemos a la vista estas ideas y la tesis spinoziana de que

77. *TTP*, cap. 1, p. 16/19 s.; cap. 18, p. 221.
78. *TTP*, caps. 7 y 15 (Spinoza pretende situarse a media distancia entre el racionalista Maimónides y el tradicionalista Alfakar).
79. *TTP*, caps. 8-10 (A. Testamento), cap. 11 (N. Testamento).
80. *TTP*, caps. 12-13.
81. *TTP*, cap. 1, pp. 27-29; cap 2, pp. 42-43, caps. 14-15.

el Estado es el poder absoluto o supremo, comprenderemos fácilmente qué competencias le atribuye sobre la religión. En cuanto culto interno, ésta goza de la plena libertad que compete a cualquier idea o convicción personal.

En cambio, en cuanto al culto externo, pertenece a los asuntos públicos, que son de su competencia. Excluir del Estado tema tan importante como lo justo y lo injusto, lo piadoso y lo impío, lo bueno y lo malo, sería dejarle completamente inerme e impotente. Atribuir esa competencia a otro poder distinto, la Iglesia, sería dividir el Estado, como sucedió entre los hebreos con la institución de los levitas, la cual fue la causa de su ruina. Y, si bien es verdad que las autoridades civiles pueden claudicar, lo mismo puede suceder a las autoridades religiosas. Por tanto, el menor mal es que los asuntos religiosos sean competencia de la potestad estatal [82].

Añadamos a esta cita literal dos observaciones importantes. Spinoza deja entender que la Iglesia romana y concretamente el papado, con su afán de poder intelectual y político, habría provocado las recientes guerras de religión [83]. Defiende, no obstante, que el Estado debe permitir, como en Holanda, que las distintas sectas construyan sus propios templos, aunque a sus expensas [84].

7. Organización del Estado y formas de gobierno

Cabe afirmar que, así como el *T. teológico-político* tiene por objetivo estudiar las relaciones entre el Estado y la Iglesia, el

---

82. Introd. a P (n.º 9), pp. 27-28; cf. *TTP*, cap. 16, pp. 198- 200; cap. 19, pp. 228 y ss. Contra lo que afirma A. Tosel (n.º 34), p. 289: «Deus sive Natura sive democratia», el carácter interno de la religión impide que se reduzca a la política: A. Domínguez, *La religion chez Spinoza*, Erasmus Universiteit, Centre Interfaculteit, Rotterdam, 1987.
83. *TTP*, pref., pp. 8-9; cap. 7, pp. 105, 116; cap. 11, pp. 157-158, cap. 13, p. 67; cap. 9, p. 228, 235.
84. *TP*, VI, § 40; VIII, § 46.

T. político se propone completarlo con una descripción minuciosa de su estructura en las distintas formas de gobierno. En efecto, tras recoger, siguiendo un método más sistemático, la doctrina de aquél sobre los fundamentos del Estado (caps. I-V), trata ampliamente de la monarquía (caps. VI-VII) y de la aristocracia (caps. VIII-X). El tratado se interrumpe, por la muerte del autor, en las primeras páginas de la democracia (cap. XI). En estas líneas nos limitaremos a señalar los principales resortes de la maquinaria estatal y su coherencia con la natualeza del Estado antes descrita.

El punto de partida nos es conocido. Puesto que «los hombres buenos son muy pocos», dice Spinoza, y, «aunque estén unidos y vinculados por las leyes, conservan siempre su naturaleza», hay que ordenar de tal forma el Estado «que nada de cuanto se refiere al bien común, se confíe totalmente a la buena voluntad de nadie»[85]. Ahora bien, si confiar la eficacia del Estado a la buena voluntad sería utópico, pretender imponerla por la fuerza provocaría, como sabemos, la rebelión. Habrá que optar, pues, por la vía media, recordando que «la potestad del Estado no consiste exclusivamente en que puede forzar a los hombres por el miedo», sino que, por el contrario, «una multitud libre se guía más por la esperanza que por el miedo»[86]. En consecuencia, la mejor forma de gobierno será aquella en la que mejor se conjuguen esos dos resortes humanos. Entre los mecanismos que avivan la esperanza estarán la libertad de comercio y la participación en la política o en el ejército; entre los que suscitan el miedo, la estricta normativa para los cargos públicos y la drástica acción de la justicia y del poder coactivo para todos los ciudadanos. De acuerdo con estos criterios, Spinoza rechaza de plano la monarquía absoluta y somete a severos controles la consti-

---

85. *TP,* VI, § 6; VIII, § 12, p. 329/5 s., VI, § 3.
86. *TTP,* cap. 17, p. 201/31 s.; *TP,* V, § 6; cf. IV, § 4.

tucional; pero prefiere a ella la aristocracia electiva y a ésta la democracia.

La monarquía absoluta, dice Spinoza, no tiene de absoluta o de Estado más que el nombre, ya que es literalmente absurdo decir que «el rey es la sociedad misma»[87]. Al tomar conciencia de tal contradicción, es decir, de su impotencia, el rey se rodea de consejeros; mas no por eso mejora la situación. Pues, si confía en ellos, el reinado se transforma en aristocracia camuflada, «y, por lo mismo, pésima»; y, si desconfía de ellos, «les tenderá acechanzas» y la monarquía degenerará en tiranía[88].

Si se quiere evitar ambos peligros, hay que establecer «unos derechos tan firmes que ni el rey los pueda abolir»[89]. Es la monarquía constitucional, cuyo objetivo es garantizar, al mismo tiempo, «la seguridad del monarca y la paz de la multitud»[90]. En realidad, la cuidadosa normativa ideada por el célebre pulidor de lentes sobre la distribución de los ciudadanos por familias o estamentos, la propiedad común del suelo y el ejército popular, por un lado, y sobre la familia y la casa real, los nobles y cortesanos, por otro, tiende toda ella a fortalecer al pueblo frente al monarca. Spinoza lo formula, inspirándose en la institución aragonesa del «Justizia», conocida a través de Antonio Pérez[91]. «La multitud puede mantener bajo el rey una libertad suficientemente amplia, con tal que logre que el poder del rey se determine por el solo poder de la multitud y se mantenga con su solo poder.»[92]

Pero más importante que esa normativa concreta es la estructura misma del Estado que, esbozada en el *Tratado teo-*

---

87. *TP*, VII, § 25, p. 219/6; cf. *TTP*, cap. 17, p. 207 (Moisés).
88. *TP*, VI, §§ 5-6.
89. *TP*, VII, § 1, p. 307/15.
90. *TP*, VI, § 8; cf. VII, §§ 2 y 30, p. 322/28 s. (palabras atribuidas a Fernando el Católico); *TTP*, cap. 3, p. 56.
91. *TP*, VII, § 30 y nuestras notas históricas.
92. *TP*, VII, § 31.

lógico-político, en relación al Estado hebreo, adquiere en el *T. político* su forma definitiva: distribución de funciones en la monarquía y auténtica división de poderes, en la que pudiera haberse inspirado Locke, en la aristocracia. Efectivamente, Spinoza coloca en torno al rey tres organismos: Consejo Real, Consejo de Justicia y Comisión Permanente. El primero representa a las familias y tiene las funciones de aconsejar al rey y de «defender los derechos fundamentales del Estado». El segundo tiene la misión de «dirimir litigios e imponer penas a los delincuentes». La tercera sustituye al primero en las tareas ordinarias y vela porque el segundo observe los trámites legales [93]. El más importante es, sin duda, el Consejo Real; pues, aunque teóricamente es un órgano consultivo, su poder práctico es muy amplio. La opinión de varones expertos en la administración, representantes de todas las familias y equivalentes al uno por ciento de la población, que toman sus acuerdos por mayoría absoluta y tras consultar a sus representados, tiene tanto peso que, de hecho, el rey «siempre ratificará aquella opinión que haya obtenido mayor número de votos»[94].

Spinoza piensa que la aristocracia es más eficaz que la monarquía, porque el pueblo no está mediatizado por el rey. Sus notas diferenciales respecto a ésta son la división en dos clases sociales, patricios y plebeyos, y el poder decisorio de instituciones. En efecto, el pleno derecho de ciudadanía o de participar en el gobierno sólo se adquiere por libre elección del Consejo general patricio[95]. Por otra parte, la ley fundamental o constitucional es la que determina la proporción del dos por ciento entre patricios y población total[96]. Par-

---

93. *TP,* VI, §§ 17, 26 y 24; cf. J. E. Horn (n.º 22), p. 130: «Wir finden sonach hier schon einen bedeutenden Anhan an die Theorie von Teilung der Gewalt».
94. *TP,* VII, § 1, en relación a §§ 15, 21-23, 25.
95. *TP,* VIII, § 1, en relación a XI, §§ 1-2.
96. *TP,* VIII, §§ 13 y 25, p. 324/6 s.

tiendo de esa base, Spinoza estructura la aristocracia introduciendo ciertas variantes en la monarquía. Y así, aparte del Consejo general, como órgano legislativo supremo, instituye el Senado como poder ejecutivo, que recaba impuestos y fortifica ciudades, y el Tribunal supremo, que administra justicia a patricios y plebeyos [97]. Finalmente, a fin de poner en movimiento esos organismos mastodónticos (5.000 consejeros, 400 senadores y 50 jueces para un país de unos 250.000 habitantes), añade otros más reducidos. Tales son el Consejo de cónsules o Comisión permanente del Senado, y, sobre todo, el Consejo de síndicos, encargado de velar por que todos los funcionarios cumplan sus tareas, de convocar el Consejo general y de que no disminuya el número de patricios [98]. En su afán de mayor eficacia, el gran metafísico desciende a pequeños detalles. Determina las edades mínimas de todos los cargos, prescribe la periodicidad y el voto secreto de las sesiones, evita con escrúpulo la presidencia unipersonal en los Consejos y la asunción del poder político por el comandante en jefe [99].

Queda, no obstante, una objeción. Puesto que los patricios serán siempre una minoría que se regenera a sí misma, se correrá el peligro de que la aristocracia degenere en oligarquía y plutocracia. Spinoza opina que tal riesgo está compensado, no ya porque su elevado número hace más difícil su corrupción, sino porque «el amor a la libertad, el afán de acrecentar sus bienes y la esperanza de alcanzar los honores del Estado» son mejor garantía que el miedo. Añádase a todo ello que los patricios pagan mayores impuestos y que casi ningún cargo cobra nómina del Estado [100]. Por lo de-

---

97. *TP*, VIII, § 7 (método de variantes); §§ 22-34 (Senado); §§ 37-41 (Trib. Supremo).
98. *TP*, VIII, §§ 20-28 y 32; § 44, p. 344/25 s. (síntesis).
99. *TP*, VIII, §§ 15, 21, 30 (edades); §§ 9 y 31 (jefe del ejército).
100. *TP*, VIII, §§ 6, 13, 25 (número); X, § 8 (amor a la libertad); VI, § 31; VII, § 21; VIII, §§ 9 y 24 (sueldos).

más, aunque los plebeyos no tengan derecho a voto, pueden poseer tierras y ocupar cargos en el ejército, con lo que la diferencia de clases tenderá a hacerse menor; y, por otra parte, sólo ellos ejercerán dos funciones de control: Secretario de los distintos Consejos y Tribuno del tesoro [101]. En todo caso, Spinoza no deja de advertir que es más peligroso un dictador que la plebe, aunque reconoce gustoso que la mala gestión pública la hace justamente temible [102].

En el momento en que el autor del *T. político* iniciaba la descripción del «tercer Estado, el cual es totalmente absoluto y que llamamos democrático», le sorprendió la muerte. Sabemos, no obstante, por qué lo prefería a los demás e incluso podemos atisbar cuáles serían las claves de su organización. El primer punto ya lo hemos abordado antes: el régimen democrático es el más poderoso, porque la democracia es la esencia misma del Estado como poder colectivo o multitud unida (§ V). En cuanto al segundo, basten aquí dos observaciones. La primera se refiere a la definición del régimen democrático y se funda en textos del autor. Lo que distingue esta forma de gobierno del aristocrático, dice Spinoza, no es el mayor número de votos, sino el hecho de que «los ciudadanos destinados a gobernar el Estado no son elegidos por el Consejo supremo, sino que se destinan a esta función por ley». En otros términos, no es el capricho de un individuo o grupo quien otorga a alguien el derecho de gobernar, sino una norma estable la que define las condiciones para ello. En consecuencia, dice Spinoza, «podemos concebir varios géneros de Estado (léase régimen) democrático», por ejemplo aquellos en que la ley destina al gobierno a los primogénitos o a los ricos o a los ancianos... Pero no nos engañemos, el auténtico régimen democrático es aquel en que, por ley, el gobierno «incumbe a un Consejo que está formado por toda la

---

101. *TP,* VIII, §§ 9-10, 44-45.
102. *TP,* VII, § 27; VIII, §§ 4-5 (plebe); X, § 1 (dictador).

multitud». Ésta es la democracia que Spinoza comenzaba a organizar y que apenas tuvo tiempo de esbozar. Sus últimos párrafos demuestran que también él pagó tributo a su época, ya que delimitan drásticamente el ámbito de la multitud, es decir, el derecho de ciudadanía. Según él, carecen del mismo, no sólo los peregrinos, los pupilos y los niños, sino también las mujeres. Confundiendo, como Aristóteles, el derecho con el hecho, Spinoza intenta demostrar que las mujeres carecen de independencia respecto al varón, porque son menos inteligentes que él[103].

Su texto termina ahí. Nos atrevemos, sin embargo, a hacer una segunda observación relativa a los criterios con que organizaría la democracia. Puesto que su método consiste en adaptar la esencia del Estado a sus distintas formas, cabe apuntar dos cosas: Primera, que la democracia conservaría los elementos comunes a la monarquía y a la aristocracia, porque serían esenciales a todo Estado: por ejemplo, la fortificación de las ciudades y el ejército nacional. Segunda, que la democracia conservaría los tres órganos básicos de la aristocracia o división de poderes y que eliminaría o adaptaría aquellos otros que responden a la división de clases.

8. Significado histórico de la política de Spinoza

A la hora de estudiar las fuentes políticas de Spinoza contamos con una base segura: las referencias que él mismo hace a su compatriota Johan van den Hove (de la Court), al español Antonio Pérez y, sobre todo, al «agudísimo florentino» Nicolás Maquiavelo y a Thomas Hobbes. Y aún cabe añadir ciertas alusiones a Tomás Moro y a la tradición cristiana. Ahora bien, la presencia de Moro se limita a una alusión im-

---

103. *TP*, XI, §§ 1-3 (democracia y sus clases); § 4 (mujeres).

precisa a las utopías políticas, la de A. Pérez a ciertas noticias sobre el régimen del reino aragonés y la de van den Hove al modelo aristocrático de las repúblicas veneciana, genovesa y holandesa. Sólo merece, pues, especial atención su actitud ante el binomio clásico Maquiavelo-Hobbes y ante la tradición cristiana [104].

En líneas generales, cabe afirmar que Spinoza critica la versión iusnaturalista del derecho, tal como la entiende esa tradición, de san Agustín a Grocio, a saber, como norma de la razón que deriva su poder de la ley divina y reviste un carácter ético. Al negar la libertad de indiferencia y la noción cristiana de pecado, Spinoza transforma la ética de la obligación en ética de la perfección y reduce el pecado a impotencia [105]. En consecuencia, el derecho no será la facultad (moral) de exigir a otro lo que es justo (debido), sino el poder de conservar su ser y de mantener la autonomía propia. Mas, en contra de lo que algunos parecen suponer, tal poder no se reduce a la fuerza. Al contrario, «dado que el poder humano debe ser valorado, no tanto por la robustez del cuerpo cuanto por la fortaleza del alma», concluye el *T. político*, hay que afirmar que, «así como en el estado natural el hombre más poderoso es aquel que se guía por la razón, así también es más poderosa aquella sociedad que es fundada y regida por la razón [106]. Desde esta perspectiva, típicamente spinoziana, ni el derecho es la última palabra de la política spinoziana ni el pecado está totalmente excluido de ella. En cuanto a lo primero, baste añadir aquí un texto. «Yo no afirmo, en efecto, que toda acción conforme a derecho sea la mejor posible. Pues una cosa es... gobernar y administrar la cosa pública con derecho y otra distinta gobernar y admi-

---

104. *TP*, VIII, § 31 (van den Hove); VII, 14 y 30 (A. Pérez); V, § 7; X, § 1 (Maquiavelo); I, §§ 1 y 5 (Moro); *TTP*, cap. 16, p. 195/nota; *Ep.* 50, pp. 238-239 (Hobbes); *TP*, I, § 2-3, 5; II, § 6 (cristianismo).
105. *TP*, II, § 20.
106. *TP*, II, § 11; III, § 7.

nistrarla muy bien»[107]. De acuerdo con este nuevo criterio, Spinoza pasa de afirmar que el pecado es una acción contra derecho y, por tanto, exclusivo de los súbditos, a reconocer que también es una acción contra la naturaleza y la razón propia del Estado[108].

En la medida en que la política de Spinoza se aleja de la tradición cristiana, se aproxima a las modernas teorías del Estado. Está claro, por cuanto hemos dicho sobre las relaciones Iglesia-Estado (§ 6), que su doctrina se inscribe dentro de la línea laicista que va de Marsilio de Padua a Rousseau. Pero sus afinidades más profundas son con Maquiavelo y Hobbes. Y así, el realismo político spinoziano recuerda el de Maquiavelo, mientras que su carácter deductivo y genético lo aproxima más a Hobbes. En el estado natural de Spinoza no desempeña un papel notable la fortuna del florentino, sino el determinismo del inglés, con el amplio juego concedido al egoísmo y a la ambición. Pero la guerra de todos contra todos de éste no coincide con la enemistad mutua de aquél: en Hobbes todos piensan matar para no dejarse matar, mientras que en Spinoza unos se enfrentan con otros, porque desean los mismos objetos. En el estado político, Spinoza acusa a Maquiavelo de dar por válidos medios violentos por no haber definido bien el fin del Estado: no la seguridad a cualquier precio, sino la paz en la libertad. Y acusa a Hobbes de otorgar al monarca un poder ilimitado por haber roto con el estado natural. Cabría decir que, a los ojos de Spinoza, el príncipe maquiavélico sólo conoce una razón odisaica, entre bélica y diplomática, hábil en todo tipo de ardides para salir airosa ante enemigos más poderosos; y que el Leviatán hobbesiano tan sólo conoce una razón ciclópea, capaz de dominar a los súbditos, porque previamente los ha devorado. La razón spinoziana

---

107. *TP*, V, § 1; véase §§ 2-5 (crítica a Maquiavelo).
108. *TP*, II, §§ 18-19, 21; IV, §§ 4-6.

combina ambas y las supera. Las combina, porque el Estado es el poder supremo; pero sólo es eficaz si es hábil en el manejo de las pasiones, hasta el punto que a los súbditos «les parezca que no son guiados, sino que viven según su propio ingenio y su libre decisión»[109]. Las supera, porque se inscribe dentro del dinamismo de la ética. Con su idea del Estado, fuerte y democrático a la vez, y de la libertad y la tolerancia religiosa, Spinoza constituye, pues, un anillo importante entre los forjadores del Estado moderno y los filósofos ilustrados, defensores de la libertad.

Bibliografía

1. Bibliografía y revistas

Préposiet, J., *Bibliographie spinoziste*, París, Belles Lettres, 1973. (Alfabética con selección sistemático-cronológica).
Werf, T. van der, etc., *A Spinoza bibliography 1971-1983*, Leiden, Brill, 1984. (Completa la anterior: 2.265 títulos).
Archives de Philosophie. (Desde 1980 publica un cuadernillo anual de *Bibliographie spinoziste*.)
Studia Spinoziana (Hamburgo, Walther et Walther, 1985). (Revista anual de alto valor. Once números publicados: política, epistemología y Spinoza-Hobbes, etc.)
Cahiers Spinoza, París, Ed. Réplique, 1977, 5 vols.
Domínguez, A., «Bibliografía hispano-americana de Spinoza», *Anales Semin. Metaf.*, Madrid, 1975, pp. 127-136; completada en (n.º 3), 1984, pp. 1-7 y, para la política, en (n.º 9).

2. Ediciones, traducciones y léxicos

Vloten, J., y Land, J. P. N., *B. de Spinoza Opera*, La Haya, Nijhoff, 1981-1982, 2 vols. (Primera ed. completa; hay reediciones).

109. *TP*, X, § 8.

Gebhardt, C., *Spinoza opera,* Heidelberg, C. Winter, 1925, 4 vol. (Edición crítica, hoy en revisión. El vol. 5, ed. 1987, incluye los «comentarios» de Gebhardt a los tratados políticos).

Entre las traducciones españolas señalemos las de Peña, V., *Ética* (1975); Domínguez, A., *T. teológico-político* (1986), *T. político* (1986), *Correspondencia* (1988), *T. de la reforma del entendimiento, Pr. fil. Descartes, Pensamientos metafísicos* (1988), *Tratado breve* (1990) (Madrid, Alianza Editorial, 5 vols. Los cuatro últimos incluyen amplia bibliografía e índice analítico).

Giancotti-Boscherini, E., *Lexicon spinozanum,* La Haya, Nijhoff, 1970, 2 vol. (Completado por las concordancias de: Gueret-Robinet-Tombeur para la *Ética,* Louvain-la-Neuve, 1977, y de Moreau-Bouveresse para el *T. político,* París, Réplique, 1979.

3. Estudios sobre la política

Altwicker, N., ed., *Texte zur Geschichte des Spinozismus,* Darmstadt, Wiss. Buchelsch., 1971. (Artículos de Deborin, Eckstein, etc.).

Andre, S. L., *Ideario político de Espinosa,* Madrid, V. Suárez 1930. (Obra rara. Estudio crítico del *TTP.)*

Balibar, E., *Spinoza et la politique,* París, PUF, 1985. (La filosofía de Spinoza es política. Cambio del *TTP* al *TP.)*

Courtois, G., «La loi chez Spinoza et St. Thomas d'Aquin», *Arch. Philos. du Droit,* 25 (1980), 159-189. (Hay afinidades.)

Deugd, C. de, ed., *Spinoza's political and theological thought,* Amsterdam, North-Holland P-C, 1984. (Artículos de Bartuschat, Giancotti, Hammacher, Harris, Klever, Lucas, Petry, Siebrand, etc.)

Domínguez, A., «Libertad y democracia en la filosofía de Spinoza», *Rev. Est. Pol.* (1979), 131-156 (en n.º 9, introducciones históricas a *TTP, TP, Ep,* etc.).

Domínguez, A., ed., *Biografías de Spinoza,* Madrid, Alianza, 1995 (incluye «Prefacio» de las *Opera posthuma,* biografías de Colerus, Lucas..., catálogo de la «Biblioteca» de Spinoza, índice analítico, etc.).

Feuer, S. L., *Spinoza and the rise of liberalism,* Boston, Beacon Press, 1958. (Obra clásica; no acuerdo entre *TTP* y *TP.)*

Gallicet-Calvetti, C., *Spinoza lettore del Machiavelli*, Milán, *Vita e Pensiero*, 1972. (Afinidades en método y eficacia pol.)

Giancotti-Boscherini, E., ed., *Spinoza nel 350° anniversario della nascita*, Nápoles, Bibliopolis, 1985. (Artículos de Bertman, Garulli, Matheron, Rubel, Walther, etc.)

Haddad-Chamackh, F., *Philosophie systématique et système de philosophie politique chez Spinoza*, Túnez, Publ. Univ., 1980. (Relaciones entre metafísica, ética y política.)

Haitsma, E. O. G., *The myth of Venice and ducht republican thought in the seventeenth century*, Assen, Van Gorcum, 1980.

Horn, J. E., *Spinozas Staatslehre*, Aalen, Scientia V., 1964. (Reed. de 1863. Obra sintética y cercana al texto de Spinoza.)

Matheron, A., *Individu et communauté chez Spinoza*, París, Minuit, 1969. (Obra básica para *E.* III-IV; análisis estructural.)

Matheron, A., *Anthropologie et politique au XVIIe siècle*, París, Vrin, 1986. (Artículos de santo Tomás a Rousseau.)

Mc Shea, R. J., *The political philosophy of Spinoza*, Nueva York, Columbia Univ. Press, 1968. (Excelente: semejanzas con Hobbes.)

Mugnier-Pollet, L., *La philosophie politique de Spinoza*, París, Vrin, 1976. (Con texto holandés y sistema; es equilibrada.)

Negri, A., *L'anomalia selvaggia. Saggio su potere e potenza in B. Spinoza*, Milán, Feltrinelli, 1981. (Trad. fr. en París, PUF, 1982, con prólogos de Deleuze, Macherey y Matheron. *Supra:* notas 2 y 41.)

Pacchiani, C., *Spinoza tra teologia e politica*, Padua, Francisci Ed., 1979. (Recoge otras interpretaciones políticas de Spinoza.)

Rowen, H. H., *John de Witt, Grand Pensionary of Holland (1625-1672)*, Princeton, Univ. Press, 1978. (Biografía extensa.)

Signorile, C., *Politica e raggione. Spinoza e il primato della politica*, Padua, 1970. (Referencia al entorno y bibliografía.)

Sigwart, H. C. W., *Vergleichung der Rechts-und Staatstheorien des B. Spinozas und Th. Hobbes...*, Aalen, Scientia V., 1974. (Reed. de 1842. Especialista en la fil. moderna y en Spinoza.)

Steffen, H., *Recht und Staat im System Spinozas*, Bonn, Bouvier, 1968. (Exposición sistemática y segunda parte crítica.)

Tejedor, C., *Una antropología del conocimiento. Estudio sobre Spinoza*, Madrid, Univ. P. Comillas, 1981. (Conocimiento y libertad.)

Tosel, A., *Spinoza ou le crépuscule de la servitude*, París, Aubier, 1984. (Estudio del *TTP*: reduce la religión a la política.)

Uyl, D. J. den, *Power, state, freedom,* Assen, Van Gorcum, 1983. (Tres interpretaciones de Spinoza: opta por la evolucionista.)

Vandenbosche, H., ed., *De politieke filosofie van Spinoza* «Tijd. voor Studie van de verlichting», Bruselas, Univ. Libre, 1978. (Artículos de De Vries, Van der Bend, Misrahi, etc.)

Vincieri, P., *Natura umana e dominio,* Rávena, Longo ed., 1984. (Estudios sobre Maquiavelo, Hobbes, Spinoza.)

Zac, S., *Philosephie, théologie, politique dans l'oeuvre de Spinoza,* París, Vrin, 1979. (Especialista: colec. artículos.)

Capítulo 7

Pensamiento político en el Renacimiento español. Saavedra Fajardo

Manuel Segura Ortega

Pensamiento político en el Renacimento español

Resulta difícil determinar con precisión cuándo comienza y cuándo termina el Renacimiento. Habitualmente se afirma que durante la primera mitad del siglo XVI estuvo vivo el espíritu renacentista, pero no cabe duda que hay autores del siglo XV y también del XVII –aunque menos– que, de uno u otro modo, podrían ser considerados como hombres del Renacimiento. Lo primero que hay que hacer es señalar cuáles fueron los cambios más importantes que se produjeron durante el Renacimiento, porque tales cambios provocaron un giro decisivo en el mundo de las ideas políticas. El Renacimiento supuso una vuelta al pensamiento greco-latino; se produce una auténtica euforia por todo lo clásico y se acentúa el gusto por la erudición. La visión teocéntrica que dominó durante toda la Edad Media desaparece de un modo absoluto. A partir de ahora el hombre es el dueño absoluto de su destino y precisamente este interés creciente por el hombre hace que todas las ciencias reciban un fuerte impulso. Por lo que se refiere a la filosofía, se produce un rechazo de la filosofía escolástica que fue la corriente que dominó la Edad Media.

En el orden político las innovaciones no son menos importantes, ya que se va a quebrar de un modo definitivo la unidad del Imperio. Frente a él aparecen los Estados nacionales, soberanos e independientes, que no reconocen a ninguna otra autoridad. Por último, también la unidad religiosa va a desaparecer después de la Reforma protestante; ya no existe una sola Iglesia, sino varias, y ello provoca una pérdida considerable de poder (en lo temporal, al menos) de la Iglesia católica. Este rápido resumen que acabamos de hacer –como es obvio, sin ninguna pretensión de exhaustividad– nos da una idea aproximada de la nueva mentalidad que empieza a surgir a finales del xv y principios del xvi y que va extendiéndose por toda Europa a partir de Italia, proyectándose en el arte, la literatura, la filosofía, la política, etc.

Las transformaciones que tienen lugar en la realidad política, económica, social y religiosa determinan el nacimiento de nuevos problemas o, al menos, la reformulación de los ya existentes. Piénsese, por ejemplo, en lo que debió suponer el descubrimiento de América en orden a las nuevas relaciones entre los Estados o la importancia que tuvo la invención de la imprenta para la difusión de la cultura. En definitiva, el hombre del Renacimiento se va a encontrar ante un mundo completamente nuevo y a él le corresponderá la tarea nada fácil de comprenderlo e interpretarlo.

Hemos hablado de lo que supuso el Renacimiento con carácter muy general. Trataremos de analizar a continuación cómo se produce este fenómeno en España y cuál es su incidencia en el pensamiento político. Antes de iniciar esta labor debemos advertir que lo único que se pretende es señalar las líneas maestras por las que discurre la filosofía política en España durante el siglo xvi y una buena parte del xvii. En sentido estricto, el siglo xvii ya no forma parte del Renacimiento, pero desde el punto de vista de las ideas políticas viene a ser una continuación sin grandes sobresaltos de las construcciones del siglo xvi. En este capítulo sólo se estudiará de un modo detallado el pensamiento de Saavedra Fajardo (1584-1648) por ser uno de los autores más representativos del Barroco español. Respecto de otros escritores políticos, tan sólo haremos referencia a grandes corrientes de pensamiento o a problemas concretos, pero sin entrar a analizar las ideas de ninguno de ellos. Por esta razón, y aun a riesgo de simplificar en exceso, la pretensión fundamental de esta primera parte del capítulo es puramente informativa.

No cabe duda que la mentalidad renacentista también penetró en España afectando a todos los órdenes de la vida. Pero en nuestro país se produjo un fenómeno que puede resultar anacrónico e incluso contradictorio respecto del espíritu de la época. Nos referimos al resurgimiento de la filosofía escolástica. Decimos que se trata de un fenómeno contradictorio porque este tipo de filosofía –singularmente su método– es abandonado y en muchas ocasiones combatido en el resto de Europa. Ciertamente, la escolástica española de los siglos XVI y XVII reelaboró la doctrina de Santo Tomás y el propio espíritu de la época hizo que se analizaran nuevos problemas. Por tanto, no se trata de una repetición de la doctrina clásica, pudiendo afirmarse que las soluciones ofrecidas en relación con determinados problemas son originales y, desde luego, diferentes. Pero, a pesar de ello, es sorprendente que la filosofía escolástica pudiera renacer teniendo en cuenta la «mala prensa» que tenía en esta época. No es de este lugar el análisis de las causas que propiciaron el florecimiento de una segunda escolástica pero, indudablemente, fue un fenómeno que sólo se produjo en España. Naturalmente, no queremos decir que este resurgimiento de la escolástica significase un retroceso, una vuelta a la Edad Media, ni tan siquiera que supusiese un freno al avance intelectual. Por el contrario, obras como la de Vitoria o Suárez, por citar sólo un par de ejemplos, testimonian un vigor intelectual y una capacidad crítica fuera de lo común.

Junto a esta segunda escolástica aparecen un considerable número de escritores –la mayoría de ellos laicos–, que sienten una predilección especial por la filosofía política, lo cual es bastante lógico si tenemos en cuenta que nos encontramos en un período de apogeo de las monarquías absolutas. Por ello, frente al poder absoluto del monarca se hace preciso la creación de un sistema de limitaciones al poder y al mismo tiempo de garantías de los súbditos. Esta preocupación es común a los autores de la escolástica y a los escritores políticos, aunque los primeros –también hay que decirlo– pueden ser considerados más «radicales» en algunos puntos. En todos los tratados políticos de los siglos XVI y XVII se observa una constante preocupación por determinados temas; es cierto que muchas veces se producen grandes diferencias entre los distintos autores, pero en lo que se produce un significativo acuerdo es en el tratamiento de determinados temas: por ejemplo, el origen, fundamento y límites del poder, la libertad de los súbditos o el análisis de las normas morales. Esta coincidencia en el tratamiento de problemas tiene su origen en los cambios que habían tenido lugar en la realidad política después de la desaparición del Imperio. A partir de este momento se hace preciso un nuevo marco jurídico y político que regule las relaciones entre los Estados.

Con independencia de todo lo que llevamos dicho, debemos referirnos ahora a una de las doctrinas que mayor significación tuvo para el pensamiento español de los siglos XVI y XVII. Se trata de la doctrina de Maquiavelo. Se ha dicho, con razón, que

los tratadistas políticos españoles conocieron un Maquiavelo perfectamente humano, leyeron sus obras y tuvieron clara conciencia de la repercusión de su doctrina y del incisivo poder de penetración que la caracterizaba. Nuestros tratadistas ni descubrieron ni inventaron a Maquiavelo. Pero se ocuparon de él más que de otro escritor alguno, hasta el punto de que Maquiavelo llegó a constituir uno de los temas –*probablemente el más importante*– del pensamiento político español. Y ello porque nuestros tratadistas vieron en el florentino una solución extrema al problema nuclear del saber político: su autonomía o su dependencia de la ética y de la religión [1].

En efecto, no puede comprenderse el pensamiento político español sin hacer referencia a Maquiavelo. Puede decirse, sin caer en exageraciones, que la figura de Maquiavelo es uno de los ejes fundamentales sobre el que van a girar las especulaciones de nuestros más ilustres pensadores.

Con carácter general, la actitud de la mayoría de nuestros escritores es de abierto rechazo a las tesis sustentadas por el secretario florentino. Aquellos que abiertamente suscriben su doctrina son más bien pocos; entre éstos el más conocido es, sin ninguna duda, el que fuera secretario de Felipe II, Antonio Pérez. Pero salvo casos excepcionales, se produce siempre una refutación total de la doctrina de Maquiavelo. En España la corriente antimaquiavelista, además de ser muy intensa, presenta también algunos caracteres específicos, y esto es así porque la monarquía española estaba empeñada directamente en el proyecto de la Contrarreforma. La reacción contra Maquiavelo tuvo su origen en los efectos perniciosos que su doctrina podía producir en la concepción cristiana. Por ello, frente a una política autónoma se propone otra basada en la religión y en la ética. Las virtudes cristianas deben constituir siempre la guía del monarca; éste es el único modo de conservar los Estados, ya que si se siguiesen las máximas de Maquiavelo, se produciría inevitablemente la decadencia y ruina de los Estados.

Entre los antimaquiavelistas españoles hay que destacar de un modo especial al jesuita Pedro Ribadeneyra, que fue su más característico representante. A su lado suele citarse también a Barrientos, Quevedo, Saavedra, Juan Márquez, etc.

---

1. G. Fernández de la Mora, «Maquiavelo visto por los tratadistas políticos españoles de la Contrarreforma», *Arbor* (XIII), 1949, p. 431.

De todos modos, algunas veces se ha afirmado que existieron dos tipos de antimaquiavelismo: por una parte, los que rechazan claramente la doctrina de Maquiavelo y, por otra, aquellos que, a pesar de rechazarla formalmente, acaban por defenderla de un modo encubierto. Es cierto que este tipo de antimaquiavelismo se dio en algunos autores, pero lo que ya no es tan cierto es que todos los autores que utilizaron a Tácito puedan ser considerados como defensores del maquiavelismo. En muchos de nuestros escritores políticos –también en Saavedra–, la obra de Tácito influyó de un modo decisivo, pero sería incorrecto afirmar que tacitismo equivale a maquiavelismo. En este sentido, el profesor Tierno Galván decía que el tacitismo español no representa un disfraz de Maquiavelo, sino que, por el contrario, se trata de «una actitud peculiar y quizás la más original, políticamente, de su época» [2]. En consecuencia, la utilización de Tácito no supone necesariamente acoger sin más la doctrina de Maquiavelo. Sea como fuere, la mayoría de los autores españoles trataron de construir una doctrina política en la que la refutación a Maquiavelo se erigió en uno de sus presupuestos fundamentales. En definitiva, la actividad política no puede desarrollarse al margen de la ética. En la oposición a la doctrina de Maquiavelo se suelen distinguir dos etapas: en un primer momento (siglo XVI sobre todo) tienen más importancia los motivos ético-religiosos, ya que se trata de defender la propia religión cristiana a la que Maquiavelo había hecho responsable de la decadencia del Imperio romano y de la que había que prescindir para el gobierno de los Estados. Pero, más tarde (finales del XVI y primera mitad del XVII) los motivos religiosos pasan a un segundo plano y en el combate contra Maquiavelo se aducen motivos políticos.

---

2. E. Tierno Galván, «El tacitismo en las doctrinas políticas del Siglo de Oro español», *Anales de la Universidad de Murcia*, 4.º trimestre, 1947-1948, p. 916.

Y esto es así porque la casa de Austria comienza a encontrarse en una posición bastante crítica; poco a poco la monarquía española irá perdiendo la hegemonía en la política mundial y ello provoca una reacción de defensa por parte de muchos escritores políticos. Ahora bien, estas dos etapas en la oposición a Maquiavelo no aparecen siempre cronológicamente diferenciadas e incluso hay autores que se enfrentan con los dos problemas al mismo tiempo.

Decíamos hace un momento que los problemas de filosofía política van a ser tratados ampliamente a lo largo de los siglos XVI y XVII, tanto por la escolástica española como por los escritores laicos. Pero en el campo de la literatura política se va a producir un fenómeno bastante curioso que sólo puede explicarse en razón de la propia situación histórica: nos referimos a la aparición de los llamados tratados de educación de príncipes. La práctica totalidad de nuestros más ilustres pensadores dedicaron al menos una de sus obras a la instrucción del príncipe. No cabe duda que existen antecedentes de este tipo de literatura tanto en la Edad Media como en la Antigüedad clásica, pero en ningún otro momento de la historia se produjo un estallido tan brusco como en la segunda mitad del XVI y principios del XVII [3]. No podemos detenernos a analizar cuáles fueron las causas que motivaron la aparición de este tipo de literatura pero, con carácter general, podría decirse que existen, fundamentalmente, dos razones: a la primera de ellas acabamos de referirnos; se trata de la doctrina de Maquiavelo. Frente al príncipe que engaña, simula y que todo lo consigue con malas artes, se presenta otro modelo de príncipe, renovado y formado en las más excelsas virtudes cristianas. Y, en segundo lugar, la profunda transformación de la situación política en Occidente presupone

---

3. Sobre los tratados de educación de príncipes, véase la obra de M.ª Angeles Galino Carrillo, *Los tratados sobre educación de príncipes (siglos XVI y XVII)*, citada al final del capítulo.

un nuevo modo de concebir las relaciones entre los Estados. Esto quiere decir que los comportamientos de los gobernantes sufren considerables cambios y, por eso, en el campo doctrinal nos encontramos ante nuevas formulaciones que tratan de explicar este fenómeno.

Los tratados de educación de príncipes que con tanta profusión aparecieron en esta época suelen responder a una misma estructura interna. En todos ellos se pretende formar al futuro monarca para que desarrolle su función de un modo correcto. Es esencial la educación en el príncipe porque a él le va a corresponder una gran responsabilidad. Se podría decir que

los dos temas descollantes en el tratadismo español son el de las normas para establecer una sociedad justa y el del análisis interno del ser humano con objeto de definir las reglas de la conducta: política y educación, he aquí las dos coordenadas de la literatura moral española[4].

Antes de concluir debemos referirnos a un aspecto que ha recibido un escaso tratamiento pero que aparece indiscutiblemente en muchos de los tratados políticos de los siglos XVI y XVII. Se trata de la actitud crítica y de oposición que, naturalmente, sólo se manifiesta en la medida en que lo permite el absolutismo monárquico. Hay que tener en cuenta que propugnar la necesidad de limitar el poder del monarca, defender la libertad de los súbditos y considerar que el consentimiento de éstos legitima el ejercicio del poder son afirmaciones que pugnaban con la propia situación que vivía España. Pues bien, todas estas ideas están presentes en un buen número de nuestros pensadores y es de justicia reconocerles el mérito de haber mantenido esta actitud.

Creemos que ya han quedado perfiladas las líneas fundamentales por las que discurre el pensamiento político espa-

---

4. A. del Río, *Moralistas castellanos,* Barcelona, 1960, Clásicos Éxito, p. 13.

ñol de los siglos XVI y XVII. A continuación, analizaremos más en detalle el pensamiento de Saavedra Fajardo, que fue uno de los hombres más sobresalientes del Barroco español. En sus obras veremos reflejados y desarrollados todos los problemas que tan sumariamente acabamos de señalar.

Saavedra Fajardo

Diego Saavedra Fajardo nació en Algezares (Murcia) el 6 de mayo de 1584. En el año 1601 inicia sus estudios de Leyes y Cánones en la Universidad de Salamanca, donde impartieron su docencia muchos de los representantes de la escolástica española, lo que nos induce a pensar que Saavedra debió conocer en profundidad el pensamiento más significativo de la llamada escuela del Derecho natural y de gentes. A partir del año 1610 comienza su actividad diplomática, que se desarrollará en dos etapas claramente diferenciadas: en un primer momento se dedica a la política eclesiástica en Roma y desde el año 1633 su actividad se centra en la política internacional, donde llegará a alcanzar cargos de gran importancia. Los servicios prestados por don Diego en la corte pontificia incrementaron su prestigio como agente diplomático y ello le permitió participar en algunas de las negociaciones que serían decisivas para el futuro de la monarquía española. En el año 1643 va a ocupar el puesto más importante de toda su carrera diplomática al ser nombrado plenipotenciario de España en Münster para la paz general. Aquí se gestaría la paz que pondría fin a la Guerra de los Treinta Años y que significaría para España la pérdida de la hegemonía en el ámbito internacional. En el año 1646 regresa a Madrid, falleciendo el 24 de agosto de 1648, a los sesenta y cuatro años de edad. El siglo pasado sus restos fueron trasladados a la catedral de Murcia; de este modo se cumplió, por fin, el deseo que el propio Saavedra había manifestado en su testamento.

Siempre se ha dicho –con mucha razón– que las concretas circunstancias históricas que le tocan vivir a cada individuo determinan de una u otra forma su propio pensamiento. Pues bien, esta afirmación tiene una especial importancia en el caso de Saavedra, entre otras razones porque muchos de los acontecimientos que se desarrollan en esta época van a ser vividos de un modo directo por nuestro autor y, naturalmente, ello condiciona muchas de las ideas expuestas a lo largo de su obra. No se puede olvidar que Saavedra fue, además de escritor, diplomático y a través de esta actividad pudo conocer cuál era la realidad política de su tiempo, realidad que, por otra parte, aparece profusamente reflejada en la mayoría de sus escritos.

Por lo que se refiere a sus obras, aquí sólo haremos mención de las más importantes. Pueden destacarse las siguientes: *Idea de un príncipe político-cristiano representada en Cien Empresas* (también conocida con el nombre de *Empresas políticas*), *República literaria* (publicada primero con el título de *Juicio de artes y ciencias*), *Corona gótica, castellana y austríaca*, *Locuras de Europa* y las *Introducciones a la política y razón de Estado del rey católico don Fernando*. *Empresas políticas* constituye, sin ninguna duda, la obra cumbre del ilustre murciano, y la mayoría de los autores que han dedicado algún estudio al pensamiento de Saavedra están de acuerdo en este punto. Esta obra tuvo una gran difusión, y buena prueba de ello son las diversas ediciones y traducciones que se hicieron durante la vida de Saavedra y en los años inmediatamente posteriores a su muerte. Además de las ediciones en castellano, la obra se tradujo al latín, holandés, alemán, francés e italiano. *Empresas políticas* pertenece plenamente a la cultura del Barroco y está destinada fundamentalmente a la educación del futuro monarca pero, al mismo tiempo, se hace un examen detallado de problemas éticos, políticos, filosóficos y jurídicos. Es cierto que la obra de Saavedra no es original, por lo que se refiere a su estructura externa, ya que, en definitiva, responde a las exigencias marcadas por su época y a las que, naturalmente, no puede sustraerse. Pero lo verdaderamente importante es el contenido y aquí es donde reside el mérito principal del pensador murciano.

Antes de analizar las líneas básicas del pensamiento de Saavedra es necesario indicar cuáles son las fuentes principales de las que se sirve para la composición de su obra. Lo primero que se observa en ella es la utilización de fuentes de la más variada procedencia, lo que significa que la doctrina de Saavedra es esencialmente ecléctica. Ahora bien, tal eclecticismo no supone, en modo alguno, falta de originalidad; no puede decirse que su labor sea la de un mero recopilador; al contrario, en su obra realiza una fructífera armonización de corrientes diversas, lo que, en definitiva, proporciona una cierta homogeneidad a su pensamiento. Sin embargo, esta homogeneidad se ve oscurecida, a veces, o al menos atenuada, por graves contradicciones en determinados temas. En efecto, cuando se trata de conjugar doctrinas contrapuestas, las contradicciones son inevitables y esto ocurre con alguna frecuencia en el pensamiento de Saavedra, pero esta circunstancia no priva de valor al conjunto de su obra.

Fundamentalmente, puede decirse que el pensamiento de Saavedra se nutre de cinco ingredientes diferentes. En primer lugar, la obra de Aristóteles. Su influencia es notoria en casi todas las obras de Saavedra, pero se aprecia de un modo particular en las *Introducciones a la política y razón de Estado del rey católico don Fernando,* hasta el punto de que la primera parte viene a ser un resumen de la *Política* de Aristóteles. En segundo lugar, hay que hacer referencia a la doctrina de Tácito. La influencia que ejerció en Saavedra –y en otros muchos escritores de la época– es indiscutible. No obstante, conviene señalar que el empleo que hace Saavedra de las máximas políticas de Tácito es completamente original porque las utiliza siempre para sus propios fines e incluso, cuando ello es necesario, las traduce deliberadamente mal [5]. En tercer lugar, también se percibe la huella del estoicismo, sobre todo a través de la figura de Séneca, que aparece frecuentemente citado en las *Empresas*. Naturalmente, del estoicismo sólo se recoge aquello que es compatible con la doctrina cristiana y, consecuentemente, se hacen desaparecer aquellas ideas que puedan recordar el panteísmo. En cuarto lugar, hay que destacar de un modo muy especial el influjo del cristianismo en toda la obra de Saavedra. No se puede olvidar que nuestro autor fue un hombre comprometido con los ideales que habían inspirado la Contrarreforma y que su participación en el proyecto religioso fue muy intensa a través de su actividad diplomática. En este sentido, puede decirse que Saavedra no se separa ni un solo momento de las directrices marcadas por la Iglesia católica. Finalmente, la doctrina de la escolástica española constituye la última fuente directa del pensamiento de Saavedra. En ocasiones se ha menospreciado la herencia que nuestro autor recibió de la Escolástica española y, probablemente, la razón de esta actitud hay que encontrarla en el hecho de que Saavedra no cite jamás a ninguno de sus representantes, mientras que las citas de autores clásicos son muy abundantes. Pero, a pesar de esta omisión (por otra parte, buscada intencionadamente), lo cierto es que muchas de las ideas formuladas por la escolástica española van a ser recogidas –y a veces actualizadas– por Saavedra. Por citar sólo un ejemplo podría mencionarse el pensamiento de Suárez, del que Saavedra se vale en repetidas ocasiones. Es indudable que la formación que recibió en la Universidad de Salamanca dejó en él una huella imborrable. No puede decirse que entre todas las corrientes que sirven para configurar el pensamiento de Saavedra exista alguna que prevalezca sobre las demás. Su intención es llegar a

---

5. Sobre el tacitismo en Saavedra véase la obra de A. Joucla-Ruau, *Le tacitisme de Saavedra Fajardo*, citada al final del capítulo.

una síntesis armónica y para ello utiliza todos aquellos elementos que puedan servir a este fin.

Se ha hecho referencia hasta ahora a las distintas fuentes que utiliza Saavedra, pero este panorama no podría estar completo sin mencionar a una de las figuras que mayor significación ha tenido en la teoría política de todos los tiempos: naturalmente nos estamos refiriendo a Maquiavelo. La aparición de Maquiavelo en el pensamiento de Saavedra tiene un carácter negativo en el sentido de que lo que se pretende precisamente es refutar de principio a fin todas las tesis sustentadas por el escritor florentino. Pero, aun siendo esto así, la doctrina de Maquiavelo constituye un lugar común de obligada referencia y, por ello, aunque sólo sea de una manera indirecta, también puede servirnos para comprender en su integridad las ideas de Saavedra.

Antes de proseguir conviene hacer una advertencia que tiene cierta importancia en la medida en que condicionará todo lo que se diga a continuación. La obra de Saavedra, considerada en su conjunto, no tiene un carácter sistemático. Ello significa que en la mayoría de las ocasiones los diferentes problemas analizados no son tratados de forma separada, de manera que para comprender las posiciones de Saavedra tema por tema es necesario realizar una lectura completa de la obra. En este sentido, la obra de Saavedra nada tiene que ver con los «tratados» teológicos, filosóficos o jurídicos producidos por la escolástica española.

1. *Ética y política: la razón de Estado*

A lo largo del siglo XVII puede apreciarse en España –tambien en otros lugares– una profunda transformación que va a afectar de manera decisiva a todos los órdenes de la convivencia: economía, política, moral social, etc. Se trata de una crisis que tuvo consecuencias en los modos de comportamiento de todos los individuos y que introdujo importantes cambios. Como ha señalado el profesor Maravall,

> los modos de conducirse de los individuos entre sí y respecto al grupo o grupos en que se insertan, cuando han permanecido vigentes durante largos períodos, se traducen en sistemas normativos que definen una moral. Por eso una crisis social lleva consigo, en el fondo, una crisis moral, y en este sentido el siglo XVII conoció una profunda crisis moral, que en él resultó incluso más visible que en otras ocasiones por los particulares caracteres que ofrecieron los cambios acontecidos en la conducta social de los hombres del Barroco [6].

En efecto, la preferencia por el tema moral durante el siglo XVII es innegable, y una prueba en este sentido son los numerosos tratados de literatura moral que aparecen en esta época.

En Saavedra, esta preocupación por la conducta humana aparece de un modo constante a lo largo de su obra y, desde luego, tal actitud puede comprenderse perfectamente. No hay que olvidar que se va a producir una transformación importante en las estructuras políticas: la aparición del absolutismo monárquico. La idea del Imperio hace tiempo que ha sido definitivamente abandonada y en su lugar aparecen Estados todopoderosos en los que la participación del individuo es bastante escasa, por no decir nula. Por ello no puede extrañar que se produzca un cierto repliegue y que los problemas que más preocupen sean los de hallar criterios o pautas de conducta para el vivir cotidiano. El modelo que propone Saavedra es el de la moral cristiana, pero él se da cuenta de que el comportamiento real de los hombres no responde ni mucho menos a este esquema. Esta circunstancia determina que en algunas ocasiones se produzcan tensiones entre los principios éticos y las exigencias prácticas

---

6. J. A. Maravall, *Estudios de historia del pensamiento español (siglo XVII)*, Madrid, Cultura Hispánica, 1975, p. 163.

que los nuevos modos de conducta van imponiendo. Pero no puede decirse que estas últimas prevalezcan sobre los principios éticos. Es cierto que en Saavedra hay algunas contradicciones pero, con carácter general, considera que la ética cristiana debe presidir cualquier actuación humana. Por eso dice que la política de actuar

atendiendo solamente a nuestras conveniencias, sería opuesta a las obligaciones cristianas, a la caridad humana y a las virtudes más generosas y que más nos hacen parecidos a Dios. Con ella se disolvería la compañía civil, que consiste en que cada uno viva para sí y para los demás [7].

Saavedra sabe perfectamente cuáles son las líneas que definen los comportamientos del hombre de su tiempo y, por eso, la descripción que hace de los mismos es sumamente certera, pero, naturalmente, esto no significa que tales comportamientos sean aceptados. Uno de los méritos indiscutibles de Saavedra consiste precisamente en separar nítidamente lo que de hecho sucede habitualmente y lo que –de conformidad con determinados criterios éticos– debería suceder. En consecuencia, nunca se confunde el plano de la realidad empírica con el de las propuestas ideales.

Esta distinción tiene importancia, ya que Saavedra profesa un acusado pesimismo antropológico que se manifiesta en múltiples pasajes de su obra. Pero a pesar de concebir al hombre como un ser con proclividad al mal, es posible mitigar esta tendencia a través de la educación. En cualquier caso, afirmar que «el hombre es el más inconstante de los animales, y a sí y a ellos dañoso» [8] y que no hay «ningún enemigo mayor del hombre que el hombre» [9] no quiere decir que el humano deba actuar de acuerdo con estas premisas.

---

7. *Empresas políticas*, empresa XLVII, p. 440. Citamos por la edición de Aldea Vaquero, Editora Nacional, Madrid, 1976 (2 volúmenes).
8. Empresa XLVI, p. 423.
9. *Ibidem*.

Precisamente lo que intenta Saavedra es proponer otros criterios de comportamiento diferentes a los que eran usuales en su época. En ello hay que ver una vez más la influencia de los cambios que se estaban produciendo en el siglo XVII.

A tenor de lo expuesto, hay que preguntarse cómo se articulan las relaciones entre la ética y la política. En este punto, las interpretaciones que se han hecho del pensamiento de Saavedra no son uniformes y la postura que aquí adoptaremos no coincide plenamente con el sentir mayoritario. A nuestro juicio, el escritor murciano establece casi siempre una dependencia absoluta de la actividad política respecto de los principios éticos. La política no es una actividad independiente de la moral tal y como afirmaba Maquiavelo, sino que está íntimamente ligada con ésta. Saavedra previene al príncipe una y otra vez de los peligros de actuar al margen de la ética, pero no por la posibilidad de la pérdida del poder sino porque tal actuación sería reprobable de un modo absoluto, con independencia de los fines que persiguiera. ¿Quiere ello decir que Saavedra es antimaquiavelista? Creemos que su posición es bastante clara y que la respuesta debe ser afirmativa. A lo largo de su obra critica abiertamente la doctrina de Maquiavelo y no vemos ningún motivo para dudar de su sinceridad. Además, su posición queda reforzada como consecuencia de la profesión que ejerció; su actividad diplomática le permitió conocer con exactitud los cauces a través de los cuales se desarrollaba la política, esa «política real» a la que Maquiavelo se refirió con aquella crudeza; pero a pesar de ello, a pesar de lo irrefutable de los hechos, no se puede –o mejor dicho, no se debe– obrar sin tener en cuenta las obligaciones que impone la moral. Es cierto que en su obra aparecen algunos pasajes que pueden ser calificados de equívocos, pero si se examina el conjunto de su pensamiento, debe llegarse a la conclusión de que el rechazo de las tesis de Maquiavelo es total. Probablemente, la razón por la que algunos autores han considerado que Saavedra, en el fondo, defiende las tesis de Maquiavelo hay que encontrarla en el papel que el escritor murciano asigna a la cautela. La cautela es una noción central que se encuentra estrechamente unida a la prudencia y es necesario y conveniente que la cautela presida todo tipo de actuación. Hay que ser cauteloso respecto a la posibilidad de conocer para no caer en el engaño, y también hay que serlo con mucha más razón cuando se desarrolla una actividad política. Pero en todo esto que, desde luego, está presente en Saavedra, no hay que ver una concesión al maquiavelismo sino simplemente la presencia de una cualidad imprescindible para el ejercicio del oficio diplomático que con tanta dedicación desempeñó nuestro autor.

Debemos insistir en lo que ya se dijo anteriormente: Saavedra describe la realidad con gran acierto, pero ello no significa que tal realidad deba aceptarse. En el tema de las relaciones entre ética y política se da cuenta de que la política real prescinde de toda normación ética; de ahí que afirme que «no hay injusticia ni indignidad que no parezca honesta a los políticos» [10] y que «la política destos tiempos presupone la malicia y el engaño en todo» [11]. Precisamente por esto el príncipe debe ser cauteloso, pero jamás se le recomienda que utilice el engaño o la violencia para gobernar.

Por lo que se refiere a la *razón de Estado,* nos encontramos ante una expresión que aparece frecuentemente utilizada en la obra de Saavedra, pero en realidad no se añade nada nuevo. Es éste un concepto que ya había entrado plenamente en el saber político de su época y que Saavedra se limita a recoger. El profesor Murillo Ferrol ha dicho que «de la idea general de la razón de Estado, tal como estaba planteada y resuelta en su tiempo, es de donde hay que partir para interpretar en conjunto el pensamiento político de Saavedra» [12]. Puede

10. Empresa XLIII, p. 402.
11. Empresa LXVII, p. 653.
12. F. Murillo Ferrol, *Saavedra Fajardo y la política del Barroco,* Madrid, 1957, Instituto de Estudios Políticos, p. 199.

afirmarse que la noción de razón de Estado es utilizada en dos sentidos diferentes y antagónicos: la *falsa* razón de Estado, que es la defendida por Maquiavelo y que se concibe como una mera técnica de adquisición, conservación y aumento del poder sin que la ética juegue ningún papel, y la *verdadera* razón de Estado, que, siendo también una técnica de conservación y aumento del poder, tiene, no obstante, límites precisos que vienen marcados por la moral. Se ha dicho que esta verdadera razón de Estado –la razón de Estado cristianizada– fue en ocasiones mucho peor que la razón de Estado maquiavélica, y aunque ello pueda ser cierto en algún autor concreto, no lo es en el caso de Saavedra.

2. *El Derecho y sus funciones*

La obra de Saavedra no tiene un carácter estrictamente jurídico, pero ello no impide que se preste una especial atención al Derecho en razón de la importantísima función que cumple. Su preocupación por el fenómeno jurídico es considerable y ello no debe sorprendernos sobre todo si se tiene en cuenta que una parte de su vida la consagró al estudio de las leyes. Además, la formación que adquirió en Salamanca debió ser muy buena, ya que tuvo el privilegio de tener como maestros a algunos de nuestros más ilustres teólogos y juristas.

Para proceder ordenadamente comenzaremos con la concepción del Derecho natural. En dicha concepción se advierte un cambio importante respecto de la reflexión del siglo anterior, porque lo que más interesa a nuestro autor es el Derecho positivo, y aunque éste deba basarse en los preceptos del Derecho natural, se observa una cierta desconexión ontológica. Por otra parte, es difícil llegar a determinar con precisión a qué tipo de Derecho natural se refiere Saavedra. Sí puede decirse que distingue claramente el Derecho natural y el Derecho de gentes. Es curioso que no se haga ni una sola mención a la ley eterna, por lo que el Derecho natural no tiene ninguna conexión —al menos directa— con Dios. En este punto la influencia de la escolástica española es más bien escasa, y puesto que Saavedra conocía perfectamente la doctrina escolástica hay que suponer que prescinde deliberadamente de ella. Pero si el fundamento del Derecho natural no se encuentra en Dios, tampoco es posible hallarlo en la naturaleza humana o, al menos, no de un modo exclusivo, porque si se concibe al hombre —como hace Saavedra— como un ser corrompido, con tendencia al mal, resulta imposible extraer preceptos de tal naturaleza. ¿Dónde se encuentra, entonces, el fundamento del Derecho natural? En este punto es notoria la influencia del estoicismo. Es sintomático que Saavedra hable casi siempre de Derecho de la Naturaleza y no de Derecho natural. Se trata de la naturaleza física pero, al mismo tiempo, en dicha naturaleza puede hallarse un principio racional. La naturaleza tiene, por tanto, una estructura racional; los fenómenos naturales se producen de una manera necesaria pero, además, dichos acontecimientos responden a un orden preestablecido y en su realización no hay nada caprichoso. Pues bien, de esa naturaleza derivan una serie de derechos y obligaciones y además puede servir de guía para la actuación humana. De cualquier modo, la doctrina que mantiene Saavedra en relación con el Derecho natural es incompleta y ello dificulta la comprensión de su pensamiento. Por otra parte, nuestro autor no aborda de un modo expreso el problema de las relaciones entre el Derecho natural y el positivo. Ambos ordenamientos coexisten, pero nada se dice en relación con la posibilidad de que los preceptos del Derecho positivo contradigan el Derecho natural, es decir, no se establecen las consecuencias de la invalidez ontológica de las normas positivas tal y como hicieron los autores de la escolástica española. De ahí que pueda afirmarse la posibilidad de la existencia de leyes injustas [13].

13. Para una exposición más detallada, véase mi libro *La filosofía jurídica y política en las «Empresas» de Saavedra Fajardo*, Madrid, 1984, Academia Alfonso X el Sabio, pp. 132 y ss.

Antes de continuar hay que hacer referencia a la distinción que realiza Saavedra entre la moral y el Derecho y que refleja de algún modo su espíritu moderno. Como es sabido, la separación entre Derecho y moral en sentido estricto se atribuye a Tomasio, pero no cabe duda que Saavedra –probablemente recogiendo el precedente suarciano– intuyó en su obra el problema de la distinción entre Derecho y moral y, por ello, hay que reconocerle el mérito de haber intentado establecer criterios de diferenciación. El criterio básico es el del ámbito de aplicación: «La jurisdicción de la justicia solamente comprende los actos externos legítimamente probados, pero no se extiende a los ocultos e internos» [14]. La moral regularía los actos internos mientras que el Derecho sólo se referiría a los actos externos. Los primeros escaparían a toda regulación jurídica y sobre ellos no existiría la posibilidad de constricción, al contrario de lo que ocurre con los actos externos. Pero la distinción entre moral y Derecho no tiene en Saavedra una finalidad práctica como sucedería después con Tomasio, ya que no se pretende el reconocimiento de la libertad de conciencia; es más, tal libertad aparece una y otra vez negada en la obra de Saavedra.

Examinemos seguidamente cuáles son las funciones que se asignan al Derecho. Fundamentalmente, puede hablarse de dos: la limitación de la potestad del monarca y la defensa de la libertad de los súbditos (con la única excepción de la libertad de conciencia). Saavedra es partidario de la monarquía como forma de gobierno, pero siempre deja bien claro que el poder del monarca no es absoluto y, en este sentido, es significativa la distinción que hace entre dos tipos de reyes: el rey absoluto y «el rey que gobierna según las leyes y fueros del reino con que limitó el pueblo su potestad» [15]. A este se-

---

14. Empresa XXI, p. 261.
15. *Introducciones a la política*, p. 1235. Citamos por la edición de las obras completas de A. González Palencia, Madrid, 1946, Aguilar.

gundo tipo de monarca es al que van dirigidos los consejos de Saavedra. El auténtico y legítimo monarca es aquel que gobierna sometido a las leyes del reino. El respeto a las leyes por parte del príncipe constituye el presupuesto fundamental para el ejercicio del poder. Ahora bien, no se trata de una simple técnica de conservación del poder sino que, en cierto modo, responde a una exigencia ética. Por otra parte, la diferencia entre la monarquía legítima y la tiranía la encuentra Saavedra en el hecho del sometimiento a las leyes y por eso dice que «la tiranía no es otra cosa sino un desconocimiento de la ley, atribuyéndose a sí los príncipes su autoridad»[16]. Solamente hay un pasaje en las *Empresas* en el que Saavedra libera al príncipe del sometimiento a las leyes[17], pero, con carácter general se establece la vinculación del monarca a las leyes. Es tal la preocupación que Saavedra siente en este punto, que al tratar el tema de la equidad priva a ésta de todo valor. Propiamente, lo que hace es rechazar la *epiqueya* aristotélica, pero con una buena intención: evitar que el príncipe quede por encima de las leyes. La equidad entendida como la adecuación de la norma general a las particularidades del caso concreto podría propiciar una vulneración del sometimiento a la ley y precisamente por eso se rechaza tajantemente. Sin embargo, en el tema de la equidad, Saavedra demuestra una visión poco aguda del fenómeno jurídico, aunque, en cualquier caso, hay que reconocer sus buenos propósitos. Por otro lado, hay que tener en cuenta que todas las afirmaciones que realiza Saavedra tienen lugar en pleno apogeo del absolutismo monárquico y, por ello, cobran una especial significación. Propugnar la sumisión del rey a las leyes, defender la libertad de los súbditos y considerar que el poder del monarca nunca es absoluto, son todas ellas ideas que vienen a reflejar el estado de ánimo de un pueblo y sus aspiraciones.

16. Empresa XXI, p. 231.
17. *Ibidem*, p. 238.

La segunda función –no menos importante que la primera– que cumplen las leyes es la de proteger la libertad de los súbditos. La única excepción que formula Saavedra se refiere a la libertad de conciencia respecto de la cual mantiene una posición intransigente. En este punto, Saavedra coincide con la mayoría de los escritores políticos de su tiempo. La libertad de conciencia suele ser negada en los dos bandos –católicos y reformados–, porque precisamente dicha libertad fue uno de los motivos de la Guerra de los Treinta Años. Pero lo que hay que preguntarse es cuál es la razón por la que se niega la libertad de conciencia, y en el caso de Saavedra –como certeramente ha señalado Murillo Ferrol– «no hay alusión a motivos religiosos para negarse a admitirla, sino que el repudio de la libertad de conciencia se basa exclusivamente en razones políticas»[18]. En efecto, si la libertad en general se considera como uno de los atributos esenciales del hombre, la limitación de la misma en una concreta parcela sólo puede entenderse por motivos circunstanciales, que es lo que ocurre en Saavedra. Por eso, si la situación política de la Europa del siglo XVII hubiese sido diferente, es posible que Saavedra no hubiese tenido ningún inconveniente en admitir y defender la libertad de conciencia.

Naturalmente, el reconocimiento y el ejercicio de la libertad provoca necesariamente conflictos y tensiones pero, a pesar de ello, es preferible que el poder político asegure la libertad, entre otras razones porque la libertad es natural al hombre, es una característica exclusiva del ser humano que responde a su íntima estructura ontológica. El problema fundamental es el de armonizar la libertad y la obediencia y en eso radica la habilidad del monarca. Hay múltiples pasajes en los que se refleja esta necesidad: «Bastante es por sí misma pesada y odiosa la obediencia. No le añade el príncipe aspereza, porque suele ser ésta una lima con que la liber-

---

18. *Saavedra Fajardo y la política del Barroco*, cit., p. 241.

tad natural rompe la cadena de la servidumbre»[19] y, en otro lugar, se afirma que «es una especie de tiranía reducir los vasallos a una sumamente perfecta policía; porque no la sufre la condición humana»[20]. Por consiguiente, la ausencia de libertad equivale a tiranía y el poder del tirano es ilegítimo. Las leyes, por tanto, limitan la potestad del monarca y, consecuentemente, reconocen y protegen la libertad de los súbditos. Los derechos básicos que deben proteger las leyes son tres: la vida a través de las leyes penales, la propiedad (hacienda) y la libertad. Lo que Saavedra pide es la protección de los tres valores típicos de la burguesía y, desde esta perspectiva, sus palabras constituyen una sorprendente anticipación a Locke, aunque su postura sea más conservadora.

No podemos concluir este apartado sin hacer una breve referencia a la libertad de expresión, que es defendida ardorosamente por el escritor murciano. La libertad de expresión aparece como un útil instrumento de crítica de las acciones del poder político y, en este sentido, supone un freno en el ejercicio del poder. Es sintomático que esta defensa de la libertad de expresión se haga bajo un régimen de absolutismo monárquico que lo que pretendía era impedir cualquier intento de libertad. También aquí la presencia o ausencia de libertad de expresión marca la diferencia entre la tiranía y el poder legítimo:

La murmuración es argumento de la libertad de la república porque en la tiranizada no se permite. Feliz aquélla donde se puede sentir lo que se quiere y decir lo que se siente. Injusta pretensión fuera del que manda querer con candados los labios de los súbditos y que no se quejen y murmuren debajo del yugo de la servidumbre[21].

En este tema Saavedra mantiene una postura progresista; libertad y tolerancia son los nuevos valores que se van a di-

19. Empresa XXXIX, pp. 370-371.
20. Empresa LXXXV, p. 807.
21. Empresa XIV, p. 178.

fundir en la Europa del siglo XVII y nuestro autor los recoge y defiende con verdadero entusiasmo.

3. La sociedad y el Estado: formas de gobierno

Saavedra hace suya la tesis tradicional iniciada por Aristóteles, según la cual el hombre es un ser sociable por naturaleza. Para realizarse plenamente necesita de los demás y sólo en el seno de la convivencia puede desarrollarse como auténtico hombre. Éste es el punto de arranque que utiliza Saavedra para tratar de explicar el fenómeno de la *compañía civil*. El capítulo primero del libro primero de las *Introducciones a la política* lleva un inequívoco título: «La compañía civil o política es natural al hombre». La sociabilidad está inserta en la propia naturaleza humana y aparece, por tanto, como una tendencia inexcusable a la que el hombre no puede renunciar y que se canaliza a través de la utilización de la razón, que es lo que diferencia al hombre del resto de los animales.

A pesar de que la convivencia social es natural al hombre, Saavedra distingue dos fases diferentes de la convivencia humana. En primer lugar, un estado en el cual los hombres viven juntos una existencia feliz; el hombre no está aislado sino que se relaciona con los demás. No hay tampoco ningún tipo de organización política y, consecuentemente, no es necesaria la existencia de ninguna autoridad. Adviértase que en esta situación idílica ya tiene lugar la convivencia social; no se trata, por tanto, de un estado presocial, sino simplemente prepolítico. Hay un texto en las *Empresas políticas* en el que se hace una descripción de las dos fases. A pesar de su extensión, creemos necesario reproducirlo íntegramente:

En la primera edad ni fue menester la pena, porque la ley no conocía la culpa, ni el premio, porque se amaba por sí mismo lo honesto y glorioso; pero creció con la edad del mundo la malicia, e hizo recatada a la virtud, que antes, sencilla e inadvertida, vivía por los campos. Desestimóse la igualdad, perdióse la modestia y la vergüenza, e, introducida la ambición y la fuerza, se introdujeron también las dominaciones; porque, obligada de la necesidad la prudencia, y despierta con la luz natural, redujo los hombres a la compañía civil, donde exercitasen las virtudes a que les inclina la razón, y donde se valiesen de la voz articulada que les dio la Natualeza, para que unos a otros, explicando sus conceptos y manifestando sus sentimientos y necesidades, se enseñasen, aconsejasen y defendiesen [22].

Existe, pues, un momento en el cual la situación de felicidad y coexistencia pacífica desaparece como consecuencia de la malicia, produciéndose un auténtico *status belli*, que sólo genera desorden y anarquía. Para poner fin a esta situación insostenible, la razón indica al hombre la conveniencia de constituir la *compañía civil* o *política* en la que ya existe una autoridad y una organización. Ahora bien, en la descripción que ofrece Saavedra pueden apreciarse algunas contradicciones. En primer lugar, no queda claro cuál es el motivo por el que la situación de felicidad inicial degenera en un *status belli*. Es cierto que Saavedra se refiere a la malicia de un modo genérico, pero no se señala el motivo concreto por el que los hombres se corrompen. En segundo lugar, no habría ningún inconveniente en aceptar la tesis de Saavedra en cuanto al nacimiento del Estado si el punto de partida fuese otro, es decir, creemos que no se puede sostener que la convivencia política responde a una inclinación natural si más tarde se afirma que el Estado surge como consecuencia de una necesidad. En efecto por más que Saavedra se empeñe en afirmar lo contrario, lo cierto es que, siguiendo su argumentación, el Estado no se origina como respuesta a una tendencia natural, sino exclusivamente por necesidad. Es verdad que la razón es la que indica al hombre la

---

22. Empresa XXI, pp. 227-228. En un sentido muy parecido se expresa en las *Introducciones a la política*, pp. 1227-1237.

necesidad de crear la organización política y la autoridad, pero no cabe duda que, entonces, entra en juego un móvil utilitario: se trataría de razones prudenciales.

La narración que hace Saavedra del paso del *status naturalis* al *status civilis* refleja su pesimismo antropológico. Se trata de evitar la «guerra de todos contra todos» que inevitablemente se produciría de no existir una autoridad que refrene las pasiones de los hombres. Precisamente por eso el Estado aparece revestido de un poder considerable, pero naturalmente surge para servir a los individuos de manera que su finalidad y su razón de ser radica en el cumplimiento de determinadas funciones. Así lo afirma expresamente Saavedra: «La compañía civil se instituyó para la conservación de la religión, la honra, la vida y la hacienda, y se sujetó el pueblo al gobierno de uno, de pocos o de muchos»[23]. El Estado, por consiguiente, no es un fin en sí mismo, sino que está destinado a la protección de determinados bienes, entendiendo este término en un sentido muy amplio. Además, hay que tener en cuenta que el Estado es necesario, pero desde un punto de vista ideal no es la situación óptima. Tal y como Saavedra expone su doctrina, es evidente que la situación del hombre en el estado de naturaleza, es decir, aquel en el que no existe ningún tipo de organización política, es mucho más perfecta, aunque en el plano de la realidad sea insostenible.

Decíamos hace un momento que el Estado aparece en Saavedra dotado de un considerable poder. Ello es absolutamente imprescindible si pretende cumplir las funciones para las que fue instituido. De cualquier forma, se trata de un Estado que se encuentra modelado por el Derecho y por eso no estamos en presencia de un Estado absoluto. Es cierto que el Estado tiene una función de control y de represión en la medida en que debe evitar conflictos y mitigar las pasio-

---

23. Empresa LX, p. 599.

nes, pero, al mismo tiempo, cumple también una función protectiva en cuanto que procura salvaguardar la vida y la propiedad de los súbditos y también, dentro de ciertos límites, queda garantizada la libertad. Precisamente, la justificación del Estado con independencia de las distintas formas de gobierno se encuentra en la protección de todos estos elementos.

En conclusión, puede decirse que la postura de Saavedra en relación con el origen del Estado es contradictoria. Se parte de la doctrina aristotélica y, en consecuencia, se sostiene que la compañía civil o política es natural al hombre, pero en el posterior desenvolvimiento de esta premisa se producen innegables contradicciones. Por otra parte, Murillo Ferrol ha señalado con acierto que «en alguna ocasión Saavedra fuerza el matiz de la violencia en el tránsito del estado de naturaleza a la convivencia política, subrayando el papel que la coacción tiene en tal acontecimiento» [24].

Veamos ahora qué nos dice Saavedra en relación con las diferentes formas de gobierno. En principio, se parte de la dosificación tradicional recogiendo nuevamente la doctrina de Aristóteles. Existen tres formas legítimas de gobierno: la monarquía, la aristocracia y la democracia. Al mismo tiempo, pueden aparecer las correspondientes formas corruptas, siendo la tiranía a la que nuestro autor dedica una mayor atención. El criterio que se utiliza para hablar de una u otra forma de gobierno viene determinado exclusivamente por el número de personas que participan en el ejercicio del poder; en consecuencia, cuando el poder se otorga a uno estamos en presencia de la monarquía, si se otorga a varios aparece la aristocracia y, por último, la democracia, que tiene lugar cuando participan muchos en el poder. Desde un punto de vista cronológico, la monarquía es la primera forma de gobierno que aparece. Posteriormente se va a ir produciendo

---

24. *Saavedra Fajardo y la política del Barroco*, cit., p. 279.

una sucesión cíclica de las distintas formas de gobierno –obsérvese la huella aristotélica– como consecuencia de la ambición, la fuerza y las pasiones de los hombres. La única manera de detener este ciclo consiste en la consecución de una cierta igualdad entre los súbditos. En este sentido, Saavedra concede una gran importancia a la distribución equitativa de la riqueza como factor determinante para la estabilidad de una comunidad política. Ciertamente, sus afirmaciones tienen un carácter limitado en la medida en que sigue defendiendo determinados privilegios, pero no cabe duda que tuvo clara conciencia de los problemas que se derivaban de una desigual distribución de la riqueza. Además, hay que señalar que éste es un problema que afecta por igual a cualquier comunidad, sin que sea relevante a estos efectos su concreta forma de gobierno.

Como puede suponerse, Saavedra, diplomático activo al servicio de la monarquía de los Austrias, muestra sus preferencias por la monarquía, y en la defensa que hace de la misma ofrece una serie de argumentos. En primer lugar, destaca la nota de la eficacia. La monarquía es la forma de gobierno que presenta menos inconvenientes porque en ella la toma de decisiones es más perfecta y, sobre todo, más rápida. En segundo lugar, la forma monárquica es la única –siempre según la opinión de Saavedra– que puede detener la constante mutación de las formas de gobierno. La aristocracia y la democracia son formas que inevitablemente acaban por degenerar, mientras que la monarquía, siempre que esté bien constituida, puede proporcionar estabilidad y seguridad. Ahora bien, la monarquía que defiende Saavedra no es la monarquía absoluta y, consecuentemente, no es la monarquía de los Austrias. A esta conclusión se llega si se lee atentamente todo lo que dice Saavedra en su obra. Hay que pensar que su obra aparece bajo un régimen de absolutismo monárquico y, por ello, es difícil encontrar expresiones condenatorias o fórmulas radicales, pero no es menos cierto que en algunas ocasiones se critica abiertamente la actuación del monarca. Con razón ha dicho Azorín que «las ideas de Saavedra se reducen a una sincera y franca democracia»[25]. Una prueba en este sentido puede encontrarse en el propio carácter de la monarquía que Saavedra defiende: «No es durable la monarquía que no está mezclada y consta de la aristocracia y democracia»[26]. Por tanto, propugna la necesidad del gobierno mixto. De esta forma pueden evitarse los excesos de la concentración de poder en una sola persona. Por eso, la monarquía del rey

que gobierna según las leyes y fueros del reino, es la más aprobada de las gentes y la más perfecta, cuando sin opresión de la suprema potestad participa de la aristocracia y policía, como en España, donde en muchos casos la resolución real pende de las Cortes generales, y está reservada alguna libertad, con lo cual, corregido el poder absoluto, es menos peligrosa la autoridad y más suave la obediencia. Esta monarquía es la más durable[27].

Si entre las formas legítimas de gobierno Saavedra se muestra partidario de la monarquía, por lo que respecta a las formas corruptas o degeneradas se invierte el orden de preferencia, de manera que entre todas ellas la menos deseable es la tiranía. Es lógico que nuestro autor muestre un especial interés en el análisis de la tiranía, ya que ésta se presenta como la negación o corrupción de la monarquía y así se señala en repetidas ocasiones. Fundamentalmente, pueden distinguirse dos tipos de tiranía: o en el título *(ab origine)* o en el ejercicio *(a regimene)*. Ambas son rechazables pero la segunda es la peor y, en cierto modo, representa el carácter genuino de la tiranía. Por esta razón Saavedra pone mucho más el acento en este segundo tipo de tiranía con el

---

25. «Saavedra Fajardo», en *De Granada a Castelar*, Madrid, Austral (3.ª ed.), 1958, p. 69.
26. Empresa LI, p. 389.
27. *Introducciones a la política*, p. 1236.

objeto de criticarla y prevenir en lo posible que pueda introducirse. Lo que caracteriza de un modo específico a la tiranía es el ejercicio programado y sistemático de la violencia y la fuerza ilegítima como forma de conservación del poder. Adviértase que la tiranía sólo aparece cuando se utiliza una fuerza ilegítima; por eso se dice que «esta diferencia hay entre el príncipe justo y el tirano: que aquél se vale de las armas para mantener en paz a los súbditos, y éste para estar seguro de ellos»[28]. En realidad, el príncipe se convierte en tirano cuando hace uso de una potestad que no le ha otorgado el pueblo; propiamente, tiene lugar un incumplimiento del pacto entre los súbditos y el rey y, por ello, es posible y legítima la deposición del tirano (aunque deban cumplirse ciertas condiciones). No obstante, hay una diferencia esencial entre los dos tipos de tiranía que describe Saavedra: en el caso de la tiranía *a regimene* nunca es posible la legitimación, mientras que en la tiranía *ab origine* sí es factible que el que inicialmente usurpa el título de reinar pueda convertirse en un príncipe justo:

Estas artes, que hicieron buen rey al que gobierna por sucesión o elección, son tiranía en aquel que por fuerza o engaño se introduce en el reino contra la voluntad de los vasallos, de la cual depende el título justo de reinar, si bien, a veces, el que es dudoso y adquirido con malas artes se hace después legítimo con las buenas..., porque en estos casos el consentimiento tácito de los pueblos en la larga sucesión aprueba aquella potestad que le da título justo[29].

En consecuencia, el tirano se transforma en un príncipe justo; podría decirse que el vicio inicial (la irregular forma de acceso al poder) queda subsanado por la posterior actuación del monarca.

La crítica que realiza Saavedra de la tiranía se debe a dos razones fundamentales: en primer lugar, es una forma ilegí-

---

28. *Empresa* XXXVIII, p. 364.
29. *Introducciones a la política*, p. 1241.

tima de gobierno, porque se prescinde del consentimiento de los súbditos, siendo éste un elemento esencial para la justificación y el ejercicio del poder (inmediatamente lo veremos). Pero, además de esta razón, existe otra que tiene un carácter eminentemente práctico y es el hecho de la imposibilidad de que un poder tiránico se perpetúe. A la larga, la tiranía conduce inevitablemente al trágico fin del tirano. De todos modos, este segundo motivo no es el decisivo para la condena de la tiranía; lo verdaderamente importante es que falta el consentimiento de los gobernados, aunque también hay que decir que tal consentimiento no es siempre una aceptación libre y plena. Murillo Ferrol ha dicho con razón que

hay ciertos brotes de agustinismo político en esta interpretación saavedrina de la doctrina del consentimiento, como «paciencia» por parte de los súbditos de algo malo, pero inevitable. Saavedra no trata de encontrar la república óptima, sino la menos mala [30].

Por último, no se puede olvidar que la explícita condena de la tiranía significa también una crítica total a la doctrina de Maquiavelo porque todas las máximas que ofrece éste son, según Saavedra, las máximas de los tiranos.

4. Origen y límites del poder

Saavedra –y también otros autores contemporáneos– parte de una consideración inicial que tiene importancia para comprender tanto el origen como la propia justificación del hecho del poder. En este sentido ha dicho Maravall que «para comprender bien cuál sea la naturaleza del poder hay que tener en cuenta cuál es la condición de los hombres sobre los cuales se ejerce, y para el pensamiento político español es esencial el concepto de hombre como ser li-

---

30. *Saavedra Fajardo y la política del Barroco*, cit., p. 288.

bre»[31]. Esto significa que es imprescindible que el poder político tenga presente las características esenciales de los sujetos sobre los que va a operar. Considerar que los hombres son libres implica la admisión de una esencial igualdad entre ellos y, por tanto, la dominación de unos sobre otros sólo puede justificarse mediante un acuerdo. Esta premisa inicial tiene una enorme relevancia porque supone la exclusión de la fuerza y la violencia como causas fundamentadoras del poder. Con carácter preliminar hay que preguntarse por qué es necesaria la existencia de un poder y la respuesta hay que encontrarla en la propia naturaleza humana. Ya hemos dicho que Saavedra profesa un acusado pesimismo antropológico y esto le lleva a admitir la necesidad del poder como el único camino posible para evitar un estado de guerra permanente. Solamente si existe una autoridad es posible que se llegue a una convivencia pacífica y ordenada; en caso contrario, reinaría un caos absoluto. Es significativo que Saavedra se refiera constantemente a la paz como una de las metas más importantes que debe conseguirse en el seno de la convivencia política y tal preocupación puede explicarse perfectamente por la propia situación histórica. Hay que tener en cuenta que toda la vida de Saavedra estuvo marcada por la terrible Guerra de los Treinta Años, que sumió a toda Europa en la más profunda desesperación. Por esta razón, una de las características más sobresalientes del pensamiento de Saavedra es la actitud pacifista que impregna toda su obra.

Respecto del origen del poder, puede afirmarse que Saavedra no mantiene una postura original, ya que se limita a recoger una doctrina que tiene una amplia tradición en el pensamiento político cristiano. Nos referimos, como es sabido, a la teoría del origen divino del poder. Para nuestro au-

---

31. *Teoría española del Estado en el siglo XVII*, Madrid, 1944, Instituto de Estudios Políticos, p. 321.

tor el poder procede siempre de Dios, pero a través de la comunidad, que opera como segunda causa. Esto quiere decir que el consentimiento de los súbditos es el que legitima de un modo directo el ejercicio del poder y, por eso, no hay ninguna razón por la cual una persona o un grupo de ellas pueda ejercer el poder sobre los demás si no es porque los otros prestan su consentimiento. De ahí que el príncipe deba saber que «el consentimiento común dio respeto a la corona y poder al cetro; porque la naturaleza no hizo reyes» [32]. Partiendo, pues, de la esencial igualdad de todos los hombres, el fenómeno del poder sólo puede ser explicado a través de un acuerdo voluntario en virtud del cual todos los miembros de una comunidad se desprenden de su poder cediéndolo a uno, varios o muchos, originándose de este modo las distintas formas de gobierno. Lo que queda claro es que originariamente el poder pertenece a todos los hombres. Son éstos los que por razones de utilidad lo ceden a otros:

Formada, pues, esta compañía, nació del común consentimiento en tal modo de comunidad una potestad en toda ella, ilustrada de la luz de la naturaleza para conservación de sus partes, que las mantuviese en justicia y paz, castigando los vicios y premiando las virtudes. Y, porque esta potestad no pudo estar difusa en todo el cuerpo del pueblo, por la confusión en resolver y executar, porque era forzoso que hubiese quien mandase y quien obedeciese, se despojaron della y la pusieron en uno o en pocos, o en muchos, que son las tres formas de república: monarquía, aristocracia y democracia [33].

Concluyendo, puede decirse que el poder en Saavedra tiene un doble fundamento: teológico y popular. Pero conviene señalar que se presta mucha más atención al aspecto del consentimiento que al origen divino del poder, porque lo decisivo no es la fuente última del poder –Dios– sino la justi-

32. Empresa XXI, p. 228.
33. Empresa XX, p. 222.

ficación inmediata del hecho de la dominación de unos sobre otros.

Ya hemos dicho que el poder que inicialmente corresponde a todos los hombres es transferido por éstos al objeto de lograr unos determinados fines. Pero, ¿cómo se produce esta transferencia?, ¿qué tipo de cesión se realiza?, ¿tiene el pueblo la posibilidad de recuperar la potestad de la que se ha desprendido? y, en fin, ¿cuáles son sus límites? Todos éstos son interrogantes que Saavedra trata de resolver afirmando una y otra vez que el poder no es, en ningún caso, absoluto. Probablemente, la naturaleza y límites del poder son los dos temas que preocupan de un modo especial a Saavedra. Como venimos haciendo hasta ahora, lo mejor será reproducir sus propias palabras al objeto de conseguir la mayor claridad. Saavedra se refiere exclusivamente a la monarquía, pero todo lo que dice es aplicable a las otras formas de gobierno:

Conviene enseñar al príncipe desde su juventud a domar y enfrenar el potro del poder, porque si quisiere llevalle con el filete de la voluntad, dará con él en grandes precipicios. Menester es el freno de la razón, las riendas de la política, la vara de la justicia y la espuela del valor, fijo siempre el príncipe sobre los estribos de la prudencia. No ha de ejecutar todo lo que se le antoja, sino lo que conviene, y no ofende a la piedad, a la verdad y a las buenas costumbres. Ni ha de creer el príncipe *que es absoluto su poder, sino sujeto al bien público y a los intereses de su Estado. Ni que es inmenso, sino limitado*, y expuesto a ligeros accidentes...

Reconozca también el príncipe la naturaleza de su potestad, y que no es tan suprema, que no haya quedado alguna en el pueblo, la cual, o la reservó al principio, o se la concedió después la misma luz natural para defensa y conservación propia contra un príncipe notoriamente injusto y tirano. A los buenos príncipes agrada que en los súbditos quede alguna libertad; los tiranos procuran un absoluto dominio. Constituida con templanza la libertad del pueblo, nace della la conservación del principado. No está más seguro el príncipe que más puede, sino el que con más razón puede. Ni es menos soberano el que conserva a sus vasallos los fueros y privilegios que justamente poseen[34].

En este extenso pasaje están contenidas las ideas de Saavedra y requiere cuando menos un breve comentario. A tenor del mismo puede hablarse de la existencia de límites objetivos al poder del monarca. Fundamentalmente, hay tres clases de límites. En primer lugar el Derecho positivo, las leyes del reino. El ejercicio del poder está sujeto siempre a las normas jurídicas. A este límite nos hemos referido páginas atrás al hablar del Derecho y sus funciones. No cabe duda que se trata de un límite efectivo que regula el marco de actuación dentro del cual puede moverse el monarca y, además, sirve para diferenciar a un príncipe legítimo de un tirano. El segundo de los límites a que se refiere Saavedra tiene directa relación con los fines en el ejercicio del poder. Se trata del bien público y los intereses del Estado. Ciertamente, aunque ambos términos son vagos y adolecen de una inevitable imprecisión, también representan un límite eficaz a la acción del gobernante. La transferencia de poder que realiza el pueblo tiene sentido en razón de la concesión de determinados fines y, por eso, el poder sólo puede utilizarse para alcanzar el bien común, sin que en ningún caso pueda ser concebido como algo de utilidad personal.

Por último, el tercer límite se encuentra en la propia naturaleza del poder que los súbditos confieren al monarca. Quizás éste es el límite más importante en la medida en que prefigura y condiciona su propio ejercicio. Se trata de una limitación que afecta a la potestad en sí misma considerada, independientemente de la titularidad. La idea fundamental que Saavedra formula es la siguiente: el poder o potestad que el pueblo transfiere nunca es absoluto. Ésta es una afirmación que tiene importantes consecuencias porque, en definitiva, supone reconocer que el poder es *esencialmente* limitado. En

34. Empresa XX, pp. 224-225.

el pasaje transcrito anteriormente se hace referencia a dos situaciones diferentes. En primer lugar, en el pacto por el cual se cede el poder a un titular concreto el pueblo puede reservarse de modo expreso una parte del mismo. Esto significa que es al pueblo al que corresponde determinar las condiciones del pacto. Y, en segundo lugar, hay que tener en cuenta que aunque tal reserva no tenga lugar de un modo expreso, sigue operando la limitación, de forma que la transferencia de poder no es total. Por tanto, el pueblo siempre conserva la posibilidad de revocar la donación que realizó como consecuencia del incumplimiento del pacto por parte del monarca. En consecuencia, existe un derecho de resistencia frente a un príncipe «notoriamente injusto y tirano». El pueblo nunca se despoja totalmente de su potestad; la comunidad sigue conservando el poder que transfiere; lo único que ocurre es que su ejercicio se encuentra en suspenso, pero en el supuesto de que el príncipe haga un uso inadecuado del poder que se le ha otorgado, los súbditos siempre pueden recuperarlo.

No cabe duda que en la concepción de Saavedra existe la posibilidad de deponer al príncipe, pero tal posibilidad se encuentra formulada de un modo general e impreciso. En efecto, no basta cualquier motivo; es necesario que se trate de una causa grave y plenamente justificada. Nuestro autor dice que el príncipe debe ser «notoriamente injusto y tirano», pero, en muchas ocasiones, resulta difícil determinar cuándo nos encontramos ante un príncipe de tales características. Por otra parte, la posibilidad de deponer al príncipe se encuentra sumamente restringida por la necesidad de que concurran una serie de requisitos que restan virtualidad y eficacia al poder del pueblo, porque Saavedra exige que la decisión por la que se depone a un príncipe no pueda ser adoptada «por el juicio de uno ni de muchos, sino de toda la república universal congregada en Cortes» [35]. Esto supone

---

35. *Introducciones a la política*, p. 1237.

que en la práctica es imposible oponerse a los abusos del príncipe injusto. Sin embargo, desde un punto de vista teórico las afirmaciones de Saavedra conservan todo su valor. La doctrina de Saavedra en este punto es mucho menos clara que en algunos representantes de la escolástica española, pero creemos que en el fondo tampoco hay tantas diferencias porque en lo esencial –el carácter limitado del poder– no se producen notables discrepancias.

Conviene señalar, no obstante, que la interpretación que aquí se ha hecho del pensamiento de Saavedra no es compartida por todos los autores que, de uno u otro modo, se han ocupado de esta figura. Creemos que esta diversidad de interpretaciones es inevitable y sucede en la mayoría de las ocasiones. Pero parece oportuno advertir al lector que en las obras de Saavedra se ha visto desde el amante de la libertad y la democracia –ésta es la interpretación nuestra– hasta el más firme defensor del Estado absoluto.

A lo largo de estas páginas hemos tratado de ofrecer de un modo resumido los aspectos más destacados del pensamiento de Saavedra. Ha llegado el momento de las conclusiones y, por tanto, el momento de hacer una valoración de conjunto que permita señalar los aciertos y errores que se hallan en la obra del escritor murciano. En primer lugar, debemos decir que los primeros superan con creces a los segundos. Su obra trata de armonizar diversas corrientes de pensamiento y, aunque no pueda ser presentado como un pensador original, ello no significa que sus ideas sean mera reproducción de las concepciones clásicas. Otro de los méritos innegables de Saavedra es su atinada visión de la realidad histórica, de la que se vale para extraer sus propias ideas. La descripción que realiza de los distintos problemas que estaban planteados en su tiempo pone de manifiesto sus excepcionales dotes de observación, pero hay que advertir que Saavedra no se limita a señalar lo que de hecho estaba sucediendo en la Europa del siglo XVII, sino que al mismo tiempo trata de ofrecer soluciones. A veces se ha dicho que Saavedra mostró un exagerado apego a la realidad, lo que sin duda alguna es cierto, pero no se puede olvidar que en dicha realidad no se agotaron todas sus ideas, ya que procuró siempre ofrecer criterios ideales que sirviesen para transformarla. Por todo ello, Saavedra puede ser considerado como uno de los pensadores políticos más importantes del siglo XVII español.

Bibliografía

a) Obras de Saavedra Fajardo

Obras completas de Diego Saavedra Fajardo, Madrid, Aguilar, 1946. Esta edición, a cargo de A. González Palencia, es la mejor de cuantas se han hecho.

Empresas políticas; la edición más completa es la de Q. Aldea Vaquero, Madrid, Editora Nacional, 1976 (2 vols.). En la misma se da información sobre todas las obras de Saavedra.

Por último, hay que señalar la reciente publicación de la correspondencia de Saavedra a cargo de Q. Aldea Vaquero, Madrid, Consejo Superior de Investigaciones Científicas, 1986.

b) Obras sobre la vida de Saavedra

La bibliografía a este respecto es muy amplia. Como más significativas cabría destacar las siguientes:

Conde de Roche y J. Pío Tejera, *Saavedra Fajardo, sus pensamientos, sus poesías, sus opúsculos,* Madrid, 1884.

Fraga Iribarne, M., *Don Diego Saavedra Fajardo y la diplomacia de su época,* Madrid, 1955, Academia Alfonso X el Sabio. Se hace un amplio estudio de la actividad diplomática de Saavedra aportando al mismo tiempo nuevos datos del máximo interés.

Quer de Boule, L., *La embajada de Saavedra Fajardo en Suiza,* Madrid, 1931 (imprenta de Ramona Velasco). Se hace un estudio de los cuatro viajes que hizo Saavedra a Suiza y de su actividad diplomática en estas tierras.

c) Obras sobre el pensamiento de Saavedra

También en este punto nos encontramos con una amplísima bibliografía. A mi juicio las más significativas son:

Dowling, J. C., *El pensamiento político-filosófico de Saavedra Fajardo. Posturas del siglo XVII ante la decadencia y la conservación de las monarquías*, Murcia, Academia Alfonso X el Sabio, 1957.

Joucla-Ruau, A., *Le tacitisme de Saavedra Fajardo*, París, 1977, Collection thèses, memoires et travaux. Estudia sobre todo la influencia de Tácito en el pensamiento de Saavedra.

Mulack, K. H., *Phänomene des politischen Menschen im 17. Jahrhundert. Propädeutische Studien zum Werk Lohensteins unter besonderer Berücksichtigung Diego Saavedra Fajardos und Baltasar Gracián*, Berlín, Erich Schmidt Verlag, 1973.

Murillo Ferrol, F., *Saavedra Fajardo y la política del Barroco*, Madrid, Instituto de Estudios Políticos, 1957. Se analiza fundamentalmente el pensamiento político de Saavedra.

Segura Ortega, M., *La filosofía jurídica y política en las «Empresas» de Saavedra Fajardo*, Madrid, Academia Alfonso X el Sabio, 1984. Esta obra se dedica a una de las parcelas que todavía no se habían estudiado: la filosofía jurídica de Saavedra.

Una información muy completa sobre todo lo que se ha escrito de Saavedra hasta el año 1977 puede verse en la obra de F. J. Díez de Revenga, *Saavedra Fajardo*, Murcia, Academia Alfonso X el Sabio, 1977.

d) Obras sobre el pensamiento español de los siglos XVI y XVII

En este apartado sólo podemos hacer referencia a obras de carácter muy general.

Cánovas del Castillo, A., «De las ideas políticas de los españoles durante la casa de Austria», *Revista de España*, núm. 16, tomo IV, 1868; y segunda parte en el núm. 21, t. VI de este mismo año.

Dempf, A., *La filosofía cristiana del Estado en España*, trad. J. M.ª Rodríguez Paniagua, Madrid, Rialp, 1961.

Fernández de la Mora, G., «Maquiavelo visto por los tratadistas políticos españoles de la Contrarreforma», *Arbor*, XIII, 1949.

Galino Carrillo, M.ª A., *Los tratados sobre educación de príncipes (siglos XVI y XVII)*, Madrid, Consejo Superior de Investigaciones Científicas, 1948.

Legaz Lacambra, L., «Breve reseña histórica de las doctrinas políticas en España», Madrid, ed. Revista de Derecho Privado, 1941 (como apéndice a la *Historia de las doctrinas políticas* de G. Mosca).

Maravall, J. A., *Teoría española del Estado en el siglo XVII*, Madrid, Instituto de Estudios Políticos, 1944.

Maravall, J. A., *Estudios de historia del pensamiento español (siglo XVII)*, Madrid, Cultura Hispánica, 1975.

Meinecke, F., *La idea de la razón de Estado en la edad moderna*, trad. de F. González Vicén; prólogo de L. Díez del Corral, Madrid, Centro de Estudios Constitucionales (reimp.), 1983.

Del Río, A., *Moralistas castellanos*, Barcelona, Clásicos Éxito (vol. XXV), 1960.

Tierno Galván, A., «El tacitismo en las doctrinas políticas del Siglo de Oro español», *Anales de la Universidad de Murcia*, 4.º trimestre, 1947-1948.

Capítulo 8

Conquista y justicia: España y las Indias *

Juan Gil

Un viejo anhelo peninsular, sentido insistentemente a lo largo de la Baja Edad Media, se cumplió en 1519, cuando se alcanzó por fin el soñado Imperio, que pronosticaban a España viejas profecías de origen judío. Pero este Imperio, fundamentado ahora en el derecho tradicional europeo, recibía además nueva justificación gracias a la expansión ultramarina, que hacía tiempo que se vertía impetuosa por esos inmensos territorios conocidos con el nombre de Indias. El pensamiento político de los españoles durante este Siglo de Oro afronta, ante todo, los problemas que se derivan de una nueva situación colonial, creadora de tensiones insospechadas.

La legitimidad de la conquista fue resuelta de inmediato por los Reyes Católicos merced a una hábil gestión diplomática ante el papa Borja, Alejandro VI, pues las bulas pontificias de 1493 procedieron a conceder a España, «por la autoridad de Dios omnipotente... y del vicariato de Jesucristo»,

---

* Mi amigo y colega el profesor P. Castañeda ha leído el original de este artículo, haciéndome valiosas sugerencias. Quede constancia de mi agradecimiento.

todas las tierras descubiertas y por descubrir a Occidente y Mediodía hacia la India, trazando una línea de Norte a Sur que pasaba a cien leguas de las islas de las Azores, encomendando a los monarcas su evangelización. Después las dos potencias coloniales del momento, España y Portugal, llegaron a un mutuo entendimiento en el tratado de Tordesillas (1494), haciendo el primer reparto colonial del globo terráqueo. Pero el señorío de los gigantescos territorios del Nuevo Mundo provocó, andando el tiempo, no menos gigantescos quebraderos de cabeza a los españoles que, dueños de inesperadas riquezas y responsables de la educación cristiana de los nuevos súbditos de la Corona, tuvieron que rendir cuentas de su actuación gracias al esfuerzo denodado de un puñado de compatriotas que aspiraron a poner orden y justicia en aquel desbordamiento vital. La historia de esta experiencia insólita es conocida [1]; procedo, pues, a su tratamiento por partes.

1. La esclavitud de los indios

La expansión atlántica había puesto en contacto a españoles y portugueses con otras culturas y otras religiones, como las de los negros y canarios. A Indias se trasladó el rasero con que los navegantes y conquistadores de entonces midieron la condición natural de los pueblos que encontraban.

---

1. La bibliografía es innumerable. Baste remitir aquí a V. Carro, *La teología y los teólogos-juristas españoles ante la conquista de América*, Madrid, 1944; L. Hanke, *La lucha española por la justicia en la conquista de América*, Madrid, 1967; J. Manzano, *La incorporación de las Indias a la Corona de Castilla*, Madrid, 1948; J. Höffner, *La ética colonial española del Siglo de Oro*, Madrid, 1957; P. Borges, *Métodos misionales en la cristianización de América. Siglo XVI*, Madrid, 1960; *Acta del I Simposio sobre la Ética en la conquista de América (1492- 1573)*, Salamanca, 1984. Doy en lo sucesivo las referencias imprescindibles, esforzándome sólo en citar de primera mano los autores estudiados.

Las hiperbólicas descripciones del primer almirante no nos deben engañar sobre el juicio altamente negativo que los habitantes de las islas merecieron a sus contemporáneos, reflejados en A. Bernal[2]: los indios, para ellos, eran «bestiales» y vivían «bestialmente», como era de esperar en quienes adoraban al demonio. Los españoles, en efecto, no sintieron entonces graves dudas ni vacilaciones a la hora de calificarlos, pues su pensar unánime lo acertó a enunciar a la perfección Sepúlveda en su *Apología*: «Si alguien duda de que perecen con muerte eterna los que andan errantes fuera de la religión cristiana, no es cristiano»[3]. El trato que correspondía a tales hombres es fácil de imaginar; había, eso sí, que convertirlos al cristianismo por el encargo papal, pero cristiano podía ser muy bien un siervo, y nadie se hacía cruces de ello.

Tampoco eran más tiernas ni mucho menos las entrañas del almirante viejo. En febrero de 1495 Colón se vio obligado a enviar a España alguna mercancía en compensación de las riquezas y tesoros que había prometido y que no aparecían. Fue entonces cuando por primera vez se procedió a una cacería de esclavos en toda regla; M. de Cúneo nos ha relatado la escalofriante escena sin perdonar pormenores macabros[4]. El primer almirante, hombre pragmático cuando quería, no abrigó nunca duda ninguna sobre el destino que había que dar a los taínos, ni entonces ni después: en 1498, cuando despachó de Santo Domingo las cinco carabelas, pensaba vender 4.000 esclavos de las islas, que como poco valdrían veinte millones, y se refocilaba de que

---

2. *Memorias del reinado de los Reyes Católicos*, 122, ed. de Gómez Moreno-Carriazo, p. 306: «Los indios, allende de ser gente bestial, son perezosos e malos trabajadores».
3. Al proclamar el cuarto título de justa guerra (edición fotográfica sin foliar de A. Losada, Madrid, 1975).
4. Editado en J. Gil y C. Varela, *Cartas de particulares a Colón y relaciones coetáneas*, Madrid, Alianza Editorial, 1984, p. 257.

agora los maestres y marineros de los cinco navíos avrán de dezir van todos ricos y con intinción de bolver luego y levar los esclavos a mili e quingentos mrs. la pieça[5].

En España, acostumbrada a la esclavitud de los cautivos «en buena guerra», como moros, negros y canarios, esta política levantó sin embargo fuertes escrúpulos. Bien es verdad que de las islas Canarias se había sacado buen número de esclavos, todos los que se había podido; pero el tiempo no pasa en balde, soplaban los vientos del humanismo cristiano y las conciencias se habían sensibilizado sobre la suerte de unos hombres que podían ser posibles vasallos de la Corona. Ya en 1495, la arribada de las carabelas cargadas de taínos despertó serias dudas sobre la licitud de tal proceder. La cuestión, sometida al juicio de teólogos y canonistas, parece que en 1500 había sido dilucidada por completo. Cisneros, aprovechando la partida de Bobadilla, consiguió que todos los esclavos indios que se encontraran en Sevilla y su comarca fueran puestos en libertad y devueltos a su patria[6]. De paso, su hombre de confianza, fray Francisco Ruiz, había de poner término en Indias a una situación intolerable, que otro de los misioneros franciscanos, Trasierra, no vaciló en comparar a la tiranía del Faraón[7], Se propuso entonces a los Reyes Católicos que no consintieran pasar a La Española a «ginoveses, porque la robarán e destruirán»[8], echando la culpa del saqueo a la piña genovesa que regía la colonia; después les tocará el turno de ser acusados de la «destrucción» a los españoles. La decidida intervención de Cisneros en 1500,

---

5. Cristóbal Colón, *Textos y documentos completos,* ed. de C. Varela, Madrid, Alianza Editorial, 1984, doc. XXVII, pp. 243-244.
6. Publiqué la relación y sus nombres en «Los franciscanos y Colón», *Actas del I congreso internacional sobre los franciscanos en el Nuevo Mundo,* Madrid, 1987, p. 94, nota 47.
7. J. Gil y C. Varela, *Cartas de particulares,* cit., p. 288.
8. *Id.*, XXIX, p. 289.

además de ser la primera proclamación de los derechos de los indios, entregada al olvido con excesiva rapidez, marca al mismo tiempo la pauta de lo que va a ser la base doctrinal de la conquista, que más que en razonamientos jurídicos se apoya en argumentos teológicos y canónicos.

No reinaba en la corte tanta certidumbre sobre la ilegalidad de la esclavitud, cuya conveniencia ponían una y otra vez de manifiesto los colonos, faltos de mano de obra para la recogida de oro y su fundición, y aun para las faenas agrícolas que habían de dejar paso, con el tiempo, a las tareas propias del ingenio azucarero. Incluso se dieron al respecto provisiones contradictorias: mientras en 1501 se puso en libertad a los indios capturados por Cristóbal Colón en la Costa de las Perlas, en 1503, sin embargo, la reina ordenó que se vendieran los hombres traídos por Vélez de Mendoza en otra correría, que a la sazón se llamaba, de manera muy ilustrativa sobre los sentimientos del conquistador en potencia, «cabalgada»: el término empleado otrora para designar las incursiones realizadas contra las tierras del reino de Granada [9]. También en 1593 los juristas cortesanos, para lavar la cara a la esclavitud, inventaron un procedimiento legal ingenioso y fructífero, tan fructífero que se mantuvo en uso largo tiempo: hacer en primer lugar la distinción entre indios de paz e indios de guerra –estos últimos, en consecuencia. susceptibles de ser reducidos a siervos–, y proceder después a la demarcación de sus provincias respectivas; como caribes fueron señaladas en 1503 San Bernardo, isla Fuerte, Barú y el puerto de Cartagena. Igual artimaña se siguió en 1511, a raíz de la muerte de Sotomayor a manos de los indios de la isla de San Juan, e idéntica comisión le fue encargada al licenciado Figueroa, cuando en 1517 fue nombrado juez de residencia de A. de Zuazo.

---

9. Reuní las referencias pertinentes en «Marinos y mercaderes en Indias», *Anuario de estudios americanos*, XLII (1985), 433, 385 y 438.

Mientras, se había operado un cambio y no pequeño en la sociedad de La Española: la primera generación de colonos estaba ya en trance de desaparecer, y a los recién venidos no les resultaba fácil de comprender usos y costumbres que la ley de la conquista había impuesto en el primer momento. Fácil era indignarse y censurar; más arduo resultaba encontrar un remedio para arreglar los desbarajustes acusados por Colón y sus hombres. La misma irritada sorpresa embargó a los dominicos cuando en 1510, dieciséis años después que los franciscanos, plantaron pie por primera vez en Santo Domingo [10]. Ante el poco cristiano espectáculo que se ofrecía ante su vista, los predicadores fulminaron un anatema general, condena injusta por cuanto comprendía, de manera tácita, a los primeros frailes que habían intentado poner algún orden en el caos y habían fundado, ya en 1503, escuelas para hijos de caciques [11]. Así fue como en 1511 cundió el estupor cuando se alzó tonante la voz de Antonio Montesino para denunciar las injusticias, crímenes e iniquidades perpetradas por los españoles, con todo derecho, pero postergando la labor de los franciscanos, que en 1500 habían intentado también ellos hacer su revolución favorable al indígena bajo la tutela –eso sí– de los cristianos. En honor de la verdad hay que reconocer que a la Orden dominica, si le fue negado el éxito de los franciscanos en la predicación evangélica, no le faltó en cambio tenacidad increíble para defender desde el púlpito o en la corte los derechos de los indios. Las palabras de Montesino en su sermón, y eso que entonces, como recién llegado, no sabía de la misa la media, no fueron lo que se dice suaves:

10. Idealiza su llegada Las Casas, *Historia de las Indias,* II, 54 *(BAE, 96,* pp. 133 y ss.); III, 3 y ss. (pp. 174 y ss.).
11. Traté la cuestión de la primera educación en Santo Domingo en «El libro greco-latino y su influjo en Indias», *Homenaje a Enrique Segura Covarsí, Bernardo Muñoz Sánchez y Ricardo Puente Broncano,* Badajoz, 1986, pp. 70 y ss. y 108 y ss.

Decid, ¿con qué derecho y con qué justicia tenéis en tan cruel y horrible servidumbre aquestos indios? ¿Con qué auctoridad habéis hecho tan detestables guerras a estas gentes que estaban en sus tierras mansas y pacíficas, donde tan infinitas d'ellas con muerte y estragos nunca oídos habéis consumido? [12].

Este tono «colérico» –el mismo que había de emplear Las Casas– hirió los sentimientos de los pobladores y aun de los padres de san Francisco, que enviaron a presencia del rey a fray Alonso del Espinar, mientras que los dominicos se defendían gracias al propio Montesino. Los escrúpulos sentidos por el monarca ante esta nueva situación lo movieron a convocar una junta de teólogos y juristas, los cuales, reunidos en 1512 en Burgos, decretaron que los indios eran libres; que habían de ser instruidos en la religión cristiana; que se les podía imponer trabajo, siempre que ese trabajo no fuera impedimento a la instrucción de la fe y no les resultara intolerable; que debían tener casas propias y que se había de procurar tuviesen en todo momento comunicación y trato con los españoles. Firmaron tal parecer el obispo de Palencia, Juan de Fonseca, los maestros dominicos Tomás Durán, Pedro de Covarrubias y Matías de Paz, el doctor Palacios Rubios y los licenciados Santiago, Sosa y Gregorio [13].

A juicio de Las Casas, y no le faltaba cierta razón, los letrados y teólogos convocados cometieron el error de opinar sobre materia para ellos desconocida, por muchos y detallados que fueran los informes recibidos. Más culpa tuvieron por otro motivo, y es que parece evidente que nunca depositaron grandes esperanzas en la condición del indio, quizá a causa de esos mismos informes, entre ellos, muy probable-

---

12. Las Casas, *Historia de las Indias*, III, 4 *(BAE*, 96, p. 176 b). Se muestra crítico en exceso A. García en su excelente aportación a las *Actas del I Simposio sobre la ética de la conquista de América*, pp. 77 y ss.
13. La reproduce Las Casas, *Historia de las Indias*, III, 8 *(BAE*, 96, p. 187).

mente, el de Francisco Ruiz, uno de los franciscanos que habían pasado a Indias en 1500, y que aseguraba que los naturales «han menester, así como un caballo o bestia, ser regidos y gobernados por cristianos» [14]. A esta opinión se acostaba un dominico, fray Bernardo de Mesa, a cuyo juicio «los indios no se pueden llamar siervos, aunque para su bien hayan de ser regidos con alguna manera de servidumbre» [15]. Por su parte, el licenciado Gregorio, basándose en la sentencia de Santo Tomás de que «hasta que el pueblo no conozca el beneficio del buen gobierno, conviene ejercer la tiranía, pues también ésta es un instrumento de la justicia divina», tampoco tenía reparo en concluir que los nuevos súbditos, «por la malicia y barbárica disposición del pueblo, se pueden y deben gobernar como siervos» [16].

Aquí asoma por primera vez la creencia en la posible esclavitud natural de los indios, que iba a desarrollar después con gran erudición Sepúlveda. No es de extrañar que aflorasen estas ideas, pues una corriente de pensamiento, que remonta en última instancia a Aristóteles [17], había justificado la conquista so pretexto de que había pueblos bestiales incapaces de regirse a sí mismos y, por ende, necesitados de amo; a tal efecto se distinguía entre una esclavitud natural y otra legal, causada esta última por la guerra y la venta, y se afirmaba que la esclavitud natural era benéfica por cuanto redundaba en provecho del esclavo sometido a la tutela del hombre más sabio y más conocedor, en definitiva, de las propias necesidades del tutelado. No otra había sido la coartada con que se había arropado el Imperio de Roma, destinada a «imponer las costumbres de la paz» a un inhumano gentío sin ley, como auguraba Virgilio y teorizaba Cicerón.

14. Ortega, *La Rábida, Historia documental crítica*, II, p. 306.
15. Cf. Las Casas, *Historia de las Indias*, III, 9 (*BAE*, 96, p. 189 b).
16. Recogió su memorial Las Casas, *Historia de las Indias*, III, 12 (*BAE*, 96, p. 198).
17. *Política*, I, 3.

Por esta razón, en las leyes de Burgos, que sancionan el famoso repartimento [18], llevado a cabo en La Española en 1514 por Rodrigo de Alburquerque, se deja el cuidado del indio a los paternales desvelos de los españoles, que los han de industriar. Es que el indio, en el mejor de los casos, viene a ser considerado como un menor que necesita tutela y se dan por sentados su «ociosidad e malos vicios», como se anuncia en el prólogo de las mismas; y no bien tornan a reunirse los juristas para suavizar el trabajo impuesto a los naturales en las leyes, cuando aflora de nuevo la idea de que, durante los tres meses de holganza y para evitar la ociosidad dañina, éstos habían de ser compelidos a servir en sus haciendas o en las de otros a sueldo, mientras no supiesen «por sí... regirse» [19]. Poco después, y también basándose en la incapacidad del indio, defendió el repartimiento el bachiller Tobilla [20].

Entra ahora en escena una figura excepcional, la del sevillano amigo de la familia Colón, Bartolomé de las Casas (1484-1566) [21], que dedicó la mayor parte de su vida a la defensa del indio, tarea en la que desplegó pasmosa e incalculable energía. Encomendero en Indias, sacerdote (1507) y por fin fraile dominico (1522), es un hombre Las Casas ante el que por fuerza hay que tomar partido, porque su obra no causa indiferencia, sino que suele despertar odios furibundos o amores enloquecidos. El tono, más que la doctrina de Las Casas, puede irritar en ocasiones por su apasionamiento, como irritó de hecho a otro apacible fraile, Motolinía,

---

18. Sobre este tema, amplísimo, me remito a los estudios de S. Zavala (cf., en especial, *La encomienda indiana*, Madrid, 1935).
19. Cf. Las Casas, *Historia de las Indias*, III, 17 *(BAE*, 96 p. 214 a).
20. Cf. Las Casas, *Historia de las Indias*, III; 108 *(BAE*, 96, pp. 431 y ss.)
21. También la bibliografía lascasiana es interminable. Son fundamentales los dos tomos de la obra incompleta de M. Giménez Fernández sobre *Bartolomé de las Casas*, Sevilla, 1953 y 1960. Una útil y ponderada visión de conjunto ofrece J. Pérez de Tudela en su introducción a las *Obras escogidas* del dominico *(BAE*, 95, pp. IX-CLXXXVIII).

franciscano como es natural; y no puede, sino que es evidente que en su famosa *Brevíssima relación de la destruyción de las Indias* han bebido a placer todos los propaladores de la leyenda negra. Así y todo, y aun admitiendo su ocasional parcialidad y la utilización política de que fue objeto póstumamente, dura hasta nuestros días el influjo benéfico de Las Casas, cuya gallarda valentía y su firmeza clarividente resulta admirable incluso hoy, cuando parece haber terminado ya, al parecer con más pena que gloria, la era colonial *stricto sensu* y cuando por todas las partes del mundo se ha visto pasear al hombre blanco llevando su cultura, sí, pero también el saqueo y la destrucción a sus semejantes: que en las islas Hawai la población indígena descendió de 300.000 habitantes en tiempo de Coock, a 40.000 a finales del siglo pasado [22], y en este caso no precisamente por la barbarie española. En efecto, si la colonización blanca ha tenido por doquier consecuencias parejas, no semeja que sus deletéreos efectos hayan provocado una denuncia tan frontal como la que Las Casas presentó al rey de España; grandísima gloria del dominico y grandísimo mérito de la sociedad española de entonces, que no quiso acallar una voz disidente como hizo Roma con Carnéades, antes bien, le dio mayor resonancia al crear para fray Bartolomé, ya en 1516, el honroso cargo de *protector de indios* con un salario de 100 pesos de oro anuales, «que entonces no era poco»[23], y al promoverlo después a la dignidad episcopal.

En 1515 el clérigo Casas, espantado de los malos tratos que daban los españoles a los naturales de Cuba, y convencido de que «maldad tan tiránica... no podía extirparse sino

---

22. Tomo el dato de F. H. H. Guillemard, *Australasia. II. Malaysia and the Pacific Archipielagoes*, Londres, 1984, p. 538. Merecen leerse los párrafos siguientes, dedicados a analizar la causa de la despoblación de las islas.
23. Así dice el propio Las Casas, *Historia de las Indias,* III, 90 *(BAE, 96,* p. 387 b).

dando noticia al rey»[24], decidió marchar a España para poner en conocimiento de Fernando el Católico la funesta perdición de sus remotos dominios; y muerto a poco el monarca, no paró hasta presentarse portador de las mismas quejas ante Cisneros. Oyó sus razones preocupado el cardenal y pensó que había que poner decidido remedio, pues según escribió uno de sus secretarios, el licenciado Baracaldo, el 31 de octubre de 1516, «en lo de las Indias... andava el mayor robo y la mayor maldad que nunca fue»[25], en frase que tiene realmente ecos muy lascasianos. Por otra parte, como con la prédica de Montesino se había consumado un pequeño cisma, nunca confesado, entre las dos órdenes, de franciscanos y de dominicos, Cisneros intentó salvar ese foso poniendo en 1516, al frente de La Española, a los tres jerónimos: otra vez se encomendaba la gobernación a religiosos, igual que de hecho había sucedido en 1500, así que la república, como en la mejor de las utopías, quedaba en manos de personas sabias y virtuosas, interpretación muy española de Platón, que luego hicieron suya los jesuitas en sus reducciones del Paraguay; y huelga decir que también Las Casas en sus fallidos intentos colonizadores.

Ni las maneras y procedimientos de los jerónimos ni las del juez de residencia, el licenciado Zuazo, satisficieron a Las Casas, que de nuevo regresó a España en 1517. Reinaba entonces en España un adolescente, Carlos I, que nunca supo comprender bien la política de las Indias, que por mucho

---

24. *Historia de las Indias*, III, 80 *(BAE, 96, p. 358 b)*.
25. *Cartas de los secretarios del cardenal D. Fr. Francisco Jiménez de Cisneros,* publicadas por D. Vicente de la Fuente, Madrid, p. 56. La ilusionada confianza que se depositó en la gestión de los jerónimos y del licenciado Zuazo queda atestiguada en el Memorial de la consulta que hizo el señor liçençiado Polanco en Madrid a xxviiiª de febrero de jU dxvii (A. G. I., Indiferente general 855): «Lo que suplica el almirante de las Yndias sobre el repartimiento de los indios, que se espere asta que escrivan los frailes y el licenciado que fueron a las Yndias».

tiempo fueron para él las tierras que le suministraban el oro y la plata con que pagaba sus empresas europeas; en su nombre gobernaba un puñado de flamencos, en su mayor parte dispuestos a enriquecerse con los españoles, a quienes ellos llamaban irónicamente «sus indios», cáfila depredadora con quien Las Casas hizo de manera incomprensible muy buenas migas. En 1519, por las mismas fechas en que el clérigo aturdía y embobaba a los flamencos con su vehemencia iluminada, para grandes tártagos del obispo Fonseca y los demás miembros del Consejo, se encontraba asimismo en la corte el primer obispo de Castilla del Oro, el franciscano Juan de Quevedo, gran predicador, que también él venía a quejarse de la situación de las Indias y del mal gobierno de Pedrarias. A Las Casas no le acabó de caer bien el obispo Quevedo, con quien sostuvo una agria polémica, como era hasta cierto punto previsible, pues los franciscanos no eran frailes de su devoción. Venció, pues, en el debate el clérigo, según nos cuenta él mismo. No obstante, hay que confesar que, a juzgar por las aseveraciones de fray Juan que reproduce Las Casas, Quevedo declaraba injusta la guerra inferida a los indios, daba por nula la servidumbre de los cautivados en tal guerra y, por fin, en el caballo de batalla, el punto negro de la esclavitud natural, se expresaba así en su latín escolástico que intento reproducir como puedo:

Y que no sean siervos por naturaleza se prueba porque, para que alguien sea amo por naturaleza o esclavo por naturaleza, se requieren tres cosas: primero, que el amo supere al esclavo en entendimiento y razón y que el siervo esté absolutamente falto y carezca de estas cosas, a saber, entendimiento y razón; segundo, que el amo sea de tanta utilidad al siervo como el siervo al amo; tercero, que el siervo por naturaleza no sea obligado a servir al amo por naturaleza por uno cualquiera sin distinción, sino sólo por el príncipe o por una persona pública... Por tanto, si se requieren estas tres cosas para el señorío y la servidumbre natural, está clarísimo que los así capturados en una guerra injusta, que ha sido declarada sin la autoridad del príncipe, no pueden ser hechos siervos legales, antes bien, los que los capturan merecen antes el nombre de bandidos y opresores que el de amos; que por la misma causa no pueden ser siervos por naturaleza, ya que se requiere la autoridad del príncipe que determine y constituya que aquellos que son amos por aptitud, sean amos de hecho, y que los que son siervos por aptitud obedezcan y sirvan. Por ende los tales opresores se ven justamente privados de disponer, como de algo poseído, de los que tomaron y oprimieron por la fuerza, pues ello es tener un siervo legal, que en romance llaman *esclavo;* se ven privados asimismo de que los mismos vencidos y sojuzgados sean dados y encomendados a los mismos tiranos e invasores, pues ello es tener un siervo natural, que en vulgar se llama *naboría;* pues es injusto que sea constituido amo por naturaleza un hombre que sólo busca su utilidad y no la del siervo [26].

Por cuanto alcanzamos a ver en esta larga tirada, Quevedo rechazaba la servidumbre indiana tal como se ejercía en el Darién, si bien teóricamente aceptaba la esclavitud natural en determinados casos, que incluían el de los indios según Las Casas, que vio entero el tratado, aunque es lástima que no haya transcrito el párrafo en cuestión: es probable que se refiriese al tercer requisito no tocado en el texto, la incapacidad de los indios de regirse por sí mismos. El carácter fuerte de los dos antagonistas explica, quizá, que se produjera este choque tan brutal entre dos hombres que no andaban muy dispares en sus opiniones y que en definitiva colgaron los mismos calificativos a los conquistadores: «tiranos» y «opresores».

Tampoco mejoró la situación de Indias con el juez de residencia de Zuazo, el licenciado Figueroa, que en 1519 realizó una información en Santo Domingo sobre la condición del indio de Tierra Firme; y preciso es reconocer que alguna vez se atasca en sus contestaciones hasta el propio fray Pedro de Córdoba, el viceprovincial de la orden dominica, sin que

---

26. *Historia de las Indias,* III, 50 *(BAE,* p. 538 a). De Quevedo se empieza a hablar en III, 57 (p. 530).

por el contrario tengan pelos en la lengua los maestres y pilotos curtidos en las correrías esclavistas, que se expresan con brutal dureza sobre las escasas prendas morales e intelectuales que adornaban a aquellos pobres diablos, al parecer nacidos para la servidumbre[27].

En 1524 se volvió a debatir en el seno del Consejo, según nos cuenta Pedro Mártir de Anglería[28], el mismo acuciante problema, surgiendo de nuevo grandísimas dudas sobre si los indios habían de ser libres y sobre si no se les había de exigir trabajo alguno contra su voluntad o sin remuneración. En contra se argumentó que los indios nunca habían maquinado la muerte de los cristianos sin poner en obra su pensamiento; que la libertad, cuando se había probado si les era de provecho, había sido causa de su perdición, pues andaban vagos y holgazanes y volvían a sus ritos repugnantes; por último, la tragedia de la misión dominica de Chiribichi, en Tierra Firme, enconaba los ánimos. Además, el dominico Tomás Ortiz pregonaba ante el Consejo, presidido entonces por el confesor real García de Loaysa, las razones por las que los indios no merecían la libertad (entre otras, canibalismo, sodomía, inmoralidad, embriaguez), pues «nunca crió Dios tan cozida gente en vicios y bestialidades, sin mistura alguna de bondad o policía». Con estos energúmenos andando por la corte española, se comprende que el papa Paulo III creyese oportuno, en 1537, promulgar un breve declarando a los indios libres y capaces de sacramento; pero ésta en realidad era la postura preponderante, pues muy pocos, como Ortiz, se atrevían a defender la tesis contraria por escrito. Así y todo, el hecho era que Carlos I, siguiendo una

---

27. Hace un resumen de las opiniones, dando útiles extractos, Giménez Fernández, *Fray Bartolomé de las Casas,* II, Sevilla, 1960, pp. 1030 y ss.
28. *Decades de orbe nouo,* Compluti, 1530, VII, 4, f. 94v-95r. Se trata de un largo inciso intercalado en medio de una catilinaria contra los conquistadores.

política zigzagueante conforme le llegaban los informes de unos o de otros, restableció en 1534 la esclavitud, prohibida en 1530, de los indios cautivados en justa guerra, provocando la protesta de Vasco de Quiroga[29], un hombre entero que, sin embargo, tampoco tenía las ideas muy claras sobre la licitud de la conquista como vía de evangelización.

Las Leyes Nuevas de 1542 vinieron a atajar los antiguos abusos, poco menos que aboliendo el sistema de encomiendas y propiciando una política más humana con los naturales, cuya esclavitud quedaba prohibida incluso en caso de rebelión. Pero entonces se empezaron a escuchar por doquier las airadas quejas de los encomenderos, encolerizados por lo que consideraban un espolio. En Perú la tensa situación desembocó en una guerra civil, que hizo más difícil en el futuro la defensa de la conquista a los religiosos, creando además expectativas políticas insospechadas[30]. En la Nueva España los ánimos se crisparon, y los procuradores Alonso de Barrionuevo y Gregorio López elevaron una serie de memoriales a la corte, pidiendo el repartimiento perpetuo de los indios, tanto de los encomendados a los españoles como los que estaban en cabeza del rey. Hacían ver, en efecto, que eran ellos, los conquistadores, los que habían ganado la tierra a su costa y con su sangre; que les era debida «remuneración perpetua, pues lo que ganaron es perpetuo»; que no sólo todos los que habían gobernado habían repartido la tierra, sino que hasta el mismo rey les había dado a sus hijos y mujeres sucesión en los repartimientos por dos vidas; y exponían contritos cómo, «confiados con esta merçed y esperança perpetua, muchos se casaron y llevaron mugeres

---

29. En su un tanto enmarañada *Información en derecho* (cf. la edición e introducción de P. Castañeda, *Don Vasco de Quiroga y su «Información en Derecho»*, Madrid, 1974).
30. Cf. la aguda panorámica de G. Lohmann en *Actas del I Simposio sobre la ética en la conquista*, pp. 475 y ss.

d'estos reinos»[31]. Cuando ya peinaban canas, ¿tendrían que salir de sus tierras, de sus hogares, en busca de otra conquista con que sustentarse, viviendo siempre, hasta en la vejez, con la espada en la mano? Era la otra cara de la moneda, que acabó por imponerse; y es de observar que este recurso, la angelical excusa de evitar daños a terceros, se emplea todavía hoy para prolongar a placer un dominio colonial.

Si los religiosos culpaban a los encomenderos de trágicos abusos, los seglares, a su vez, no se recataban de denunciar los procedimientos a los que recurrían los misioneros. El 13 de abril de 1579 un vecino de Valladolid del Yucatán, Diego de Contreras, además de advertir los efectos perniciosos de la granjería del añil para la población, escribió entre otras muchas cosas la siguiente crítica de la orden seráfica, en parte justificada:

E entendido y sabido de los conquistadores antiguos que esta tierra hera de mucha cantidad de indios, y al presente no ay la tercia parte de indios, porque los más se an muerto y la tierra y pueblos d'esta governación a benido en mucha diminuçión; y los indios viejos me an dicho e çertifficado que la cabsa prinçipal por que an venido en tanta diminuçión a sido porque dizen que los frailes de la Orden de San Françisco, de que ay monasterios en esta provincia, los sacaban de sus asientos viejos y poblaciones antiguas que tenían, adonde bibían a su contento, y los an pasado e mudado en otros asientos, no a su contento, y de tenples differentes a sus complisiones; y que an hecho los dichos religiosos muchos edifficios e monesterios en los pueblos d'ellos y cabeseras, que son más fortalezas para deffenderse en ellas seis mill españoles que otra cosa, porque en cada monesterio no residen más de dos o tres frailes[32].

He aquí el terrible drama de las reducciones denunciado ya por Las Casas, pero de difícil, por no decir imposible so-

---

31. Los memoriales de los procuradores se encuentran inopinadamente en A. G. I., Indiferente general 1530.
32. A. G. I., Indiferente general 1530, *Relaciones de Yucatán,* f. 103v.

lución. ¿Cómo conjugar evangelización y medios humanos? ¿Cómo acoplarse unos y otros a costumbres tan diversas, cómo conjugar dos culturas disparejas, cómo evitar que los más débiles pierdan su identidad?

2. La licitud de la conquista

El debate de Burgos de 1512 provocó algo más que una nueva legislación: por primera vez se puso en entredicho de manera más o menos clara el derecho que asistía a los españoles a dominar las Indias, renovando una polémica muy antigua en el seno de la Iglesia, pues una larga ristra de teólogos, entre ellos el famoso cardenal de Ostia, consideraban que sólo al Papa correspondía el señorío del mundo por el vicariato de Cristo, señorío que, por si acaso, venía a refrendar la famosa donación de Constantino [33], una superchería altomedieval ya denunciada por L. Valla y que sin embargo era tomada todavía en serio por algunos frailes, como el dominico Matías de Paz. Para aliviar la conciencia de Fernando el Católico, letrados y teólogos (entre ellos el citado fray Matías) rivalizaron entonces en componer una serie de tratados de los que ahora nos interesa muy especialmente la obra del doctor Juan López de Palacios Rubios *Sobre las islas del mar Océano*. Este importante jurista († 1524), de estirpe de labriegos, como decía Galíndez de Carvajal, es decir, cristiano viejo, hombre de buenas entrañas pero demasiado amigo del poder para nadar contra corriente, redactó por las mismas fechas otro libro, *Sobre el derecho y la justicia de la conquista del reino de Navarra*, con idéntica intención y usando los mismos argumentos. En uno y otro caso se intenta dar cobertura legal a la intervención armada; pero mien-

---

33. Cf. sobre el particular el exhaustivo libro de P. Castañeda, *La teocracia pontifical y la conquista de América*, Vitoria, 1968.

tras el volumen defendiendo la anexión de Navarra conoció múltiples ediciones, la apología de la conquista de las Indias no ha sido publicada nunca en su idioma original –el latín– y aún se conserva por ironía del destino en una copia manuscrita de su contrincante y amigo el clérigo Casas [34]. La línea argumental, muy medieval en el fondo y en la forma, remoza las viejas teorías del cardenal de Ostia. Toda la potestad del mundo, espiritual y temporal, la tiene el Papa; luego los indios, que habrían podido defenderse legítimamente en un principio frente a una invasión extraña, están obligados, como poseedores en precario de la tierra por tácito permiso del Pontífice, a no oponer resistencia a los españoles una vez que les ha sido predicada la verdad cristiana, y enterados ya de que Alejandro VI ha hecho donación de las Indias a los Reyes Católicos. Por tanto, es justo hacerles la guerra si, después de requeridos, no aceptan el señorío de la Iglesia ni la predicación de los misioneros. De ahí que en 1514, cuando se despachó a Pedrarias Dávila al Darién, se le encomendó que no librase combate con los indios sin antes hacerles un requerimiento a recibir al Papa por señor y en su nombre a los reyes, cuyo texto fue escrito por Palacios Rubios, «cosa de reír o de llorar, por mejor decir, que creyesen los del Consejo del rey que estas gentes fuesen más obligadas a rescebir al rey por señor que por Dios y criador a Cristo» [35]. Las Ca-

---

34. Existe una traducción de A. Millares con excelente introducción de S. Zavala *(De las islas del mar Océano por Juan López de Palacios Rubios. Del dominio de los Reyes de España sobre los indios*, México-Buenos Aires, 1954). Publiqué las apostillas marginales de Las Casas en *Habis*, XIII (1982), 51 y ss.

35. Las Casas, *Historia de las Indias*, III, 58 *(BAE,* 96, p. 312 a), capítulo todo él consagrado a la crítica acerba del requerimiento; en III, 57, se da el texto. Cf., asimismo, en III, 63 (pp. 320 y ss.) el requerimiento hecho por Martín Fernández de Enciso, que, como es sabido, se presentó a sí mismo como predicando la justicia de la conquista en el convento de San Pablo de Valladolid en 1513 *(Colección de documentos inéditos relativos al descubrimiento de... América y Oceanía*, Madrid, 1864, I, pp. 441 y ss.).

sas, al copiar el volumen latino del doctor Palacios Rubios, fue sembrando el margen de apostillas expresando su abierta discrepancia con el texto: «falso», «herético», «absurdo» son adjetivos que salen espontáneamente de su pluma al censurar un tratado que defiende un imperialismo burdo en exceso. Mala cosa era, en efecto, montar toda la defensa de la conquista sobre la donación de Alejandro VI, pero por estos años tal argumentación estaba muy de moda; tanto, que en ella basó el fiscal real su alegato contra los herederos del almirante en los famosos pleitos colombinos, puesto que, si sólo al Papa competía el dominio del mundo, las capitulaciones de Santa Fe eran nulas de todo derecho por cuanto se inmiscuían en el señorío de la Iglesia. Y no parece casual que tanto los abogados de D. Diego Colón como Las Casas refutaran, también por las mismas fechas, la doctrina del cardenal ostiense.

Al peso aparente de la filosofía teocrática se sumaron otros argumentos también de antigua raigambre medieval, que justificaban la conquista. El más espacioso entre todos ellos, pues incidía en la brutalidad de los indios, fue esgrimido ya por el licenciado Gregorio:

Aunque el papa ni otro señor no pueden punir a los infieles por razón de la infidelidad..., pero a los que pecan pecados contra natura los puede punir porque resciban la ley natural. Y como la idolatría sea contra razón y ley natural, por razón de la idolatría pueden ser punidos [36].

Como se ve, llovía sobre mojado, y a la mancilla de la idolatría se unía, siempre según el licenciado Gregorio, la escasa capacidad natural de los indios, necesitados de la suave férula de los españoles: otro título más que ennoblecía la conquista, convirtiéndola en una necesaria empresa civilizadora.

36. Las Casas, *Historia de las Indias*, III, 12 (*BAE*, 96, p. 199 a).

Acertó a complicar y a aclarar al tiempo la discusión la Reforma luterana. En efecto, por un lado la autoridad del Papa, en la que se basaba la teocracia tradicional, venía a ser negada o puesta en fuerte entredicho; y por otro Lutero, seguido por Ecolampadio y Cornelio Agripa, propugnaba una doctrina muy estricta y rigurosa que parecía llevar a sus últimas conclusiones el irenismo erasmista, negando al cristiano no ya el derecho a la conquista, sino incluso la facultad de llevar la guerra al enemigo, el turco en aquel tiempo; pues el turco era el brazo del que se servía Dios para corregir al pueblo pecador, combatirlo equivalía a contradecir los designios del Señor [37]. Declarada esta proposición herética por León X en 1529 [38], al católico no le quedaba otro camino que el de admitir la legitimidad de la guerra, que todo lo más cabía restringir a algunos casos; no había, en consecuencia, posibilidad alguna de extremismos en este punto.

En el curso académico de 1538-1539, un dominico egregio, el padre Francisco de Vitoria (1492?-1546), comenzó a tratar públicamente en Salamanca el problema de la conquista en sus dos famosas selecciones *Sobre los indios recién descubiertos,* con una amplitud de miras, una claridad y una independencia realmente admirables. Tanto fue así que, muy pronto, el mismísimo Carlos I acabó recabando el consejo del fraile en los asuntos de Indias, como bien declara la cédula dada en Toledo el 31 de enero de 1539:

37. Comenta sarcástico el padre Vitoria: «En este punto no pudo engañar a los alemanes, dispuestos a la guerra, como en los demás dogmas suyos» *(De iure belli,* I, 1). Es curioso que, por lo general, los traductores no hayan captado el fuerte sentido del verbo imponerse, engañar, vertiendo «imponer su autoridad» (T. Urdanoz, *Obras de Vitoria,* p. 816), o «convencer» (L. Pereña en el *Corpus Hispanorum de pace,* vol. VI, p. 100). Cf., asimismo, J. Ginés de Sepúlveda. *Democrates secundus,* praef. p. 2, Losada; J. Roa Dávila, *De regnorum iustitia,* I, 6, 2 (pp. 30-31, Pereña).

38. H. Denzinger, *Enchiridion symbolorum et definitionum,* Würzburg, 1900, LXXX, 34, núm. 658.

Maestro fray Françisco de Vitoria, catedrático de prima en la Unibersidad de Salamanca. Sabed que fray Joan de Oseguera, de la Horden de Sant Agustín, por parte del obispo de México ha presentado en el nuestro Consejo de las Yndias çiertos capítulos y dubdas que en la Nueva España, qu'es en las nuestras Yndias del mar Oçéano, se han ofreçido açerca de la instruçión y conbersión de los naturales d'ella a nuestra santa fee; las cuales en él vistas, por ser como son cosas theologales, ha pareçido que conviene que sean vistas y examinadas por personas theólogos. Y yo, por la buena relaçión que de vuestra persona, letras y vida tengo, he acordado de os las mandar remitir para que, como zeloso del serviçio de Dios Nuestro Señor y nuestro, y como cosa que tanto inporta a nuestra santa fee cathólica y descargo de nuestra real conçiençia, las veáis y deis en ellas vuestro pareçer. Por ende yo vos ruego y encargo que veáis los dichos capítulos y dubdas que con ésta van y, platicados con los otros teólogos d'esa unibersidad que a vos os pareçiere, enbiéis ante nos al dicho nuestro Consejo vuestro pareçer sobre cada cosa d'ello firmado de vuestro nonbre y de las personas que eligierdes para ver y determinar lo susodicho: que demás del serviçio que en ello haréis a Nuestro Señor, yo seré d'ello muy servido. Y porque entre estos artículos puede ser que halléis algunas cosas que consistan más en gobernaçión que en letras, los que vos pareçiere que son d'esta calidad remitirlos eis a los del dicho nuestro Consejo, para que como más informados en lo que conviene a la buena governaçión de aquellas partes hordenen los que devamos mandar y proveer sobre ello. Y porque, como veis, esto es cosa que conviene que con brevedad se provea, he mandado al dicho fray Juan de Oseguera que vaya vos soliçitar, del cual os podréis informar particularmente de todo lo que quisierdes saber çerca d'ello [39].

Como se ve, la fama de la ciencia y agudeza del dominico había llegado no sólo a la corte, sino a la Nueva España, pues poco después, el 18 de abril, se cursó orden a Vitoria de que

---

39. A. G. I., Indiferente general 423, vol. XVIII, f. 210r. La reproduzco entera porque generalmente se suele citar otra carta: una vaga amonestación de Carlos I al prior de San Esteban porque algunos maestros religiosos hubieran tratado en sus repeticiones del derecho regio a las Indias (10 de noviembre de 1539).

escogiera a doce discípulos suyos, sacerdotes de buena vida y ejemplo, para que fueran a instruir y convertir a los naturales de México, también a petición del obispo franciscano Zumárraga [40]. Ahora se reclamaba de manera urgente la decisión del maestro en una serie de puntos, de importancia tan grande que Carlos I expidió otra cédula al prior del convento de San Esteban de Salamanca, urgiéndolo a relevar a Vitoria de todas sus demás ocupaciones [41]. El rey –y sin duda el Consejo de Indias– pensaba que, si algunas de las dudas planteadas por Zumárraga eran de orden teológico, y por ende escapaban a su conocimiento, otras, sin embargo, habían de ser de índole temporal, de suerte que en materia política le tocaba decidir al Consejo.

Frente a esta matizada postura regia, Vitoria, más radical, reclamó en cambio para los teólogos toda la competencia en esta cuestión, «ya que como aquellos bárbaros [los indios] no están sujetos por el derecho humano, sus asuntos han de ser examinados no por las leyes humanas, sino por las divinas, de las que los juristas no son suficientemente peritos» [42]. Tras discutir y corroborar el derecho de los indios a la posesión legítima de sus tierras, pasaba Vitoria en su primera relección a exponer los falsos títulos de conquista, demostrando la falsedad del dominio universal del Emperador y sobre todo del Papa, por lo que ante tan cerrada argumentación caían por su base el famoso requerimiento y las demás quimeras y falacias de Palacios Rubios. Al final venían los justos títulos, algunos de ellos expuestos no sin grandes dudas y escrúpulos; eran los siguientes:

I. La sociedad y la comunicación natural. Los españoles tienen derecho a tener comercio y a recibir hospedaje de los indios, por lo

---

40. A. G. I., Indiferente general 423, vol. XIX, f. 234v.
41. A. G. I., Indiferente general 423, vol. XVIII, f. 210v.
42. *Relectio de indis*, I, 3 (p. 649 de la edición de Urdanoz, *Obras de Francisco de Vitoria*, B. A. C., 1960).

que pueden recurrir a las armas si se les niega este derecho, siempre que lo hagan sin engaño y no busquen causas de guerra ficticia.

II. La propagación de la religión cristiana. Los españoles pueden predicar el evangelio a los indios, y esta tarea les ha sido encomendada en exclusiva por el Papa; en caso de que se les impida anunciar el evangelio –no de que los indios no quieran convertirse–, les asiste una causa de guerra justa. «Temo –termina– que se haya ido más allá de lo que permitía el derecho y la religión.»

III. La religión, y también la amistad y la sociedad humana. De no haber otro remedio, los españoles pueden prestar socorro armado a los súbditos de otros reinos que se han convertido al cristianismo y cuyos príncipes les prohíben el culto a Dios, pues por el mismo hecho de su conversión han pasado a ser amigos y aliados de los cristianos.

IV. La conservación de la religión cristiana. Si la mayoría de los súbditos de un rey idólatra son cristianos, sin más requisito el Papa puede darles un príncipe cristiano y quitarles el infiel.

V. La abolición de la tiranía de los amos o de sus leyes. En efecto, Dios nos manda velar por el prójimo, como lo son los indios. Por tanto, los españoles pueden defender a inocentes de una muerte injusta sin la autoridad del Pontífice.

VI. La elección voluntaria de los indios, que pueden aceptar como príncipe al rey de España, al darse cuenta del prudente gobierno y humanidad de los españoles.

VII. La defensa de los aliados y de los amigos en una guerra, siempre que la causa sea justa. Así ocurrió en el caso de los tlaxcaltecas, que pidieron ayuda contra los aztecas.

VIII. La naturaleza de los indios, que, sin ser del todo carentes de razón, poco distan de brutos, los incapacita para formar o administrar un Estado legítimo dentro de los términos humanos y civiles.

El último punto le causa gran turbación a Vitoria, porque en él va implicado el problema peliagudo de la esclavitud natural: este título –dice embarazado– «se podría no ciertamente afirmar, pero sí traer a discusión y parecer legítimo a algunos. Yo no me atrevo ni a aceptarlo ni a condenarlo rotundamente». Es que era difícil, muy difícil, salir de una vez del enredo de las mallas aristotélicas. Los ocho –o siete– títulos de Vitoria forman en realidad la más formidable apoyatura jurídica que recibió jamás la conquista, pues en la práctica resultaba más que sencillo distorsionar y aplicar en propio provecho los luminosos argumentos excogitados en el pacífico claustro de San Esteban: ¿quién iba a averiguar en las Indias si «los bárbaros» habían conculcado el derecho de gentes o habían prohibido la evangelización? Según las Casas[43], que los rechaza sin ambages, Vitoria abrió la mano en algunos títulos, «queriendo templar lo que parecía a los consejeros del César que había dicho con cierta dureza». La segunda relección, «Sobre el derecho de la guerra», es más clásica y viene a defender la justicia de la guerra sólo en el supuesto de que se haya recibido una injuria.

Si el criterio de Vitoria fue el que prevaleció en la orden dominica, los franciscanos admitieron ocasionalmente unas tesis más duras. Así, por ejemplo, el recio zamorano Alfonso de Castro, muy picado al oír, en su camino de su vuelta de Trento, las críticas que en el extranjero se le hacían a Carlos I porque, al decir de personas que se proclamaban católicas, vencía con armas y no con razones a los príncipes alemanes, añadió a su tratado sobre el justo castigo de los herejes todo un largo capítulo sobre las causas justas de guerra. De todas ellas, que tienen un sabor un tanto rancio, sólo nos interesa la primera, que no es otra que la mismísima idolatría, la razón aducida por el licenciado Gregorio: en efecto, según Castro, pueden ser objeto de guerra los que se resistan a abandonar el error y se nieguen a hacer caso a pesar de haber sido a ello requeridos. En apoyo de tal doctrina, que poco avanza de la de Palacios Rubios, se cita un estremecedor pasaje del Deuteronomio (12, 2 ss.), para concluir:

Basado en el testimonio de este precepto divino, opino que es justa la guerra que los católicos reyes de España mantuvieron hace algunos años y mantienen hoy todavía contra los pueblos bárbaros e idólatras que ignoraban a Dios, descubiertos a poniente y al austro.

43. *Apología*, f. 238v., ed. de A. Losada, Madrid, 1974.

Juzgo sin embargo que es justa con esta condición: si los reyes, antes de hacérsela, procuran requerirlos con diligencia y fidelidad a que abandonen el culto de los falsos dioses y adoren al verdadero Dios, que es el creador y rector de todas las cosas. Si aquéllos aceptan este requerimiento, aunque no quieran recibir el bautismo, no pensaría yo que se les pueda declarar la guerra con justicia; pero si se niegan a obedecer tal requerimiento y persisten obstinados en su error, sobre todo si impiden la predicación de la palabra de Dios, en tal caso será justa la guerra que se libre por esta causa contra ellos, ya que todos aquellos pueblos, según se ha averiguado por la experiencia, practican la idolatría y cometen muchos otros vicios nefandos contra la ley de la naturaleza; pues de la misma manera que Dios mandó a los hijos de Israel que se hiciera contra Jebuseo y otros pueblos idólatras, así conviene ahora también que se haga contra estos pueblos, manchados en vicios y crímenes semejantes [44].

También del extranjero, melancólico fomento de la nostalgia patriótica, le vino otro apoyo fervorosísimo a la causa del Imperio. En diciembre de 1536 regresó a España Juan Ginés de Sepúlveda (1489?-1573), nombrado el 15 de abril de ese año cronista oficial de Carlos I [45]. Como colegial de San Clemente (1515- 1523), el humanista se había educado en Bolonia en el aristotelismo de Pomponazzi, bien visible en toda su producción científica; después había vivido en la corte de Alberto de Carpi y en Roma, mimado por Clemente VII. La España que acogía al doctor en artes y maestro en teología se hallaba entonces en el cenit de su poderío, y su gloria deslumbró al humanista por completo, quizá por haber vivido lejos de la patria luengos años y haber sido alguna vez blanco de críticas malhumoradas. En la corte, Sepúlveda

---

44. De *iusta haereticorum punitione*, Salamanca, en los talleres de Juan Giunta, 1547, II, cap. 14, f. 126v-127r. La segunda causa, el desvío del culto del verdadero Dios, le sirve a Castro para justificar las empresas de Carlos I contra sus vasallos herejes.
45. Sobre su figura son fundamentales los estudios de A. Losada, que comenzaron con su tesis doctoral: *Juan Ginés de Sepúlveda a través de su epistolario y nuevos documentos*, Madrid, 1949.

tuvo además la oportunidad de tratar a Hernán Cortés, cuya fuerte personalidad y sus hazañas ultramarinas le impresionaron grandemente, hasta el punto de dedicar a su figura la mayor parte del *De orbe nouo;* no hay que olvidar que Gómara, el cronista del conquistador, era también antiguo colegial de Bolonia. Y, sin embargo, en 1542 llovían de todas partes denuncias de las supuestas tropelías de los españoles y hasta se ponía en duda la licitud de su dominio en el Nuevo Mundo; pero, ¿cómo era posible que se censurara la conquista de las Indias, que posibilitaba la conversión al cristianismo de gentilidad infinita? El cortesano Sepúlveda, cediendo a los impulsos de la educación recibida en Italia, decidió tomar la pluma para defender a su rey y a sus capitanes y se dio tal diligencia que en 1545 dio la última mano al manuscrito del *Democrates secundus,* dedicado hábilmente a Luis de Mendoza, conde de Tendilla y presidente del Consejo de Indias [46]. El tratado, escrito en un latín demasiado elegante para las entendederas de los teólogos, según decía burla burlando el humanista, se desarrolla a modo de diálogo, sostenido a riberas del Pisuerga entre Leopoldo, alemán, y como alemán un tanto inficionado por los errores de Lutero, contrario pues a la milicia, y Demócrates, el defensor del Imperio, que aduce cuatro causas que legitiman la guerra:

I. Incapacidad de los indios para regirse suficientemente a sí mismos, ya que son esclavos por naturaleza, entendiendo por esclavitud un concepto más filosófico que jurídico. Por tanto, si rehúsan aceptar el mando de otros más inteligentes, pueden ser obligados a obedecer por las armas. Termina Demócrates este primer argumento con una encendida alabanza de Cortés y de la conquista de la Nueva España.

46. Editado por M. Menéndez y Pelayo, *Boletín de la Real Academia de la Historia*, XXI (1892), 257 y ss., y nuevamente, con revisión de los manuscritos, localización de las fuentes y excelente traducción, por A. Losada, *Demócrates segundo o de las justas causas de la guerra contra los indios*, Madrid, 1951.

II. Crímenes contra la naturaleza que cometen los indios (antropofagia, sacrificios humanos).

III. Obligación de salvar a los desdichados que así perecen: en la Nueva España se inmolaban a los demonios 20.000 inocentes al año.

IV. Predicación y propagación de la fe, que se ha de hacer a la fuerza si los naturales no la admiten por las buenas. Incluso la misión no está segura tras la conquista, como demuestra la matanza de los predicadores y franciscanos en Paria y el previsible fracaso de la empresa de la Florida.

El libro, que recibió la aprobación de fray Diego de Vitoria (el hermano de Francisco) y del doctor Moscoso, no llegó a publicarse jamás: no deja de ser significativo que los dos principales alegatos en defensa de la conquista, los de Palacios Rubios y Sepúlveda, no alcanzaran nunca a ver la luz en letra de molde, señal de la extrema inseguridad que se sentía en la corte sobre la rectitud de los argumentos teóricos, aunque en realidad, de los títulos presentados por Sepúlveda el único que contenía cierta novedad era el primero, el de la esclavitud natural, que había sido aducido ya por el licenciado Gregorio y después y con enormes reservas por Vitoria; pero el humanista lo desarrolla mucho más y para darle mayor autoridad deja entrar en el Paraíso a los filósofos de la Antigüedad, Aristóteles a la cabeza.

El prestigio de Sepúlveda y su adhesión a la peligrosa teoría aristotélica de la esclavitud natural alarmó a Las Casas y con él a la orden dominica, que logró obstaculizar la impresión del *Demócrates*. Sepúlveda trató de defenderse en una *Apología* publicada un tanto de tapadillo en Roma y arropada por el nombre ilustre de Antonio Agustín, el futuro arzobispo de Tarragona, otro colegial de San Clemente que acudía en socorro de su compañero de beca; pero el rey ordenó recoger en 1550 los ejemplares de la tirada.

El brillo de los contrincantes y la radical importancia del tema debatido fue causa de que Carlos I, roído también él de fuertes dudas en cuanto a la legalidad de los procedimientos empleados en la sumisión de los indios, convocara para dirimir la cuestión una reunión de teólogos y juristas en Valladolid (1550-1551). Compusieron la junta los teólogos Soto, Carranza y Cano, dominicos, y Arévalo, franciscano; y los juristas Ponce de León, el doctor Anaya y los licenciados Mercado, Pedraza y Gasca, ante quienes en largas sesiones expusieron sus argumentos Sepúlveda y Las Casas. No parece que el tribunal llegara a ninguna conclusión en firme, y en realidad mal podía cristalizar la razón cuando motivos políticos sofocaban un justo y definitivo dictamen: era imposible de todo punto que se emitiera una sentencia condenatoria de la empresa de las Indias, pues la condena salpicaría entonces a los Reyes Católicos, como ya había previsto Vitoria, sin que por ninguna vía se pudiera deshacer el entuerto fraguado ya a lo largo de decenios. Pero así y todo, con sus fallas y sus timideces, la junta de Valladolid marca un hito: es la primera y quizás única vez en los anales de la historia que el conquistador se ha planteado de manera voluntaria y consciente la legitimidad de sus actos, analizada con todo rigor y frialdad en una reunión convocada expresamente con ese objeto. Para tensar la expectación, el 22 de mayo de 1549 una cédula de Carlos I encargó a todos sus gobernadores en Indias que prohibiesen hasta nueva orden cualquier entrada; y tal suspensión troncó incluso jornadas en las que se vislumbraba el oro de El Dorado, como las proyectadas en 1549 por Diego Fernández de Serpa y Lope Montalvo de Lugo. Estaba en juego, pues, no la propagación del evangelio, que entraba dentro de los deberes ineludibles del cristiano, sino la manera de predicarlo, es decir, si había que proceder por la persuasión o por la fuerza, pues teóricamente apenas cabía una vía intermedia: la combinación de las armas y de la predicación era viable nada más que en la práctica.

Frente a Sepúlveda y Vitoria, Las Casas sólo admite un justo título: por decirlo con sus propias palabras, «la predicación del evangelio y conversión d'estas gentes; y por esta causa, no compulsiva, sino final, se pudo la Iglesia romana entremeter en concederles el dicho universal y soberano o imperial señorío, sin perjuicio, empero, de los reyes y señores naturales d'ellas y sin menoscabo de la libertad de los pueblos»[47]. Para defender sus teorías, granadas ya en su *De unico uocationis modo* (1537), escribió el fraile varios libros, memoriales y alegatos; pero el que más ruido y escándalo ha provocado es su famosa *Brevíssima relación de la destruyción le las Yndias,* redactada en 1541-1542 y publicada en Sevilla en 1552[48]. Allí es donde se habla de «las matanças y estragos de gentes inocentes y despoblaciones de pueblos, provincias y reynos», llevadas a cabo por los españoles que, decaídos de su condición de hombres a fuer de «lobos» y «tiranos», acuchillan, ahorcan, queman y aperrean a millonadas de indios mansísimos y simplicísimos como «ovejas». La obra, dirigida al príncipe Felipe, no es un manual de misioneros ni un enquiridión doctrinal del cristiano en Indias[49], sino que busca sólo que tanto el heredero de la Corona como sus vasallos de Castilla tomen viva y clara conciencia de las barbaridades y fechorías que cometían sus paisanos en el Nuevo Mundo; de ahí no ya su apasionamiento, sino su exageración retórica de realidades incontrovertibles.

Su insobornable postura de denuncia hizo de Las Casas el verdadero defensor de los indios que requería su cargo. Desde todos los puntos de la geografía americana, desde Santa

---

47. *Historia de las Indias,* III, 55 (*BAE,* 96, p. 303 b).
48. Hay edición facsímil (Madrid, 1977).
49. Así piensa D. Ramos, cuya conclusión acepta un antropólogo tan distinguido como J. Alcina *(Bartolomé de las Casas. Obra indigenista,* 1985, p. 54: la impresión se debe a que el fraile carecía de tiempo «para sacar las copias manuscritas precisas... para sus posibles colaboradores»). No. Las Casas sabía lo que hacía y conocía bien el valor difusor de la imprenta; sus destinatarios son de manera evidente los hombres del Viejo Mundo, ajenos a la «destrucción» por ignorancia.

Fe, desde México, le empezaron a llover cartas para acusar los diversos desmanes y desafueros perpetrados por los españoles, cartas que le enviaban diligentes sus hermanos de orden, que cerraron filas con fray Bartolomé. Pocos, muy pocos dominicos militaron en el bando contrario: entre ellos, y por su exotismo, merece citarse el nombre de Vicente Palatino de Curzola, teólogo dálmata que en 1539 escribió el *Tratado del derecho y justicia de la guerra que tienen los reyes de España contra las naciones de la India occidental*[50], un escrito en que se tildaba a los escritos de Las Casas de «injuriosos y perjudiciales» y se defendía la conquista con argumentos parejos a los aducidos por Vitoria, entonándose ardiente elogio de dos capitanes como Vasco Núñez o Hernán Cortés.

3. La solución intermedia

La tenaz intransigencia de Las Casas conducía en la práctica al poder político a un callejón sin salida, dado que a nadie se le ocultaba que era impensable proceder al abandono de unos territorios codiciados por todas las potencias europeas o llevar a cabo una restitución a los indios de lo robado o «usurpado». Por lo general prevaleció la tesis de la predicación pacífica, defendida por fray Bartolomé y su orden[51]. No es poco, consideradas las circunstancias; pero al tiempo se alzaron voces más realistas o más acomodaticias en defensa

---

50. Editado en extracto por L. Hanke, *Cuerpo de documentos del siglo XVI*, México, 1943 (reimpr. 1977), pp. 13 y ss. Contra los partidarios de que el Papa y la Corona están obligados a hacer la guerra a los indios escribió un breve pero sustancioso informe el dominico Miguel de Arcos (Hanke, *ibidem*, pp. 3 y ss.).

51. Cf. al respecto la introducción de P. Castañeda a *Los memoriales del Padre Silva sobre la predicación pacífica y los repartimientos*, Madrid, 1983, pp. 3-213.

de una vía de compromiso, quizás imposible, entre los principios lascasianos y los intereses de la Corona. El propio teólogo dominico Domingo de Soto († 1560) propugnó soluciones más flexibles y aún fue modificando con el paso del tiempo sus puntos de vista, según se desprende implícitamente de un pasaje de su magna obra *Sobre la justicia y el derecho*, en el que se discute de pasada el derecho de guerra a los infieles, y muy en especial a aquellos que nunca han oído el nombre de Cristo y no son enemigos, por ende, de los cristianos; planteada la duda, en efecto, de si se puede llevar la guerra a unos hombres cuya infidelidad no es pecado, hizo Soto una precisión fundamental:

El nudo de la cuestión de si nos es lícito inferir la guerra a los infieles... que nada maquinan contra nosotros, no estriba en que la impiedad de la idolatría y la crueldad de sus demás crímenes sea digna de muerte, pues en esto nadie puede estar en desacuerdo, ya que el estado cristiano castiga estos crímenes merecidísimamente con la pena capital... Pero como... para un juicio recto sean menester dos requisitos, esto es, la causa justa en el crimen y la facultad legítima en el juez, toda la disputa pende de si nosotros somos legítimos jueces de éstos y legítimos castigadores de sus maldades [52].

Es decir, exponiendo audazmente lo que afirma el cardenal Cayetano en su comentario a santo Tomás (II 2, q. 10, art. 10), la idolatría puede ser combatida por sus propias fechorías, y en este sentido se ha de interpretar en parte el versículo del Deuteronomio 9: 6 en el que Dios ordena la expulsión de los gentiles de la tierra de promisión; sólo queda por discernir la legitimidad del juez, en este caso de la Corona española, en la acción punitiva. El agudísimo Soto dejó en este punto la discusión en su *De iustitia et iure* (1553); pero en un

---

52. *De iustitia et iure libri decem*, Salamanca, 1556, libro V, cuestión 3, ff. 422-423. Un poco antes, pero siempre en la misma cuestión, Soto había negado la licitud de ir a otra nación a buscar oro, como hacían los españoles en el «continente occidental» (p. 423).

libro gemelo, publicado con posterioridad (1557), dilucidó el problema, negando taxativamente que la Iglesia, aun teniendo jurisdicción en potencia sobre todo el orbe, pudiera ejercer de hecho la fuerza coactiva salvo en aquellas personas que hubieran aceptado la fe católica por su propia voluntad o invadiesen las tierras de los españoles o les fuesen hostiles [53]; quedaba, por tanto, excluido que la idolatría fuera causa de justa guerra. Para Soto, la Iglesia tiene el derecho de predicar el evangelio en todos los lugares del mundo, pero es ilícito obligar a nadie a aceptar la fe o el bautismo, contra lo propugnado por Sepúlveda. Con esta brillante argumentación no se cerraban todos los caminos a la intervención armada, pues con oportunidad innegable vino a ser exhumado el derecho a la sociabilidad de Vitoria (su segundo título). En efecto, puesto caso de que los caciques prohibiesen la evangelización, se podría sofocar su violencia con las armas, cuidando siempre de evitar el escándalo. De dos maneras, además, y por virtud de las bulas alejandrinas, podrían los indios venir en vasallaje: la primera si, una vez convertidos al cristianismo, aceptaban a los reyes de España como señores, y la segunda si una vez cristianados no persistían en la fe, por lo que debían ser reducidos por la fuerza a causa de su apostasía [54]. Por último, tampoco excluyó Soto la brutalidad inherente a la esclavitud natural como título de guerra, pues «quienes sufren o temen los daños [de los hombres que son como fieras, no llamados expresamente esclavos por naturaleza] pueden con justicia reprimir y domar sus costumbres bestiales» [55]. Mas no parece que Soto se sintiera muy feliz con estas conclusiones tan vitorianas, pues

---

53. *Commentariorum... in Quartum Sententiarum tomus primus*, Salamanca, 1557, distinct. 5, quaest. única, art. 10 c. 303.
54. *Commentariorum... in Quartum Sententiarum tomus primus, ibidem*, c. 304 y sobre todo c. 310.
55. *Commentariorum in Quartum tomus primus, ibidem*, p. 310. Cf. antes su *De iustitia et iure*, libr. IV, quaest. 2, art. 2, c. 290.

aunque prometió discutir ampliamente el derecho a hacer la guerra al infiel en un tratado específico *Sobre el modo de predicar el Evangelio (De ratione promulgandi evangelium)*, sin embargo no llegó a publicar jamás este librito tan esperado y tan «necesario para los tiempos que corrían», quién sabe si porque al dominico, inseguro en sus tesis, le entraron escrúpulos de conciencia.

Más estructurada se nos presenta la doctrina de otro gran teólogo dominico, que fue también profesor en Salamanca: Domingo Báñez († 1604), seguidor de Soto y en consecuencia de Vitoria. También en sus escritos las razones de Sepúlveda, a su juicio «más versado en las letras humanas que en las divinas», encuentran justa y contundente réplica. A cuatro se reducen los títulos justos a juicio de Báñez, hombre nacido en épocas más agrias y revueltas y por ende de juicio tan íntegro como duro, como en quien encontró aplauso y justificación la muerte traicionera del príncipe de Orange, digno de perecer de cualquier modo por rebelde a su legítimo rey Felipe II [56]; pasando de largo por el título segundo, en el que introduce distingos y cautelas, su tenor es el siguiente:

1. El rey español tiene derecho a usar las armas si se impide la predicación del evangelio; con ello no se obliga a oír la predicación, sino que se defiende a inocentes.
2. Los infieles que no son súbditos pueden ser compelidos a no hacer sacrificios humanos. A los bárbaros que a modo de fieras se sustentan de carne humana se les puede declarar la guerra sin necesidad del requerimiento, pues sería ocioso, y se les puede dar muerte en defensa de los inocentes, porque de hecho ellos son enemigos del género humano.
3. Los infieles no vasallos pueden ser privados del dominio y de la jurisdicción que tienen sobre fieles. «Y merecidamente el Pontífice usa de este poder en nuestras Indias Occidentales, dando gobernadores fieles a los indios convertidos a la fe, pues los antiguos

---

56. *De iure et iustitia decisiones*, Salamanca, 1593, quaest. LXIII, art. 3, p. 328.

caciques infieles los apartarían con facilidad de la fe. Y éste es el título fundamental con el que gobierna el rey de España al pueblo de los indios ya convertido a la fe»[57].

Este endurecimiento teórico se dejó sentir también en la solución dada a la otra cuestión controvertida, la de la esclavitud, en la que Báñez desarrolló las ideas de Soto, admitiendo por ende la servidumbre natural, «que en rigor y propiedad no ha de ser llamada servidumbre, pues la servidumbre propiamente significa carencia de libertad, y estos siervos son libres... y sirven por su bien». Aunque no le pareciese creíble que todos los indios fueran brutos y carentes de razón, como querían hacer creer algunos, aceptó Báñez que los hombres de costumbres bestiales que comían carne humana y mataban a inocentes, como los caníbales, pudieran ser debelados (de ahí el título tercero reseñado arriba), pero no reducidos a esclavitud perpetua[58].

A su vez, un canonista tan famoso como Martín de Azpilcueta († 1586), abordando el problema en su conjunto, afirmó que todo hombre es libre por derecho natural, pero hizo acto seguido una serie de precisiones importantes[59]. En primer lugar, existe una servidumbre del hombre a Dios por derecho divino natural; en segundo lugar, también el derecho natural impone la servidumbre por la que el ignorante debe sumisión al sabio (la esclavitud filosófica y moral de Sepúlveda, aceptada por Soto y Báñez), no aquella que implica la servidumbre de un hombre a otro; por último, la servidumbre puede ser una pena puesta por el derecho humano a un delito que ha de ser castigado por la ley natural. La diferencia

---

57. *Scholastica commentaria in Secundam Secundae Angelici Doctoris partem,* Roma, 1586, quaest. X, art. 10, pp. 416 y ss., y en especial 428 y ss. para los justos títulos.
58. *De iure et iustitia decisiones,* preambulum ad quaest. LXII, p. 126.
59. *De Iudaeis,* 11 *(Opera Martini ab Azpilcueta doct. Navarri,* Roma, 1590, III, pp. 289 y ss.).

de la postura de Soto, Báñez y Azpilcueta con la de Las Casas salta tanto a la vista que huelgan los comentarios.

La nueva ideología, que vino a coincidir con el cambio en el trono, produjo, sí, las famosas *Ordenanzas* de 1573, donde desapareció la palabra «conquista», pero amparó la anexión de las Filipinas (1564), aunque tampoco faltó entonces la acre censura de un gran agustino, el sabio astrónomo fray Martín de Rada, que negó asimismo la justicia de algunos actos del dominio español en el Extremo Oriente, y más en concreto la licitud de las jornadas a las islas vecinas, como Luzón. Después, los frailes manifestaron su abierta repulsa a la quema de la mezquita de Borney, realizada por el doctor Sande en 1585; y como se les apretara con requerimientos, confesaron que ni la Audiencia en lo temporal ni el obispo en lo espiritual tenían jurisdicción sobre los gentiles [60]. Mas la potencia expansiva se mantenía todavía pujante a finales del siglo XVI, y había que procurarle una salida teológica a tamaña vitalidad. El jesuita Alonso Sánchez, mientras proponía a Felipe II nada menos que el sometimiento del Imperio de la China, tuvo que buscar por fuerza una justificación de la conquista, que él halló en la propia providencia de Dios:

Siendo cosa tan clara que la obra de la conversión de las Indias es cosa de Dios, es claro que se ha hecho también por los medios que Dios ha querido que se haga: que si Él hubiera querido elegir otros, fácil le hubiera sido... De lo dicho se desprende cuán equivocados están los que dicen que toda esta obra se ha hecho contra la voluntad de Dios, y que no se debía de haber hecho con el amparo de seculares, sino solamente de religiosos, y que aún ahora los deben dejar a ellos solos, y harían milagros y maravillas [61].

---

60. De ello se escandalizó grandemente el licenciado Melchor de Ávalos en una carta publicada por L. Hanke *(Cuerpo de documentos del siglo XVI,* pp. 98 y ss.).
61. Publica este memorial P. Pastells, *Catálogo de los documentos relativos a las islas Filipinas precedido de una Historia general de Filipinas,* Barcelona, 1927, III, pp. LXVIII- LXIX.

De esta suerte, la conquista espiritual y la conquista política venían a quedar íntimamente unidas, al converger los pasos del religioso y del guerrero: que donde iba el uno iba el otro. Sus razones encontraron la más terca oposición en el obispo de Manila, fray Domingo de Salazar, que el 24 de junio de 1590 se espantó en una carta dirigida al rey de cuanto decía Sánchez, en cuya autoría le había costado creer; aparte de que en tal memorial se vertían conceptos muy escandalosos, dignos de ser censurados por la Inquisición.

La conclusión que destos medios pretende inferir es la más perniciosa que para estos naturales se podía inventar, y más impeditiva de la conversión de los infieles que pensar se puede; porque según parece por todo lo que el dicho Alonso Sánchez pretende en su razonamiento es probar que los predicadores del evangelio no pueden irlo a predicar sin ir acompañados de gente de guerra, que les haga el camino seguro. Conclusión es ésta, que nunca Alonso Sánchez la leyó en el evangelio [62].

Esta censura al jesuita Sánchez era una conversión inesperada en un hombre fluctuante como Salazar, pues años antes, el 18 de junio de 1583, el dominico había entonado la palinodia de cuanto le había enseñado la teología de su orden en una carta que no tiene desperdicio:

Ya Vuestra Magestad save con cuántos escrúpulos se tratan estos negocios de Indias, condenando casi todos los letrados dEspaña y aún los de las Indias las conquistas que contra indios se han hecho, obligando a restitución de todos los daños, muertes y robos que en ellas se hazían a los que las mandavan hazer y se hallavan en ellas.

62. Pastells, *Catálogo,* III, p. XCVI. De Salazar publicó L. Hanke dos tratados: uno, negando la licitud de poner tributos a los infieles naturales de las Filipinas *(Cuerpo de documentos del siglo XVI,* p. 119); y otro, proponiendo la libertad de los indios, la revocación de las encomiendas y la exención de tributos *(ibidem,* pp. 187 y ss.). Sobre estos puntos escribió también el obispo dominico Benavides *(ibidem,* pp. 195 y ss.), conformando con Salazar.

Deste parecer fui yo en algún tiempo, porque me crié con la doctrina del obispo de Chiapa, y d'este parecer fui en más de 23 años que estuve en la Nueva España; pero después que a estas islas vine... nos a dado Dios a entender lo que acerca d'esto se debe tener[63].

Estos bruscos vaivenes de Salazar se explican por los azares y sobresaltos que depara la vida en la frontera y que a veces se sobreponen a los dictados de la conciencia y a los capítulos de la doctrina aprendida en las aulas. De igual manera prevaleció en todos los extremos del Imperio, por razones obvias, la opinión favorable a la justicia de la guerra contra los indios, a los que se califica en más de una ocasión de rebeldes para hacer más aceptable la política de represalias. No obstante, siempre se procedió a una consulta de teólogos y de juristas antes de tomar alguna decisión extraordinaria.

Esta sensibilidad y este respeto por el derecho es quizás una de las características más notables de la colonización del Nuevo Mundo, pues con mayor o menor buena fe los funcionarios españoles evitaron por todos los medios una transgresión flagrante de la legalidad, antes y después de las diatribas lascasianas. La preocupación por el orden jurídico reinó no ya en las primeras Audiencias, sino hasta en las lejanísimas Filipinas, donde los españoles tuvieron que enfrentarse a una situación peculiar, como la planteada por la presencia de musulmanes en las islas, que toleró en un principio la Corona. Pero en un muy erudito informe firmado el 20 de junio de 1585, el licenciado Melchor de Ávalos († 1590) trató de mostrar al monarca la justicia de la guerra contra aquellos infieles «descomulgados malditos» –no gentiles–, entre los que figuraban moros de Granada, otros huidos de Túnez e incluso algunos escapados de la batalla de Lepanto[64]: era líci-

63. Pastells, *Catálogo*, III, p. XCVI.
64. Editado por L. Hanke, *Cuerpo de documentos del siglo XVI*, pp. 67 y ss. Las referencias a Granada y a Lepanto en pp. 72 y 75. También criti-

to, pues, sujetar y hacer tributarios a los habitantes de Java, Samatra, Borney, Maluca, Malaca, Siam, Pegú y otros reinos donde se adoraba a Mahoma; y entre otras sutilezas, como explícitas referencias a la concesión de Alejandro VI o a la expulsión de los moros de 1502, no vacilaba Ávalos en remozar el viejísimo argumento –todavía utilizado por la teología dominica contemporánea– de que, como aquellos musulmanes procedían de Egipto y Egipto había pertenecido al Imperio romano, entraba en los límites de la justicia castigar su manifiesta usurpación. Aun después de este aval, y quizá por las dudas del obispo Salazar, partido de Manila en 1591, se comprende bien que, antes de emprender la campaña contra la isla de Terrenate, el gobernador de Filipinas convocara en 1593 a todos los teólogos de Manila para que reunidos en junta le dieran su opinión al respecto. El sínodo contestó unánime a Dasmariñas que la guerra era justa por ser el rey de Terrenate de la secta de Mahoma; por haberlo mandado así el rey España; por haber acogido a ingleses y herejes (holandeses), después de trabada la amistad con los españoles; y por los agravios inferidos a los vecinos y amigos cristianos[65]. Es aquí como se intenta aplicar en la práctica la doctrina de los teólogos peninsulares: la acción recibe el respaldo de los cánones.

En la Audiencia de Charcas y durante la segunda mitad del siglo XVI una y otra vez fueron dados por esclavos los chiriguanaes irreductibles, incluso por un hombre tan lega-

---

caba el licenciado el procedimiento del obispo Salazar (p. 90), refiriendo a continuación una historia relativa a Mahoma (la del *Fortalitium fidei* de Alfonso de Espina), que procede en definitiva de tradición mozárabe: de los sincronismos que anteceden a la biografía copiada por san Eulogio *(Apologético,* 16); la tradición del encuentro entre Mahoma y san Isidoro se puede leer en la fabulosa *Vida de San Isidoro del Cerratense* (cap. IX), publicada por E. Flórez *(España sagrada,* IX, Madrid, 1860, pp. 398-399).
65. Pastells, *Catálogo,* III, pp. CCCII- CCCIII.

lista como el virrey Toledo, que convocó a este fin una junta de teólogos en 1573 [66]. Así ocurrió también en Chile, donde las inacabables luchas con los araucanos llevaron a varios religiosos a defender posturas extremas. En 1599 y a instancias del virrey del Perú, el obispo dominico fray Reginaldo de Lizárraga, que ya había asistido a la condena de los chiriguanaes en La Plata en tiempo de don Francisco de Toledo, expuso su parecer de que se les podía hacer guerra justísimamente, aun sin atreverse a afirmar de manera categórica que pudieran ser dados por esclavos. Por su parte, el agustino fray Juan de Vascones tuvo

por ignorancia y terquedad no ser del común parecer de los demás letrados del dicho reino, que afirman ser ya la tal guerra muy justificada de nuestra parte y para concluirla deberse declarar los dichos enemigos reveldes por esclavos [67].

Volvamos a la guerra. Una postura posibilista defiende también el antiguo jesuita Juan Roa Dávila († h. 1630). Su cuarta regla de justa adquisición de dominio se basa en la defensa de los súbditos inocentes contra la transgresión del derecho natural: así, por ejemplo, cuando algún pueblo oprime a niños y conciudadanos o los inmola en sus sacrificios, o cuando es poco dado a la gobernación y a la prudencia perseverante y se entrega a la embriaguez, de suerte que apenas queda esperanza de corrección, entonces sin duda puede un príncipe o un particular invadir y conquistar su reino. Y éste es el más justo título de conquista de las Indias, «y no hay que llenar todo de escrúpulos, como han hecho muchos hasta hoy, sin querer comprender bien los princi-

---

66. Véase mi libro sobre *Mitos y utopías del Descubrimiento. 3. El Dorado*, Madrid, Alianza Editorial, 1989.
67. Están publicados los memoriales de Lizárraga y de Vascones en L. Hanke, *Cuerpo de documentos del siglo XVI. Sobre los derechos de España en las Indias y en las Filipinas*, México, 1977, pp. 295 y ss.

pios naturales. Y, por favor, que no me vengan con la religión y la graveza de los contrarios [es decir, Las Casas y sus seguidores]; pues la verdad es más fuerte» [68].

Merece que sea un jesuita, José Acosta, quien ponga punto final a las discusiones de los tratadistas del siglo XVI. Su libro *Sobre el modo de procurar la salvación de los indios*, impreso en Salamanca en 1588, supone de hecho una verdadera inflexión en la manera de entender la tarea misionera en el Nuevo Mundo. También en él surge el debate sobre los títulos de dominio y también en él se descarta que la idolatría y los crímenes contra la naturaleza puedan ser legítima causa de guerra [69]. Pero Acosta va más allá: la defensa de los inocentes es en sí un justo título de guerra, pero siempre que se haga con el menor daño posible; y como se da el caso de que en las contiendas contra indios mueren más hombres por múltiples causas que en otra tiranía idolátrica cualquiera, «si se ha de hablar moralmente apenas se podrá, o mejor dicho, nunca se podrá poner como justa causa de guerra contra los indios la defensa de los inocentes» [70]. A juicio del gran jesuita, las soluciones que se habían propuesto para cohonestar la conquista eran falsas, o más bien inicuas. ¿Qué hacer entonces? El rechazo llevaría a plantear la cuestión de si los españoles merecen excusa por su ignorancia o han de ser obligados a efectuar una restitución a los indios [71]. Pero Acosta calcula todas las posibilidades, incluidas las consecuencias políticas, y concluye que

---

68. *De regnorum iustitia*, ed. crítica de L. Pereña, Madrid, 1970, I, 4, 1, pp. 16 y ss.
69. *De procuranda Indorum salute*, Salamanca, 1588, II, 2, pp. 211 y ss.: sobre la infidelidad; II, 3, pp. 215 y ss.: sobre los crímenes contra la naturaleza.
70. *De procuranda Indorum salute*, II, 6, pp. 231 y ss. y, en especial, 232.
71. *De procuranda Indorum salute*, II, 7, p. 234.

yerran gravemente unos que ponen en duda, so capa quizá de piedad, el derecho y la administración del rey, y que a veces se preguntan con qué título y con qué derecho los españoles dominan a los indios: si han venido a nosotros por derecho hereditario o han sido sometidos mediante una guerra justa. Pues esta disputa sólo vale para destruir o al menos para menguar la autoridad de la administración de las Indias; y si se da ese paso, apenas hay palabras para ponderar la magnitud del desastre y la perturbación total que se seguiría. Pero no voy a asumir la defensa de las guerras ni de las razones de las guerras ni de todas aquellas turbulencias del tiempo pasado; desde la religión y la utilidad, mi consejo es que no conviene discutir más sobre este asunto, sino que el sacerdote debe actuar con su mejor buena fe, como si ya hubiera prescrito. Y no se ha de pedir otra evicción de causa más sutil que ésta: aun concediendo que se hayan cometido gravísimos pecados en la usurpación del señorío de las Indias, sin embargo ya no se puede efectuar una restitución (¿a quién?, ¿cómo?) ni, por mucho que se pudiera, lo toleraría en modo alguno el peligro evidente y el agravio que correría la fe cristiana, una vez profesada [72].

He aquí una mentalidad que prescinde de la sublimidad atemporal de las alturas teológicas para instalarse en la realidad del presente. El debate ha llegado a su fin y no surgen ya argumentos de enjundia. Acosta desmantela la teoría anterior, pero es incapaz de montar otra que la sustituya, pues la nueva manera de evangelizar que propugna no es sino una praxis misionera, la que va a triunfar en el futuro: la unión de las armas y la predicación en lo que el jesuita llama Expedición o «marcha» [73], justificada ahora por «el derecho común de la naturaleza, el de ser hombre» [74]. Esta tesis supone una vuelta inopinada al derecho de la sociabilidad humana, cuya transgresión debe ser castigada con la fuerza [75]. Acos-

---

72. *De procuranda Indorum salute*, II, 11, pp. 251-252.
73. *De procuranda Indorum salute*, II, 12, pp. 254 y ss. El eufemismo *(expeditiones siue profectiones)* en II, 13, p. 258.
74. *De procuranda Indorum salute*, II, 13, pp. 156 y ss.
75. *De procuranda Indorum salute*, II, 15, pp. 262 y ss.

ta, apretado por su propio rigor, termina por confesar que es la autoridad de la Iglesia, el peligro de la fe y la salvación de los infieles –motivos, por ende, religiosos, no jurídicos– lo que da a los reyes cristianos el derecho de gobernar a los indios: «y que este derecho es bastante de por sí nos lo persuade la experiencia, que concuerda con la razón»[76]. En definitiva, por muy culposos que fueran sus orígenes, ya no se podía abandonar la evangelización. Irrumpe un nuevo estilo: las famosas reducciones están a la vista.

4. Del dicho al hecho

Una cosa es la teoría y otra la práctica. Está muy bien predicar la paz y la igualdad de los hombres en el púlpito o en la cátedra; no resulta tan fácil aplicar a la realidad de la vida cotidiana tan bellos ideales. Cuéntase del primer obispo de Santa María, D. Juan de Calatayud, que cuando vio por primera vez en la laguna de Maracaibo a los indios, al parecer tan simples y tan ingenuos, y se apercibió de que los españoles se aprovechaban de su inocencia, les recriminó acremente su conducta, diciéndoles: «Dexadlos, no les hagáis mal, que son obejitas de Dios»; pero cuando esos mismos indios al poco tiempo les enviaron una rociada de flechas, fue el propio obispo quien comenzó a dar ánimos a sus paisanos gritando a voz en cuello: «A ellos, hermanos, a ellos, que éstos no son obejas de Dios, sino lobos de Satanás»[77]. La diferencia, pues, de que los indios sean ovejitas o lobos pende de un ligerísimo hilo: en realidad, de los buenos o malos humores del español o, mejor dicho, del europeo en general. Y es comprensible la drástica transformación que advertimos en

---

76. *De procuranda Indorum salute*, II, 3, p. 286.
77. Fray Pedro de Aguado, *Historia de Venezuela*, I, 5, ed. de J. Bécker, Madrid, 1918, pp. 54-55.

este prelado, que se acerca deseoso de evangelizar y que de manera brusca se siente sorprendido en su buena fe; estos crueles y repentinos desengaños suelen convertir a quienes los padecen en los más ceñudos enemigos del indio, por lógica y humana, pero muy poco evangélica reacción: quien no está con ellos, está contra ellos.

El resentimiento personal y el fracaso misionero propician los exabruptos de mal genio y los juicios negativos. Tal fue el caso del dominico Tomás Ortiz, quien no sólo les negó a los indios todas las libertades y después tronó contra la conducta de los españoles en Santa Marta, sino que, convertido en vicario general de su orden en la Nueva España, encizañó con su terca y equivocada política los claustros y las plazas de México. Pero también en corazones más apostólicos prendía cierto descorazonamiento y decepción: ni se producía la milagrosa conversión soñada ni los indios eran las personas viriles que habían de recibir el evangelio en el fin de los tiempos; de ahí que algunos franciscanos egregios, como Martín de Valencia, suspiraran por ir a los últimos confines de Oriente a predicar a hombres más políticos, donde brillaba ya la luz del cristianismo gracias a Francisco Javier. Con el tiempo, sin embargo, también al Oriente lejano llegó la decepción.

Mientras se desarrollaban las tan etéreas como trascendentales disputas teológicas sobre los justos títulos de dominio, la vida seguía, en España y en Indias. Hora es ya de ver lo que ocurría a ras del suelo, procediendo a hacer un corte sincrónico en diversas actividades durante aquel decenio fundamental. El 17 de junio de 1544 Juan Cano, vecino de Tenuxtitán, México, próximo a embarcarse para la Nueva España y consciente de los peligros del viaje por mar, decidió velar por la suerte de su hacienda y otorgó testamento en Sevilla, en el que, sintiéndose ya muy arraigado en su nueva patria, dispuso que, en caso de fallecimiento, fuera enterrado su cuerpo en el hospital de la Concepción de México; más nos interesa ahora otra de sus mandas:

> E por esta mi carta de testamento ahorro e do por libres e por quitos de toda carga de subjeçión e cabtiverio a Angelina e a Miguel e a Françisquito ovejero, indios, mis esclavos, e a todos los demás esclavos indios que tengo en la dicha Nueva España e de mí quedaren al tiempo de mi fallesçimiento, porque tengo por çierto que no son esclavos, para que desde el día de mi fallesçimiento sean horros e libres e quitos de toda carga de subjeçión e cabtiverio [78].

Es decir, este prohombre de México está muy convencido de que sus esclavos indios no son esclavos, pero por si acaso no les otorga la emancipación hasta que no le llegue a él la hora de la muerte. Otra vez se descubre la doble moral de costumbre, que se revela asimismo en otra de sus disposiciones: cuando ordena que al muchacho Juan, hijo de la india Magdalena, «el cual pienso y creo que es mi hijo», se le envíen 300 pesos de oro cuando cumpla los veinte años de edad.

Pero los indios no penaban sólo en Ultramar, privados de libertad y sujetos a un ritmo de vida que no era el suyo; algunos, no muchos, fueron traídos a la Península, donde unos cuantos, los menos, lograron aviar su mísera vida. Otro muy curioso documento nos pone al corriente de los tristes avatares de estos hombres desarraigados. El 29 de diciembre de 1545 se presentó en la sevillana plaza de San Francisco la india Isabel de las Indias y allí, ante la tienda del escribano, esta atezada vecina de la collación de San Martín dio poder a su marido, Juan de España, también indio, para recaudar

> de Juan Sánchez Labrador, vezino de Villamartín, e de sus bienes... dozientos reales de plata que yo le di que me guardase puede aver dos años poco más o menos, e ansimismo reçiba e cobre todos los bienes muebles que yo dexé en su poder, e más un año de serviçio que le serví a preçio de cuatro reales cada mes [79].

---

78. A. P. S., XV, 1544, f. 99v-100r.
79. A. P. S., III, 1544, s.f. (están encuadernadas en este volumen escrituras de 1545).

Los testigos aseguraron que Isabel de las Indias y Juan de España, que no sabían escribir, eran marido y mujer. He aquí, pues, cómo se desenvolvían en libertad por un mundo extraño estos indios de nombre emblemático, previniéndose de las asechanzas del hombre blanco que intentaba engañar su buena fe. La misma desconfianza presidía en Indias las relaciones de los naturales con los españoles. La famosa anécdota de Hatuey, que se negó a ir a un cielo adonde podían entrar españoles [80], se repite de otras maneras y con otros registros en múltiples lugares, y también suele haber un español que recoja sus quejas y las ponga por escrito. Al enviar Juan Serrano al Consejo de Indias una relación de las provincias de Andas, Cajatambo y Atabillos aprovechó la ocasión para echar él también su cuarto a espadas, denunciando la poco cristiana actuación de sus compatriotas:

Hablando yo, Juan Serrano, con ellos sobre que fuesen christianos y diziéndoselo muchas bezes, dizían que para qué querían ser christianos. Abiéndoles yo dicho que para serbir a Dios y no hurtar ni tomar la muger de su próximo ni dezir mal de nadie ni matar y otras cosas, según que los santos mandamientos de la ley nos lo mandan, respondían que no querían ser christianos porque los christianos hurtaban y les tomaban a sus mujeres y hijas contra su boluntad, y que de nosotros no bían señal ni obra buena, y para esto daban otras munchas razones de las cuales no mentían, sino que en todo lo que se dize de los christianos dizen verdad [81].

En 1544 la querella teológica no había frenado todavía el despacho de armadas conquistadoras, pues a mediados de año se preparaba en Sevilla la expedición que había de ir a la conquista de las Amazonas, que se había comprometido a hacer Francisco de Orellana por virtud de un asiento firmado el 13 de febrero en Valladolid. Pues bien, uno de sus capítulos recogía ya el eco de la incipiente controversia:

80. La relata Las Casas, *Historia de las Indias*, III, 25 (*BAE*, 96 p. 236 a).
81. Papel sin fecha en A. G. I., Indiferente general, 1528.

Yten que no llevaréis ni consintirés llevar en las barcas indios algunos naturales de parte alguna de las nuestras Yndias, islas e Tierra Firme, si no fuere alguno por lengua e no para otro ningún efecto, so pena de diez mill pesos de oro para nuestra cámara e fisco[82].

Y la preocupación por la buena marcha de la conquista inducía a recordar a los oficiales reales el 18 de mayo que respetasen la capitulación y las ordenanzas,

para quese descubrimiento e población se haga christianamente y en servicio de Dios e de su Magestad e se escusen los malos daños que hasta aquí se ha avido en nuebos descubrimientos[83].

He aquí cómo los documentos sacan a la luz muy diversos casos y no menos varia problemática. Los encomenderos continúan atentos a su provecho, sin sentir grandes remordimientos de conciencia por el hecho de servirse de indios reducidos a la esclavitud por medios no siempre muy legítimos. Los aborígenes, por su parte, se salvan como pueden, en el Nuevo y en el Viejo Mundo. Mientras, el Consejo real, impertérrito, sigue dictando normas para imponer la mayor humanidad posible en una conquista que teme que se le vaya de las manos; pero estas leyes tienen la virtud de sacar de quicio a los encomenderos, que ponen el grito en el cielo; y así se repite otra vez el ciclo inexorable.

5. El eco de Las Casas

El ejemplo de Las Casas cundió en el clero de las Indias, aunque quizá no tanto como hubiese sido de desear, sin duda por la terrible dificultad que entrañaba plasmar en realidad una teoría entonces –y ahora– utópica. El propio fray Barto-

---

82. A. G. I., Indiferente general 416, vol. II, f. 2r.
83. A. G. I., Indiferente general 416, vol. II, f. 39r.

lomé recogió en su *Brevíssima relación* algunos nombres de religiosos «indigenistas», entre ellos el del famoso franciscano Marcos de Niza, de quien transcribe un largo párrafo de un tratado hoy perdido, autorizado por Zumárraga; después, los historiadores modernos han aumentado la lista [84], que siempre cabe engrosar con nuevos elencos. Lo que nos interesa ahora es la huella solapada que dejó el dominico incluso en aquellos religiosos que no profesaron de manera abierta sus ideas ni compartieron su amor a los aborígenes del Nuevo Mundo. Basten algunos ejemplos significativos del siglo XVII, cuando comenzaron a amainar las críticas, señal inequívoca de la decadencia política. En definitiva, cuando Juan Solórzano Pereira dedica todo un libro tan erudito como aburrido de su imponente *De Indiarum iure* a exponer los justos títulos de dominio que tenían sobre las Indias los reyes de España no inventa nada nuevo, sino que repite añejos argumentos, en ocasiones muy influido por Acosta, de quien toma el último, el decimotercero: la dificultad o mejor dicho, la imposibilidad de efectuar una restitución a los indios [85].

---

84. Cf., p. ej., J. Friede, «Fray Bartolomé de las Casas, exponente del movimiento indigenista español del siglo XVI», *Revista de Indias*, 51 (1953), 22 y ss.; G. Lohmann Villena, «Exponentes del movimiento criticista en el Perú en la época de la conquista», *Revista española de antropología americana*, XIII (1983), 143 y ss.
85. *De Indiarum iure*, Lugduni, 1672, III, 5 (pp. 397 y ss.). Los anteriores, tratados en el libro segundo, son: 1) Voluntad de Dios. 2) Inspiracion y revelación de Dios. 3) Derecho de haber hecho el descubrimiento. 4) La barbarie y la incultura de los indios. 5) Su infidelidad e idolatría. 6) Sus pecados contra la naturaleza. 7) La predicación y propagación del evangelio. 8) La obligación de los indios a oír la fe y a recibir a los misioneros. 9) La autoridad que tiene el Emperador de conceder y hacer la guerra a cualquier tierra. 10) La donación del Papa. 11) Una cuestión discutida ya por los Reyes Católicos no puede ser discutida de nuevo. 12) La guerra contra los indios rebeldes o apóstatas o en defensa de los aliados.

A partir de 1613 el franciscano Juan de Silva, además de predicar la conversión del Pacífico austral, propugnó que la evangelización de los naturales de aquel nuevo continente entrevisto por Quirós se realizase por

> medios... que muevan a los dichos indios... a que con grande amor y devoción reciban nuestra cristiana religión, y no tan desacomodados y desviados del mismo fin que muevan... más a odio, aborrecimiento y espanto que a recibir con gusto el santo evangelio [86].

De paso venían las consabidas quejas contra los abusos de la administración española, al modo lascasiano pero carentes de su garra; la solución, tan manida como utópica, estribaba en abolir el servicio personal de los indios y la prohibición de entradas y conquistas.

Pasemos a Venezuela. Un fraile que no era ciego ni mucho menos ante los defectos de los indios, a quienes cubrió de toda suerte de calificativos no precisamente amigables, el también franciscano Pedro Simón, no tuvo empacho en execrar el principio que subyacía a todas las licencias que se dieron para hacer esclavos a los indios: el de considerar siervos a quienes los señores de la tierra tenían por tales, justificando la esclavitud india con los mismos argumentos con que se había justificado la esclavitud negra. En efecto, se juntaban algunos españoles y daban un rebato,

> inopinada y secretamente, sobre un pueblo de indios, procurando prender al cacique lo primero y con él a los más que podían de sus vasallos; y después de conocido el principal, decían que si quería verse libre les vendiese aquellos indios que habían preso en su pueblo, por tal o cual cosa que le darían de Castilla. Por verse libre, el cacique les hacía generosa larga graciosamente de todos, sin querer por ellos alguna cosa [87].

---

86. P. Castañeda, *Los memoriales del padre Silva sobre la predicación pacífica y los repartimientos*, Madrid, 1983, p. 222.
87. *Noticias historiales*, IV, 1, II, pp. 9-10, ed. D. Ramos.

Y éste fue el motivo de que se corrompieran tanto aquellas provincias y fueran robadas tantas haciendas. Pero hay más. La doctrina de Las Casas se infiltra en el corazón del franciscano, que llega a defender la legitimidad que «por derecho de las gentes, natural y divino» tenían los indios a defender su tierra ante la entrada de los españoles [88]. Se entra aquí en una peligrosa pendiente de la que el fraile prefirió escabullirse, porque evidentemente este aserto estaba en flagrante contradicción con la doctrina que había mantenido al comienzo de su obra, que el Papa era señor del mundo [89], pues quien era dueño de la tierra podía dar tierras a quien quisiese, según la vieja concepción del cardenal ostiense. Pero no todos siguieron su prudente ejemplo.

En efecto, la polémica sobre los justos títulos de posesión de las Indias, aunque amortiguada, continuó durante toda la época virreinal. Sólo quiero referirme para terminar a un caso muy concreto, el del padre jesuita Manuel Rodríguez, que publicó en Madrid un grueso tomo sobre *El Marañón y Amazonas* (1863), trazando una historia muy sesgada de las misiones a mayor gloria de la Compañía. Está más claro que el agua que Rodríguez en el fondo de su alma deseaba gozar de la misma libertad en la cuenca amazónica que disfrutaban sus compañeros de orden en Paraguay; este convencimiento es el que le lleva a expresar un concepto político muy peligroso, al ponderar la razón de buscar a los fabulosos incas huidos, y es el que esos indios hubieran sido cristianos

si las vejaciones de los conquistadores no les hubieran obligado a dexar sus tierras y retirarse fugitibos a los montes; y aquel derecho que tenían a mucho de lo que oy posseen las ciudades del Perú debe obligar a los que las habitan a buscar en los montes la salvación de los que la perdieron [90].

88. *Noticias*, IV, 15, 4, II, p. 62.
89. *Noticias*, I, 9, I, pp. 57 y ss.
90. Libro VI, cap. 4, pp. 388- 389.

De ahí a llamar usurpadores a los españoles, como había hecho Las Casas, no hay más que un paso. Pero resulta que Rodríguez no sólo critica la actitud de sus contemporáneos, que piensan que «no hay Indias si no hay indios», sino que también censura de manera despiadada a las autoridades civiles y eclesiásticas en una tirada que concluye con una emotiva apóstrofe: «¡O corregidores! ¡O curas! ¡O encomenderos! Ved a Dios y ved que essas Indias son tierras de essos indios». Su codicia es flagelada en una feroz y desgarradora anécdota, buen contrapunto a esta historia de la esforzada lucha de unos cuantos por imponer justicia en el Nuevo Mundo. Un doctrinero, en presencia del corregidor, preguntó capciosamente a un indio: «Di, ¿quién es mejor, el corregidor o el doctrinero?» Y el indio, tras pensárselo un rato, respondió: «Padre, todos sois peores» [91].

---

91. *Ibidem*, p. 394.

Índice

Introducción: Estado y teoría política moderna, por Fernando Vallespín 7

Capítulo 1. El vínculo entre tradición y mundo moderno. Las teorías políticas de Derecho natural: 1600-1750, por Joaquín Abellán 13
Bibliografía 66

Capítulo 2. Maquiavelo y la teoría política renacentista, por Rafael del Águila Tejerina 71
Bibliografía 171

Capítulo 3. La Reforma protestante, por Joaquín Abellán ... 176
Bibliografía 212

Capítulo 4. Juan Bodino: soberanía y guerra civil confesional, por Julio A. Pardos 216
Bibliografía 255

Capítulo 5. Tomás Hobbes y la teoría política de la Revolución inglesa, por Fernando Vallespín 264
Bibliografía 317

Capítulo 6. Spinoza, por Atilano Domínguez 322
Bibliografía 364

Capítulo 7. Pensamiento político en el Renacimiento español. Saavedra Fajardo, por Manuel Segura Ortega 368
Bibliografía 405

Capítulo 8. Conquista y justicia: España y las Indias, por Juan Gil 408